ALLBRIGHT ANNIVERSARY 1999-2024

ALLBRIGHT LAW OFFICES 锦天城

锦天城法律实务丛书

工程总承包项目全过程法律风险防范指引

GONGCHENG ZONGCHENGBAO XIANGMU QUANGUOCHENG FALÜ FENGXIAN FANGFAN ZHIYIN

王　芳 / 著

法律出版社 LAW PRESS · CHINA
北京

图书在版编目(CIP)数据

工程总承包项目全过程法律风险防范指引 / 王芳著
. -- 北京:法律出版社,2024
(锦天城法律实务丛书)
ISBN 978 - 7 - 5197 - 9012 - 7

Ⅰ. ①工… Ⅱ. ①王… Ⅲ. ①建筑工程 - 承包工程 - 工程项目管理 - 法律 - 研究 - 中国 Ⅳ. ①D922.297.4

中国国家版本馆 CIP 数据核字(2024)第 072602 号

锦天城法律实务丛书	**工程总承包项目全过程法律风险防范指引** **GONGCHENG ZONGCHENGBAO XIANGMU QUANGUOCHENG FALÜ FENGXIAN FANGFAN ZHIYIN**	王 芳 著	策划编辑 田 浩 责任编辑 田 浩 装帧设计 臧晓飞

出版发行 法律出版社
编辑统筹 法商出版分社
责任校对 杨锦华
责任印制 刘晓伟
经　　销 新华书店
开本 710 毫米 × 1000 毫米 1/16
印张 26 **字数** 426 千
版本 2024 年 7 月第 1 版
印次 2024 年 7 月第 1 次印刷
印刷 永清县金鑫印刷有限公司

地址:北京市丰台区莲花池西里 7 号(100073)
网址:www.lawpress.com.cn
投稿邮箱:info@lawpress.com.cn
举报盗版邮箱:jbwq@lawpress.com.cn
销售电话:010 - 83938349
客服电话:010 - 83938350
咨询电话:010 - 63939796

书号:ISBN 978 - 7 - 5197 - 9012 - 7
定价:108.00 元
凡购买本社图书,如有印装错误,我社负责退换。电话:010 - 83938349

序 一

20世纪80年代末，研究生毕业后我选择留在东南大学当一名高校老师。自任教后相当长的一段时间里，我主要从事两个方面的科研工作：一是持续30年专注于重大工程风险管理的学术研究，二是持续20多年专注于建筑业高质量发展的实践研究。过去40年，中国高速工业化进程推动制造业发展，高速城镇化进程引发建造浪潮。近年来，由于受到宏观经济下行、房地产市场低迷等影响，建筑行业受到不小冲击，网上很多人称其为“夕阳产业”。其实，建筑和城市基础设施建设需求量巨大，包括老基建和新基建、国内市场和国际市场、增量市场和存量改造等。我个人认为建筑业（基础设施）是国民经济的支柱产业、基础产业、富民产业、长久产业，需求巨大且持续。不可否认，虽然我国被称为“基建狂魔”，建造能力很强，但是相比于发达国家，我国建筑业工业化水平和信息化水平仍处在较低的程度，管理能力、建设水平、产出利润还不够。建筑业更需要的是高质量发展以及在发展过程中做好重大工程风险管理，通过转型升级、智能建造和高质量发展，转变为技术密集型产业，甚至是高科技产业。

作者早些年在东南大学求学，现在已经成为业内资深的律师和法律专业人士，邀请我为其作品《工程总承包项目全过程法律风险防范指引》作序，看到非工程领域的专业人士潜心研究工程合同管理、风险管理，心中很是欣慰，于是却之不恭，受领此序。

翻阅此书研究内容，工程项目采购模式经历了由业主自建模式到现代采购模式演变的多个发展阶段。随着社会生产力的发展和建设规模的扩大，近代建设项目由于投资大、结构和技术复杂等原因，产生了设计、施工、供应、管理等专业化分工，即由“合”变“分”，分阶段、分专业的平行承发包模式遂成为主流采购模式。但随着业主适应市场要求的变化，加上信息技术等科技的高速发展，专业分工的进一步整合重新被人们所认同，项目采购模式出现由“分”变“合”的新趋势，工程总承包模式应运而生，正逐渐成为建筑业的重要发展趋势之一。工程总承包模式一般适用于规模较大、工期较长且具有相当技术复杂性的工程，如化工厂、发电厂、石油开发等项目，近年来又向房屋建筑和市政基础设施领域延伸发展。也正是由于上述项目的特殊性质，尽管工程总承包模式给承包商提供了相当大的弹性空间，但也给承包商带来了较高的风险，由于总价固定，业主基本上不用再支付索赔及追加项目费用，同时工程质量风险基本转移到承包商，可能影响到长远意义上的质量风险和道德风险。作者正是看到了工程总承包模式的独有特点和固有利弊，故书中聚焦工程总承包模式下各个实施阶段的重大工程风险管理，结合司法实务案例，逐一分解、剖析，并提供风险化解的可行方案，体系严谨，可读性较强。另者，就国内发展现状而言，相对有实力有经验的工程总承包建筑商较少，大多数承包商业务依旧聚焦在施工总承包、专业承包领域，可借鉴的理论工具和丰富经验更是寥寥。颇为难得的是，此书注重实用性和可操作性，没有抛开实务空谈理论，在一定程度上能够为建设单位、工程总承包单位以及相关的咨询、设计、施工等专业承包单位提供指导和参考，帮助各参建单位有效地识别和防范风险，有着“指引”实务的应用价值。可见，此书凝聚了作者多年法律工作的心得和经验总结，耗一番心血。感谢作者为业界奉献出这部优秀的作品，期待未来有更多作品与读者共享。

东南大学土木工程学院　李启明教授
东南大学特聘教授、二级教授、博士、博导
教育部工程管理和工程造价专业指导分委会委员
中国土木工程学会工程管理分会副理事长和秘书长
中国建筑学会智能建造专业委员会副主任
2024 年 6 月 13 日

序 二

有幸受邀为此书作序。我和王芳律师因为业务工作相识，我个人比较认可王芳律师的法律专业功底。当她找我写序的时候，我看了此书书稿，书名为《工程总承包项目全过程法律风险防范指引》，律师去撰写工程项目实务书籍，说实在的，我还是蛮感兴趣的，甚至有些许期待，欣然应允。通篇阅读此书后，深深感受到这是一本工程项目管理实务与法律风险防范相完美匹配的好书，有理论有实务，有风险有防范，非常值得向大家推荐这本书。

先说说这本书研究的建筑工程行业背景。长期以来，建筑业是国民经济的支柱产业，建筑行业一直不断地在从传统行业向现代化行业过渡升级，其中工程总承包模式在全国各地不断得以推广，对建筑行业的发展产生了积极的影响。与传统施工总承包模式相比，工程总承包涵盖了工程设计、采购、施工、竣工验收等业务全过程，业务模式的升级必然导致工程实务管理越发呈现复杂性和争议性，纠纷类型也较为复杂。目前市场上关于工程总承包全过程法律风险管理的实务研究较少，这本书研究工程总承包实务法律问题，回应了市场对工程总承包业务全过程法律实务风险及防控管理的现实需求，可谓恰逢其时。

回归工程总承包业务本身，在工程总承包业务领域，中建安装集团有限公司属于走在比较前面的一批建筑央企之一，一直在积极开拓EPC总承包高端市场，做精做专，打造市场核心竞争力。因此关于工程总承包业务模式，我个人有着些许经验与体会。国内建筑市场长期以来采用施工总承包作为主流的工程发包模式，相关制度规范也主要是建立在传统设计与施工相分离的实践基础上设计的，施工总承包管理模式、交易规则等已为行业人所熟知。囿于传统施工总承包思维定式，发承包方在开展工程总承包业务时，从项目发包、合同履约到项目结算，业主仍然参与过深，建筑商依旧热衷签证索赔，并没有建立真正的“交钥匙”项目管理模式，导致很多项目“名为工程总承包，实为施工总承包”，留下诸多隐患，也不利于工程总承包的健康发展。

纵观全书，既有对于工程总承包模式的理论介绍，又有对工程总承包业务全过程的实务分享，同时又能结合工程总承包中的重点及难点问题逐一剖析，为建筑企业提供工程总承包项目管理全过程的综合法律需求。总结而言，这本书有四大特点：其一，界定准确。这本书系统介绍了工程总承包的内涵、发展、特点等内容，阐述了工程总承包与施工总承包的区别与联系，界定了工程总承包业务各个阶段的核心风险，语言精练，内容精实。其二，体系完整。这本书的研究内容涵盖了工程总承包项目的各个阶段，从前期发包准备到招标投标、合同签约、现场实施、竣工试验、验收及交付，再到竣工结算、质量保修等全过程，体例科学，内容完整。其三，重点突出。这本书内容并非面面俱到，生拼硬凑，而是考虑到不同阶段发承包双方的权利义务侧重不同，关注重点和难点不同，法律风险点亦存在差异，进而总结工程总承包项目不同阶段各自特有的典型纠纷风险。其四，防控有效。这本书通过对工程总承包领域司法实践中常见的重点法律风险进行总结、梳理，为读者提供具有针对性、创新性的法律实务产品，立足实务，防控精准。

寥寥数语，难以言尽。好在这本书充分展示了作者丰富的工程实务经验和扎实的法律专业功底，可读性强，实务价值高，推荐读者认真阅读此书，相信各位能够从中获得有益的启发和借鉴。

中建安装集团有限公司　车玉敏

总经济师、总法律顾问、首席合规官

2024 年 5 月 22 日

前言

建筑业是国民经济支柱产业，在吸纳农村转移劳动力、带动关联产业、促进经济社会发展、推动城乡建设以及改善民生等方面发挥着重要作用。改革开放以来，我国建筑业取得了长足发展，特别是近年来，我国推进城市化进程、实施乡村振兴、“一带一路”倡议、开展供给侧结构性改革、推广工程总承包、PPP（政府与社会资本合作）模式等对建筑行业的发展产生了重大的影响，给建筑企业发展带来机遇的同时，也提出了更高的要求和挑战。为了保持新常态下建筑业的增长，建筑行业一直不断地在从传统行业向现代化行业过渡升级。针对建筑行业呈现的新特点，尤其是工程总承包模式的大力推广，项目工程纠纷法律适用越发呈现复杂性和争议性，建筑企业在承接工程总承包项目中面临的合同谈判与缔结、工程款支付与结算纠纷、设计及施工现场管理、劳动用工和安全生产管理等方面的法律风险愈发严峻，处理不当会引发各种法律危机。为了提高建筑企业工程总承包项目管理水平和法律风险防范能力，促进建筑业的健康发展，笔者团队立足建设工程领域相关法律、行政法规、部门规章、司法解释、地方性法规等规范性文件，结合团队二十年来精耕于建设工程纠纷领域的法律实务经验，经团队律师共同努力，最终完成了《工程总承包项目全过程法律风险防范指引》，以供建筑企业参考。

本指引共分为八个章节，涉及工程总承包概述、发包准备阶段、招标投标阶段、合同签约阶段、项目实施阶段、竣工验收及交付阶段、竣工结算阶段、质量保修阶段等法律风险与防范。建设工程项目不同领域对建筑企业的权利义务侧重不同，关注重点和难点不同，法律风险点亦存在差异；而这些风险点一旦发生，势必造成不可逆转的法律后果。防范化解上述法律风险，关键在于防。本书的目的是通过对建设工程领域司法实践中常见的重点法律风险进行总结、梳理，着重分析和探讨工程总承包项目不同阶段的法律风险，并提出专业、实用的防范措施，力争真正将风险化解在源头、消灭在萌芽中。

就本书具体内容而言，我们力求语言专业、精简、准确，一语中的，直击要害。同时，对于可能存在交叉的法律风险进行归类划分，将存在交叉的法律问题归入相关度更为紧密的专题中进行阐述，在其他章节中不再赘述，只作索引提示，做到全面但不冗杂、简单但不粗放。由于篇幅有限，本书在最终定稿时删除了部分司法实践中颇具争议的法律问题，我们团队将在相关司法裁判态度及标准逐渐明朗后及时更新。

作为律师群体，不仅要为客户解决眼前遭遇的法律纠纷，更要根据客户的实际需要和整个建筑行业工程总承包业务发展的现状，为客户提供更具针对性、创新性的法律产品。我们期望本指引能够为建筑企业带来两点帮助：一是通过对工程总承包模式常见的重点法律风险梳理，以便建筑企业对照分析，查漏补缺，补齐短板，规避风险；二是帮助建筑企业完善自身管理制度，提高自身抗风险能力，增强市场竞争力，有力化解建筑企业生产经营中的法律风险。

笔者团队由一支杰出的青年律师队伍组成，团队成员具备工程项目管理和工程造价专业的综合知识，尤其擅长一二级地产项目开发、地产投资、合作开发、建设工程招投标、工程施工等内外资工程项目开发建设全流程的专项法律服务及整体争议解决方案的提供，并对BIM装配式施工、EPC总承包施工模式以及PPP（政府与社会资本合作）领域有着深入研究。感谢团队成员姜亚成、黄炳蓉、陈玉蓉、孟庆贺、许会阁、邢唱唱、姚远等各位律师的技术和专业支持，本书凝聚着团队所有成员的智慧成果，期待本指引能够对建筑企业的风险管理有所裨益。囿于篇幅，诸多法律问题未能展开，如有任何疑问，欢迎咨询、指正。

王　芳

2024年5月20日

目·录

第一章 工程总承包概述

第二章 工程总承包项目发包准备阶段的法律风险与防范

第三章 工程总承包项目招投标阶段的法律风险与防范

第四章 工程总承包项目合同签约阶段的法律风险与防范

第五章 工程总承包项目实施阶段的法律风险与防范

第一章 工程总承包概述

工程总承包，是指承包单位按照与建设单位签订的合同，对工程设计、采购、施工或者设计、施工等阶段实行总承包，并对工程的质量、安全、工期和造价等全面负责的工程建设组织实施方式。工程总承包的主要模式有设计—采购—施工（EPC）模式和设计—施工总承包（DB）模式，并且根据工程项目的不同规模、类型和业主要求，工程总承包还可采用设计—采购总承包（EP）、采购—施工总承包（PC）等模式。早在20世纪60年代，西方国家就出现了工程总承包模式的雏形，其代表为设计—施工，即DB（Design-Build）模式。美国是应用DB的典型代表；在美国，第一个采用DB模式实施的公共项目是1968年的一个学校建筑。20世纪80年代初，美国首次出现了设计—采购—施工（EPC）的工程总承包模式，主要集中应用在化工、水利、电力行业项目。到了1985年，美国建筑师协会发行了第一个设计—施工总承包合同。再到1993年，成立了由建造师、设计师、业主和其他专业成员组成的设计—施工总承包组织——美国设计建造协会（Design-Build Institude of America），该协会致力于设计—施工总承包模式的研究、运用。随后到1996年，美国在《联邦采购条例》中规定了工程总承包的采购模式，为工程总承包模式的发展提供了制度层面的保障。最后在1999年，国际咨询工程师联合会编制了标准的设计—采购—施工的合同条件，促进了设计—采购—施工的推广使用；同时，美国建筑师协会也发布了目前被广泛使用的合同范本，在国际总承包市场建立起了一套成熟的设计—采购—施工合同体系。

我国的工程总承包发展可以追溯到20世纪80年代，正值改革开放初期，国家大量引进国外先进技术和成套设备，同时，国外资金和工程承包商也进入我国市场，给我国带来了国际通行的项目管理和工程承包方式。1984年9月18日颁布的国务院《关于改革建筑业和基本建设管理体制若干问题的暂行规定》（已失效）第三条第二款提出，工程承包公司接受建设项目主管部门（或建设单位）的委托，或投标中标，对项目建设的可行性研究、勘察设计、设备选购、材料订货、工程施工、生产准备直到竣工投产实行全过程的总承包，或部分承包。这是我国首次提出建立工程总承包模式的设想，至此，工程总承包模式在我国的探索发展正式拉开帷幕。

一、我国工程总承包的发展历程

为了顺应时代发展，党的十一届三中全会后，我国着手对建筑行业进行改革创新，发布了一系列法律法规及规范性文件。纵观我国工程总承包模式的发展历程，可以分为以下四个阶段：

1. 探索试点阶段

1982年，原化工部印发《关于改革现行基本建设管理体制，试行以设计为主体的工程总承包制的意见》的通知。其中明确，根据中央关于调整、改革、整顿、提高的方针，我们总结了过去的经验，研究了国外以工程公司的管理体制组织工程建设的具体方法，吸取了我们同国外工程公司进行合作设计的经验，为了探索化工基本建设管理体制改革的途径，决定进行以设计为主体的工程总承包管理体制的试点。

1984年，由国务院颁布的《关于改革建筑业和基本建设管理体制若干问题的暂行规定》（已失效），提出了16项改革举措，包括全面推进基本建设项目投资包干责任制、工程招标承包制等，标志着建筑业改革的全面启动和管理体制的重大转变。

设计单位进行工程总承包试点以来，普遍收到了缩短工期、保证质量、控制和节约投资的效果。为了保障这项改革健康发展，提高工程效益，1992年，原建设部颁布实施了《设计单位进行工程总承包资格管理的有关规定》（已失效），明确设立工程总承包资质的目标，即取得工程总承包资质证书后方可承担批准范围内的工程总承包任务。

2. 推广应用阶段

1997 年，随着《建筑法》的颁布，工程总承包模式在我国的法律地位得到进一步明确。

2003 年，原建设部颁布了《关于培育发展工程总承包和工程项目管理企业的指导意见》，旨在深化我国工程建设项目组织实施方式改革，培育发展专业化的工程总承包和工程项目管理企业，鼓励勘察、设计或施工企业在其资质范围内开展工程总承包业务。

3. 政策支持阶段

2014 年，住房和城乡建设部印发《关于推进建筑业发展和改革的若干意见》。其中第十九条明确提出，倡导工程建设项目采用工程总承包模式，鼓励有实力的工程设计和施工企业开展工程总承包业务。推动建立适合工程总承包发展的招标投标和工程建设管理机制，调整现行招标投标、施工许可、现场执法检查、竣工验收备案等环节管理制度，为推行工程总承包创造政策环境。工程总承包合同中涵盖的设计、施工业务可以不再通过公开招标方式确定分包单位。

2016 年，住房和城乡建设部印发《关于进一步推进工程总承包发展的若干意见》（建市〔2016〕93 号），要求大力推进工程总承包、完善工程总承包管理制度、提升企业工程总承包能力和水平、加强推进工程总承包发展的组织和实施。

4. 全面发展阶段

2017 年，住房和城乡建设部印发《建筑业发展“十三五”规划》。其中在产业结构调整目标中明确提出，促进大型企业做优做强，形成一批以开发建设一体化、全过程工程咨询服务、工程总承包为业务主体、技术管理领先的龙头企业。

2020 年 3 月，住房和城乡建设部、国家发展和改革委员会制定的《房屋建筑和市政基础设施项目工程总承包管理办法》（建市规〔2019〕12 号）正式实施。至此，工程总承包模式进入高速发展阶段。（见图 1）

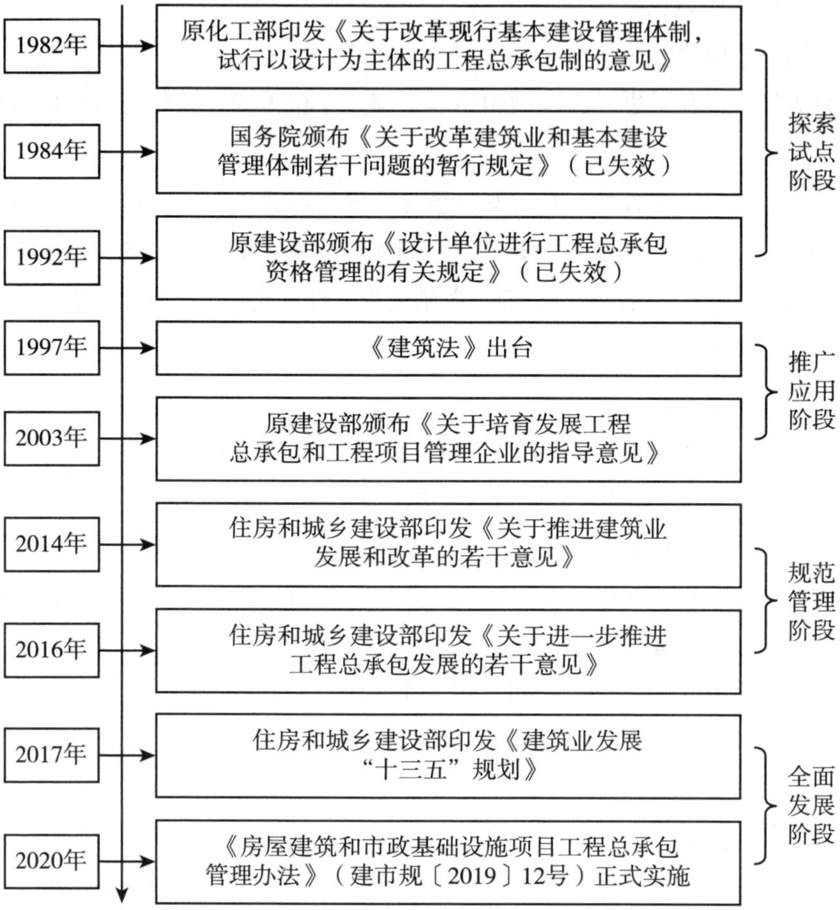

图1　我国工程总承包发展历程

二、国际咨询工程师联合会合同条件及承包模式概况

国际咨询工程师联合会自1913年成立以来，编制出版了各种协议和标准合同范本，被国际金融组织和各国政府广泛使用，得到了咨询工程师、业主和承包商的认可，成为国际工程承包的指南。《施工合同条件》（以下简称FIDIC红皮书）作为最早的示范文本，被誉为土木工程合同的“圣典”。FIDIC红皮书第4版于1987年出版，随后在1988年进行了少量文字修改，1992年进行了较大的修订。1995年，世界银行在标准招标文件中采用了1992年修订版，巩固了其在国际工程界的地位。然而，世界银行在采用1992年修订版时进行了必要的修改，

尤其是工程师的作用被“争端评审委员会（DRB）”所取代。国际咨询工程师联合会于1996年编制了FIDIC红皮书第4版补遗，对此作出了回应和认同。在此之前，国际咨询工程师联合会于1995年出版了《设计—建造标准合同范本》（以下简称橘皮书）。1999年，国际咨询工程师联合会推出了新的合同条件，包括1999年版《施工合同条件》（以下简称红皮书）、1999年版《生产设备及设计—建造合同条件》（以下简称黄皮书）、1999年版《设计采购施工（EPC）/交钥匙工程合同条件》（以下简称银皮书）以及1999年版《简明合同格式》（以下简称绿皮书）。

国际咨询工程师联合会本意是以1999年版FIDIC红皮书取代第4版，然而这一设想未能实现。因为用户对第4版FIDIC红皮书极为熟悉，且通过法院判例使第4版红皮书条款的含义更为明确，所以国际工程实践中仍以第4版为主。唯一成功取代的是1995年版橘皮书，而1999年版银皮书由于其全新性质和时代需求得到广泛应用。在2017年，FIDIC又发布了2017年版红皮书、黄皮书和银皮书。但由于习惯和前述原因，用户对新版的合同条件接受度并不高。1999年版红皮书、黄皮书和银皮书在条款顺序、名称和语言上基本一致，便于比较研究，因此下面的讨论以1999年版FIDIC红皮书为准。根据FIDIC出版物自身的说明，1999年版红皮书、黄皮书和银皮书既适用于生产性工业项目，也适用于建筑和土木工程项目。三者的区别主要在于合同价格形式和设计责任。红皮书是单价合同，业主负责设计；黄皮书和银皮书是总价合同，承包商负责设计。

目前，工程总承包涵盖多种模式，包括设计—采购—施工模式及其衍生的EPC+O（EPC+运营模式）、EPC+F（EPC+融资模式）、EPCM（设计—采购—施工管理承包模式）、EPCS（设计—采购—施工监理承包模式）、EPCA（设计—采购—施工咨询承包模式）、设计—采购总承包模式、采购—施工总承包模式、设计—施工总承包模式等。其中，设计—采购—施工和设计—施工总承包是最基本的两种工程总承包模式。原化工部印发的《关于改革现行基本建设管理体制，试行以设计为主体的工程总承包制的意见》指出，这些模式从国外的工程公司管理体制中汲取了有关方法，并借鉴了国外工程公司合作设计的经验。

住房和城乡建设部《关于进一步推进工程总承包发展的若干意见》明确地提到，工程总承包是国际上通行的建设项目实施方式。积极推进工程总承包不仅有助于提升工程建设水平，提高企业竞争力和促进产业升级，还有助于支持“一带一路”倡议。因此，中国的工程总承包模式是对国际通行承包模式的借鉴，在概念上与设计—采购—施工和设计—施工总承包模式存在关联。对此，有必要进行比较分析。

（一）设计—采购—施工模式

设计—采购—施工模式是由承包商负责设计、采购和施工的合同模式，其名称已经明示。1999 年版国际咨询工程师联合会银皮书代表了典型的国际咨询工程师联合会模式。鉴于银皮书在中国的重要影响，国内在探讨所谓的设计—采购—施工模式时通常以该银皮书为基准。然而，根据国际咨询工程师联合会的初衷，该银皮书并不适用于所有项目，1999 年版银皮书的“前言”（Forward）中明确规定了适用范围：可适用于以交钥匙方式提供加工或动力设备、工厂或类似设施项目或其他类型的开发项目。以这种交钥匙方式，一是项目的最终价格和要求的工期具有更大程度的确定性；二是由承包商承担项目的设计和实施（execution）的全部职责，雇主介入很少。交钥匙方式的通常情况是，由承包商进行全部设计、采购、施工，提供一个配备完善的设施，“转动钥匙”时即可运行。

此外，1999 年版银皮书在其“第一版序言”（Introductory Note to First Edition）中对其适用范围进一步作出反向说明。2017 年版银皮书的“说明”（Notes）对 1999 年版的银皮书反向说明稍作修正。该银皮书不适用于下列情况：如果投标人没有足够时间或资料以仔细研究和核查雇主要求，或进行他们的设计、风险评估和估算；如果建设内容涉及相当数量的地下工程，或投标人不能调查的区域内的工程，除非规定特殊条款对未知状况予以说明；如果雇主要严密监督或控制承包商的工作，或要审核大部分施工图纸。由此可见，以上情形由承包商（或以其名义）设计的工程，虽然不适合使用银皮书，但可以采用第 2 版黄皮书。

对比银皮书和黄皮书，我们可以明显看出它们在分担雇主和承包商风险方面存在明显差异。不可预见的物质状况、雇主要求的错误、疏漏或其他缺陷等风险，在银皮书中由承包商承担，而在黄皮书中则由雇主承担。此外，与风险分摊相应，黄皮书中存在的“业主工程师”角色，在银皮书中被移除，这使得承包商在工程建设中拥有更大的自主权。实际上，风险分担的设定正是国际咨询工程师联合会银皮书的核心理念。1999 年版银皮书的“第一版序言”部分，已经明确指出，建设市场需要一种极为关注最终价格和竣工日期确定性的合同文本，而为了获得这种确定性，雇主愿意支付更多的报酬。在这种价值取向下，明显需要承包商来承担更多的合同风险。相反，2017 年版黄皮书在其“说明”中表示，近 20 年来，黄皮书已被广泛应用，特别是在承包商负责设计和施工可能还提供生产设备的项目中，它成功地平衡了雇主和承包商之间的风险。

再看适用范围，1999 年版黄皮书在“前言”中说明，推荐用于电气和（或）机械设备供货以及建筑或工程的设计和实施。这种合同的通常情况是，由承包商按照雇主要求，设计和提供生产设备和（或）其他工程，可以包括土木、机械、电气和（或）构筑物的任何组合。

综上，经过对比银皮书和黄皮书，其实二者均符合工程总承包的界定。黄皮书中的承包范围不仅包括设计和施工，还可能包含采购。我们认为，以国际咨询工程师联合会合同条件为背景，设计—采购—施工模式重点不在于承包商的业务范围，而是应当关注雇主和承包商之间风险的分配。

（二）设计—施工总承包模式

相较于设计—采购—施工概念，设计—施工总承包概念的应用更为广泛，英国合同审定联合会、美国建筑师协会、美国设计建造学会等组织虽然没有统一规则定义，但通过其发布的设计—施工总承包性质的示范合同文本来看，通常认为设计—施工总承包模式的核心思想在于负责施工的承包商同时也负责设计，至于采购和其他任务则可以与该模式相匹配。以国际咨询工程师联合会的橘皮书为例，其前言明确指出，根据设计—施工总承包合同的通用规定，承包商应根据雇主的要求，负责设计和交付工程，可能涵盖土木、机械、电气工程以及建筑工程等各种组合。因此，用承包商是否包括采购来区分设计—施工总承包和设计—采购—施工是不合适的。无论是将设计—采购—施工定义为雇主风险最小化的银皮书模式，还是更广泛地将之用于包括设计、采购和施工的所有承包模式，设计—采购—施工都可被视为设计—施工总承包模式的一种特殊表现形式。基于这一观点，再审视《房屋建筑和市政基础设施项目工程总承包管理办法》中的工程总承包定义，我们会发现其提及的“设计、采购、施工”和“设计、施工”两种承包模式可以视为设计—施工总承包模式的具体变种。

也正是因为设计—施工总承包概念的应用缺乏统一规范，在设计—采购—施工概念流行后，有些人将包括设计、采购和施工的承包模式称为设计—采购—施工，将设计和施工的承包模式称为设计—施工总承包，或称类似于黄皮书中存在业主工程师、雇主权力较大的承包模式为设计—施工总承包或传统设计—施工总承包，以便与EPC加以区分。然而在实践中，对于概念的表述往往并不准确，设计—采购—施工和设计—施工总承包之间出现了混淆的情况。尤其是很多以设计—采购—施工名义的合同并未采用银皮书，合同条款也与银皮书的权利架构、风险分配以及价格形式不符。举例来说，在雇主占据优势地位的情况下，可能约定了固定总价，承包商要承担大部分风险，同时还设立了工程师并规定了严格的图纸审查。这导致所谓的设计—采购—施工模式与其他设计—施工总承包模式的区别特征无法体现。

（三）设计—采购—施工模式与设计—施工总承包模式对比

采购模式不同，风险和责任分配亦有所不同。传统建设模式DBB（设计—招标—建造）模式是红皮书规定的，采用单价合同，通过计量估价确定工程总价，进度款采用计量估价方式支付。黄皮书规定了设计—建造模式，银皮书规定了设计—采购—施工模式，二者都是总价合同。建立在计量数量支付可能导致设计不经济的前提下，设计工程的承包商通常不会以计量实际工程量的方式支付费用。在总价合同下，承包商承担了主要风险，而业主只承担了一小部分风险，因此风险更倾向于承包商；然而在单价合同下，承包商与业主承担的风险基本持平。尽管黄皮书与银皮书都是总价合同，但承包商列出的工程量并非实际计量的标准。其中，电气和机械设备部分按照总价来执行，而土木部分可以采用与红皮书相同的计量估价方式也就是按实际工程量计算。承包商在设计方面负有责任，因此在黄皮书和银皮书中，承包商都必须承担设计所带来的全部风险。

由于黄皮书规定的设计—施工总承包模式和银皮书规定的设计—采购—施工模式的风险分担不同，为了使最终的价格和工期具有更大的确定性，银皮书对黄皮书相关内容作了如下修改：

1. 关于工程量，银皮书对黄皮书第14.1条合同价格条款做了调整，删除了其中关于“资料表中可能列出的任何数量都是估算数，不是要求承包商实施的实际和正确的数量”的内容。因为，黄皮书中的工程量是按实际计算的，而银皮书则采用了包干的方式，由承包商承担所有量的风险。这也是二者最主要的区别之一。

2. 关于现场数据，银皮书对黄皮书第4.10条进行了调整，将承包商对业主提供的现场地下、水文条件及环境方面等数据的准确性等相关责任，由原本的负责解释变为负责审核和解释。以具体案例来说明，假设业主提供的地勘报告不准确，导致承包商额外支付了费用，在黄皮书中，这个费用由业主承担，因为现场数据的准确性是由业主负责的；而在银皮书中，这个费用由承包商承担，因为承包商需要核实现场数据的准确性，业主不承担提供现场资料的准确性、充分性和完整性的责任。

3. 关于不可预见的物质条件，银皮书删除了黄皮书第4.12条里承包商可以基于不可预见的物质条件所享有的工期和费用的索赔权。银皮书把所有可预见的和不可预见的风险全部转嫁于承包商，以确保最终价格和工期的更大的确定性。

4. 关于非承包商原因造成的人员和物质短缺，银皮书删除了黄皮书第8.4条里将异常不利的气候条件以及由于流行病或政府行为造成的可用人员或物资的不可预见的短缺列入可获得竣工时间延长的原因。

5. 关于设计义务一般要求，银皮书将黄皮书第5.1条雇主对一个有经验的承包商在提交投标书前对现场和雇主要求进行细心检查不能发现的雇主要求错误负责，修改成了除合同另有约定外，雇主不对合同内雇主要求的任何错误、不正确或遗漏负责。

6. 关于物价波动，银皮书将黄皮书第13.8条采用价格指数调整价格差额、公平分担价格风险，修改成不因物价波动而调整价格差额。银皮书的上述修改导致了承包商所承担的风险增加。风险增加意味着费用支出也会上升。因此，银皮书第一版前言强调了这一点：对于这种类型的交钥匙项目，业主通常愿意支付更多的费用，有时甚至是相当多的费用。然而，如果业主不愿支付更多的费用，同时又要求承包商承担更多的风险，这可能导致承包商亏损，项目实施过程中出现更多争议，这对项目本身未必有好处。因此，如果业主希望以更低的价格签订合同，那么使用单价合同的红皮书模式和总价合同的黄皮书模式可能更为适合。

此外，为了减少业主的干预，给予承包商更大的自主权，银皮书将黄皮书第

3条“咨询工程师”替换为由业主直接管理。在整个合同中，“咨询工程师”的角色被取消，业主行使了黄皮书中“咨询工程师”的职责。然而，这种取消“咨询工程师”角色的做法未必对承包方有益。

红皮书引入“咨询工程师”的概念，可能是出于这样的想法：一个建设项目的业主对于面临的复杂技术、商务以及法律事务并不熟悉，至少不是专家。“咨询工程师”在红皮书合同中扮演核心角色，担任业主无法替代的“设计师”“业主代表”“监理”“证书签发人”“裁决人”“准仲裁员”等多个角色。

在合同取向上，尽管都属于工程总承包方式，黄皮书的设计—施工总承包模式更加“亲近”承包商，而银皮书更加“亲近”业主。因此，在国际工程界，银皮书受到了较多的批评和指责。

由此可见，尽管国际范围内存在多种设计—施工总承包模式和设计—采购—施工模式的示范合同文本，但实际应用中对设计—采购—施工和设计—施工总承包概念的使用并不一致。对于中国工程总承包，建设主管部门需从监管角度明确定义工程总承包，以确保相关规范得以正确执行。《房屋建筑和市政基础设施项目工程总承包管理办法》并未将工程总承包与国际上特定的承包模式对应起来，也未确定工程总承包的译名。因此，中国的工程总承包应避免与国外已有概念混淆，而应基于《房屋建筑和市政基础设施项目工程总承包管理办法》第三条有关“工程总承包”的定义以及国内有效的其他规范性文件，赋予其独立而特定的内涵。

我国的建设工程行政管理和建设工程实践虽然可参考银皮书和黄皮书等示范合同文本的相关内容，但必须以国内建设工程的市场需求和国内制度规范的要求为依据，以实现我国推行工程总承包模式的目标，将国际经验进行“本土化”实践。对于工程总承包相关纠纷的解决和裁判，也必须依据国内有效的法律法规以及当事人具体的合同约定等为基准，而不能单纯将国外特定示范合同文本内容作为行业惯例的适用依据。

三、国内工程总承包合同示范文本解析

目前国内使用比较多的工程总承包示范文本主要有两个：一是住房和城乡建设部、国家市场监管总局联合制定的《建设项目工程总承包合同（示范文本）》（GF-2020-0216）；二是国家发展和改革委员会等九部门联合于2011年颁布的《标准设计施工总承包招标文件》。另外，还有一些地方性示范文本。

(一)工程总承包合同示范文本

2011年9月7日,住房和城乡建设部和原国家工商行政管理总局以建市〔2011〕139号文联合发布了《建设项目工程总承包合同示范文本(试行)》(GF-2011-0216)(已失效)。《建设项目工程总承包合同示范文本(试行)》由合同协议书、通用条款和专用条款三部分组成,其中通用条款共20条。

《建设项目工程总承包合同示范文本(试行)》在"说明"中明确其适用于建设项目工程总承包承发包方式,并将"工程总承包"定义为:承包人受发包人委托,按照合同约定对工程建设项目的设计、采购、施工(含竣工试验)、试运行等实施阶段,实行全过程或若干阶段的工程承包。为此,在《建设项目工程总承包合同示范文本(试行)》的条款设置中,将"技术与设计、工程物资、施工、竣工试验、工程接收、竣工后试验"等工程建设实施阶段相关工作内容皆分别作为一条独立条款,发包人可根据发包建设项目实施阶段的具体内容和要求,确定对相关建设实施阶段和工作内容的取舍。另外,《建设项目工程总承包合同示范文本(试行)》为总价合同。其通用条款第14.1.1条规定,该合同为总价合同,除根据第13条变更和合同价格的调整以及合同中其他相关增减金额的约定进行调整外,合同价格不做调整。

虽然《建设项目工程总承包合同示范文本(试行)》并非强制性使用文本,但在建设工程实践中获得了广泛的应用。《房屋建筑和市政基础设施项目工程总承包管理办法》第九条第三款也规定,推荐使用由住房和城乡建设部会同有关部门制定的工程总承包合同示范文本。

2020年11月25日,住房和城乡建设部、国家市场监督管理总局联合发布《关于印发建设项目工程总承包合同(示范文本)的通知》(建市〔2020〕96号),标志着《建设项目工程总承包合同(示范文本)》正式面世,自2021年1月1日起执行。原《建设项目工程总承包合同示范文本(试行)》同时废止。笔者将2011年版《建设项目工程总承包合同示范文本(试行)》与2020年版《建设项目工程总承包合同(示范文本)》进行了对比分析,结果如下:

1. 对"发包人要求"进行了修订

2011年版《建设项目工程总承包合同示范文本(试行)》中,工程总承包项目的发包人要求分别规定在合同协议书、专用合同条件、合同附件以及技术文件等不同部分。2020年版《建设项目工程总承包合同（示范文本）》则专门定义了“发包人要求”，特指作为合同文件一部分的名为“发包人要求”的文件。这些文件以专用合同条件附件的形式详细罗列了工程的功能要求、范围、工艺、工期、项目管理、竣工验收以及其他技术标准和要求等内容。关于“发包人要求”的表述问题，2017年版黄皮书中的“雇主要求”指的是由雇主提供的文件，其中详述工程的目标、范围、设计或其他技术标准。承包商必须根据雇主要求来进行设计和施工。

2. 对“联合体”进行了深入约定

2011年版《建设项目工程总承包合同示范文本（试行）》中，对“联合体”的定义已明确，但未进行具体的制度设计。然而，“联合体”的模式作为一种国际通行的承包方式，在国内已得到广泛实践。随着《房屋建筑和市政基础设施项目工程总承包管理办法》对“双资质”要求的实施，可以预见“联合体”模式将在未来更为广泛地应用。为了适应“联合体”模式的应用需求，2020年版《建设项目工程总承包合同（示范文本）》对“联合体”进行了相关制度设计。这些设计包括《联合体协议》的签订，以及“联合体”成员的共同责任、工作范围、资质要求，费用的收取和发票的开具等方面。《联合体协议》作为合同附件，其修改程序也在相关规定中得到了细化。

3. 对风险分担进行了细化约定

在总结2011年版《建设项目工程总承包合同示范文本（试行）》的经验基础上，同时借鉴《房屋建筑和市政基础设施项目工程总承包管理办法》对风险分担的规定，2020年版《建设项目工程总承包合同（示范文本）》针对发包人和承包人之间的风险分担问题进行了规范。首先，在保密、索赔、合同解除、提前预警、知识产权、设计责任等方面设立了平等的条款；其次，通过考虑不可预见的困难、法律变化导致的调整、市场价格波动引发的变动、不可抗力等情况，为承包人获得风险补偿提供了具体的细则。这体现了希望建立发包人与承包人之间的平衡关系，促进工程总承包市场的健康发展的修订原则。

（二）《标准设计施工总承包招标文件》（2012年版）“合同条款及格式”

2011年12月20日，国家发展和改革委员会、工业和信息化部、财政部、住房和城乡建设部、交通运输部、铁道部、水利部、广电总局、中国民用航空局联合发布《关于印发简明标准施工招标文件和标准设计施工总承包招标文件的通知》(发改法规〔2011〕3018号),并在该通知中明确《标准设计施工总承包招标文件》适用于设计施工一体化的总承包招标,而该《标准设计施工总承包招标文件》的第四章即为“合同条款及格式”。

《标准设计施工总承包招标文件》(2012年版)的“合同条款及格式”包括了通用合同条款、专用合同条款和作为合同附件格式的合同协议书和履约担保格式。其通用合同条款共24条,包括:一般约定,发包人义务,监理人,承包人,设计,材料和工程设备,施工设备和临时设施,交通运输,测量放线,安全、治安保卫和环境保护,开始工作和竣工,暂停工作,工程质量,试验和检验,变更,价格调整,合同价格与支付,竣工试验和竣工验收,缺陷责任与保修责任,保险,不可抗力,违约,索赔,争议的解决。

《标准设计施工总承包招标文件》的通用合同条款具有以下特点:

1. 适用于设计施工总承包的各种情形。例如,承包人的承包范围可以是下列的任何一种情形:(1)部分设计+建设工程实施;(2)全部设计+建设工程实施;(3)部分设计+设备采购+建设工程实施;(4)全部设计+设备采购+建设工程实施。即适用于设计施工、设计—采购—施工或交钥匙等各种称谓类型的设计施工总承包情形。

2. 监理人作为合同管理人。监理人有狭义的监理概念(如施工阶段的强制性监理)和广义的监理概念(如国际咨询工程师联合会工程师作为合同管理人)。《标准设计施工总承包招标文件》采纳了国际上通行的广义监理人的概念,即监理人为合同管理人(Contract Administrator),代表业主对整个工程项目的设计和施工进行合同管理(contract administration)。

3. 设置A、B条款。根据风险划分不同,设置了A、B条款。当事人可根据自己工程项目的特点,选择相应的A条款或B条款。

4. 发包人享有著作权。除专用合同条款另有约定外,承包人完成的设计工作成果和建造完成的建筑物,除署名权以外的著作权以及建筑物形象使用收益等其他知识产权均归发包人享有。

5. 设计和施工的主体、关键性工作不得分包。承包人不得将设计和施工的主体、关键性工作分包给第三人。除专用合同条款另有约定外,未经发包人同意，承包人也不得将非主体、非关键性工作分包给第三人。

6. 总价合同及支付分解表。合同价格为总价合同，与此相应的支付依据采用支付分解表。

7. 变更指示。变更指示只能由监理人发出，应说明变更的目的、范围、变更内容以及变更的工程量及其进度和技术要求，并附有关图纸和文件。承包人收到变更指示后，应按变更指示进行变更工作。

8. 多元化争议解决。除了仲裁和诉讼这两种传统的争议解决机制外，《标准设计施工总承包招标文件》还考虑了其他替代争议解决机制的可能性，如争议评审、友好协商。

和前述《建设项目工程总承包合同（示范文本)》的专用条款提供了可供填写的示范条款不同，《标准设计施工总承包招标文件》的专用合同条款仅有“专用合同条款”这一标题，具体的内容完全交由有关行业主管部门和招标人补充。根据上述发改法规〔2011〕3018号的通知，国务院有关行业主管部门可根据本行业的招标特点和管理需要，对《标准设计施工总承包招标文件》中的“专用合同条款”“发包人要求”“发包人提供的资料和条件”作出具体规定。其中，“专用合同条款”可对“通用合同条款”进行补充、细化，但除“通用合同条款”明确规定可以作出不同约定外，“专用合同条款”补充和细化的内容不得与“通用合同条款”相抵触，否则抵触内容无效。而招标人或者招标代理机构可根据招标项目的具体特点和实际需要，在“专用合同条款”中对“通用合同条款”进行补充、细化和修改，但不得违反法律、行政法规的强制性规定，以及平等、自愿、公平和诚实信用原则，否则相关内容无效。

《招标投标法实施条例》第十五条第四款规定：编制依法必须进行招标的项目的资格预审文件和招标文件，应当使用国务院发展改革部门会同有关行政监督部门制定的标准文本。因此，《标准设计施工总承包招标文件》具有规范上的强制性，但事实上该合同文本在工程总承包实践中并未获得普遍的应用。

（三）地方性示范文本

除了国务院部委制定的上述相关合同范本外，部分省份也出台了标准招标文件，主要包括：

1.《广西壮族自治区房屋建筑和市政基础设施工程总承包标准招标文件（2017年版）》（已停止使用）。2017年9月26日，广西壮族自治区住房和城乡建设厅发布《广西壮族自治区房屋建筑和市政基础设施工程总承包标准招标文件（2017年版）》，适用于广西壮族自治区行政区域内依法必须进行招标的房屋建筑和市政基础设施工程的工程总承包项目，其第四章为“合同条款及格式”，根据前述住房和城乡建设部《建设项目工程总承包合同示范文本（试行）》修改而成。2019年11月15日，广西壮族自治区住房和城乡建设厅发文对《广西壮族自治区房屋建筑和市政基础设施工程总承包标准招标文件（2017年版）》有关内容进行修订，但其中“合同条款及格式”部分未作修订。

2.《浙江省重点工程建设项目EPC总承包招标文件示范文本（征求意见稿）》。2018年9月11日，浙江省招标投标办公室发布《关于〈浙江省重点建设工程EPC总承包招标文件示范文本〉征求意见的通知》（浙招标函〔2018〕11号），该征求意见稿的第四章为“合同条款及格式”，包括合同协议书、通用合同条款、专用合同条款和合同附件格式四个部分，但除了含履约保函和预付款担保的“合同附件格式”外，其他部分仅列明标题，并作出说明：协议书、通用合同条款的内容同住房和城乡建设部《建设项目工程总承包合同示范文本（试行）》的相应部分，专用合同条款内容则根据《建设项目工程总承包合同示范文本（试行）》的专用合同条款由招标人补充。

3.《安徽省水利建设项目工程总承包招标文件示范文本（2019年版）》（征求意见稿）。2019年5月7日，安徽省水利厅发布《安徽省水利建设项目工程总承包招标文件示范文本（2019年版）》（征求意见稿），该示范文本的第四章为“合同条款及格式”，根据《标准设计施工总承包招标文件》（2012年版）“合同条款及格式”部分修改而成，适用于安徽省水利工程勘测、设计、采购、施工全过程的工程总承包招标，以及分类打捆方式总承包的小型水利工程参考使用。

4.《福建省房屋建筑和市政基础设施项目标准工程总承包招标文件（2019年版征求意见稿）》。2019年11月25日，福建省住房和城乡建设厅发布《关于征求〈福建省房屋建筑和市政基础设施项目标准工程总承包招标文件（2019年版征求意见稿）〉意见的函》，该征求意见稿的第四章为“合同条款及格式”，该合同示范文本根据《标准设计施工总承包招标文件》（2012年版）“合同条款及格式”部分修改而成。其中比较重要的修改包括：用咨询人的概念取代了监理人的概念，以此容纳了全过程工程咨询的应用；在专用合同条款部分提供了可供填写的示范条款；以及以附件的形式明确发包人供应的材料设备。就整个招标文件而言，最引人注目的是其采用了模拟清单，将计价模式分为三种：（1）采用模拟清单招标且总价包干的模式；（2）采用模拟清单招标且单价包干模式；（3）采用限额设计招标且标后模拟清单模式。

此外，深圳市住房和建设局于2018年9月18日发布了《建设工程设计采购施工（EPC）总承包合同（示范文本）》（SFL－2017－01）；温州市建设工程招标投标和造价管理协会于2019年11月28日发布了《温州市建筑和市政公用项目工程总承包（EPC）招标文件示范文本（2019年版）》。

四、工程总承包与施工总承包的区别

《民法典》第七百九十一条第一款规定，发包人可以与总承包人订立建设工程合同，也可以分别与勘察人、设计人、施工人订立勘察、设计、施工承包合同……《建筑法》第二十四条第二款规定："建筑工程的发包单位可以将建筑工程的勘察、设计、施工、设备采购一并发包给一个工程总承包单位，也可以将建筑工程勘察、设计、施工、设备采购的一项或者多项发包给一个工程总承包单位；……"施工总承包，即针对工程的施工范围，发包方将建筑工程的施工任务包括土建施工、设备设施安装调试等全部委托给具备相应资质的承包商，这一承包商将负责从工程开始到竣工整个施工过程，并确保按照设计要求完成建筑工程。在这种模式下，施工总承包单位与建设单位合作，最终完成验收合格的工程。

我国建设工程市场长期以来采用施工总承包作为主流的工程实施方式，其承包模式已为人们所熟知，并伴随成熟的裁判规则。在这个背景下，要理解工程总承包这一新兴模式，关键在于注意工程总承包与施工总承包之间的区别。两者之间存在以下几点区别：

（一）概念内涵不同

施工总承包是专门针对工程的施工内容而言的承包方式；其之所以被称为施工总承包，是因为一个承包单位负责整个工程的施工事项。施工总承包的范围并不包括设计，而是依据设计单位的方案进行施工，通常称为"按图施工"。对于工程总承包而言，尽管其可能表现出多种形式，但其核心是承包人兼具设计和施工责任，这是其本质特征。因此，工程总承包和施工总承包在概念上存在明显区别。

（二）资质要求不同

我国在建设工程领域执行严格的资质管理制度。《建筑法》第十三条规定，从事建筑活动的建筑施工企业、勘察单位、设计单位和工程监理单位，按照其拥有的注册资本、专业技术人员、技术装备和已完成的建筑工程业绩等资质条件，划分为不同的资质等级，经资质审查合格，取得相应等级的资质证书后，方可在其资质等级许可的范围内从事建筑活动。根据住房和城乡建设部制定的《建筑业企业资质标准》（建市〔2014〕159 号），我国的施工总承包资质分为建筑工程施工总承包、公路工程施工总承包、铁路工程施工总承包等 12 个类别，一般分为 3 个等级（一级、二级、三级），施工总承包单位只能在其资质允许的范围内承包相应的工程。

从《建筑法》第十三条的规定可以得出，其并未对工程总承包单位的资质问题作出规定。虽然建设行政主管部门曾经对工程总承包资质作出过一些尝试性探讨，可是尚未建立有效的工程总承包资质管理制度。《房屋建筑和市政基础设施项目工程总承包管理办法》第十条规定，工程总承包单位应当同时具有与工程规模相适应的工程设计资质和施工资质，或者由具有相应资质的设计单位和施工单位组成联合体。第十二条不仅鼓励设计单位争取取得施工资质，同时也鼓励施工单位争取取得工程设计资质。这说明主管部门选择在现有施工资质和设计资质框架内解决工程总承包的资质问题。《房屋建筑和市政基础设施项目工程总承包管理办法》对工程总承包提出了设计资质和施工资质的“双资质”要求，这意味着与施工总承包相比，工程总承包的资质要求更加严格。

（三）风险分配与价格形式不同

前述内容表明，工程总承包的风险分担因合同不同而多样。然而人们普遍认为，在工程总承包模式下，承包商负责设计，因此相对于施工总承包，其会承担更多的风险。以银皮书模式为例，在雇主风险最小化的情况下，除非合同有特殊规定，承包商不仅需要承担与其设计有关的风险，还需要承担雇主要求错误的风险。2017 年版银皮书第 5.1 条规定，承包商应被视为在基准日期之前已经仔细审查了雇主的要求（包括设计标准和计算等）。承包商需要负责工程的设计，并对雇主要求（包括设计标准和计算）的准确性负责；除非合同另有规定，承包商从雇主或其他方收到的数据或资料，不得免除其对设计和工程施工的责任。

《房屋建筑和市政基础设施项目工程总承包管理办法》第十五条第二款规定，建设单位承担的风险主要包括：（1）主要工程材料、设备、人工价格与招标时基期价相比，波动幅度超过合同约定幅度的部分；（2）因国家法律法规政策变化引起的合同价格的变化；（3）不可预见的地质条件造成的工程费用和工期的变化；（4）因建设单位原因产生的工程费用和工期的变化；（5）不可抗力造成的工程费用和工期的变化。该款规定中第一项价格波动风险和第三项不可预见的地质条件风险在银皮书模式下均由承包人承担。而第十五条第一款还规定：建设单位和工程总承包单位应当加强风险管理，合理分担风险。因此，可以认为主管部门的政策导向仍然注重发包人与承包人之间的风险平衡，其所推广的工程总承包不等同于银皮书模式。当然，《房屋建筑和市政基础设施项目工程总承包管理办法》的上述规定并非强制性规定，其第十五条第三款明确具体风险分担内容由双方在合同中约定，对于个案而言，双方权利义务和风险分配仍需通过合同约定来确定。

与风险分配紧密关联的是价格形式。在施工总承包模式下，“按图施工”通常更适合采用单价形式，而工程总承包则常采用总价形式。在银皮书模式下，与发包人风险最小化相对应的是追求更大限度的价格确定性，即较为严格的固定总价模式。黄皮书规定，若工程的任何部分是按数量或已完成的工作支付，计量和估价应依专用条件规定执行。因此，在总价原则下，黄皮书允许使用单价和工程量清单，比银皮书更具灵活性。对我国而言，尽管《建设项目工程总承包合同示范文本（试行）》《建设项目工程总承包合同（示范文本）》和2012年版《标准设计施工总承包招标文件》中的“合同条款及格式”示范合同文本都以总价为导向，但实际建设实践中也出现采用单价形式的工程总承包项目。具体采用何种价格形式应根据项目特点由当事人协商确定，属于合同自由的范畴。基于这种实际情况，针对工程总承包的价格形式，《房屋建筑和市政基础设施项目工程总承包管理办法》只能作出原则性的规定。其第十六条第一款规定，企业投资项目的工程总承包宜采用总价合同，政府投资项目的工程总承包应当合理确定合同价格形式。采用总价合同的，除合同约定可以调整的情形外，合同总价一般不予调整。

（四）法律关系与法律规范不同

《民法典》第七百八十八条第一款规定，建设工程合同是承包人进行工程建设，发包人支付价款的合同。多数说认为，工程总承包合同和施工总承包合同都属于建设工程合同范畴。然而，由于它们的承包范围不同，发包人与承包人之间的法律关系也存在差异。施工总承包合同仅涉及施工合同法律关系；而工程总承包合同除了施工合同法律关系外，还涉及设计合同法律关系。根据最高人民法院《民事案件案由规定》（法〔2020〕347号），建设工程施工合同纠纷和建设工程设计合同纠纷都属于建设工程合同纠纷的四级案由。施工总承包模式下的纠纷属于建设工程施工合同纠纷；然而工程总承包并没有相应的特定案由，关于其是否应适用建设工程合同纠纷三级案由，在实际应用中仍存在争议。鉴于建设工程领域长期实践施工总承包模式，各级行政主管部门为了跟进管理，在实践中颁布了许多行政规范性文件，人民法院在司法实践中也形成了相对成熟的裁判规范。例如，最高人民法院发布《关于审理建设工程施工合同纠纷案件适用法律问题的解释》（已失效），对建设工程施工合同进行法律适用解释。但是，行政主管部门发布的关于施工总承包的行政规范性文件，以及人民法院就建设工程施工合同所形成的裁判规则，并不一定适用于工程总承包模式。在法院和仲裁机构进行个案判断时，应当审慎考虑工程总承包相关规范的适用性。在工程总承包规范不完备而施工总承包相关规范可以作为参考的情况下，可以在自由裁量的范围内慎重适用施工总承包相关规范。

值得关注的是，我国建设工程的相关制度规范主要是建立在传统设计与施工相分离的实践基础上，部分内容与工程总承包模式存在直接的矛盾。例如，《建筑法》第二十九条第三款规定禁止分包单位再次分包其所承包的工程；《建设工程质量管理条例》第七十八条也将分包单位的再分包列为违法分包的一种形式。国际通行的工程总承包模式常常涉及将整体的施工或设计分包，然后由分包单位再次分包其中的一部分工作，这与我国法律法规的规定存在冲突。这些规定在实际中可能成为我国工程总承包模式多样性发展的不利因素。

在《房屋建筑和市政基础设施项目工程总承包管理办法》颁布之前，一些地方政府的行政规范性文件对这一问题采取了某种变通的做法。例如，《上海市工程总承包试点项目管理办法》第十条允许工程总承包单位以“再发包”的名义将工程的全部设计或施工业务交由具备相应资质条件的设计单位或施工总承包单位实施。虽然《房屋建筑和市政基础设施项目工程总承包管理办法》第十条要求工程总承包单位具备设计和施工"双资质"，以否定将施工或设计整体分包的做法，但这并不能用来规范《房屋建筑和市政基础设施项目工程总承包管理办法》生效之前的工程总承包活动。

此外，《建筑法》从1998年开始施行至今已经20多年，仅在2011年和2019年对个别条款进行修改。随着我国经济转型的需求、新基建的发展、国际化趋势的到来，住房和城乡建设部在2023年6月开始就《建筑法》修订向社会调研，期待在未来《建筑法》的修订中能够对工程总承包相关规范予以明确。

五、工程总承包发包条件

《房屋建筑和市政基础设施项目工程总承包管理办法》正式施行前，对于工程总承包项目在什么时间节点可以发包，国内各地方规定没有统一的标准。例如，湖南等地就区分了政府投资项目与企业投资项目；又如浙江、天津、广西等地有建议性规定可在方案设计或初步设计后发包，也有强制性规定应当在取得初步设计批准文件后才可发包。总而言之，各地规定的工程总承包发包节点多集中于对设计阶段的要求，可选择在可行性研究、方案设计或者初步设计完成后进行工程总承包发包。2017年12月26日，住房和城乡建设部建筑市场监管司独立发文，《房屋建筑和市政基础设施项目工程总承包管理办法（征求意见稿）》首次向社会公布。其中第八条（发包阶段和条件）规定，建设单位应当在发包前做好工程项目前期工作，自行或者委托设计咨询单位对工程项目建设方案深入研究，在可行性研究、方案设计或者初步设计完成后，在项目范围、建设规模、建设标准、功能需求、投资限额、工程质量和进度要求确定后，进行工程总承包项目发包。2019年5月10日，住房和城乡建设部办公厅、国家发展改革委办公厅下发《关于征求房屋建筑和市政基础设施项目工程总承包管理办法（征求意见稿）意见的函》（建办市函〔2019〕308号），第二次就《房屋建筑和市政基础设施项目工程总承包管理办法（征求意见稿）》向相关部门征求意见，彼时"管理办法"的制定机关已变为住房和城乡建设部与国家发展和改革委员会。两次征求意见后，《房屋建筑和市政基础设施项目工程总承包管理办法》于2019年12月23日由住房和城乡建设部与国家发展和改革委员会联合发布；同年7月1日，国务院发布的《政府投资条例》正式实施，与《企业投资项目核准和备案管理条例》一并将全社会投资管理和监管纳入法治化轨道。在此背景下，《房屋建筑和市政基础设施项目工程总承包管理办法》结合我国工程实际，对工程总承包发包前应当完成的程序和条件，相较于2017年《房屋建筑和市政基础设施项目工程总承包管理办法（征求意见稿)》做了较大幅度改动。其中最大的变化莫过于以往政府投资项目可选择在可行性研究审查后发包，而《房屋建筑和市政基础设施项目工程总承包管理办法》实施后政府投资项目原则上仅能在初步设计审查后发包。国家发展和改革委员会的加入对工程总承包管理提出新高度的要求，因此正式施行的《房屋建筑和市政基础设施项目工程总承包管理办法》第七条规定的发包阶段和条件在首次征求意见稿的基础上，更加强调对项目的审批、核准、备案的要求。

《房屋建筑和市政基础设施项目工程总承包管理办法》第七条规定，建设单位应当在发包前完成项目审批、核准或者备案程序。采用工程总承包方式的企业投资项目，应当在核准或者备案后进行工程总承包项目发包。采用工程总承包方式的政府投资项目，原则上应当在初步设计审批完成后进行工程总承包项目发包；其中，按照国家有关规定简化报批文件和审批程序的政府投资项目，应当在完成相应的投资决策审批后进行工程总承包项目发包。第二十六条第一款规定，建设单位和工程总承包单位应当加强设计、施工等环节管理，确保建设地点、建设规模、建设内容等符合项目审批、核准、备案要求。

根据《房屋建筑和市政基础设施项目工程总承包管理办法》可知，在工程总承包发包前，必须完成项目审批、核准或者备案的前置立项程序。其中，报建登记企业投资项目和政府投资项目所需的前置程序不同：企业投资项目为核准或者备案；政府投资项目为初步设计审批。

（一）《企业投资项目核准和备案管理条例》解析

1. 项目类别

《企业投资项目核准和备案管理条例》（国务院令第673号）第3条规定，对关系国家安全、涉及全国重大生产力布局、战略性资源开发和重大公共利益等项目，实行核准管理。具体项目范围以及核准机关、核准权限依照政府核准的投资项目目录执行。政府核准的投资项目目录由国务院投资主管部门会同国务院有关部门提出，报国务院批准后实施，并适时调整。国务院另有规定的，依照其规定。对前款规定以外的项目，实行备案管理。除国务院另有规定的，实行备案管理的项目按照属地原则备案，备案机关及其权限由省、自治区、直辖市和计划单列市人民政府规定。依据上述规定，《政府核准的投资项目目录》（2016 年本）中列入的项目需要核准，其余未列入的项目仅需备案即可。

2. 权限机关

《政府核准的投资项目目录》（2016 年本）中详细规定了各项目由哪一级政府核准。列明由国务院投资主管部门核准的项目，由国务院投资主管部门会同行业主管部门核准，其中重要项目报国务院核准。而对于备案项目，除国务院另有规定的，一般按照属地原则备案，备案机关及其权限由省、自治区、直辖市和国家计划单列市人民政府规定。

3. 前置流程

《企业投资项目核准和备案管理条例》第四条规定，除涉及国家秘密的项目外，项目核准、备案通过国家建立的项目在线监管平台办理。核准机关、备案机关以及其他有关部门统一使用在线平台生成的项目代码办理相关手续。国务院投资主管部门会同有关部门制定在线平台管理办法。此规定说明项目单位须通过网络在线平台进行项目登记，先获取项目代码，再申请并提交备案、核准的相应材料。但是，其中应当注意中央项目和地方项目的区别。

《全国投资项目在线审批监管平台运行管理暂行办法》（国家发展和改革委员会等 18 部门 2017 年第 3 号令）第三条规定，在线平台适用于各类项目建设实施全过程的审批、监管和服务，包括行政许可、政府内部审批、备案、评估评审、技术审查，项目实施情况监测，以及政策法规、规划咨询服务等。涉密项目及信息不得通过在线平台办理和传递。第四条规定，各级在线平台由互联网门户网站和政务外网审批监管系统构成。互联网门户网站是项目单位和社会公众网上申报、查询办理情况的统一窗口，提供办事指南、中介服务、政策信息等服务指引；审批监管系统是联接各级政府部门相关信息系统开展并联审批、电子监察、项目监管、数据分析的工作平台。第五条规定，在线平台由中央平台和地方平台组成。中央平台负责管理由国务院及其相关部门审批、核准和备案的项目（以下简称中央项目）。地方平台负责管理地方各级政府及其相关部门审批、核准和备案的项目（以下简称地方项目）。根据上述规定，“中央项目”是指由国务院及其相关部门审批、核准和备案的项目。“地方项目”是指地方各级政府及其相关部门审批、核准和备案的项目。“中央项目”应当通过中央平台进行申报，可登录“全国投资项目在线审批监管平台”（http：//new. tzxm. gov. cn）网上申报；“地方项目”通过地方平台进行申报。例如，江苏省级的项目可通过“江苏省投资项目在线审批监管平台”（https：//tzxm. fzggw. jiangsu. gov. cn）填写项目信息、项目（法人）单位信息、企业联系人信息，待平台赋码后取得项目代码，这也是项目唯一标识，备案类项目同时完成备案。之后按照有关规定，不同项目类型提交相应材料，对社会投资建设项目进行核准。在线平台提供投资指引服务，项目单位可通过投资指引完成业务办理。

4. 申报结果

企业投资项目核准属于行政许可事项，办理完成后将会核发《社会投资项目核准证》。企业投资项目备案不属于行政许可，仅为其他行政权力事项，办理完成后将核发《社会投资项目备案证》。

5. 项目变更

《企业投资项目核准和备案管理条例》第十一条规定，企业拟变更已核准项目的建设地点，或者拟对建设规模、建设内容等作较大变更的，应当向核准机关提出变更申请。核准机关应当自受理申请之日起20个工作日内，作出是否同意变更的书面决定。第十四条规定，已备案项目信息发生较大变更的，企业应当及时告知备案机关。因此，对于已核准、备案的企业投资项目，若发生较大变更，必须按原申请程序向核准、备案机关提出变更申请或告知，项目单位须对提供的项目资料的真实性负责。

6. 未履行的法律后果

《企业投资项目核准和备案管理条例》第十八条规定，实行核准管理的项目，企业未依照该条例规定办理核准手续开工建设或者未按照核准的建设地点、建设规模、建设内容等进行建设的，由核准机关责令停止建设或者责令停产，对企业处项目总投资额1‰以上5‰以下的罚款；对直接负责的主管人员和其他直接责任人员处2万元以上5万元以下的罚款，属于国家工作人员的依法给予处分。以欺骗、贿赂等不正当手段取得项目核准文件，尚未开工建设的，由核准机关撤销核准文件，处项目总投资额1‰以上5‰以下的罚款；已经开工建设的，依照前款规定予以处罚；构成犯罪的，依法追究刑事责任。

第十九条规定，实行备案管理的项目，企业未依照该条例规定将项目信息或者已备案项目的信息变更情况告知备案机关，或者向备案机关提供虚假信息的，由备案机关责令限期改正；逾期不改正的，处2万元以上5万元以下的罚款。

由此可见，项目单位在工程总承包发包前必须进行核准或备案，且必须按照核准、备案的信息进行建设，对项目资料的真实性负责；否则项目将会有停工风险，单位将会受到罚款处罚，严重者将承担刑事责任。

（二）《政府投资条例》解析

1. 审批类别

《政府投资条例》（国务院令第712号）第九条第一款规定，政府采取直接投资方式、资本金注入方式投资的项目（以下统称政府投资项目），项目单位应当编制项目建议书、可行性研究报告、初步设计，按照政府投资管理权限和规定的程序，报投资主管部门或者其他有关部门审批。根据上述规定，属于使用政府预算资金进行的新建、扩建、改建技术改造等固定资产投资建设活动的项目，都应当经过审批手续。项目单位在发包前应当进行审批的材料有：项目建议书、可行性研究报告、初步设计，具体应当以实际项目类型为准。

2. 权限机关

根据各地的细则规定，交通、水利、能源等领域的重大工程，油气长输管线、民爆仓库等重大危险源项目和保密工程一般需要上报省和国家审批。其余政府投资项目，由市发展改革部门负责对项目建议书、可行性研究报告进行审批。

3. 申报方式

和企业投资项目相同，政府投资项目的审批也通过统一在线平台进行，向投资主管部门或其他相关部门报审。

需要注意的是《政府投资条例》第十三条规定，对下列政府投资项目，可以按照国家有关规定简化需要报批的文件和审批程序：

（1）相关规划中已经明确的项目；

（2）部分扩建、改建项目；

（3）建设内容单一、投资规模较小、技术方案简单的项目；

（4）为应对自然灾害、事故灾难、公共卫生事件、社会安全事件等突发事件需要紧急建设的项目。

前款第三项所列项目的具体范围，由国务院投资主管部门会同国务院其他有关部门规定。具体简化的审批步骤应当以实际项目类型与在线平台的规定为准。

4. 审批结果

政府投资项目建议书、可行性研究报告审批均属其他行政权力事项，审批通过后发展和改革委员会将会出具批复文件或复函。

5. 项目变更

《政府投资条例》第二十一条规定，政府投资项目应当按照投资主管部门或者其他有关部门批准的建设地点、建设规模和建设内容实施；拟变更建设地点或者拟对建设规模、建设内容等作较大变更的，应当按照规定的程序报原审批部门审批。

可见与企业投资项目相同，政府投资项目若发生变更，也需要报原审部门重新审批。

6. 未履行的法律后果

《政府投资条例》第三十四条规定，项目单位有下列情形之一的，责令改正，根据具体情况，暂停、停止拨付资金或者收回已拨付的资金，暂停或者停止建设活动，对负有责任的领导人员和直接责任人员依法给予处分：(1) 未经批准或者不符合规定的建设条件开工建设政府投资项目；(2) 弄虚作假骗取政府投资项目审批或者投资补助、贷款贴息等政府投资资金；(3) 未经批准变更政府投资项目的建设地点或者对建设规模、建设内容等作较大变更；(4) 擅自增加投资概算；(5) 要求施工单位对政府投资项目垫资建设；(6) 无正当理由不实施或者不按照建设工期实施已批准的政府投资项目。

第三十五条规定，项目单位未按照规定将政府投资项目审批和实施过程中的有关文件、资料存档备查，或者转移、隐匿、篡改、毁弃项目有关文件、资料的，责令改正，对负有责任的领导人员和直接责任人员依法给予处分。

依据上述规定，假如项目单位未审批即发包开工，将可能有资金被收回或停工的风险，严重者将可能受到处分。在我国，政府投资项目和企业投资项目的管理方式存在差异。政府投资项目越来越注重规范化的事前监管；而企业投资项目在“放管服”改革的影响下，更加强调事前、事中和事后监管的过渡，并赋予企业自由参与市场交易的权利。由于这种影响，随着《政府投资条例》和《房屋建筑和市政基础设施项目工程总承包管理办法》的正式实施，政府投资项目的发包设计阶段已经有了明确规定，要求在完成初步设计后进行，而企业投资项目发包前需要完成的设计阶段，在实践中仍存在探索的空间。实践中，很多建设单位过早地进行发包，工程总承包单位盲目投标，导致双方对工程价款和风险范围缺乏合理预见，从而产生项目争议。根据项目的特点，企业投资的建设单位至少应在完成可行性研究后进行发包。工程总承包单位在接受这类项目时，应根据发包的设计阶段进行风险评估，并预留相关风险费用，以免损害利益。

（三）工程项目的“五算”概念

1. 估算

估算，也称为投资估算，发生在项目建议书和可行性研究阶段。估算依据项目规划方案（方案设计）进行，对工程项目可能产生的各项费用进行计算，包括工程费用（包括建安工程、室外工程、设备和安装工程等）、其他工程建设费用、预备费用和建设期利息（如有贷款），以计算项目投资规模和选择融资方案，供项目投资决策部门参考。

在进行估算时，需要注意准确而全面地计算其他工程建设费用，因为这部分费用具有地区性和政策性的特点。随着项目逐步细化和具体化，按照投资估算规程，可以得到不同精细程度的估算结果。根据建设单位的要求，在详细可行性研究阶段可以提供标志性的估算报告。

2. 概算

概算，又称为设计概算，发生在初步设计或扩大初步设计阶段。根据初步设计或施工图设计图纸、概算指标、概算定额以及现行的计费标准市场信息等，按照建设项目设计概算规程，逐级（单位工程、单项工程、建设项目）计算建设项目的总投资。

在编制概算时，需要准备初步设计或扩大初步设计图纸，以确定项目建设费用的计算和工程造价。编制概算时需要注意避免漏项、缺项或重复计算，确保标准符合定额或规范要求。

3. 预算

预算，又称为施工图预算，发生在施工图设计阶段。预算的对象是建筑安装施工图设计图纸，其依据包括现行的计价规范（如建设工程工程量清单计价规范、相应工程的工程量计算规范）、消耗量定额，人、材、机市场价格以及费用标准。按照建设项目施工图预算编审规程，逐级（分项工程、分部工程、单位工程、单项工程）计算建筑安装工程的造价（在项目要求时，还需汇总为建设项目的建设总投资）。

在编制预算时，需要准备相应的施工图纸，以汇总项目的人、机、料的预算，进而确定建筑安装工程的造价。关键在于计算工程量，并准确地套用预算定额和取费标准。

4. 结算

结算发生在工程竣工验收阶段。它是在建筑安装施工任务完成后，对实际工程造价进行核对与结清。通常由工程承包商（施工单位）提交，根据招标文件选定的计价方式，依据施工合同、变更签证等实施过程中的条款，在合同规定、建设项目结算规程和清单计价规范的指导下，完成施工过程中的价款结算和最终结清。

5. 决算

决算也叫竣工决算，是整个项目竣工，建设单位对完成的整个项目从筹建到竣工投产使用的实际花费所做的财务汇总。竣工决算的成果文件称作竣工决算书。竣工决算书由竣工财务决算说明书、竣工财务决算报表、工程竣工图和工程竣工造价对比分析四部分组成。建设项目竣工决算是办理交付使用资产的依据，也是竣工验收报告的重要组成部分。

一般情况下，结算是决算的组成部分，是决算的基础。决算不能超过预算，预算不能超过概算，概算不能超过估算。

六、工程总承包的资质要求

（一）资质要求的制度沿革

1992 年 4 月，原建设部发布了《工程总承包企业资质管理暂行规定（试行）》（1992 年 4 月 3 日建设部建施字第 189 号文发布，已失效），将工程总承包企业按照资质条件分为三级，主要针对施工单位作为工程总承包人提出了专门资质要求。该暂行规定第二条第一款规定，该规定所称的工程总承包企业，是指对工程从立项到交付使用全过程承包的企业，不包括以设计院为主体的设计工程公司。同年11月，原建设部又发布了《设计单位进行工程总承包资格管理的有关规定》（已失效），规定《工程总承包资格证书》与工程设计资格等级相一致，分甲、乙、丙、丁四个不同等级，又针对设计单位作为工程总承包人提出了专门资质要求。该规定要求设计单位进行工程总承包，必须先提出申请，经有关勘察设计管理部门审查批准并取得《工程总承包资格证书》后，方可承担批准范围内的总承包任务。

2002年11月，国务院《关于取消第一批行政审批项目的决定》中，其第239项为“工程总承包资格核准”。

2003年2月，原建设部《关于培育发展工程总承包和工程项目管理企业的指导意见》（建市〔2003〕30号）中明确：1992年11月建设部颁布的《设计单位进行工程总承包资格管理的有关规定》（建设〔1992〕805号）同时废止。

2003年7月13日，原建设部根据江苏省建设厅、上海市建委的请示作出《关于工程总承包市场准入问题说明的函》（建市函〔2003〕161号），载明，在《国务院关于取消第一批行政审批项目的决定》（国发〔2002〕24号）取消了工程总承包资格核准的行政审批后，为加强对工程总承包工作的监督管理，该部当年印发了《关于培育发展工程总承包和工程项目管理企业的指导意见》（建市〔2003〕30号）。按照“指导意见”的规定，《工程总承包资格证书》废止之后，对从事工程总承包业务的企业不专门设立工程总承包资质。具有工程勘察、设计或施工总承包资质的企业可以在其资质等级许可的工程项目范围内开展工程总承包业务，可以在其工程设计资质证书许可的工程项目范围内开展工程总承包业务，但工程的施工应由具有相应施工承包资质的企业承担。

2006年3月，原建设部公布《关于印发〈建筑智能化工程设计与施工资质标准〉等四个设计与施工资质标准的通知》（建市〔2006〕40号）。根据该通知产生四个设计与施工一体化资质用以过渡，分别是：建筑智能化工程设计与施工资质标准、消防设施工程设计与施工资质标准、建筑装饰装修工程设计与施工资质标准、建筑幕墙工程设计与施工资质标准。在此之后，《建筑业企业资质标准》（建市〔2014〕159号）规定，取得施工总承包资质的企业，可以从事资质证书许可范围内的相应工程总承包、工程项目管理等业务。《建设工程勘察设计资质管理规定》（建设部令第160号，根据住房城乡建设部令第24号、住房城乡建设部令第32号修正）第37条规定，取得工程勘察、工程设计资质证书的企业，可以从事资质证书许可范围内相应的建设工程总承包业务，可以从事工程项目管理和相关的技术与管理服务。

2015 年住房和城乡建设部发布《关于取消建筑智能化等 4 个工程设计与施工资质有关事项的通知》（建市〔2015〕102 号），决定取消 4 个一体化资质的行政审批。

2016 年 2 月 18 日，住房和城乡建设部发布《关于宣布失效一批住房城乡建设部文件的公告》（住房和城乡建设部公告第 1041 号），决定废止施工一体化资质。

2016 年 5 月，住房和城乡建设部《关于进一步推进工程总承包发展的若干意见》规定，工程总承包企业应当具有与工程规模相适应的工程设计资质或者施工资质，相应的财务、风险承担能力，同时具有相应的组织机构、项目管理体系、项目管理专业人员和工程业绩。

2019 年 12 月 23 日，住房和城乡建设部与国家发展和改革委员会共同公布《房屋建筑和市政基础设施项目工程总承包管理办法》，要求各省、自治区住房和城乡建设厅、发展和改革委员会，直辖市住房和城乡建设（管）委、发展和改革委员会，北京市规划和自然资源委，新疆生产建设兵团住房和城乡建设局、发展改革委，计划单列市住房和城乡建设局、发展和改革委员会结合本地区实际，认真贯彻执行。其中第十条第一款规定，工程总承包单位应当同时具有与工程规模相适应的工程设计资质和施工资质，或者由具有相应资质的设计单位和施工单位组成联合体。工程总承包单位应当具有相应的项目管理体系和项目管理能力、财务和风险承担能力，以及与发包工程相类似的设计、施工或者工程总承包业绩。这彻底改变了之前实施多年的设计或施工单资质的规定，明确提出工程总承包人必须同时具备工程设计、施工“双资质”的要求。该办法自 2020 年 3 月 1 日起施行。

各地建设行政主管部门多年以来已结合本地区实际情况形成了比较稳定的工程总承包资质管理规范。比较具有代表性的地方规定包括：《上海市工程总承包试点项目管理办法》第七条规定，工程总承包企业应当具备与发包工程规模相适应的工程设计资质（工程设计专项资质和事务所资质除外）或施工总承包资质；浙江省住房和城乡建设厅《关于深化建设工程实施方式改革积极推进工程总承包发展的指导意见》（浙建〔2016〕5 号）规定，工程总承包企业应具有与工程规模相适应的设计或施工总承包资质。《湖南省房屋建筑和市政基础设施工程总承包招标投标活动管理暂行规定》第七条规定，投标人资格要求：具有与工程规模相适应的工程设计资质或建筑业企业资质……。深圳市住房和建设局《关于印发〈EPC工程总承包招标工作指导规则（试行）〉的通知》（已废止）规定，在设置投标条件时可淡化资质管理，实行能力认可，在工程实施时回归资质管理，由有相应资质的单位分别承担设计、施工任务。

（二）《房屋建筑和市政基础设施项目工程总承包管理办法》实施前的相关裁判主旨归纳

裁判主旨一：工程设计企业可以在其资质证书许可的工程项目范围内开展工程总承包业务，总承包合同不因其不具备施工资质而认定无效。

案例：浙江西子联合工程有限公司与唐山市丰南区凯恒钢铁有限公司建设工程施工合同纠纷

案号：（2015）冀民一终字第398号

法院观点：浙江西子联合工程有限公司资质证书中载明其具有电力行业（火力发电）专业乙级工程设计资质，可以从事资质证书许可范围内相应的建设工程总承包业务，无须再另行申请工程总承包企业资质；该企业从事工程总承包时，可以不直接施工而分包给其他施工单位，无须再行申请建筑业企业资质。因此，唐山市丰南区凯恒钢铁有限公司上诉主张浙江西子联合工程有限公司不具备相应资质故而《总承包工程合同》无效的观点，该院不予支持。

裁判主旨二：总承包人应具备施工资质，否则工程总承包合同应认定无效。

案例一：世富光伏宝（上海）环保科技股份有限公司与江西世利特新能源有限公司建设工程施工合同纠纷

案号：（2017）赣0192民初1038号

法院观点：根据《建筑业企业资质标准》的规定，承包该案工程需要具备电力工程施工总承包三级资质（备注：该资质可承担单机容量10万kW以下发电工程、110kV以下送电线路和相同电压等级变电站工程的施工）。而世富光伏宝（上海）环保科技股份有限公司承包该案工程时并不具备电力工程施工资质，截至法庭辩论终结前也未取得电力工程施工资质。故双方当事人签订的讼争合同无效。

案例二：四川省波博电力工程有限公司与江西南工建设工程有限公司建设工程施工合同纠纷

案号：（2018）赣01民终3266号

法院观点：该案工程为6.5MW屋顶分布式光伏发电项目，显然属于电力工程。根据《建筑业企业资质标准》的规定，承包该案工程需要具备电力工程施工总承包三级资质（备注：该资质可承担单机容量10万kW以下发电工程、110kV以下送电线路和相同电压等级变电站工程的施工）。而江西南工建设工程有限公司承包该案工程时只具有机电工程施工总承包二级资质，并不具有电力工程施工资质，截至法庭辩论终结前其也未取得电力工程施工资质。由于江西南工建设工程有限公司未取得电力工程施工总承包资质而签订讼争合同承包电力工程，讼争合同被认定为无效。

案例三：华蓝设计（集团）有限公司与广西华蓝岩土工程有限公司建设工程施工合同纠纷

案号：（2018）桂04民终983号

法院观点：现三原告诉请三被告共同支付桩基础及临建设施设备工程价款，被告华蓝设计（集团）有限公司、广西华蓝岩土工程有限公司则以三原告没有施工资质、并未接收临建设施设备及桩基础结算价款应扣除税款为由进行抗辩，且以桩基础工程不合格致其受损为由提起反诉，要求三原告承担补救费用、检测费用及增值税。对此应认为，该案建设工程施工合同虽因三原告不具备相应施工资质而无效。

案例四：北京震旦金阳新能源科技有限公司与山东瑞丰科创孵化器股份有限公司建设工程施工合同纠纷

案号：（2018）鲁16民终1247号

法院观点：该案中北京震旦金阳新能源科技有限公司在不具备机电设备安装工程专业承包相应资质情况下，与山东瑞丰科创孵化器股份有限公司签订《家庭光伏发电项目EPC合同书》，违反了《建设工程质量管理条例》的强制性规定。根据《合同法》（已失效）第五十二条“有下列情形之一的，合同无效：……（五）违反法律、行政法规的强制性规定”，北京震旦金阳新能源科技有限公司与山东瑞丰科创孵化器股份有限公司签订的《家庭光伏发电项目EPC合同书》无效。

案例五：南京中创水务集团股份有限公司与武汉爱民制药股份有限公司建设

工程施工合同纠纷

案号：（2019）鄂07民终440号

法院观点：依据《建筑法》第二十六条的规定，承包建筑工程的单位应当持有依法取得的资质证书，并在其资质等级许可的业务范围内承揽工程。禁止建筑施工企业超越本企业资质等级许可的业务范围或者以任何形式用其他建筑施工企业的名义承揽工程。原建设部发布的《环保工程专业承包企业资质等级标准》规定，废水量每日1000—5000吨的工业废水治理工程属于中型环保工程。涉案污水处理站设计规模为每日废水量1200吨，该工程属于中型环保工程，依法只能由具有环保工程专业承包一级及环保工程专业承包二级资质的企业承接，而南京中创水务集团股份有限公司是只具有环保工程专业承包三级资质的企业。因此，南京中创水务集团股份有限公司不具备承接该项工程建设资质，双方所签订的合同违反《合同法》（已失效）第五十二条第五项违反法律、行政法规的强制性规定的情形，该合同无效。

案例六：拜城县峰峰煤焦化有限公司与辽宁科技大学工程技术有限公司建设工程施工合同纠纷

案号：（2019）新民终451号

法院观点：《建筑法》对建筑施工企业承揽建筑工程的资质进行的规定为《合同法解释（二）》第十四条规定的效力性强制性规定。该案中，根据案涉工程施工内容及辽宁科技大学工程技术有限公司的资质，辽宁科技大学工程技术有限公司不具备承建设计—采购—施工总承包工程的法定资质，违反了《建筑法》的效力性强制性规定，施工合同、补充协议应当依据《合同法》第五十二条（已失效）之规定确认为无效。

裁判主旨三：现行法律、行政法规并未规定工程总承包人的资质要求，故不能因其缺少相关工程设计或施工资质而认定合同无效。

案例：深圳市五谷新能源有限公司、深圳市乾德健新能源应用科技有限公司建设工程施工合同纠纷

案号：（2019）粤01民终8290号

法院观点：鉴于该案系承揽合同纠纷，而并非建设工程纠纷，故该案不能依据建设工程纠纷案件的相关司法解释规定认定合同无效。深圳市乾德健新能源应用科技有限公司上诉认为根据《承装（修、试）电力设施许可证管理办法》（已

失效）第四条、《分布式光伏发电项目暂行管理办法》第十七条，光伏发电项目企业需要相关资质。对此该院认为，上述《承装（修、试）电力设施许可证管理办法》《分布式光伏发电项目暂行管理办法》并不属于法律和行政法规的范畴。综上，深圳市乾德健新能源应用科技有限公司主张案涉《EPC 服务合同》无效欠缺事实和法律依据，故对其意见不予采纳。

（三）“双资质”条件与工程总承包合同的效力

《房屋建筑和市政基础设施项目工程总承包管理办法》第十条规定，工程总承包单位应当同时具有与工程规模相适应的工程设计资质和施工资质，或者由具有相应资质的设计单位和施工单位组成联合体。工程总承包单位应当具有相应的项目管理体系和项目管理能力、财务和风险承担能力，以及与发包工程相类似的设计、施工或者工程总承包业绩。设计单位和施工单位组成联合体的，应当根据项目的特点和复杂程度，合理确定牵头单位，并在联合体协议中明确联合体成员单位的责任和权利。联合体各方应当共同与建设单位签订工程总承包合同，就工程总承包项目承担连带责任。

有观点认为，因总承包人的资质问题直接涉及工程质量，甚至影响国家、社会公众及不特定第三人生命安全、财产利益，根据最高人民法院《全国法院民商事审判工作会议纪要》第三十一条关于“违反规章的合同效力”的相关内容，违反规章一般情况下不影响合同效力，但该规章的内容涉及金融安全、市场秩序、国家宏观政策等公序良俗的，应当认定合同无效。

基于上述观点，我们还应追溯《房屋建筑和市政基础设施项目工程总承包管理办法》的上位法。住房和城乡建设部、国家发展和改革委员会《关于印发房屋建筑和市政基础设施项目工程总承包管理办法的通知》中指出，该管理办法旨在贯彻落实中共中央、国务院《关于进一步加强城市规划建设管理工作的若干意见》和国务院办公厅《关于促进建筑业持续健康发展的意见》（国办发〔2017〕19 号），全文始终未提及《建筑法》或《建设工程质量管理条例》等上位法，更与《建设工程勘察设计资质管理规定》、《建筑业企业资质管理规定》无关。

中共中央、国务院《关于进一步加强城市规划建设管理工作的若干意见》第四部分“提升城市建筑水平”第九条规定，深化建设项目组织实施方式改革，推广工程总承包制，加强建筑市场监管，严厉查处转包和违法分包等行为，推进建筑市场诚信体系建设；其中只是提到了“推广工程总承包制”的说法，看不到关于工程总承包资质的要求或任何提示性的意见。值得注意的是，住房和城乡建设部《关于进一步推进工程总承包发展的若干意见》（建市〔2016〕93号）同样也是为了落实中共中央、国务院《关于进一步加强城市规划建设管理工作的若干意见》，但该意见第七条规定，工程总承包企业应当具有与工程规模相适应的工程设计资质或者施工资质。

国务院办公厅《关于促进建筑业持续健康发展的意见》（国办发〔2017〕19号）第三部分“完善工程建设组织模式”中第三条规定，加快推行工程总承包。装配式建筑原则上应采用工程总承包模式。政府投资工程应完善建设管理模式，带头推行工程总承包。加快完善工程总承包相关的招标投标、施工许可、竣工验收等制度规定。按照总承包负总责的原则，落实工程总承包单位在工程质量安全、进度控制、成本管理等方面的责任。除以暂估价形式包括在工程总承包范围内且依法必须进行招标的项目外，工程总承包单位可以直接发包总承包合同中涵盖的其他专业业务。同样，其中也没有提及工程总承包单位的资质要求。

住房和城乡建设部在政策落地时进行了一些基于实践的调整，或者借此以突破制定法限制而为将来立法先后进行尝试。行政规章与规范性文件的冲突较为常见，这也是导致裁判适用面临难点的原因。

（四）工程总承包人不符合“双资质”要求是否导致不能履行总承包合同

最高人民法院《关于当前形势下审理民商事合同纠纷案件若干问题的指导意见》第十六条规定，人民法院应当综合法律法规的意旨，权衡相互冲突的权益，诸如权益的种类、交易安全以及其所规制的对象等，综合认定强制性规定的类型。如果强制性规范规制的是合同行为本身，即只要该合同行为发生即绝对地损害国家利益或者社会公共利益的，人民法院应当认定合同无效。如果强制性规定规制的是当事人的“市场准入”资格而非某种类型的合同行为，或者规制的是某种合同的履行行为而非某类合同行为，人民法院对于此类合同效力的认定，应当慎重把握，必要时应当征求相关立法部门的意见或者请示上级人民法院。由此可以看出，工程总承包人的“双资质”要求应属于当事人的“市场准入”资格而非某种类型的合同行为，但《建筑法》及《建设工程质量管理条例》对于工程总承包人的资质并无强制性要求，无论工程总承包人是否具备设计与施工“双资质”，与其是否可以签订工程总承包合同并无直接关系，实践中，部分行政主管部门都出台了允许单一资质总承包商投标的规定。因此，不符合“双资质”要求不必然影响合同效力既符合工程总承包的内在逻辑，也不违反相关行政管理法规、部门规章的要求。

如项目建设过程中因实施方未取得相应资质导致合同无法继续履行时，当总承包合同中将其作为约定解除事项的，可适用《民法典》第五百六十二条的规定，当事人协商一致，可以解除合同。当事人可以约定一方解除合同的事由。解除合同的事由发生时，解除权人可以解除合同。当总承包合同中未将其作为约定解除事项且符合法定解除要件的，可适用《民法典》第五百六十三条的规定，有下列情形之一的，当事人可以解除合同：(1) 因不可抗力致使不能实现合同目的；(2) 在履行期限届满前，当事人一方明确表示或者以自己的行为表明不履行主要债务；(3) 当事人一方迟延履行主要债务，经催告后在合理期限内仍未履行；(4) 当事人一方迟延履行债务或者有其他违约行为致使不能实现合同目的；(5) 法律规定的其他情形。当总承包合同中未将其作为约定解除事项但不符合法定解除要件时，可根据诚实信用原则处理。

七、关于工程总承包“发包人要求”

工程总承包是一种与传统施工总承包模式不同的工程建设组织方式。这两种方式之间的一个重要区别在于“项目技术要求”的表达形式。在施工总承包模式下，虽然也通过文字形式表述，但更侧重于翔实的施工图纸。而在工程总承包模式下，主要通过以文字形式描述的“发包人要求”来体现。由于“发包人要求”涉及各方主体的权利和义务，并且是解决争议的重要依据，因此各方主体都必须高度重视。对于“发包人要求”，我们不能仅从技术的角度来看待，还应从法律的视角对其进行理解和分析。这对于工程总承包项目的合法合规操作具有重要的实际意义。

(一)“发包人要求”的起源

有关“发包人要求”的概念起源，可以从国内外两个角度进行研究。立足于国际角度，在国际咨询工程师联合会发布的橘皮书、黄皮书和银皮书中都有关于发包人要求的相关表述。

国际咨询工程师联合会发布的黄皮书专门详述了发包人要求，将其称为“雇主要求”；其内容包括雇主提供的文件，详细列明工程的目标、范围、设计或其他技术标准，承包商必须按照雇主的要求进行设计和施工。此外，银皮书第1.1.1.2条对雇主要求进行了定义，包括在合同中描述范围、标准、设计标准（如有）、施工计划，以及根据合同所做的任何修改和修订。

从国内角度来看，我国最早施行的工程总承包合同示范文本是住房和城乡建设部和原国家工商行政管理总局于2011年联合公布的《建设项目工程总承包合同示范文本（试行）》。然而，在该文本中并未包含“发包人要求”这一概念，并且没有作为合同附件出现。有关发包人要求的内容主要通过协议书中的工程内容条款、承包范围条款，通用条款中的竣工验收条款、违约条款，以及专用条款中的特殊约定来描述。《标准设计施工总承包招标文件》（2012年版）是国内较早使用“发包人要求”概念的合同示范文本。根据该标准招标文件中的合同条款，发包人要求是指作为合同文件组成部分的名为发包人要求的文件，包括招标项目的目的、范围、设计和其他技术标准和要求，以及合同双方当事人对其所做的任何修改或补充。发包人要求应尽可能明确准确；对于可以进行定量评估的工作，发包人要求不仅应明确规定产能、功能、用途、质量、环境、安全，还应规定偏离范围和计算方法，以及检验、试验、试运行的具体要求。对于承包人提供的设备和服务以及为发包人人员进行培训和提供消耗品等方面，发包人要求应在合同中予以明确。

正式阐明发包人要求这一概念的是2019年住房和城乡建设部和国家发展和改革委员会联合发布的《房屋建筑和市政基础设施项目工程总承包管理办法》。该管理办法第九条第一款第四项明确规定了发包人要求的概念和具体内容，……列明项目的目标、范围、设计和其他技术标准，包括对项目内容、范围、规模、标准、功能、质量、安全、节约能源、生态环境保护、工期、验收等的明确要求。同时，该管理办法还明确规定发包人要求应作为建设单位招标的必备文件。

《建设项目工程总承包合同（示范文本）》在《房屋建筑和市政基础设施项目工程总承包管理办法》的基础上进一步明确了发包人要求的内容，并对以往分散于合同文本各个部分的内容进行了系统的归纳总结，以合同附件的形式进行统一表述。

（二）“发包人要求”的内容

“发包人要求”通常包括但不限于以下内容：

1. 功能要求，包括工程的目的、工程规模、性能保证指标（性能保证表）、产能保证指标。

2. 工程范围，包括概述、工作：（1）永久工程的设计、采购、施工范围。（2）临时工程的设计与施工范围。（3）竣工验收工作范围。（4）技术服务工作范围。（5）培训工作范围。（6）保修工作范围。工作界区、发包人提供的现场条件：（1）施工用电。（2）施工用水。（3）施工排水。发包人提供的技术文件［除另有批准外，承包人的工作需要遵照发包人的下列技术文件：（1）发包人需求任务书。（2）发包人已完成的设计文件］。

3. 工艺安排或要求（如有）。

4. 时间要求，包括开始工作时间、设计完成时间、进度计划、竣工时间、缺陷责任期、其他时间要求。

5. 技术要求，包括设计阶段和设计任务、设计标准和规范、技术标准和要求、质量标准、设计、施工和设备监造、试验（如有）、样品、发包人提供的其他条件，如发包人或其委托的第三人提供的设计、工艺包、用于试验检验的工器具等，以及据此对承包人提出的予以配套的要求。

6. 竣工试验。第一阶段，如对单车试验等的要求，包括试验前准备。第二阶段，如对联动试车、投料试车等的要求，包括人员、设备、材料、燃料、电力、消耗品、工具等必要条件。第三阶段，如对性能测试及其他竣工试验的要求，包括产能指标、产品质量标准、运营指标、环保指标等。

7. 竣工验收。

8. 竣工后试验（如有）。

9. 文件要求，包括设计文件及其相关审批、核准、备案要求、沟通计划、风险管理计划、竣工文件和工程的其他记录、操作和维修手册、其他承包人文件。

10. 工程项目管理规定，包括质量、进度，里程碑进度计划（如有）、支付、HSE（健康、安全与环境管理体系）、沟通、变更。

11. 其他要求，包括对承包人的主要人员资格要求、相关审批、核准和备案手续的办理、对项目业主人员的操作培训、分包、设备供应商、缺陷责任期的服务要求。同时“发包人要求”还附有《性能保证表》《工作界区图》《发包人需求任务书》《发包人已完成的设计文件》《承包人文件要求》《承包人人员资格要求及审查规定》《承包人设计文件审查规定》《承包人采购审查与批准规定》《材料、工程设备和工程试验规定》《竣工试验规定》《竣工验收规定》《竣工后试验规定》《工程项目管理规定》十三项附件。

《建设项目工程总承包合同（示范文本）》将“发包人要求”作为合同附件1，与《标准设计施工总承包招标文件》（2012年版）规定的“发包人要求”在内容上相同，仅在“工程范围——发包人提供的现场条件”项下增加了“施工道路”作为第4个条件，并且没有《标准设计施工总承包招标文件》（2012年版）所约定的十三项附件。从规范性文件来看，2020年3月1日施行的《房屋建筑和市政基础设施项目工程总承包管理办法》对“发包人要求”的内容作出了规定，即列明项目的目标、范围、设计和其他技术标准，包括对项目的内容、范围、规模、标准、功能、质量、安全、节约能源、生态环境保护、工期、验收等的明确要求。

“发包人要求”涵盖了合同的目标、质量和履行期限等主要内容，是发包人对建设项目预期的表述，也是承包人工作范围和报价的基础，具体体现了合同的目的。将“发包人要求”定义为合同目的的具体体现，在法律上具有重要意义。它主要涉及法定解除权的行使条件，如《民法典》第五百六十三条规定，因不可抗力、一方当事人迟延履行债务或其他违约行为而解除合同，都以“致使不能实现合同目的”为条件；而该法第六百一十条规定，若标的物不符合质量要求，买受人有权解除合同的条件也是“致使不能实现合同目的”。

值得注意的是，大多数工程总承包项目是通过招投标方式签订合同的，因此还应从招标投标法的角度审视“发包人要求”。实际上，其大部分内容属于《招标投标法》第二十七条和《招标投标法实施条例》第五十一条规定的招标文件的“实质性要求和条件”，以及《招标投标法》第四十六条和《招标投标法实施条例》第五十七条规定的“合同实质性内容”。如果投标文件没有满足《招标投标法实施条例》第五十一条规定的招标文件的实质性要求和条件，评标委员会有权否决该投标。基于此，投标人应仔细研究“发包人要求”的内容，以避免投标文件出现未满足相关要求和条件的情况。至于项目中标后，招投标双方是否可以订立其他协议，以及此类协议是否与合同实质性内容相悖的问题，也应当依据“发包人要求”进行全面衡量。

（三）发承包双方违反《发包人要求》的法律责任

1. 发包人责任

发包人违反《发包人要求》主要是指三种情况：发包人要求的遗漏和错误、发包人任意变更要求以及发包人未能按照《发包人要求》履行相应的协助义务和承担相应的责任。

第一种情况是发包人要求存在遗漏和错误。工程总承包合同属于承揽合同的一种。《民法典》第七百七十六条规定，承揽人如果发现定作人提供的图纸或技术要求不合理，应及时通知定作人。如果因为定作人怠于答复等原因导致承揽人遭受损失，定作人应赔偿承揽人的损失。此外，《民法典》第八百零五条规定，如果因为发包人提供的资料不准确，或未按期提供必需的勘察、设计工作条件而导致勘察设计需要返工、停工或修改设计，发包人应根据勘察人和设计人实际消耗的工作量支付额外费用。因此，发包人应当承担由遗漏和错误直接导致的后果，并对给承包人造成的损失负责。针对发包人要求错误所需承担的法律责任，《建设项目工程总承包合同（示范文本）》第二部分“通用合同条件”的第 1.12 条已经明确规定。

第二种情况是发包人任意变更要求的法律责任。虽然发包人作为定作人有权变更定作要求，但其变更要求的权利是有限的，并且还应承担由变更要求给承包方造成的损失。《民法典》第七百七十七条规定，如果定作人在承揽工作进行过程中任意变更要求，导致承揽人遭受损失，定作人应赔偿承揽人的损失。此外，《民法典》第八百零五条规定，如果因为发包人变更计划等原因导致勘察设计需要返工、停工或修改设计，发包人应根据勘察人和设计人实际消耗的工作量支付额外费用。针对发包人变更合同要求的责任，《建设项目工程总承包合同（示范文本）》在第二部分“通用合同条件”第 2.3 条中也作出了具体规定。

第三种情况是发包人未能履行协助义务，应承担相应的赔偿责任。《发包人要求》附件 1 的内容并不全是对承包人的要求，其中的“工程范围”条款涵盖了发包人提供的现场条件（如施工用电、施工用水、施工排水、施工道路）和发包人提供的技术文件（如发包人需求任务书、发包人已完成的设计文件）这两项发包人的协助义务。如果发包人未能提供或未能按时提供上述施工条件和基础资料，根据《建设项目工程总承包合同（示范文本）》第二部分的“通用合同条件”第2.3条的约定，发包人应承担由此导致的工程费用增加和工期延误的责任。

综上所述，如果发包人存在遗漏和错误、任意变更要求或未能履行协助义务的情况，则需要承担相应的法律责任。针对这些情况，《建设项目工程总承包合同（示范文本）》中的相应条款已对法律责任进行了明确规定。

2. 承包人责任

《民法典》第五百零九条规定，当事人应当按照约定全面履行义务，此处的约定就包括了作为《建设项目工程总承包合同（示范文本）》附件的《发包人要求》，而全面、适当履行《发包人要求》则是承包人最基本的合同义务。

《民法典》第五百七十七条规定，当事人一方不履行合同义务或者履行合同义务不符合约定的，应当承担继续履行、采取补救措施或者赔偿损失等违约责任。由此可以看出，如果承包人不全面履行合同或者未能适当履行，可能产生继续履行、采取补救措施或者赔偿损失等违约责任。

此外，根据《民法典》第五百六十三条“有下列情形之一的，当事人可以解除合同：……（四）当事人一方迟延履行债务或者有其他违约行为致使不能实现合同目的；……”之规定，当承包人违反《发包人要求》且达到合同目的不能实现的程度时，发包人则享有了法定的解除权，可以依法解除合同，承包人需要承担损失赔偿的违约责任。

（四）涉及“发包人要求”的实务分析

【典型案例】

案例：东辰控股集团有限公司与中建安装工程有限公司建设工程合同纠纷案

案号：（2018）最高法民终1240号

审理法院：最高人民法院

裁判要旨：

关于竣工迟延的责任问题，根据中建安装工程有限公司（以下简称中建安装公司）（总承包人）提交的《工程联络单》《设计变更通知》可知，案涉工程存在大量设计变更以及项目增加保温设备系东辰控股集团有限公司（以下简称东辰控股公司）（发包人）提出并要求中建安装公司执行，且由发包人负责采购的设备迟延进场同样影响了工程进度。因此，对于东辰控股公司主张案涉工程逾期交工原因完全在于中建安装公司的主张不予认可。

基本案情：

2011年2月16日，发包人东辰控股公司与承包人中建安装公司签订《20万吨/年芳烃联合装置项目设计、采购、施工总承包合同》，约定东辰控股公司将20万吨/年芳烃联合装置项目的设计、采购、施工总承包工作交中建安装公司实施，即设计—采购—施工交钥匙总承包。承包商的工作范围应包括：设计—采购—施工阶段的详细工程设计、总承包管理、设备材料采购服务、采购、材料和设备供货；制造、安装、施工、单机试车至中间交接；在联动试车、投料试车和开车工程中给业主提供技术、人力支持，确保开车成功，以及所有合同规定的事项，并对承包工程的质量、安全、工期全面负责，最终向业主提交一个满足使用功能、具备使用条件的工程项目。项目工期456日（开工至中间交接工期为14个月）。

2011年5月27日，项目开始施工。2012年10月至11月，双方就项目中28项分项工程办理了中间交接；2013年5月29日，其余项目、设备装置完成中间交接。2013年7月至8月东辰控股公司认可案涉项目于2013年7月进行试车调试，2013年8月开始生产试运行。其后双方就工程结算金额及工程逾期竣工责任问题产生争议，中建安装公司诉讼至法院要求东辰控股公司支付拖欠工程款及逾期付款利息损失、赔偿金。东辰控股公司提出反诉要求中建安装公司延误工期赔偿金以及工程逾完工造成的相关损失。

法院裁判理由与结果：

一审法院认为：案涉项目的保温工程于2013年5月19日完成中间交接，其余工程于2012年11月完成中间交接，均晚于合同约定时间，项目存在工期迟延的问题。关于工期迟延的责任问题，中建安装公司提交了215份《工程联络单》以及109份《设计变更通知》，主张案涉工程存在大量设计变更、东辰控股公司未及时采购设备等情形，导致工期延误。东辰控股公司主张，案涉工程是设计—采购—施工交钥匙工程，顺延工期应当经发包人签证确认，且中建安装公司负责项目设计，相关设计变更与东辰控股公司无关。对此，一审法院认为：第一，虽然总承包合同约定中建安装公司负责工程设计—采购—施工交钥匙总承包，但因东辰控股公司亦负责一部分设备的采购工作，故双方在履行合同过程中需要相互协调配合；第二，经审查215份《工程联络单》，案涉工程确实存在大量设计变更，且其中有相当数量的设计变更系由东辰控股公司提出，并要求中建安装公司予以配合执行；第三，关于保温工程的问题，东辰控股公司在2012年9月24日尾号为2404的《工程联络单》中称："208单元部分设备由于设计没有保温，根据生产实际需要，我公司决定增加下述设备的保温……"东辰控股公司还在2012年12月5日、2013年1月25日、2013年6月8日的《工程联络单》上继续要求增加保温设备，后东辰控股公司、中建安装公司将保温工程分包给多家公司进行施工。同时，2012年2月、4月的多份《工程联络单》显示由东辰控股公司负责采购的三机组相关设备迟延进场，影响了工程进度。由此可见，工期延误不能完全归责于中建安装公司，东辰控股公司亦负有一定责任，故由双方各自承担因工期延误造成的损失，较为公平。对东辰控股公司的该项反诉请求，一审法院不予支持。

二审法院认为：作为发包方的东辰控股公司对导致案涉工程竣工迟延确有责任。一审法院综合以上因素，以及东辰控股公司在案涉工程竣工后长达三年多的时间内一直未要求中建安装公司承担逾期竣工违约责任，直到2017年11月该案诉讼发生后才以反诉方式提出该项请求，对东辰控股公司的该项诉讼请求不予支持，并无不当。

对于上述案例，我们认为诉讼的焦点在于工期延误的责任划分问题。对于工程建设项目来说，首先需要计算工期延误，这就要求有一个作为基准的计划，而且要求对影响合同总工期的关键线路工作进行工期延误的分析。例如，因东辰控股公司提出的大量设计变更、未及时采购设备延误工期的情形，首先要判断是不是影响了关键线路的工作，如果是，再计算具体的延误工期天数。

同样，对于中建安装公司的工期延误的计算，需要以合同约定的工期以及经批准的进度计划为基准，分析实际实施情况对关键线路工作的影响，从而得出具体的延误工期天数。

虽然一审法院判决双方各自承担因工期延误造成的损失，认为较为公平，但是更为妥帖的做法是按照上述思路准确计算双方各自的工期延误时间，再进行责任的分配。在实务中，对于总承包人，要尤其注意工程实施过程中关键线路工作受到的不利因素影响，及时纠偏，做好进度管理工作。

对于设计—采购—施工工程总承包项目来说，总承包合同包含设计内容的合同。《房屋建筑和市政基础设施项目工程总承包管理办法》第七条规定，除政府投资项目原则上应在初步设计完成后发包外，其他项目的工程总承包发包时的设计深度并无相应规定。实践中很多设计—采购—施工项目发包时的设计深度仅局限在概念阶段或方案阶段，发包人往往只提出一些抽象的概念性的东西，或是仅提出性能方面的需求。这可能使得项目设计成果以及性能指标的最终确定需要经过发承包双方反复多次的修改、调整、补充；并且项目履行过程中，发包人往往以要求、指令、通知等方式对项目进行干预，而总承包人又很难拒绝这种干预。此时可能出现因发包人要求等干预导致项目成本增加、工期延误或其他损失的情形，而对于该不利结果的承担往往会导致发承包双方履约方面的分歧并引发诉讼纠纷。《建设项目工程总承包合同（示范文本）》对于“发包人要求”及其责任作出进一步规定，《建设项目工程总承包合同（示范文本）》将“发包人要求”定义为：构成合同文件组成部分的名为《发包人要求》的文件，其中列明工程的目的、范围、设计与其他技术标准和要求，以及合同双方当事人约定对其所作的修改或补充。这表明合同履行过程中的发包人指令、要求等文件或意思表示同样可能被认定属于《发包人要求》的组成部分。同时《建设项目工程总承包合同（示范文本）》中明确将“发包人要求”等文件作为工程总承包合同的组成部分，并将其解释顺序列为与合同专用条件同顺位，高于通用合同条件、承包人建议书、双方约定的其他合同文件。

对于“发包人要求”的责任后果，《建设项目工程总承包合同（示范文本）》中明确约定如发包人做出相应修改，或者《发包人要求》或发包人提供的基础资料中的错误导致承包人增加费用和（或）工期延误，发包人应承担由此增加的费用和（或）工期延误，并向承包人支付合理利润。

上述对于“发包人要求”的约定表明，相比于此前《建设项目工程总承包合同示范文本（试行）》，《建设项目工程总承包合同（示范文本）》要求发包人对于项目基础资料以及发包人的指令、要求等产生的相应后果承担更重的法律责任。这要求发包人对于项目的要求或干预应更加审慎。同时承包人对于发包人的要求与指令，除过往的工程签证或会议纪要等证据留存外，承包人应通过商业谈判明确发包人指令构成对于合同附件《发包人要求》的补充或修改。

八、小结

2020年8月，住房和城乡建设部等部门联合公布《关于加快新型建筑工业化发展的若干意见》。该意见第二十条明确指出，大力推行工程总承包，引导骨干企业提高项目管理、技术创新和资源配置能力，培育具有综合管理能力的工程总承包企业，保障工程总承包单位的合法权益。江苏省住房和城乡建设厅、江苏省发展和改革委员会发布《关于推进房屋建筑和市政基础设施项目工程总承包发展的实施意见》。该意见中明确，在建设内容明确、技术方案成熟的前提下，政府投资项目、国有资金控股或者占主导地位的项目率先推行工程总承包方式。四川、吉林等省也相继发布了类似意见。从政策导向上看，虽然我国的工程总承包发展历程较短，但是发展势头迅猛，市场前景广阔，工程总承包模式将成为我国建筑行业今后一段时期的重要发展方向之一。

第二章 工程总承包项目发包准备阶段的法律风险与防范

工程总承包项目一般在可行性研究、方案设计或者初步设计完成后进行发包。《关于进一步推进工程总承包发展的若干意见》规定，建设单位可以根据项目特点，在可行性研究、方案设计或者初步设计完成后，按照确定的建设规模、建设标准、投资限额、工程质量和进度要求等进行工程总承包项目发包。《房屋建筑和市政基础设施项目工程总承包管理办法》第七条规定，建设单位应当在发包前完成项目审批、核准或者备案程序。采用工程总承包方式的企业投资项目，应当在核准或者备案后进行工程总承包项目发包。采用工程总承包方式的政府投资项目，原则上应当在初步设计审批完成后进行工程总承包项目发包；其中，按照国家有关规定简化报批文件和审批程序的政府投资项目，应当在完成相应的投资决策审批后进行工程总承包项目发包。本章内容从工程总承包发包准备阶段的内容梳理出发，结合相关法律规定和实务案例，对发包准备中常见的风险点进行总结分析。

一、工程总承包项目发包准备概述

在发包准备阶段，发包人需认真履行发包前项目管理职责，如确定项目范围、建设规模、建设标准、功能需求、投资限额、工程质量和进度要求，落实建设资金来源，初步设计完成概算批复，取得相关政府许可证后，选择适合自身建设项目的工程总承包模式。而前述管理职责的内容，统称为“现场资料”，发包人应对“现场资料”的准确性负责。

（一）“现场资料”的界定

“现场资料”在现有的工程总承包规定及相关合同范本中暂无统一定义，但有相关或相类似的表述，列举如下：

《房屋建筑和市政基础设施项目工程总承包管理办法》第九条规定，建设单位应当根据招标项目的特点和需要编制工程总承包项目招标文件，其中一项内容包括发包前完成的水文地质、工程地质、地形等勘察资料，以及可行性研究报告、方案设计文件或者初步设计文件等。

《公路工程设计施工总承包管理办法》第八条规定，总承包招标应当向投标人提供初步设计文件和相应的勘察资料，以及项目有关批复文件和前期咨询意见。

《建设项目工程总承包合同示范文本（试行）》第二部分“通用条款”第1.1.18条和第1.1.19条分别对“项目基础资料”和“项目障碍资料”进行了约定。其中，“项目基础资料”指发包人提供给承包人的经有关部门对项目批准或核准的文件、报告（如选厂报告、资源报告、勘察报告等）、资料（如气象、水文、地质等）、协议（如原料、燃料、水、电、气、运输等）和有关数据，以及设计所需的其他基础资料等。“现场障碍资料”指发包人需向承包人提供的进行工程设计、现场施工所需的地上和地下已有的建筑物、构筑物、线缆、管道、受保护的古建筑、古树木等坐标方位、数据和其他相关资料。

银皮书第2.5条［现场数据和参考项目］载明，业主在基准日期前后，都应向承包商提供业主拥有的关于现场地形和地下、水文、气候和环境条件的所有相关数据。黄皮书在第2.5条中的界定与银皮书一致。

由此可见，“现场资料”的理解源于字面，它是指与项目有关的实地数据或文本材料；与发包人的要求有所不同，因此“现场资料”必须具有客观性。我们对“现场资料”的范围作出了总体界定，主要包含地下结构、水文信息以及环境数据等相关材料。通常情况下，这些资料可以由总承包人在实际履约过程中主动获得，也可能由发包人提供，如可能包含在发包人提供的勘察资料或招标文件中。作为整个工程计划的基础信息，准确的“现场资料”对于项目的实施具有极其重要甚至是关键性的影响。

（二）发承包双方对现场资料准确性的责任分担

针对存在合同约定的情况下所涉及的责任分担规则，必须遵循民商事合同当事人自主意愿的准则。也就是说，如果在发包人和总承包人之间的合同中明确规定了关于地下、水文、环境等现场数据准确性的责任分担，那么就应依照他们的协议来执行。需要特别注意的是，考虑到市场交易的公平要求以及工程施工过程中发包人与承包人权利与义务的平衡要求，工程总承包活动应遵循合法、公平、诚实守信的原则，合理地分担风险，确保工程质量与安全，实现能源节约，维护生态环境，且不得损害社会公共利益及他人的合法权益。

因此，发包人与总承包人之间应当合理地分担风险。如果在招标文件或合同中使用诸如“无限风险”“全部风险”等措辞来规定一方的责任范围，当一方主张这种规定显然不公平时，应当坚持遵循合法、公平、诚实守信的原则。应在考虑双方权利义务的平等程度、风险分摊的合理性等因素的基础上进行综合考量，而不应简单地依据合同规定来做出判断。

对于未在合同中约定或约定不明的责任分担情况，原则上应由提供现场数据的一方承担相关数据准确性的责任。但是，如果这些现场数据由发包人提供，总承包人应在合理的时间内履行作为经验丰富的承包商应尽的合理审核义务。

（三）“现场资料”准确性责任对工程总承包合同价款的影响

在现场资料由总承包人提供的情况下，总承包人有责任确保相关资料的准确性。如果因现场资料错误影响了合同价款，总承包人主张对合同价款进行调整，这种主张不应当被支持。这一判断一般没有争议。

更加复杂的情况是，当现场资料由发包人提供时，发包人作为提供方应对资料的准确性负责，同时总承包人也应在合理的时间内履行一个有经验的承包商应尽的合理复核义务。基于此，如何认定总承包人是否尽了合理的复核义务，如何界定发包人和总承包人各自承担的责任范围，简言之，应结合项目类型、现场资料对项目的具体影响、双方的过错程度、实际损失状况以及过错与损失之间的因果关系等多种因素来进行综合判断。这里需要强调的是，这一规则将项目类型作为总承包人主张调整合同价款时的一个参考因素，原因在于不同类型的建设项目对发包人和总承包人的权利义务有着不同的要求。例如，在普通房屋建筑和市政基础设施项目中，总承包人的责任范围不包括勘察阶段。对于采用严格的设计—

采购—施工模式的某些能源工程项目，总承包人的责任范围更广，涉及地下、水文和环境等现场资料的工作更多。在这种情况下，后者对总承包人复核义务的要求应该高于前者，因此应该有所区分。

（四）发包人承担设计文件准确性的责任范围

1. 发包人可能会提供部分设计文件

在工程总承包模式下，虽然设计通常属于承包人的范围，但在采购阶段，发包人也可能会提供一些设计文件。

对于房屋建筑项目来说，当发包人选择工程总承包单位时，方案设计或初步设计可能已经完成。《房屋建筑和市政基础设施项目工程总承包管理办法》规定，对于政府投资的房屋建筑和市政基础设施项目，在选择工程总承包单位时，初步设计文件应该已经制定完成，这个规定同样适用于公路项目。

对于工业和能源类项目，尽管其建设内容和技术要求相对明确，但在采购阶段发包人仍可能提供一些设计文件。

在国际咨询工程师联合会官方编制的《菲迪克合同指南》中，将黄皮书（设计—施工总承包）和银皮书（设计—采购—施工总承包）中的设计工作划分为三个阶段：

（1）概念设计。由发包人完成，包含在发包人要求中，以便界定工程。这部分设计可能只包括不到全部设计 10% 的内容，而且可能需要对“早期想法”和“明确的要求”加以区分。

（2）初步设计。由每一个投标人完成，包含在投标文件中。

（3）最终设计。由承包人完成。

综上，无论是在设计—施工总承包还是设计—采购—施工总承包模式下国际咨询工程师联合会认为发包人都可能会完成概念设计工作，并将其包含在采购（招标）文件中。所以，工程总承包项目中，发包人在采购承包人时可能会提供部分设计文件。

2. 当发包人提供的设计文件不属于承包人设计义务范围时，发包人应对其准确性承担责任，承包人应负有复核和缺陷通知义务

如果采购（招标）文件、合同或其他文件中明确规定或可判断，发包人提供的设计文件不在承包人的设计义务范围内，则承包人无须对这部分设计文件承担

设计义务，与此相关的准确性责任应由发包人负责。《公路工程设计施工总承包管理办法》的第八条、第十六条、第十八条也规定，初步设计由初步设计单位负责，总承包单位负责施工图设计。因此，对于公路工程中发包人提供的初步设计文件，不属于承包人的设计义务范围。

虽然发包人对这部分设计文件的准确性负有责任，但承包人仍然需要承担审核义务。在工程总承包合同框架下，考虑到承包人通常具有较强的设计能力，要求其对发包人提供的设计文件进行复核和及时通知以发现设计缺陷，从而避免不必要的损失，是合理的。

在国际咨询工程师联合会合同文本中，无论是2017年版黄皮书还是银皮书，都强调了承包人对发包人提供的资料和文件的复核义务。在《标准设计施工总承包招标文件》（2012年版）的"通用合同条款"第1.13条中，同样要求承包人认真阅读、复核发包人的要求，如发现错误应及时书面通知发包人。

在这种情况下，如果承包人在合理期限内发现发包人提供的设计文件存在问题，则由发包人承担因此增加的费用和工期的责任。然而，如果承包人未在合理期限内发现发包人提供的设计文件存在问题，则属于未尽到复核义务的情况。这种情况下，因为承包人未能及时发现问题而导致的费用增加和（或）工期延误风险，应由承包人承担。

以案为例，假设某工程总承包项目中，承包人本可以在施工前发现设计问题（合理期限在施工前结束），但事实上是在施工后才发现的，在此情况下，为修复设计问题，需要拆除已完成工程，并重新设计和施工。如果承包人在施工前发现了问题，只需要修改设计并按新设计施工，无须拆除已完成工程。因此，在这种情况下，应由承包人承担的增加费用=在施工后修复设计问题的费用（拆除已完工程的费用+修改设计的费用+按新设计施工的费用）-在施工前修复设计问题的费用（修改设计的费用+按旧设计施工的费用）。承包人可以主张的费用=在施工后修复设计问题的费用（拆除已完工程的费用+修改设计的费用+按新设计施工的费用）-应由承包人承担的增加费用（拆除已完工程的费用+按旧设计施工的费用）。在相减的情形下，承包人可以主张的费用=修改设计的费用+按新设计施工的费用-按旧设计施工的费用。

在判断合理期限方面，是以有经验的工程总承包单位的能力为标准，在考虑合理成本的前提下，承包人可通过复核发现发包人提供的设计文件的问题的时间。

关于承包人的通知义务，《民法典》第五百九十一条规定，当事人一方违约后，对方应当采取适当措施防止损失的扩大；没有采取适当措施致使损失扩大的，不得就扩大的损失请求赔偿。当事人因防止损失扩大而支出的合理费用，由违约方负担。第七百七十六条规定，承揽人发现定作人提供的图纸或者技术要求不合理的，应当及时通知定作人。因定作人怠于答复等原因造成承揽人损失的，应当赔偿损失。《建设工程质量管理条例》（2019 年修正）第二十八条规定，施工单位必须按照工程设计图纸和施工技术标准施工，不得擅自修改工程设计，不得偷工减料。施工单位在施工过程中发现设计文件和图纸有差错的，应当及时提出意见和建议。

3. 风险合理分配的基本原则

参考财政部《PPP 项目合同指南（试行）》中规定的风险分配形式，风险分配最好能遵循以下基本原则：

（1）承担风险的一方应该对该风险具有控制力；

（2）承担风险的一方能够将该风险合理转移（例如，通过购买相应保险）；

（3）承担风险的一方对于控制该风险有更大的经济利益或动机；

（4）由该方承担该风险最有效率；

（5）如果风险最终发生，承担风险的一方不应将由此产生的费用和损失转移给合同相对方。

根据以上原则，鉴于发包人提供的设计文件是由发包人委托设计单位编制的，因此对设计缺陷的风险拥有更大的控制权，同时也能够将相关风险转移给设计单位。与此同时，承包人难以在报价中准确估计其未发现的设计缺陷带来的风险。因此，将这种相关风险分担给发包人，也是一种相对合理和有效的方式。

4. 如果承包人履行通知义务，发包人仍要求承包人按照有缺陷的设计继续施工，且承包人继续施工，就此产生的质量问题，承包人也应承担部分责任

设计缺陷可分为两种情形：一是设计缺陷未达到国家最低标准，二是满足国家最低标准但低于发包人要求的设计缺陷。对于后一种设计缺陷，如果承包人提出并发包人坚持要求按此施工，应视为发包人改变了要求。由此导致工程后续无法满足发包人原先的要求，发包人应独自承担责任。

然而，对于前一种设计缺陷，由于承包人负有法定的工程质量责任，如果在发包人的要求下，继续按不符合法定要求的设计文件施工，就存在对工程质量问题的疏忽过错。同时，承包人也未能履行减损义务，因而产生的质量问题，承包人应分担部分责任。例如，最高人民法院案例有观点认为，作为专业施工单位，承包人在未获得岩土详细勘查报告和审核过的施工图的情况下投标承揽工程，显然不够谨慎。尽管在发现特殊地质情况后提出建议，但在未得到发包人认可后仍不计后果冒险施工，对桩基质量问题采取了放任态度。这种主观态度和做法应受到否定评价。若承包人真关心工程质量，应就地质问题与发包人协商，协商不成时，即明知工程无法继续，应采取措施避免损失扩大。从工程施工开始，承包人便可采取停工的措施，然而其为了合同利益，却一意孤行。综上所述，发包人对该案工程质量问题应负主要责任，承包人承担次要责任。该院认为，对二审法院确定的责任比例应进行调整，由发包人承担该案工程质量问题的发生70%的责任，承包人承担30%的责任。

（五）如果发包人提供的设计文件属于承包人的设计范围，且不构成对承包人的要求，则承包人应对其准确性承担责任

倘若采购（招标）文件、合同或其他文件中明确规定，或从中可推断出，发包人提供的设计文件被视为承包人的设计职责范围，且仅作为承包人参考之用，此时设计责任应由承包人承担。这种观点的基础在于：若完成该部分设计工作原本即属于承包人的责任，而发包人所提供的设计文件并非构成对承包人的具体要求，而仅是为承包人提供参考，那么该责任并不因为发包人善意的辅助而被免除。

二、工程总承包项目发包准备阶段的风险与防范

发包前准备阶段的实务纠纷虽然少于其他阶段，但是某些经常发生的争议焦点还是值得关注，如未取得建设工程规划许可审批手续、提前发包和发包人提供“现场资料”错误出现争议等情形。

（一）未取得规划许可审批手续提前发包的风险与防范

【风险点解析】

《城乡规划法》（2019年修正）第四十条第一款规定，在城市、镇规划区内

进行建筑物、构筑物、道路、管线和其他工程建设的，建设单位或者个人应当向城市、县人民政府城乡规划主管部门或者省、自治区、直辖市人民政府确定的镇人民政府申请办理建设工程规划许可证。该法第六十四条规定，未取得建设工程规划许可证或者未按照建设工程规划许可证的规定进行建设的，由县级以上地方人民政府城乡规划主管部门责令停止建设；尚可采取改正措施消除对规划实施的影响的，限期改正，处建设工程造价百分之五以上百分之十以下的罚款；无法采取改正措施消除影响的，限期拆除，不能拆除的，没收实物或者违法收入，可以并处建设工程造价百分之十以下的罚款。根据上述规定可知，取得建设工程规划许可证是进行合法建设的前提。

未取得建设工程规划许可证即进行建设或者未按照建设工程规划许可证的规定进行建设是法律明确禁止的行为，故根据《民法典》第一百五十三条第一款的规定，以该建设行为为主要内容的建设工程施工合同应当被认定为无效。

最高人民法院《关于审理建设工程施工合同纠纷案件适用法律问题的解释（一）》第三条规定，当事人以发包人未取得建设工程规划许可证等规划审批手续为由，请求确认建设工程施工合同无效的，人民法院应予支持，但发包人在起诉前取得建设工程规划许可证等规划审批手续的除外。发包人能够办理审批手续而未办理，并以未办理审批手续为由请求确认建设工程施工合同无效的，人民法院不予支持。该条规定认可，发包人未取得建设工程规划许可证等规划审批手续，建设工程施工合同无效。但该条额外规定了无效合同的效力补正，即发包人在起诉前取得建设工程规划许可证等规划审批手续，应认为合同有效。上述的认定主要针对一般施工模式，工程总承包模式发包的项目与一般施工模式存在差异，未取得规划审批手续对工程总承包合同效力的影响，我们认为不能机械适用最高人民法院《关于审理建设工程施工合同纠纷案件适用法律问题的解释（一）》第三条的规定。首先，《城乡规划法》（2019 年修正）规定，建设项目需获得有关部门批准、核准、备案后，方可申领建设用地规划许可证。判定合同效力应当以合同订立时的条件来判断，现有法律、行政法规对申领建设用地规划许可证和工程总承包发包的先后顺序并未作出规定。其次，《建设项目工程总承包合同（示范文本）》通用合同条件规定，发包人有办理建设用地规划许可证、建设工程规划许可证、建设工程施工许可证等许可和批准的义务。根据此条可以推理出，签订合同时建设用地规划许可证可能尚未办理，不能以在后行为来判断在前行为的法律效力。故项目在核准、备案后即进行工程总承包发包的，未取得建设用地规划许可证不应认定工程总承包合同无效。

值得注意的是，即使是工程总承包模式，发包人未取得建设工程规划许可证依然存在面临行政处罚的风险，依据法律规定，县级以上地方人民政府城乡规划主管部门应当责令未取得建设工程规划许可证的项目停止建设；尚可采取改正措施消除对规划实施的影响的，限期改正，处建设工程造价5%以上10%以下的罚款；无法采取改正措施消除影响的，限期拆除，不能拆除的，没收实物或者违法收入，可以并处建设工程造价10%以下的罚款。

【防范措施】

目前大多数省市规定申领建设工程规划许可证需要完成施工图设计。依据《房屋建筑和市政基础设施项目工程总承包管理办法》第三条规定，工程总承包的承包范围至少应当包括设计和施工两个阶段，施工图设计是设计工作的最后一个阶段，即工程总承包承包范围至少应当包括施工图设计。完成施工图设计是申领建设工程规划许可证的前提条件，如果要求工程总承包项目在发包时必须取得建设工程规划许可证等规划审批手续，就意味着发包前需要完成施工图设计，显然发包前完成施工图设计与工程总承包发包的范围不相符。此外，《建设项目工程总承包合同（示范文本）》规定，取得建设用地规划许可证、建设工程规划许可证是属于工程总承包项目履行过程中发包人的义务，而非发包时必须取得的条件。但是，当办理许可证的条件成就时，建议及时办理相关手续，此处需要注意，申请办理建设工程规划许可证，应当提交建设用地规划许可证、建设工程设计方案等材料。需要建设单位编制修建性详细规划的建设项目，还应当提交修建性详细规划。具体提供的材料地方性法规有特殊要求的还要参考地方性法规的特殊要求。在可行性研究报告批复后即发包的项目，取得建设工程规划许可证义务在发包后履行。

【相关规定链接】

最高人民法院《关于审理建设工程施工合同纠纷案件适用法律问题的解释（一）》（法释〔2020〕25号）

第三条　当事人以发包人未取得建设工程规划许可证等规划审批手续为由，请求确认建设工程施工合同无效的，人民法院应予支持，但发包人在起诉前取得建设工程规划许可证等规划审批手续的除外。

发包人能够办理审批手续而未办理，并以未办理审批手续为由请求确认建设工程施工合同无效的，人民法院不予支持。

《中华人民共和国城乡规划法》（2019 年修正）

第三十八条　在城市、镇规划区内以出让方式提供国有土地使用权的，在国有土地使用权出让前，城市、县人民政府城乡规划主管部门应当依据控制性详细规划，提出出让地块的位置、使用性质、开发强度等规划条件，作为国有土地使用权出让合同的组成部分。未确定规划条件的地块，不得出让国有土地使用权。

以出让方式取得国有土地使用权的建设项目，建设单位在取得建设项目的批准、核准、备案文件和签订国有土地使用权出让合同后，向城市、县人民政府城乡规划主管部门领取建设用地规划许可证。

城市、县人民政府城乡规划主管部门不得在建设用地规划许可证中，擅自改变作为国有土地使用权出让合同组成部分的规划条件。

第四十条　在城市、镇规划区内进行建筑物、构筑物、道路、管线和其他工程建设的，建设单位或者个人应当向城市、县人民政府城乡规划主管部门或者省、自治区、直辖市人民政府确定的镇人民政府申请办理建设工程规划许可证。

申请办理建设工程规划许可证，应当提交使用土地的有关证明文件、建设工程设计方案等材料。需要建设单位编制修建性详细规划的建设项目，还应当提交修建性详细规划。对符合控制性详细规划和规划条件的，由城市、县人民政府城乡规划主管部门或者省、自治区、直辖市确定的镇人民政府核发建设工程规划许可证……

第六十四条　未取得建设工程规划许可证或者未按照建设工程规划许可证的规定进行建设的，由县级以上地方人民政府城乡规划主管部门责令停止建设；尚可采取改正措施消除对规划实施的影响的，限期改正，处建设工程造价百分之五以上百分之十以下的罚款；无法采取改正措施消除影响的，限期拆除，不能拆除的，没收实物或者违法收入，可以并处建设工程造价百分之十以下的罚款。

【典型案例】

案例一：山东水泊梁山影视基地股份有限公司、深圳文科园林股份有限公司建设工程合同纠纷案

案号：（2020）鲁 08 民终 2508 号

审理法院：山东省济宁市中级人民法院

裁判要旨：

发包人与总承包人订立的建设工程合同涵盖了设计、采购、施工等各阶段在内的工程内容，区别于传统的建设工程施工合同，因此是否取得规划许可证并非工程总承包合同的生效要件。

基本案情：

2017年1月20日，山东水泊梁山影视基地股份有限公司（以下简称水泊影视公司）就水浒影视文化体验园（一期）建设项目设计—采购—施工总承包项目委托华春建设工程项目管理有限责任公司山东分公司代理招标，并于2017年2月23日公开开标，经依法评标后确定深圳文科园林股份有限公司（以下简称文科园林公司）中标。水泊影视公司为此支付华春建设工程项目管理有限责任公司招标费用10万元。2017年1月5日，水泊影视公司在招投标前，将涉案项目在梁山县发展和改革局进行了登记备案，备案项目名称即为上述招标项目，建设内容为：该项目总占地约816亩，总建筑面积71,465平方米，包括游客中心、马术演艺场、山神庙、水浒文化研究所、青凤综合体、拍摄制作办公综合体、影视制作展示中心、民宿建筑、公共卫生间、水浒文化喷泉广场、景区入口、道路排水工程、景观绿化工程等园区配套工程，总投资额为98,346万元。项目执行年限为2017年1月—2018年1月。设计—采购—施工总承包项目合同中标人确定后，水泊影视公司依法向文科园林公司发出了中标通知书。文科园林公司收到该中标通知书后于2017年3月13日发出项目中标公告，就中标项目基本情况、项目中标对公司经营业绩影响、风险提示予以公示。后双方产生争议，诉至法院，水泊梁山公司应当在涉案工程开工前取得建设用地规划许可证、建设工程规划许可证以及施工许可证，但是截至一审结束时，水泊影视公司仍未取得上述证明许可，文科园林公司主张合同无效，双方就合同效力问题亦产生争议。

法院裁判理由与结果：

一审法院认为，从法律规定可知，法律上默许的取得建设工程规划许可证的最晚时间节点是在对建设项目进行正式施工建设前，而工程总承包合同的订立与项目的施工建设属于两个不同的独立阶段，前一阶段应取得建设工程规划许可证，但《城乡规划法》及地方城乡规划条例并未作出强制约束性相关规定。从签订工程总承包合同和取得建设工程规划许可证的逻辑顺序来看，建设工程规划许可证需要提交建设工程设计方案并通过审核后方能取得。工程总承包的承包范围包括工程勘察、设计、采购、施工等全部环节，其中设计环节包含了工程方案的设计，是工程总承包单位履行工程总承包合同的约定义务之一。因此，在逻辑顺序上，应当是先签订工程总承包合同并完成工程设计方案，再由建设单位申请办理建设工程规划许可证，时间上必定是工程总承包合同签订在前，规划许可证取得在后。如果以工程总承包合同签订时无法取得规划许可证来否定合同效力，所有工程总承包合同都将有可能归于无效，这有悖于立法本意，也不利于实现合同目的。《城乡规划法》规定，建设工程规划许可证的取得是建设单位的法定义务。规划许可证的取得与否，不影响工程总承包合同的效力，而取得规划许可证应作为建设单位的法定义务。综上所述，工程总承包合同具有一定的特殊性，不同于传统的建设工程施工合同，不能以建设工程施工合同的效力规范判断建设工程总承包合同的效力。建设工程总承包合同一般在签订时即成立生效，不以取得规划许可证作为工程总承包合同生效的要件，故水泊影视公司与文科园林公司签订的设计—采购—施工总承包项目合同合法有效，该院对文科园林公司关于水泊影视公司未按照法律规定办理建设用地规划许可和建设工程规划许可，违反了法律的强制性规定，设计—采购—施工总承包项目合同中约定的建设内容对其无效的主张，不符合法律规定，该院依法不予支持。

二审法院认为，从合同生效要件的角度分析，未取得规划许可证并不影响工程总承包合同的效力，应当适用民法典施行前的法律、司法解释的规定认定工程总承包合同的效力。根据当时的合同法规定，发包人可以与总承包人订立建设工程合同，建设工程合同包括工程勘察、设计、施工合同，据此可以看出涵盖了设计、采购、施工等各阶段在内的工程总承包合同与合同法上的建设工程合同在概念上略有差异，两者既有范围上的交叉，又存在各自的内涵。是否取得规划许可证，并非工程总承包合同生效要件，涉案合同应认定为有效合同。

案例二：连云港市易事特光伏科技有限公司与连云港绿源电力工程有限公司建设工程施工合同纠纷案

案号：（2020）苏07民终959号

审理法院：江苏省连云港市中级人民法院

裁判要旨：工程总承包发包人开发建设的涉案工程未办理建设工程用地规划和工程规划许可手续，故发包人与总包人之间签订的《EPC合同》因违反了法律强制性规定，应当认定为无效合同。

基本案情：

2015年9月9日，连云港市易事特光伏科技有限公司（以下简称易事特公司，甲方、发包方）与连云港市绿源电力工程有限公司（以下简称绿源公司，乙方、承包方）签订《连云港赣榆3MW农光互补光伏发电项目项目开发+EPC工程承包合同》。合同约定：承包方为项目办理下列工作内容，包括但不限于：从前期工作到项目并网所有手续，并承担相应费用，如项目用地四证一书（国有土地使用证、建设用地规划许可证、建设工程规划许可证、建设工程施工许可证和项目选址意见书）、备案申请报告、节能报告、维稳报告、土地租赁协议、办理电力接入意见、电力接入系统方案的设计以及评审、线路可研和评审、无功补偿和线路安全稳定专篇和评审、环评报告、无文物遗存报告、矿产压覆报告、水土保持方案、地质灾害危险性评估报告、安全评价报告（安全预评价、安全专篇、安全验收）、并网调度协议、电价批复、购售电合同、发电许可证、电力业务许可证以及项目备案等文件的制作和手续的办理。

2015年10月8日，绿源公司开始施工建设。

2015年10月28日，易事特公司向绿源公司支付了首期工程款1,170,000元。绿源公司于2016年1月6日施工完毕，并于2016年1月29日完成涉案工程的并网发电。

2016年2月2日，涉案工程经易事特公司验收合格。

一审另查明，绿源公司不具备光伏发电工程承包的施工资质。

一审庭审中，一审法院向易事特公司释明，因涉案工程至今未取得建设用地规划许可证、建设工程规划许可证，双方之间签订的《连云港赣榆3MW农光互补光伏发电项目项目开发+EPC工程承包合同》因违反了法律强制性规定，属于无效合同，易事特公司是否需要变更诉讼请求，但易事特公司坚持要求按照有效合同予以处理，并要求绿源公司履行第一项诉讼请求中的办证义务。关于树木砍伐问题，易事特公司认可其并非树木的所有权人，但认为该批树木遮挡了光伏板采光，应予以砍伐。关于涉案工程的质量，易事特公司认可未出现质量问题。

法院裁判理由与结果：

一审法院认为，易事特公司在未办理建设用地规划许可证、建设工程规划许可证的情况下即将光伏发电工程发包给不具备施工资质的绿源公司施工，双方之间签订的《连云港赣榆3MW农光互补光伏发电项目项目开发+EPC工程承包合同》因违反工程建设审批手续以及建筑领域资质管理规定而无效。经一审法院释明后，对易事特公司仍然坚持按照有效合同处理，要求绿源公司履行办理各项证件以及支付质保金、违约金的诉讼请求，不予支持。

二审法院认为，易事特公司开发建设的涉案工程未办理建设工程用地规划和工程规划许可手续，故易事特公司与绿源公司之间签订的《连云港赣榆 3MW 农光互补光伏发电项目项目开发 + EPC 工程承包合同》因违反了法律强制性规定，应当认定为无效合同。因合同无效，一方面，易事特公司要求绿源公司继续履行合同所约定的办理相关证书的义务没有法律依据，该院不予支持；另一方面，合同中所约定的违约金条款亦应认定无效，故易事特公司上诉要求绿源公司承担逾期完工违约金的请求亦没有法律依据，该院不予支持。

（二）发包人提供“现场资料”错误的风险与防范

【风险点解析】

发包人提供的“现场资料”，包括：可行性研究报告、方案设计文件或者初步设计文件等初步资料，毗邻区域内的供水、排水、供电、供气、供热、通信、广播电视等地上、地下管线和设施资料，气象和水文观测资料，水文地质、工程地质、地形等地质勘察资料以及相邻建筑物、构筑物和地下工程等有关的工程资料等。依据《民法典》第五百零九条第一款规定，当事人应当按照约定全面履行自己的义务。第五百八十二条规定，履行不符合约定的，应当按照当事人的约定承担违约责任……第八百零三条规定，发包人未按照约定的时间和要求提供原材料、设备、场地、资金、技术资料的，承包人可以顺延工程日期，并有权请求赔偿停工、窝工等损失。由此可见，提供工程资料是发包人的合同义务，而全面、准确履行合同义务是发包人的法律义务。再依据《房屋建筑和市政基础设施项目工程总承包管理办法》《公路工程设计施工总承包管理办法》等规定，设计—采购—施工工程总承包模式下，工程项目在招投标或者直接发包时，至少已完成了勘察，但至多完成了初步设计，一般尚未进行施工图设计。施工图设计虽属于设计—采购—施工工程总承包方的合同义务范围，但与发包人提供的“现场资料”密切相关。此处容易产生发承包双方的争议纠纷。

【防范措施】

尽管“EPC 工程总承包”模式下的“工程总承包方”承担了比传统施工总

承包模式下的"施工总包方"更多的义务，但提供基本现场数据及相应的基础性前期工作仍然"默认"为业主方（发包人）的义务范围，建议发包人重点关注所提供"现场资料"的准确性，在工程总承包合同中合理分配具体基础资料的责任主体和核实义务。合同中的约定将成为日后解决双方争议、支撑变更索赔工作的重要依据。双方谈判期间，形成的《补充协议》《情况说明》《备忘录》等能够表达意思表示的文件，也可以视为合同补充内容。

就发包人来说，前期应当做发包前的准备工作，由其单方提供的或者不可更改的基础资料，应当确保准确。如果出现发包人对于其提供的基础资料是否准确无法确定的情况，可在后续招标文件中要求承包人对提供的基础资料进行核实，但应当为承包人提供可以核实数据的客观条件。

作为总承包人，应重点关注发包人要求和基础资料，对于招标文件中要求承包人勘察现场或核实基础资料的，要及时复查复验并调整相应投标报价；要按照合同谨慎要求落实发包人要求和基础资料的审核工作，不能延续传统施工总承包的思路，认为业主提供的基础资料有误会以变更等方式解决。在司法实务中更注重双方签订的工程总承包合同，并依据合同约定分配双方责任。

【相关规定链接】

《房屋建筑和市政基础设施项目工程总承包管理办法》（建市规〔2019〕12号）

第九条　建设单位应当根据招标项目的特点和需要编制工程总承包项目招标文件，主要包括以下内容：

（一）投标人须知；

（二）评标办法和标准；

（三）拟签订合同的主要条款；

（四）发包人要求，列明项目的目标、范围、设计和其他技术标准，包括对项目的内容、范围、规模、标准、功能、质量、安全、节约能源、生态环境保护、工期、验收等的明确要求；

（五）建设单位提供的资料和条件，包括发包前完成的水文地质、工程地质、地形等勘察资料，以及可行性研究报告、方案设计文件或者初步设计文件等；

（六）投标文件格式；

（七）要求投标人提交的其他材料。

建设单位可以在招标文件中提出对履约担保的要求，依法要求投标文件载明拟分包的内容；对于设有最高投标限价的，应当明确最高投标限价或者最高投标限价的计算方法。

推荐使用由住房和城乡建设部会同有关部门制定的工程总承包合同示范文本。

第十五条　建设单位和工程总承包单位应当加强风险管理，合理分担风险。

建设单位承担的风险主要包括：

（一）主要工程材料、设备、人工价格与招标时基期价相比，波动幅度超过合同约定幅度的部分；

（二）因国家法律法规政策变化引起的合同价格的变化；

（三）不可预见的地质条件造成的工程费用和工期的变化；

（四）因建设单位原因产生的工程费用和工期的变化；

（五）不可抗力造成的工程费用和工期的变化。

具体风险分担内容由双方在合同中约定。

鼓励建设单位和工程总承包单位运用保险手段增强防范风险能力。

【典型案例】

案例一：上海宝钢节能环保技术有限公司、南京圣诺热管有限公司建设工程施工合同纠纷案

案号：（2019）鄂02民终1870号

审理法院：湖北省黄石市中级人民法院

裁判要旨：

业主方（发包人）显系余热锅炉原始设计参数的提供者，对该原始数据的准确性负有责任。

基本案情：

上海宝钢节能环保技术有限公司（以下简称宝钢节能公司，发包人）与南京圣诺热管有限公司（以下简称圣诺热管公司，承包人）于2014年5月8日签订了一份《合作协议》，双方一致同意就大冶特钢7号、8号电炉烟气余热利用项目开展合作，实现发展共赢。协议约定：（1）合作范围：大冶特钢7号、8号电炉烟气余热利用项目；（2）合作分工：根据双方各自的优势，明确双方各自的重点工作。如甲方中标，甲方考虑将乙方作为本项目的工程集成方，并另行签订书

面合同。若中标，甲方将该项目以设计—采购—施工总承包形式委托给乙方由乙方承建，并另行签订书面合同。设计—采购—施工合同签订后，承包人完成施工，后双方发生争议诉至法院，设计—采购—施工工程总承包方圣诺热管公司作为原告向发包人宝钢节能公司主张工程款1300余万元；发包人反诉承包人主张违约金和“产汽量收益损失”合计近1400万元。

法院裁判理由与结果：

一审法院认为，宝钢节能公司未能举证证明其提供的基本条件达到约定标准，或者烟气余热达到约定标准时圣诺热管公司设备仍不能达到额定蒸发量t/炉钢≥9t/炉钢的约定标准。故圣诺热管公司实施的工程未能达到预期产能与宝钢节能公司提供的额定烟气温度没有达到约定标准800℃之间存在直接因果关系。因此，宝钢节能公司提出的圣诺热管公司实施的工程未能达到预期产能及未通过功能考核，并以此拒付工程款的抗辩理由不成立，不予采纳。

二审法院认为，圣诺热管公司对工程总负责，但宝钢节能公司作为发包方向圣诺热管公司提供工艺要求和基本条件，其中主要工艺条件包括涉案7号、8号电炉设备参数、电炉实际运行工况等数据。该事实说明，宝钢节能公司显系余热锅炉原始设计参数的提供者，对该原始数据的准确性负有责任。从设计值与基础数据匹配度的角度看，对照电炉设备参数和实际冶炼数据，其中涉案7号、8号电炉平均出钢量为70吨，最大出钢量85吨，铁水热装比一般达到60%，实际运行平均铁水热装比超过60%。该部分数据与圣诺热管公司承诺书载明电炉出钢量不小于每炉70吨、铁水热装比不小于60%的条件相一致。圣诺热管公司则根据上述基础数据，最终确定余热锅炉额定烟气温度为800℃。又结合涉案总承包合同中第9.1条规定，圣诺热管公司在完成工程初步设计、非标设备基本设计、功能需求书、功能规格书、设备规格书、设备清单、施工图等编制或设计后，应交由宝钢节能公司组织审查，圣诺热管公司对宝钢节能公司提出的意见予以充分考虑。由此可见，双方当事人对于设计方案详细内容的审查明确约定了各自的权利义务。而关于“本合同项目详细设计审查通过后”支付相应技术服务费的规定，以及宝钢节能公司实际履行对应技术服务费的事实，可以进一步佐证圣诺热管公司选定烟温800℃是以宝钢节能公司提供的数据为基础，并通过了宝钢节能公司的审查，宝钢节能公司称额定烟温800℃等参数是由圣诺热管公司设定的说法与客观事实不符。

合法有效的合同所约定的内容是当事人享有合同权利、承担合同义务的基础和前提，合同双方均应依约行事。虽然涉案合同为总承包合同，圣诺热管公司从项目设计、设备材料采购及供应、建筑安装施工至竣工验收全过程负责，但圣诺热管公司系以宝钢节能公司提供的原始参数作为承诺余热锅炉中压产汽量不小于9t/炉钢的前提条件，在包含额定烟气温度800℃等设计值为内容的设计方案依约需经宝钢节能公司审查通过的情形下，涉案余热锅炉项目本身亦经验收合格后，宝钢节能公司仍基于产汽量不达标的结果，主张圣诺热管公司应对选定800℃烟气温度的正确性负责，实则是拉长了产汽量不足的因果链条，回避了本身应对基础数据准确性负责、对设计方案依约进行审查的合同权利和义务。根据一审查明的事实，涉案余热锅炉项目竣工验收后，7号、8号电炉客观上存在不能达到铁水热装比60%等实际运行工况，直观的表现为余热锅炉入口烟温达不到额定800℃，从而导致无法达到中压产汽量不小于9t/炉钢的设计目标，并非圣诺热管公司设计方案中的设计值本身所致，也非余热锅炉项目工程本身性能不符造成。故在宝钢节能公司负有提供原始数据的合同义务，且对设计方案内容享有合同约定的审查权利的情形下，一审判决对宝钢节能公司以工程设计问题为由，拒付工程余款的抗辩主张不予支持，并无不当，该院予以维持。

案例二：北京国电富通科技发展有限责任公司与窑街煤电集团有限公司合同纠纷案

案号：（2020）甘01民初522号

审理法院：甘肃省兰州市中级人民法院

裁判要旨：

基础资料错误的责任在于发包人，其负有举证责任，发包人既无证据证明基础资料的准确性，也不同意鉴定，依法应当承担不利后果。

基本案情：

2015年4月29日，联合体牵头人北京国电富通科技发展有限责任公司（以下简称北京富通公司）及成员单位——山西省化工设计院与窑街煤电集团有限公司（以下简称窑街煤电公司）签订了《窑街煤电集团有限公司油页岩炼油项目二期工程总承包合同书》和《窑街煤电集团有限公司油页岩炼油项目二期工程总承包技术协议书》，对合同工作进行了全面约定。工作内容包括油页岩炼油项目二期工程的全部设计、设备采购、工程施工、项目管理、调试、验收、培训、移交及保修服务的总承包，并在技术协议书中明确了原料性质及指标参数。

案涉项目分别于2016年5月25日—8月9日和2017年7月25日—10月22日进行了两次带料试运行，但系统均无法实现独立满负荷运行。

2019年4月30日，北京富通公司和窑街煤电公司共同组织专家团队对案涉项目运行情况和改造技术方案进行了评审，并出具了《专家评审意见》。专家认为，现场原料实际指标低于设计值是导致自产煤气热值低、系统无法实现独立满负荷运行的关键因素。专家意见出具后，北京富通公司与窑街煤电公司进行协商未果。北京富通公司认为，窑街煤电公司提供的原料不符合技术协议约定的原料参数指标，是导致案涉项目未能通过达产达标测试和总体竣工验收的根本原因；窑街煤电公司认为，双方签订的是设计—采购—施工工程总承包固定总价合同，该案所涉工程一直处于技术整改阶段，并未通过竣工验收，因此不产生支付工程款的义务。2020年6月北京富通公司向法院提起诉讼，窑街煤电公司提出反诉。双方核心争议焦点是设计—采购—施工工程总承包合同发包人提供的基础资料与实际原料不一致，导致承包人完工的项目无法按约交付，责任应由谁承担。

法院裁判理由与结果：

原料参数指标系窑街煤电公司所提供。原料参数指标的设定即意味着案涉项目应当处理符合什么条件的原料。处理原料的范围与投资规模密不可分，而投资规模系由业主方考虑决定，因此，原料参数指标应系窑街煤电公司设定。同时，技术协议第3.9条对于原料性质进行了明确约定，如（末页岩铝甑分析表〈550℃〉）含油量8.97%、含水量5.51%及干馏气量5.78%。该条又载明：原料详细数据见油页岩公司提供材料。可见末页岩原料参数指标系由窑街煤电公司设定，窑街煤电公司应当负责提供符合技术协议第3.9条约定条件的原料，否则将承担不利后果。

案涉项目未能通过达产达标测试和总体竣工验收的责任在于窑街煤电公司。原料是否符合技术协议约定的原料参数指标，其举证责任在于窑街煤电公司，窑街煤电公司有义务证明原料参数指标符合技术协议约定的标准。窑街煤电公司既无证据证明原料参数指标符合技术协议约定的标准，也不同意鉴定，依法应当承担不利后果。《窑街煤电集团有限公司油页岩炼油项目二期工程改造技术方案专家评审会评审意见》认为：现场原料实际指标低于设计值是导致自产煤气热值低，系统无法实现独立满负荷运行的关键因素。北京富通公司主张窑街煤电公司提供的原料不符合技术协议的要求是案涉工程项目无法通过总体竣工验收的原因，窑街煤电公司对此应当承担全部责任。该评审会签到表中除有专家签名外，还有原被告双方人员的签字，该专家评审意见系由原被告双方共同委托的，对双方均具有约束力，因此，北京富通公司的主张于法有据，窑街煤电公司提供的原料不达标导致系统无法实现独立满负荷运行，应当承担全部责任。

案例三：伊吾东方民生新能源有限公司、中国能源建设集团新疆电力设计院有限公司建设工程设计合同纠纷案

案号：（2019）最高法民终969号

审理法院：最高人民法院

裁判要旨：

提供基础资料属于发包人义务，未提供基础资料或提供错误，责任应当由发包人承担。

基本案情：

2012年3月25日，哈密东方民生新能源有限公司（以下简称哈密东方公司）（甲方）委托中国能源建设集团新疆电力设计院有限公司（以下简称新疆电力设计院）（乙方）就东方民生哈密淖毛湖风电场一期、二期工程可行性研究项目进行技术咨询，双方签订《技术咨询合同》。该合同约定，咨询内容为东方民生哈密淖毛湖风电场一期、二期工程可行性研究（包括《可行性研究报告》及《项目申请报告》），合同约定技术咨询报酬总额为60万元。

2012年11月，新疆电力设计院制作《一期项目申请报告》（可研报告），该报告风能资源综述中记载：伊吾东方民生能源有限公司淖毛湖风电场一期（49.5MW）工程，5302号测风塔代表70m高度平均风速为6.34m/s，风功能密度为608W/m^2。同年10月，新疆电力设计院制作《项目申请报告》（可研报告），该报告风能资源综述中记载：伊吾东方民生能源有限公司淖毛湖风电场一期（49.5MW）工程，5302号测风塔代表70m高度平均风速为6.34m/s，风功能密度为608W/m^2。根据《风电场风能资源评估方法》（GB/T 18710—2002）风功率密度等级评判标准，本风电场风功率等级为4级，风能资源可开发利用。经计算该项目年理论发电量为13083.7万kW·h，预计项目年上网量为9919.8万kW·h，相应单机平均上网电量为280.2万kW·h，年等效满负荷小时数为2004h，容量系数为0.2288。

2013年5月，伊吾东方民生能源有限公司（以下简称伊吾东方公司）与新疆电力设计院签订《总承包合同》，约定由新疆电力设计院在一揽子价格的基础上负责伊吾东方民生淖毛湖风区2×49.5MW风电项目工程的勘察设计、建筑安装和施工（EPC含110kW升压站及110kV送出线路）/交钥匙工程总承包，建设规模为49.5MW。随后，伊吾东方公司与新疆电力设备有限公司签订《设备材料采购合同》，合同总价为5.16亿元。

但是，项目建成移交后，业主方（发包人）向设计—采购—施工工程总承包方发函称该公司在项目风机全部投入后，发现和推算两期项目年等效满负荷小时数与业主方（发包人）集团公司技经中心评审该项目时提供《可行性报告》的年等效满负荷小时数相去甚远，导致严重经济损失。

业主方（发包人）主张设计—采购—施工工程总承包方在工程设计阶段未能依据合同约定及国家相关规定进行至少为期一年的实地测风，构成违约，导致发电量达不到设计要求。总包方辩称实地测风并非其合同义务。

哈密东方公司与新疆电力设计院均确认，2012年3月25日所签《技术咨询合同》中有关哈密东方公司的全部权利义务后由伊吾东方公司予以承接。

法院裁判理由与结果：

实地测风应属于风电场工程前期工作中的可行性研究阶段，该阶段工作中并未包含对风电项目进行选址测风的内容。因此，伊吾东方公司主张对风电场进行实地测风系国家标准规定的必须由总承包人（设计方）应承担义务的理由不能成立，该院不予支持。从双方当事人签订的《技术咨询合同》及其后的《总承包合同》内容来看，约定由新疆电力设计院所承担的工作范围系依据前期相关报告对案涉工程的建设进行相关设计及其后续施工、设备安装调试等，亦未对风电场前期工作中建立测风塔并进行选址测风的内容作出明确约定，故伊吾东方公司主张新疆电力设计院应依据合同约定进行测风塔的建设以及实地测风无事实和法律依据，不予支持。

（三）“发包人要求”错误的风险与防范

【风险点解析】

与基础资料不同，“发包人要求”是发包人提出的未来实现工程项目最终建设目的的一些规定，而基础资料则是为了做工程而需要提供的一大堆的数据资讯，是为未来实现“发包人要求”最终的建设目的所服务的资料。“发包人要求”的重要性必然要求其应当明确具体，但工程建设复杂多样，工程总承包项目又是在没有翔实设计的情况下进行发包，加之发包人或其聘请的咨询机构可能自身经验、专业知识不足，经常出现“发包人要求”没有约定或约定不明，甚至是错误的情况，从而导致发承包双方产生争议。

【防范措施】

首先，发包人应关注以下几点：

1. 编制完善的“发包人要求”

为了确保《发包人要求》的内容完整、准确和具有可操作性，《建设项目工程总承包合同（示范文本）》在附件1《发包人要求》中明确规定了规范的要求表述方式，以减少工程总承包合同履行过程中的争议。

附件1《发包人要求》的首部特别注明了对于可以定量评估的工作，发包人应尽量清晰准确地规定其产能、功能、用途、质量、环境和安全要求，并规定了偏离范围、计算方法，以及具体的检验、试验和试运行要求。同时，在涉及承包人负责提供设备和服务、对发包人人员进行培训以及提供消耗品等方面，也要在附件1中明确规定。

因此，在填写和制定项目要求时，发包人应根据实际情况，尽可能做到要求内容的完整、准确和具有可操作性。准确而完整的《发包人要求》不仅可以帮助承包人准确理解和执行相关指令，确保发包人的要求得到全面实现，而且能够避免可能产生的法律风险。

考虑到发包人要求涉及的内容众多且涉及多个专业领域，建议发包人在起草和制定项目要求时邀请工程技术人员、项目经理、造价咨询人员和律师等共同参与，以确保所制定要求的科学性和完整性，并排除潜在的法律风险。

2. “发包人要求”应与合同范本相契合

尽管当前建设工程领域整体处于买方市场，但作为合同甲方的发包人并非可以随意设定或更改项目要求。对此，《建设项目工程总承包合同（示范文本）》通过两个方面对发包人要求的设定和更改进行了限制。

一是对发包人任意更改要求的权利进行了限制。主要体现在对发包人随意调整和更改项目工期及工程质量的限制上。工期和质量是工程总承包合同的核心条款，涉及合同双方的权利和义务关系，同时也可能涉及社会公共利益和公共安全问题。因此，发包人无权单方面进行任意的变更。《建设项目工程总承包合同（示范文本）》在通用合同条件第2.1条明确规定，发包人在履行合同过程中应遵守法律，并承担因违反法律而给承包人造成的任何费用和损失。发包人不得以任何理由，要求承包人在工程实施过程中违反法律、行政法规以及建设工程质量、安全、环保标准，任意缩短合理工期或降低工程质量。

二是明确发包人因要求内容存在错误，则需承担赔偿责任。《建设项目工程总承包合同（示范文本）》在通用合同条件第1.12条明确约定，《发包人要求》或其提供的基础资料中存在错误导致承包人增加费用和（或）工期延误的，发包人应承担由此增加的费用和（或）工期延误，并向承包人支付合理利润。

其次，承包人应关注以下几点：

1. 注重全面履行

工程总承包合同中，承包人履行《发包人要求》的内容是其最基本的合同义务，而准确理解《发包人要求》的含义并把握其意图则是顺利履行合同的前提。

在采用招投标方式确定承包人的工程项目中，“发包人要求”作为发包人招标文件的重要组成部分需要向外部公开招标公告。由于发包人要求投标人对招标条件进行实质性响应，因此投标人（承包人）在投标之前应全面、仔细、审慎地阅读“发包人要求”的全部内容，并综合考虑自身的履约能力等因素来决定是否进行投标。

由于投标文件具有要约的法律性质，在招标人收到投标文件并发出中标通知书后，承包人与发包人之间的合同即宣告成立。一旦合同成立，承包人不得随意进行调整或变更，否则将承担违约责任。

对于通过协商方式订立工程总承包合同的情况，承包人在订立合同之前同样应全面、仔细、审慎地阅读发包人的要求内容。一旦合同订立，合同对双方具有约束力，承包人应全面、适当地履行合同义务，不能随意进行变更或调整，否则将承担相应的违约责任。

2. 给予合理建议

尽管在建设工程领域，承包方的地位相对较弱，一些工程建设项目在合同签订时，发包人常带有强权思维。然而，承包人并非没有对策。为了平衡发包人与承包人之间的合同地位，并促进项目的顺利实施，《建设项目工程总承包合同（示范文本）》赋予了承包人提出合理化建议的权利。

针对附件1《发包人要求》约定中的不合理内容，承包人可以根据《建设项目工程总承包合同（示范文本）》中第二部分通用合同条件第13.2.1条提出合理化建议。该条款规定，承包人提出合理化建议的，应向工程师提交合理化建议说明，说明建议的内容、理由以及实施该建议对合同价格和工期的影响。此外，第二部分通用合同条件第13.2.2条规定，除专用合同条件另有约定外，工程师应在收到承包人提交的合理化建议后7天内审查完毕并报送发包人，发现其中存在技术上的缺陷，应通知承包人进行修改。发包人应在收到工程师报送的合理化建议后7天内审批完毕……

经过发包人批准的合理化建议，工程师应及时发出变更指示。根据《建设项目工程总承包合同（示范文本）》第13.3.3条的约定，合同价格的调整将按照“变更估价”进行执行。如果发包人不同意变更，工程师应向承包人发出书面通知。根据这些约定，承包人应及时向发包人提出合理化建议。这样做不仅可以减少因发包人要求内容不明确、不合理而导致施工难度增加、验收标准不明确等可能引发的损失，还可以根据专用合同条款的约定与发包人分享利益，如果合理化建议被发包人接受，可以降低合同价格、缩短工期或提高工程的经济效益。

3. 正确实施索赔

工程总承包项目与传统的施工总承包项目的最大区别在于，工程总承包合同不仅包括施工内容，还包括设计内容，并且设计与施工之间存在深度融合。

《房屋建筑和市政基础设施项目工程总承包管理办法》第七条规定，除采用工程总承包方式的政府投资项目应在初步设计完成后才发包外，其他项目的工程总承包发包时并没有相应的设计深度要求。在实践中，许多工程总承包项目在发包或签订合同时仅完成了概念设计或方案设计。这种情况下，发包人只能提出粗略、大致的要求，而且由于一些发包人缺乏建设经验，甚至可能出现提出的要求中存在错误的情况。合同签订后，为了解决项目要求不完善和错误存在的问题，发包人通常会在项目实施过程中通过发布指令和变更通知的方式对先前的要求进行修正，而承包人则只能被动地接受和执行。

发包人在合同履行过程中的频繁干涉基本上都会导致承包人面临施工成本增加、工期延误或其他损失等问题。为了有效应对这一问题并维护自身的合法权益，承包人可以依据《建设项目工程总承包合同（示范文本）》中通用合同条件第1.12条和第13条的约定。当因发包人的要求或提供的基础资料错误或发包人的变更导致承包人增加费用和（或）工期延误时，承包人可以在合同约定的期限内根据合同约定的程序及时向发包人提出索赔要求，要求发包人承担额外费用和（或）工期延误的不利后果，并可以主张合理的利润。

【相关规定链接】

《房屋建筑和市政基础设施项目工程总承包管理办法》（建市规〔2019〕12号）

第九条　建设单位应当根据招标项目的特点和需要编制工程总承包项目招标文件，主要包括以下内容：

……

（四）发包人要求，列明项目的目标、范围、设计和其他技术标准，包括对项目的内容、范围、规模、标准、功能、质量、安全、节约能源、生态环境保护、工期、验收等的明确要求；

……

【典型案例】

案例：河北普阳钢铁有限公司、北京江峰众成新技术有限公司建设工程施工合同纠纷案

案号：（2020）最高法民申6035号

审理法院：最高人民法院

裁判要旨：

发电工程总承包项目中，发包人负责土建工程，承包人以交钥匙总承包方式负责发电工程的设计、采购、设备安装调试等任务，发包人土建工程施工位置决定了承包人电力设备安装位置。发电厂未能按照合同约定位置施工的主要责任在发包人，承包人作为专业设计施工单位负有向发包人进行提醒的义务。

基本案情：

2012年7月，以河北普阳钢铁有限公司（以下简称普阳公司）为发包方，以北京江峰众成新技术有限公司（以下简称江峰公司）、河北冀电电力工程设计咨询有限公司（以下简称冀电公司）为承包方，双方签订《河北普阳钢铁有限公司8.0MW低温余热发电工程总承包合同》和《河北普阳钢铁有限公司3.0MW低温余热发电工程总承包合同》（以下分别简称：《8.0MW合同》《3.0MW合同》）各一份。其中，《8.0MW合同》合同标的载明为：发包方委托

承包方以交钥匙方式总承包“8.0MW 低温余热发电工程”。承包方根据发包方提供的低温余热发电工程相关资料、技术标准、工程范围，完成初步设计、施工图设计、设备材料采购、安装调试工程施工、试车、人员培训、性能考核、工程验收、竣工验收、交付使用等总承包全过程工作，对总承包工程的项目管理、质量、安全、工期及资料归档等全面负责。土建工程全部由普阳公司施工。详细施工范围及内容、技术要求见双方签订的本工程《技术协议》。《技术协议》于2012 年 6 月 23 日由以普阳公司为甲方、江峰公司为乙方的合同双方签订，该技术协议对相关设计参数予以明确，其中约定“在靠近二中板的位置建设电站一座”。另外，2012 年 5 月，冀电公司向普阳公司出具《8.0MW 低温饱和蒸汽余热发电工程可行性研究报告》，该报告在项目概述中载明：在靠近一中板的位置建设电站一座。上述合同、协议签订后，江峰公司、冀电公司进场进行了施工（发电站实际建在靠近一中板的位置），以上相关工程于 2013 年 6 月进行调试并试运行，双方于2013 年 11 月 16 日办理了竣工资料交接。后双方因合同纠纷诉诸法院。

法院裁判理由与结果：

虽冀电公司向普阳公司出具的《8.0MW 低温饱和蒸汽余热发电工程可行性研究报告》载明“在靠近一中板的位置建设电站一座”。但之后普阳公司与江峰公司签订的《技术协议》明确载明“将一中板、二中板、2 × 50t 转炉、2 × 30t 转炉蒸汽整合到一起，在靠近二中板的位置建设电站一座”。《8.0MW 合同》亦约定施工范围及内容、技术要求见《技术协议》约定。因此《技术协议》约定的将 8.0MW 电厂建在二中板的位置为双方最终确定的意见。按照合同约定，8.0MW 电厂界区外的设计、施工由普阳公司负责，土建工程由普阳公司施工，包括气源点至汽轮机之间的管道施工部分；而设备的安装、调试由江峰公司、冀电公司负责。因此，普阳公司土建工程的施工位置决定了江峰公司、冀电公司电力设备的安装地点。案涉工程及设备经由建设单位、设计单位、监理单位参与验收、调试，于 2013 年 11 月 16 日办理了竣工资料交接，并已交付使用多年。从合同约定、工程实际施工情况来看，8.0MW 电厂未能按照合同约定位置施工的主要责任在普阳公司，江峰公司、冀电公司作为专业设计施工单位对管道过长所可能带来的不利影响负有向普阳公司进行提醒的义务。原审酌定江峰公司、冀电公司适当减少工程价款符合案涉工程实际情况。

三、小结

在现阶段条件未明确的情况下，提前发包工程总承包项目会引发两个问题。首先，发包人可能在前期工作不充分的情况下提前发包，并利用其优势地位，要求承包人作出不合理的承诺，如固定总价、承担一切风险和变更。然而，由于前期工作不够深入，工程预算难以准确预测，项目资金压力巨大。一旦施工过程中发现预算不足，可能导致发包人资金链紧张或断裂，甚至导致项目烂尾。

其次，承包人可能为了中标而忽略审核项目前期条件，在投标和签约时对工程情况了解不足，不清楚项目实际成本。事后发现工程价款过低，无法完成项目而面临巨额亏损，继续施工也意味着亏本经营，而解约则可能需要支付高额违约金，影响项目的预期进展。特别对于房地产项目，工期的重要性往往不亚于工程造价本身。前期工作不足可能引发大量变更和争议，影响工程工期，甚至导致承包人无法继续履行而退出，从而导致工程工期严重延误。

因此，发包人应充分、全面地基于必要的前期条件评估工程项目，确保前期条件清晰明确，“现场资料”准确无误，以保障自身利益的明确预期。这样的做法将有助于确保工程总承包项目的稳定实施。

第三章 工程总承包项目招投标阶段的法律风险与防范

招投标作为工程总承包项目对外发包的一个重要环节，通常是项目设计、采购以及施工的源头，相较于穿透的施工总承包模式，工程总承包项目招标所涉及的合同模式、招标程序、投标人资格条件等有着很大的特殊之处，其中也隐藏了大量的法律风险。例如，实践中很多工程总承包项目不具备发包条件就对外进行发包、必须招标项目未依法履行招投标程序直接进行项目发包、投标人不具备资格条件等。上述行为都可能直接导致项目中标无效，进而导致发承包双方签署的工程总承包合同无效，造成不可估量的经济损失。

对于工程总承包单位来说，招标投标阶段是企业承接项目的起始阶段，该阶段对于工程总承包单位而言尤为重要，具有基础性、关键性作用。然而，在实践操作过程中，该阶段往往得不到应有的重视，很多工程总承包单位忽视招投标风险防范，认为能承接到项目才是关键，这样势必会给项目带来潜在风险，是否对招投标程序进行深入分析、研究、响应、报价等均直接关系到企业能否中标，也关系到中标后合同条款如何确定、项目能否盈利以及利润水平的高低。由于我国对招投标活动的规范日益严格化、精细化，行政主管部门也在不断加大对招投标市场的行政监管力度，因此，对于工程总承包单位而言，所面临的法律风险也相对较多，有必要对工程总承包项目招投标阶段的法律风险进行全方位的识别和深入分析，并提出相应的应对策略，以有效规避风险。

一、工程总承包项目招投标概述

（一）工程总承包项目招投标的法律法规体系

目前，我国招标投标活动已经建立起一套以《招标投标法》为核心、以《招标投标法实施条例》《工程建设项目施工招标投标办法》《房屋建筑和市政基础设施工程施工招标投标管理办法》为补充的相对完善的招标投标法律法规体系。

与此同时，国家发展和改革委员会等联合制定了《标准施工招标资格预审文件》（2007 年版）、《标准施工招标文件》（2007 年版）、《简明标准施工招标文件》（2012 年版）、《标准设计施工总承包招标文件》（2012 年版）等政府投资基础设施领域的标准文本，住房和城乡建设部制定了《房屋建筑和市政工程标准施工招标资格预审文件》（2010 年版）和《房屋建筑和市政工程标准施工招标文件》（2010 年版）等房屋建筑和市政工程领域的标准文本。工程总承包作为建设工程项目的一种发承包模式，在进行工程总承包发包时，招标人和投标人需要共同遵守上述招标投标法律法规体系及配套制度，遵守建设工程招标投标活动，促进工程总承包项目招标投标公开、公平和公正。

（二）工程总承包项目招投标活动的特点

1. 发包条件的特殊性

相较于传统的施工总承包项目发包而言，工程总承包项目发包节点大大提前，《房屋建筑和市政基础设施项目工程总承包管理办法》第七条规定，“建设单位应当在发包前完成项目审批、核准或者备案程序。采用工程总承包方式的企业投资项目，应当在核准或者备案后进行工程总承包项目发包。采用工程总承包方式的政府投资项目，原则上应当在初步设计审批完成后进行工程总承包项目发包；其中，按照国家有关规定简化报批文件和审批程序的政府投资项目，应当在完成相应的投资决策审批后进行工程总承包项目发包”。因此一般而言，工程总承包项目在完成项目审批、核准或者备案程序后即可进行该项目发包，其中政府投资项目原则上应当在初步设计审批完成后可以进行工程总承包项目发包，按照国家有关规定简化报批文件和审批程序的政府投资项目，在完成相应的投资决策审批后可以进行工程总承包项目发包，相较于施工总承包模式，其发包时间明显提前。

2. 投标人资质要求的相适应性

有别于传统的施工总承包模式，工程总承包项目的投标人需要同时具备与工程规模相适应的工程设计资质和施工资质。《房屋建筑和市政基础设施项目工程总承包管理办法》第十条第一款规定，工程总承包单位应当同时具有与工程规模相适应的工程设计资质和施工资质，或者由具有相应资质的设计单位和施工单位组成联合体。工程总承包单位应当具有相应的项目管理体系和项目管理能力、财务和风险承担能力，以及与发包工程相类似的设计、施工或者工程总承包业绩。因此，仅具有单一工程设计资质或者施工资质的投标人不能单独投标工程总承包业务。

3. 招投标活动的复杂性及规范性

招投标活动具有一定的复杂性，尤其是针对工程总承包项目，工程招投标活动涉及招标图纸、工程量清单等技术材料制作，也涉及工程工期、合同价格、发承包方权利义务等商务条款的确定。招标人招标的目的是选择一家报价合理、实施方案可行、最大限度令其满意的承包商，而投标人的最终利益是从所有投标人的竞争中胜出成为中标人，并通过承接该工程获得尽可能高的利润回报，两者之间的矛盾导致了招标投标过程的复杂性与中标结果的不确定性。

同时，招投标活动既要注重实体内容的经济性和专业性，更要注重其程序上的规范性，合规问题永远是企业承揽项目前首要考虑的因素，招标人和投标人都应当严格执行招标投标法律的相关规定，不得出现规避招标投标的行为，不得违法限制或者排斥本地区、本系统以外的法人或者其他组织参加投标，不得以任何方式非法干涉招标投标活动，亦不得出现围标、串标等违法行为。

二、工程总承包项目招投标阶段的风险与防范

对于工程总承包项目招投标阶段而言，工程总承包项目招投标活动的主要风险点在于招投标活动是否违反法律的强制性规定，笔者根据工程总承包项目招标、投标、开标与评标、定标与合同谈判的不同阶段，同时结合实务中常见的工程总承包项目招标投标风险和争议，梳理出以下风险点。

（一）不具备发包条件而进行招标的风险与防范

【风险点解析】

工程总承包项目对外进行招标前，至少应当明确建设范围、建设规模、建设

标准、功能要求等条件，并具有成熟的技术方案，方能对外发包。因此，《房屋建筑和市政基础设施项目工程总承包管理办法》规定，对于政府投资项目，原则上应当在初步设计审批完成后进行工程总承包项目发包，按照国家有关规定简化报批文件和审批程序的政府投资项目，应当在完成相应的投资决策审批后进行工程总承包项目发包；对于企业投资项目，应当在核准或备案后进行工程总承包项目发包。如果项目对外招标时尚不具备发包条件，尤其是对于建设范围、建设规模、建设标准、功能要求等主要内容尚不明确，双方在后续实际履行过程中极易发生争议。对于发包人而言，工程总承包单位可能以双方承包范围不明确等为由要求调整工程价款，导致项目概算超标；对于工程总承包单位而言，发包人可能不认可工程总承包单位提出的价格调整申请，并且认为已经全部包含在工程总承包固定总价范围内，不予调整，后续极易引发工程结算纠纷。

【防范措施】

工程总承包项目的发包条件对发承包双方而言都至关重要，这直接关系到双方合同是否能够正常履行、后续工程价款结算能否顺利进行。

对于发包人而言，发包人应当严格遵守《房屋建筑和市政基础设施项目工程总承包管理办法》及地方工程总承包相关政策文件规定，在项目具备发包条件时再进行对外招标，避免后期产生争议。以江苏地区为例，江苏省住房和城乡建设厅、江苏省发展和改革委员会印发《关于推进房屋建筑和市政基础设施项目工程总承包发展实施意见的通知》（苏建规字〔2020〕5 号）规定，企业投资项目采用工程总承包的，应当在完成项目核准或者备案后进行发包；政府投资项目原则上应当在初步设计审批完成后进行工程总承包发包；其中，按照国家有关规定简化报批文件和审批程序的政府投资项目，应当在完成相应的投资决策审批后进行工程总承包项目发包。在不满足上述条件时，原则上不得对外发包，以规范工程总承包招投标活动。

对于工程总承包单位而言，在对外参与投标时，如投标项目不具备发包条件，应当根据招标文件要求及相关法律规定要求发包人澄清建设范围、建设规模、建设标准、功能要求等事项，制定标书时应在响应招标文件的同时尽量明确具体的建设范围、建设规模、建设标准、功能要求等内容，建议不要采用“全部内容”“全部风险”等类似表述，避免被认定为包含在工程总承包风险范围内，导致超出工程总承包固定总价范围外的增项亦无法计价。

【相关规定链接】

《房屋建筑和市政基础设施项目工程总承包管理办法》（建市规〔2019〕12号）

第六条　建设单位应当根据项目情况和自身管理能力等，合理选择工程建设组织实施方式。

建设内容明确、技术方案成熟的项目，适宜采用工程总承包方式。

第七条　建设单位应当在发包前完成项目审批、核准或者备案程序。采用工程总承包方式的企业投资项目，应当在核准或者备案后进行工程总承包项目发包。采用工程总承包方式的政府投资项目，原则上应当在初步设计审批完成后进行工程总承包项目发包；其中，按照国家有关规定简化报批文件和审批程序的政府投资项目，应当在完成相应的投资决策审批后进行工程总承包项目发包。

第八条　建设单位依法采用招标或者直接发包等方式选择工程总承包单位。

工程总承包项目范围内的设计、采购或者施工中，有任一项属于依法必须进行招标的项目范围且达到国家规定规模标准的，应当采用招标的方式选择工程总承包单位。

江苏省住房和城乡建设厅、江苏省发展和改革委员会印发《关于推进房屋建筑和市政基础设施项目工程总承包发展实施意见》的通知（苏建规字〔2020〕5号）

五、规范工程总承包招投标活动。企业投资项目采用工程总承包的，应当在完成项目核准或者备案后进行发包。政府投资项目原则上应当在初步设计审批完成后进行工程总承包发包。其中，按照国家有关规定简化报批文件和审批程序的政府投资项目，应当在完成相应的投资决策审批后进行工程总承包项目发包。单独立项且合同估算价在5000万元以上的房屋建筑和市政基础设施，2000万元以上的装饰装修、安装、幕墙，1000万元以上的园林绿化、智能化工程项目适宜采用工程总承包发包。工程总承包项目招标人应当在招标文件中明确接受由具有相应资质的设计单位和施工单位组成的联合体参加投标。

依法必须招标的工程总承包项目应设置最高投标限价，招标人应在发布招标文件时公布最高投标限价。最高投标限价和投标人报价均应充分考虑招标项目的特点，合理确定费用，费用组成中应包括与工程总承包相关的设计、施工、设备、管理等各项费用。

【典型案例】

案例：江西长荣建设集团有限公司、江西余干高新技术产业园区管理委员会建设工程施工合同纠纷案

案号：（2020）最高法民终115号

审理法院：一审江西省高级人民法院、二审最高人民法院

裁判要旨：

案涉项目开始施工时仅有立项文件，无初步设计、无图纸，属于边施工边设计出图的模式，工程总价难以控制，应当对案涉工程进行据实结算。

基本案情：

2017年8月10日，江西省余干县公共资源交易中心网站发布了余干城西创新创业产业园设计施工一体化（设计—采购—施工）项目招标公告，江西余干高新技术产业园区管委会（以下简称余干管委会）为招标人，招标范围为余干城西创新创业产业园设计施工一体化（设计—采购—施工）项目的设计、采购、施工及项目管理工作，招标公告载明本项目投资38,200万元，招标文件明确："投标企业应根据自身企业及本项目特点的实际情况及扩大初步设计阶段图纸进行项目概（预）算等造价文件编制并投标报价；本项目中标价为暂定合同价，中标后，招标人组织对中标人提交的扩大初步设计及前期设计文件进行综合评审，中标人依照评审结果进行设计修改和完善，并接续展开施工图设计。开工前，中标人需在投标造价文件及施工图设计的基础上编制施工图预算造价文件（全部费用总额不得高于中标价），经财政等部门审核后，作为施工造价控制及竣工结算的重要依据。"

2017年11月10日，江西长荣建设集团有限公司（以下简称长荣公司），余干管委会、中海公司签订了《总承包合同》，约定工程内容及规模为余干城西创新创业产业园设计施工一体化（设计—采购—施工）项目的设计、采购、施工及项目管理工作，建设规模约25万平方米，约定竣工时间为2017年12月31日，合同价格为36,768.26万元。

长荣公司在进场施工时，余干管委会就案涉工程尚未取得《建设用地规划许可证》和《建设工程规划许可证》，也没有施工图纸和预算造价，是边施工边出图边审查。2018年1月8日案涉工程取得《建设用地规划许可证》，2018年1月10日案涉工程取得《建设工程规划许可证》，2018年5月17日案涉工程取得

《建筑工程施工许可证》，后项目停工。

根据长荣公司的申请，一审法院委托江西中达造价咨询有限公司对长荣公司承建的余干城西创新创业产业园设计施工一体化（设计—采购—施工）项目的造价及合理工期进行了鉴定。结论为：本次鉴定工程完成量的工程造价合计为35,040.624661万元，本项目工程总工期为671.9天。

法院裁判理由与结果：

一审法院认为，关于长荣公司主张按实际施工量结算工程款应否支持的问题。严格来说，该案是设计—采购—施工工程项目，其特点就是承包方设计、采购、施工一体化，最终交付工程成果，发包方支付价款，承包价相对是固定的。但该案存在一定的特殊性（并非正常流程的设计—采购—施工工程）……长荣公司在相关证照未办理前提下就提前进场施工，项目仅有立项文件，无初步设计、无概算、无图纸。这种边施工边设计出图的赶工模式，很难控制合同总价……经鉴定案涉工程已完工程造价合计为35,040.624661万元，扣除余干管委会已支付的16,000万元，余干管委会还应支付工程款19,040.624661万元。

二审法院认为，关于案涉《总承包合同》是否为固定总价合同；若不属于固定总价合同，一审法院采信鉴定意见，从而确定工程价款是否正确。一审判决结合在案证据及该案实际情况，采信江西中达造价咨询有限公司出具的鉴定结论认定余干管委会应支付给长荣公司的工程价款，对案涉工程进行据实结算，并无不妥。余干管委会一审中申请对长荣公司已完工程量在其总工程量中所占比例进行鉴定，一审法院为此向相关鉴定机构进行咨询，鉴定机构认为上述比例值难以确定，故一审法院未启动此鉴定程序，不构成程序违法。

（二）必须招标而未招标的风险与防范

【风险点解析】

《房屋建筑和市政基础设施项目工程总承包管理办法》第八条规定，工程总承包项目范围内的设计、采购或施工中，有任一项属于需要强制招标的，就要通过招标的方式选择工程总承包单位。《招标投标法》、《必须招标的工程项目规定》（国家发展和改革委员会令第16号）及《必须招标的基础设施和公用事业项目范围规定》（发改法规规〔2018〕843号）规定：（1）全部或者部分使用国有资金投资或者国家融资的项目包括：①使用预算资金200万元人民币以上，并且该资金占投资额10%以上的项目；②使用国有企业事业单位资金，并且该资金占控股或者主导地位的项目。(2) 使用国际组织或者外国政府贷款、援助资金的项目包括：①使用世界银行、亚洲开发银行等国际组织贷款、援助资金的项目；②使用外国政府及其机构贷款、援助资金的项目。(3) 国家规定的不属于其他大型基础设施、公用事业等关系社会公共利益、公众安全的项目，具体为以下五种：煤炭、石油、天然气、电力、新能源等能源基础设施项目；铁路、公路、管道、水运，以及公共航空和A1级通用机场等交通运输基础设施项目；电信枢纽、通信信息网络等通信基础设施项目；防洪、灌溉、排涝、引（供）水等水利基础设施项目；城市轨道交通等城建项目。(4) 上述项目勘察、设计、施工、监理以及与工程建设有关的重要设备、材料等的采购达到下列标准之一的，必须招标：①施工单项合同估算价在400万元人民币以上；②重要设备、材料等货物的采购，单项合同估算价在200万元人民币以上；③勘察、设计、监理等服务的采购，单项合同估算价在100万元人民币以上。同一项目中可以合并进行的勘察、设计、施工、监理以及与工程建设有关的重要设备、材料等的采购，合同估算价合计达到前款规定标准的。上述项目均属于依法必须招标的工程，如采取工程总承包模式，设计、采购或施工有任一项属于需要强制招标的，原则上必须公开招投标，任何单位和个人不得将依法必须进行招标的项目化整为零或者以其他任何方式规避招标。对于必须招标项目未进行招投标的，涉嫌违反法律的强制性规定，应当承担相应的行政责任和民事责任。最高人民法院《关于审理建设工程施工合同纠纷案件适用法律问题的解释（一)》第一条规定，由于建设工程必须进行招标而未招标所签订的合同应当认定为无效，工程总承包单位无权直接依据工程总承包合同约定主张发包人的违约责任等。

【防范措施】

对于拟承揽的工程总承包项目，一是需要审查该项目是否属于必须招标的项目范围。并非所有的工程总承包项目均需要招标，只有符合依法必须进行招标的项目范围且达到国家规定规模标准的，才需要进行招标。《房屋建筑和市政基础设施项目工程总承包管理办法》第八条规定，建设单位依法采用招标或者直接发包等方式选择工程总承包单位。工程总承包项目范围内的设计、采购或者施工中，有任一项属于依法必须进行招标的项目范围且达到国家规定规模标准的，应当采用招标的方式选择工程总承包单位。因此，对于工程总承包模式而言，如果项目设计、采购或施工有任一项属于需要强制招标的，则应当采取招标形式。二是对于依法必须招标的项目，应当审查招标人是否公开对外招标，对于技术复杂、有特殊要求等符合邀请招标条件的，是否进行邀请招标；对于非必须招标的项目，双方可自由协商确定发承包方式，但是如果招标人选择招标程序对外发包，双方均应当遵守《招标投标法》的相关法律规定。三是建议审查招标人是否取得相关审批手续，尤其是政府投资项目应当特别关注项目立项审批文件，谨防招标形式不合法导致中标合同无效。

【相关规定链接】

《招标投标法》(2017 年修正)

第三条　在中华人民共和国境内进行下列工程建设项目包括项目的勘察、设计、施工、监理以及与工程建设有关的重要设备、材料等的采购，必须进行招标：

（一）大型基础设施、公用事业等关系社会公共利益、公众安全的项目；

（二）全部或者部分使用国有资金投资或者国家融资的项目；

（三）使用国际组织或者外国政府贷款、援助资金的项目。

前款所列项目的具体范围和规模标准，由国务院发展计划部门会同国务院有关部门制订，报国务院批准。

法律或者国务院对必须进行招标的其他项目的范围有规定的，依照其规定。

第四条　任何单位和个人不得将依法必须进行招标的项目化整为零或者以其他任何方式规避招标。

《政府采购法》(2014 年修正)

第二十八条　采购人不得将应当以公开招标方式采购的货物或者服务化整为零或者以其他任何方式规避公开招标采购。

《必须招标的工程项目规定》(国家发展和改革委员会令第 16 号)

第二条　全部或者部分使用国有资金投资或者国家融资的项目包括：

（一）使用预算资金 200 万元人民币以上，并且该资金占投资额 10% 以上的项目；

（二）使用国有企业事业单位资金，并且该资金占控股或者主导地位的项目。

第三条　使用国际组织或者外国政府贷款、援助资金的项目包括：

（一）使用世界银行、亚洲开发银行等国际组织贷款、援助资金的项目；

（二）使用外国政府及其机构贷款、援助资金的项目。

第四条　不属于本规定第二条、第三条规定情形的大型基础设施、公用事业等关系社会公共利益、公众安全的项目，必须招标的具体范围由国务院发展改革部门会同国务院有关部门按照确有必要、严格限定的原则制订，报国务院批准。

第五条　本规定第二条至第四条规定范围内的项目，其勘察、设计、施工、监理以及与工程建设有关的重要设备、材料等的采购达到下列标准之一的，必须招标：

（一）施工单项合同估算价在400万元人民币以上；

（二）重要设备、材料等货物的采购，单项合同估算价在200万元人民币以上；

（三）勘察、设计、监理等服务的采购，单项合同估算价在100万元人民币以上。

同一项目中可以合并进行的勘察、设计、施工、监理以及与工程建设有关的重要设备、材料等的采购，合同估算价合计达到前款规定标准的，必须招标。

《必须招标的基础设施和公用事业项目范围规定》（发改法规规〔2018〕843号）

第二条　不属于《必须招标的工程项目规定》第二条、第三条规定情形的大型基础设施、公用事业等关系社会公共利益、公众安全的项目，必须招标的具体范围包括：

（一）煤炭、石油、天然气、电力、新能源等能源基础设施项目；

（二）铁路、公路、管道、水运，以及公共航空和A1级通用机场等交通运输基础设施项目；

（三）电信枢纽、通信信息网络等通信基础设施项目；

（四）防洪、灌溉、排涝、引（供）水等水利基础设施项目；

（五）城市轨道交通等城建项目。

最高人民法院《关于审理建设工程施工合同纠纷案件适用法律问题的解释（一）》（法释〔2020〕25号）

第一条　建设工程施工合同具有下列情形之一的，应当依据民法典第一百五十三条第一款的规定，认定无效：

（一）承包人未取得建筑业企业资质或者超越资质等级的；

（二）没有资质的实际施工人借用有资质的建筑施工企业名义的；

（三）建设工程必须进行招标而未招标或者中标无效的。

承包人因转包、违法分包建设工程与他人签订的建设工程施工合同，应当依据民法典第一百五十三条第一款及第七百九十一条第二款、第三款的规定，认定无效。

《工程建设项目施工招标投标办法》（2013 年修订）

第三条　工程建设项目符合《工程建设项目招标范围和规模标准规定》（国家计委令第 3 号）规定的范围和标准的，必须通过招标选择施工单位。

任何单位和个人不得将依法必须进行招标的项目化整为零或者以其他任何方式规避招标。

《房屋建筑和市政基础设施项目工程总承包管理办法》（建市规〔2019〕12 号）

第八条　建设单位依法采用招标或者直接发包等方式选择工程总承包单位。

工程总承包项目范围内的设计、采购或者施工中，有任一项属于依法必须进行招标的项目范围且达到国家规定规模标准的，应当采用招标的方式选择工程总承包单位。

【典型案例】

案例：南京东送电力科技有限公司与科左中旗国电中兴光伏科技有限公司、海润光伏科技股份有限公司、第三人科誉高瞻融资租赁（中国）有限公司建设工程施工合同纠纷案

案号：（2020）最高法民申 6978 号

审理法院：一审内蒙古自治区通辽市中级人民法院、二审内蒙古自治区高级人民法院、再审最高人民法院

裁判要旨：

《招标投标法》第三条规定，案涉工程为必须招标的项目，科左中旗国电中兴光伏科技有限公司（以下简称国电中兴公司）未经招投标程序与海润光伏科技股份有限公司（以下简称海润光伏公司）签订的《EPC 总包合同》违反了法律的规定，依法应为无效。

基本案情：

2015 年 8 月 1 日，国电中兴公司作为发包方与海润光伏公司作为总包方就

通辽国电中兴30MWp光伏电站项目签订设计—采购—施工总承包合同，预估含税总价为16,350万元。2015年10月15日，国电中兴公司与南京东送电力科技有限公司（以下简称南京东送公司）签订了《工程施工委托书》，约定将涉案采购—施工总承包工程部分委托给南京东送公司施工。2016年11月，海润光伏公司作为发包方与南京东送公司作为承包方就通辽市科左中旗国电中兴80MWp光伏发电项目30MW光伏电站项目签订采购—施工总承包工程承包合同，约定合同总价为43,182,500元，要求于2016年11月开工，暂定于2017年6月30日前并网发电10MWp，要求于2017年12月30日前累计并网发电30MWp。2018年11月30日，科左中旗国电中兴80MW光伏电站项目一期10MW项目竣工验收合格。2018年12月13日，该项目通过并网项目工程竣工复检验收。现涉案电站由国电中兴公司经营管理。海润光伏公司至今未向南京东送公司支付工程款。

法院裁判理由与结果：

再审法院认为，关于案涉《EPC总包合同》《PC工程承包合同》的效力问题，根据已查明的有关事实，国电中兴公司与海润光伏公司就案涉通辽国电中兴30MWp光伏电站项目签订《EPC总承包合同》。后海润光伏公司与南京东送公司签订《工程承包合同》，将其与国电中兴公司签订的设计—采购—施工合同中的主体结构、关键性工作的范围包括组件、支架的安装、工程整体竣工验收调试分包给南京东送公司。因案涉工程为必须招标的项目，且海润光伏公司缺乏总承包资质，国电中兴公司未经招投标程序与海润光伏公司签订的《EPC总包合同》以及海润光伏公司与南京东送公司就案涉工程的主体结构、关键性工作的范围进行分包所签订《PC工程承包合同》违反了法律的规定，依法应为无效。二审法院认定《EPC总包合同》《PC工程承包合同》无效并无不当。

（三）招标人设置单资质条件进行招标的风险与防范

【风险点解析】

目前司法实践中有观点认为，根据《民法典》第一百五十三条第一款的规定，违反法律、行政法规的强制性规定的民事法律行为无效，而《房屋建筑和市政基础设施项目工程总承包管理办法》的效力级别仅为部门规范性文件，并不属于法律或者行政法规。因此，《房屋建筑和市政基础设施项目工程总承包管理办法》出台后订立的工程总承包合同不会因违反“双资质”规定而无效。也有观点认为，工程领域涉及公共安全及人民的财产及人身安全，因此单资质签订的工程总承包合同可能会损害公共利益或者公序良俗，且会损害国家对建筑活动的监督权，因此承包商具备单资质但是签署工程总承包合同的，合同无效。

关于工程总承包项目的工程总承包单位资质要求问题，之前很多地方政策文件允许仅具有设计资质或者施工资质的企业承包工程总承包项目，并允许将不具备承包条件的设计或者施工工作分包出去。但是2019年房屋建筑和市政基础设施领域出台了《房屋建筑和市政基础设施项目工程总承包管理办法》，要求工程总承包单位需要具备设计和施工“双资质”或者“联合体”资质模式，单资质企业无法单独承揽房屋建筑和市政基础设施领域的工程总承包项目。

在新的管理办法出台后，不再允许单资质企业承揽工程总承包项目，如果招标人在设置投标人资质条件时仍设置单资质条件，可能会引发招标投标效力风险，甚至后续会发生“二次分包”等违法分包风险。

【防范措施】

对于招标人而言，应当严格按照《房屋建筑和市政基础设施项目工程总承包管理办法》的规定要求，在进行工程总承包项目招标时，需要设置与工程规模相适应的设计资质和施工资质条件，或者要求其组成联合体投标，避免出现单资质投标的情形。

对于投标人而言，一是申请“双资质”，当下我国设定工程总承包设计施工“双质资”制度，并非脱离现实可行性和市场操作性的美好理想，而是事实上已经具备现实的市场条件，《房屋建筑和市政基础设施项目工程总承包管理办法》第十二条规定，鼓励设计单位申请取得施工资质，已取得工程设计综合资质、行业甲级资质、建筑工程专业甲级资质的单位，可以直接申请相应类别施工总承包一级资质。鼓励施工单位申请取得工程设计资质，具有一级及以上施工总承包资质的单位可以直接申请相应类别的工程设计甲级资质。完成的相应规模工程总承包业绩可以作为设计、施工业绩申报。配套设立了施工、设计资质互认制度。二是寻找合作伙伴，组成联合体，按照《房屋建筑和市政基础设施项目工程总承包管理办法》第十条的规定，即便暂时缺乏条件实现“双资质”的有关设计或施工企业，也可以通过联合体模式涉足工程总承包业务，在联合经营过程中逐步实现设计施工“双资质”。

【相关规定链接】

住房和城乡建设部《关于进一步推进工程总承包发展的若干意见》（建市〔2016〕93号）

二、完善工程总承包管理制度

（六）工程总承包企业的选择。建设单位可以依法采用招标或者直接发包的方式选择工程总承包企业。工程总承包评标可以采用综合评估法，评审的主要因素包括工程总承包报价、项目管理组织方案、设计方案、设备采购方案、施工计划、工程业绩等。工程总承包项目可以采用总价合同或者成本加酬金合同，合同价格应当在充分竞争的基础上合理确定，合同的制订可以参照住房城乡建设部、工商总局联合印发的建设项目工程总承包合同示范文本。

（七）工程总承包企业的基本条件。工程总承包企业应当具有与工程规模相适应的工程设计资质或者施工资质，相应的财务、风险承担能力，同时具有相应的组织机构、项目管理体系、项目管理专业人员和工程业绩。

（八）工程总承包项目经理的基本要求。工程总承包项目经理应当取得工程建设类注册执业资格或者高级专业技术职称，担任过工程总承包项目经理、设计项目负责人或者施工项目经理，熟悉工程建设相关法律法规和标准，同时具有相应工程业绩。

（九）工程总承包项目的分包。工程总承包企业可以在其资质证书许可的工程项目范围内自行实施设计和施工，也可以根据合同约定或者经建设单位同意，直接将工程项目的设计或者施工业务择优分包给具有相应资质的企业。仅具有设计资质的企业承接工程总承包项目时，应当将工程总承包项目中的施工业务依法分包给具有相应施工资质的企业。仅具有施工资质的企业承接工程总承包项目时，应当将工程总承包项目中的设计业务依法分包给具有相应设计资质的企业。

《房屋建筑和市政基础设施项目工程总承包管理办法》（建市规〔2019〕12号）

第十条　工程总承包单位应当同时具有与工程规模相适应的工程设计资质和施工资质，或者由具有相应资质的设计单位和施工单位组成联合体。工程总承包单位应当具有相应的项目管理体系和项目管理能力、财务和风险承担能力，以及与发包工程相类似的设计、施工或者工程总承包业绩。

设计单位和施工单位组成联合体的，应当根据项目的特点和复杂程度，合理确定牵头单位，并在联合体协议中明确联合体成员单位的责任和权利。联合体各方应当共同与建设单位签订工程总承包合同，就工程总承包项目承担连带责任。

（四）招标人将工程总承包项目直接发包给其子公司的风险与防范

【风险点解析】

实践中，不少大型建筑企业或者综合业务的集团企业，企业业务板块不同，可能既有项目开发业务板块，又有项目建设施工业务，可能涉及具有施工资质的施工主体、具有设施设备生产能力的设备供应主体。在该类大型企业开发工程总承包项目时，不少企业直接根据《招标投标法实施条例》第九条之规定“采购人依法能够自行建设、生产或者提供”在工程建设中不进行招标，直接发包给集团内的关联主体，由此引发规避招标风险。

对于《招标投标法实施条例》第九条的理解，应当仅限于依法能够自行建设、生产或者提供工程、货物或服务的采购人本身，而不是投资人委托的其他项目业主，否则若任何项目通过委托有资质能力的项目业主即可不进行招标，将使招标制度流于形式。

【防范措施】

第一，根据《公司法》的相关规定，公司是企业法人，有独立的法人财产，享有法人财产权。公司以其全部财产对公司的债务承担责任。公司可以设立分公司；设立分公司，应当向公司登记机关申请登记，领取营业执照。分公司不具有法人资格，其民事责任由总公司承担。公司可以设立子公司，子公司具有法人资格，依法独立承担民事责任。据此，对于一般公司而言，除其设立的分公司不具有独立的法人人格外，一个公司的全资子公司、母公司、关联公司等，均是独立的企业法人，在法律上并不因前述关联关系将其认为是一个共同主体。在工程总承包项目发包时，《招标投标法实施条例》第九条第一款第二项规定，若项目发包人自己作为一个独立的主体，其本身具备开发资质且有相应的建筑工程施工资质的，可以自行建设的情形；该项目公司的母公司、子公司，以及与其具有管理或利害关系的，具有独立民事主体资格的法人、其他组织（分公司除外），是独立于项目公司的其他独立主体，不可视为采购人“自身”。如发包人就项目的勘察、设计、施工、监理以及与工程建设有关的重要设备、材料等事项的采购时，如达到应当招标的标准，应当进行招标。否则可能涉嫌违反招投标法律规定，进而导致施工合同无效，但不影响发承包双方参照合同与工程价款有关的条款约定进行结算。

第二，《江苏省国有资金投资工程建设项目招标投标管理办法》（江苏省人民政府令第120号）第九条规定，国有企业使用非财政性资金建设的经营性项目，建设单位控股或者被控股的企业具备相应资质且能够提供设计、施工、材料设备和咨询服务的，建设单位可以直接发包给其控股或者被控股的企业。依据该条规定，对于《招标投标法实施条例》第九条第一款第二项的情形进行扩大性处理，允许国有企业建设单位将非财政性资金建设的经营性项目直接发包给其控股或者被控股的企业。但是由于该文件并非法律、行政法规，如按照国家发展和改革委员会的答复内容分析，该规定可能缺少上位法依据，在司法实践中仍存在被认定违反招投标法律、行政法规强制性规定的风险。

【相关规定链接】

《招标投标法实施条例》（2019年修订）

第九条　除招标投标法第六十六条规定的可以不进行招标的特殊情况外，有下列情形之一的，可以不进行招标：

（一）需要采用不可替代的专利或者专有技术；

（二）采购人依法能够自行建设、生产或者提供；

（三）已通过招标方式选定的特许经营项目投资人依法能够自行建设、生产或者提供；

（四）需要向原中标人采购工程、货物或者服务，否则将影响施工或者功能配套要求；

（五）国家规定的其他特殊情形。

招标人为适用前款规定弄虚作假的，属于招标投标法第四条规定的规避招标。

《公司法》（2023年修订）

第三条　公司是企业法人，有独立的法人财产，享有法人财产权。公司以其全部财产对公司的债务承担责任。

公司的合法权益受法律保护，不受侵犯。

第四条　有限责任公司的股东以其认缴的出资额为限对公司承担责任；股份有限公司的股东以其认购的股份为限对公司承担责任。

公司股东对公司依法享有资产收益、参与重大决策和选择管理者等权利。

第十三条　公司可以设立子公司。子公司具有法人资格，依法独立承担民事责任。

公司可以设立分公司。分公司不具有法人资格，其民事责任由公司承担。

《江苏省国有资金投资工程建设项目招标投标管理办法》（江苏省人民政府令第120号）

第九条　国有企业使用非财政性资金建设的经营性项目，建设单位控股或者被控股的企业具备相应资质且能够提供设计、施工、材料设备和咨询服务的，建设单位可以直接发包给其控股或者被控股的企业。

【典型案例】

案例： 湖北交投物流集团有限公司与四川公路桥梁建设集团有限公司买卖合同纠纷案

案号：（2017）鄂0105民初2579号

审理法院： 湖北省武汉市汉阳区人民法院

裁判要旨：

虽然《招标投标法实施条例》第九条规定了可以不进行招标的情形，但湖北省交通投资集团有限公司（以下简称湖北交投集团公司）和原告湖北交投物流集团有限公司均系独立法人，不符合该条规定的可不进行招投标的条件。

基本案情：

第三人系湖北交投集团公司组建，具体负责岳阳至宜昌高速公路宜昌段项目建设实施。原告系湖北交投集团公司下属具有独立法人资格的全资子公司。2013年10月12日，第三人和被告签订《岳阳至宜昌高速公路宜昌段土建工程施工合同协议书》，第三人接受被告对岳阳至宜昌高速公路宜昌段土建工程施工的投标，签约合同总价为1,063,751,535元。2013年10月25日，岳宜高速公路宜昌段第一合同段四川公路桥梁建设集团有限公司项目经理部（采购方、甲方）、湖北交投商贸物流有限公司（供货方、乙方）、宜张高速指挥部（监督方）共同签订了三份材料供应合同，暂定总金额分别为95,350,364.40元、8,102,746.55元、20,569,250.60元。2014年8月1日，岳宜高速公路宜昌段第一合同段四川公路桥梁建设集团有限公司项目经理部（采购方、甲方）、湖北交投商贸物流有限公司（供货方、乙方）签订JTSM－YY－SN－ZC－1《水泥供应合同（自采量）》，暂定供货金额23,700,000元。在案件审理过程中，原告、被告及第三人共同确认：（1）涉案钢材、钢绞线、水泥等为实现岳宜高速公路宜昌段土建工程所必需的材料采购未进行招投标；（2）岳宜高速公路宜昌段土建工程已经竣工验收并通车。

法院裁判理由与结果：

一审法院认为，关于合同的法律效力。涉案的四份合同系岳宜高速公路宜昌段土建工程中的建设材料供应合同，该工程显然系关系到社会公共利益和公共安全的国家大型基础设施和公用事业建设项目，并且全部资金使用国有资金或国家融资，合同价款也均远远超过100万元。根据《招标投标法》第三条，在中华人民共和国境内进行下列工程建设项目包括项目的勘察、设计、施工、监理以及与工程建设有关的重要设备、材料等的采购，必须进行招标：（1）大型基础设施、公用事业等关系社会公共利益、公众安全的项目；（2）全部或者部分使用国有资金投资或者国家融资的项目……以及《工程建设项目招标范围和规模标准规定》（国家发展计划委员会令第3号）第二条第一款第二项和第七条第一款第二项中与公路交通运输项目工程建设有关的材料采购，单项合同估算价在100万元人民币以上的，必须进行招标的相关规定，涉案四份合同标的的采购必须进行招投标。同时，《招标投标法》第四条还明确规定，“任何单位和个人不得将依法必须进行招标的项目化整为零或者以其他任何方式规避招标”。原告、被告及第三人均自认未依法进行招投标，故上述四份供应合同均违反了法律强制性且为禁止性的规定。虽然，《招标投标法实施条例》第九条第一款第二项、第三项有“采购人依法能够自行建设、生产或者提供”（第二项）、“已通过招标方式选定的特许经营项目投资人依法能够自行建设、生产或者提供”（第三项）的项目，可以不进行招标的规定，但湖北交投集团公司和原告均系独立法人，原告既不是采购人，也不是已通过招标方式选定的特许经营项目投资人，原告提出其系湖北交投集团公司下属子公司，为岳宜高速公路宜昌段土建工程的共同投资人，能够自行提供（建设材料），所以可不进行招投标的主张，是对事实的伪辩、法规的误读和曲解，该院不予认可。

（五）工程总承包项目直接分包的风险与防范

【风险点解析】

工程总承包项目建设单位应当依法采用招标或者直接发包等方式选择工程总

承包单位，工程总承包项目范围内的设计、采购或者施工中，有任一项属于依法必须进行招标的项目范围且达到国家规定规模标准的，应当采用招标的方式选择工程总承包单位。实践中，经过招标的工程总承包项目，在中标后不得对设计、施工等工程主体部分进行分包，也不得将全部建筑工程对外肢解分包，否则将导致分包合同无效并承担相应的法律责任，但是对于工程非主体、非关键部分等专业工程依法可以对外分包，如承包工程中的装修、智能化、水电等专业分包项目。很多工程总承包单位为了规避烦琐的招标程序，节约企业资源，往往倾向于将承接的工程总承包项目中专业工程直接分包给分包单位，然而并不是所有项目工程都可进行分包，工程项目分包时仍需满足《招标投标法》《建筑法》关于分包的有关规定，分包工程在达到招标条件的情形下，工程分包必须进行招标，一旦未经招投标程序即对外分包，将会引发违法分包的法律风险。

【防范措施】

针对工程总承包项目的“二次招标”问题，工程总承包单位通过招投标程序中标项目工程后，在对外进行专业分包时，应当注意以下风险防范：

第一步，需要判断分包工程是否属于“二次招标”的项目范围。工程总承包项目分包一般不需要“二次招标”，《房屋建筑和市政基础设施项目工程总承包管理办法》第十条规定了仅具有设计或施工单一资质的主体不能单独承接总承包业务，建设工程主体部分的设计、施工部分均不可被分包，工程主体部分必须由总承包单位自行完成。《房屋建筑和市政基础设施项目工程总承包管理办法》第二十一条顺着这一思路进一步规定，工程总承包单位对于其合同范围内的工程、采购、服务项目一般可以采用直接发包的方式进行分包，不需要“二次招标”，这为工程总承包单位在分包中避免不必要的重复招标提供了直接依据。当分包工程同时满足：(1) 以暂估价形式招标，即当工程总承包单位招标时不能确定价格时，会由招标人在招标文件中暂时估定的工程、货物、服务的金额。(2) 属于依法必须招标的项目范围。《必须招标的工程项目规定》（国家发展和改革委员会令第 16 号）、《必须招标的基础设施和公用事业项目范围规定》（发改法规规〔2018〕843 号）对必须招标的项目作出了规定。(3) 必须达到国家规定的规模标准，16 号令规定了具体四种标准。故对于工程总承包项目，工程总承包单位对外进行分包的，同时满足上述三点条件，需要进行招标；除此以外，原则上无须“二次招标”。

第二步，鉴于合同自愿原则，如果业主和工程总承包单位在工程总承包合同中约定设计、采购、施工等项目分包时应采用招标方式的，应根据合同约定执行。另外当工程总承包单位是国有企业或上市公司时，如内部或上级单位规章制度要求在进行分包采购时应采用招标方式的，应根据实际情况采取合适的采购程序，否则易引发审计风险。

【相关规定链接】

《必须招标的基础设施和公用事业项目范围规定》（发改法规规〔2018〕843 号）

第二条　不属于《必须招标的工程项目规定》第二条、第三条规定情形的大型基础设施、公用事业等关系社会公共利益、公众安全的项目，必须招标的具体范围包括：

（一）煤炭、石油、天然气、电力、新能源等能源基础设施项目；

（二）铁路、公路、管道、水运，以及公共航空和 A1 级通用机场等交通运输基础设施项目；

（三）电信枢纽、通信信息网络等通信基础设施项目；

（四）防洪、灌溉、排涝、引（供）水等水利基础设施项目；

（五）城市轨道交通等城建项目。

《必须招标的工程项目规定》（国家发展和改革委员会令第 16 号）

第五条　本规定第二条至第四条规定范围内的项目，其勘察、设计、施工、监理以及与工程建设有关的重要设备、材料等的采购达到下列标准之一的，必须招标：

（一）施工单项合同估算价在 400 万元人民币以上；

（二）重要设备、材料等货物的采购，单项合同估算价在 200 万元人民币以上；

（三）勘察、设计、监理等服务的采购，单项合同估算价在 100 万元人民币以上。

同一项目中可以合并进行的勘察、设计、施工、监理以及与工程建设有关的重要设备、材料等的采购，合同估算价合计达到前款规定标准的，必须招标。

《房屋建筑和市政基础设施项目工程总承包管理办法》（建市规〔2019〕12 号）

第八条　建设单位依法采用招标或者直接发包等方式选择工程总承包单位。

工程总承包项目范围内的设计、采购或者施工中，有任一项属于依法必须进行招标的项目范围且达到国家规定规模标准的，应当采用招标的方式选择工程总承包单位。

第二十一条　工程总承包单位可以采用直接发包的方式进行分包。但以暂估价形式包括在总承包范围内的工程、货物、服务分包时，属于依法必须进行招标的项目范围且达到国家规定规模标准的，应当依法招标。

住房和城乡建设部《关于进一步推进工程总承包发展的若干意见》（建市〔2016〕93号）

二、完善工程总承包管理制度

（九）工程总承包项目的分包。工程总承包企业可以在其资质证书许可的工程项目范围内自行实施设计和施工，也可以根据合同约定或者经建设单位同意，直接将工程项目的设计或者施工业务择优分包给具有相应资质的企业。仅具有设计资质的企业承接工程总承包项目时，应当将工程总承包项目中的施工业务依法分包给具有相应施工资质的企业。仅具有施工资质的企业承接工程总承包项目时，应当将工程总承包项目中的设计业务依法分包给具有相应设计资质的企业。

《建筑工程施工发包与承包违法行为认定查处管理办法》（建市规〔2019〕1号）

第十二条　存在下列情形之一的，属于违法分包：

（一）承包单位将其承包的工程分包给个人的；

（二）施工总承包单位或专业承包单位将工程分包给不具备相应资质单位的；

（三）施工总承包单位将施工总承包合同范围内工程主体结构的施工分包给其他单位的，钢结构工程除外；

（四）专业分包单位将其承包的专业工程中非劳务作业部分再分包的；

（五）专业作业承包人将其承包的劳务再分包的；

（六）专业作业承包人除计取劳务作业费用外，还计取主要建筑材料款和大中型施工机械设备、主要周转材料费用的。

【典型案例】

案例： 中机新能源开发有限公司、郑州建工集团有限责任公司（原郑州建工集团有限公司）建设工程施工合同纠纷案

案号：（2019）豫民申5894号

审理法院：一审河南省长垣县人民法院、二审河南省新乡市中级人民法院、再审河南省高级人民法院

裁判要旨：

工程总承包单位将自身不具备资质的部分进行分包，不属于《建筑法》第二十九条第一款规定的违法分包。

基本案情：

中机能源开发有限公司（以下简称中机公司）与项目业主签订的《新乡中益发电有限公司2×600MW超超临界机组工程烟气脱硫岛总承包合同》，施工范围包括设计、采购、施工等内容，并且该合同还在相关部门进行了备案登记。2013年6月1日，中机公司与郑州建工集团有限责任公司（以下简称郑建工公司）双方签订《新乡中益发电有限公司2×660MW超超临界机组烟气脱硫建筑工程施工分包合同》，合同项目由新乡中益发电有限公司投资建设，中机公司施工总承包，郑建工公司施工分包。另查明，在施工中中机公司向郑建工公司按工程进度共支付工程款10,672,852.96元，新乡中益发电有限公司代付工程款4,730,000元。

法院裁判理由与结果：

一审法院认为，依法签订的合同受法律保护，案涉合同是双方当事人的真实意思表示，未违反法律法规的强制性规定，合法有效。

二审法院认为，关于案涉施工合同效力问题。依据《合同法》第二百七十二条第三款规定：建设工程主体结构的施工必须由承包人自行完成。《建筑法》第二十九条第一款规定：施工总承包的，建筑工程主体结构的施工必须由总承包单位自行完成。该案中，中机公司作为总承包方将其承包的工程中的建筑工程主体结构和土建工程分包给郑建工公司施工，违反了上述法律的强制性规定，属于违法分包，其与郑建工公司签订的《施工分包合同》应认定为无效合同。

再审法院认为，该《EPC总承包合同》的性质应为工程总承包，而非施工总承包。该院认为，从《合同法》第二百七十二条第三款和《建筑法》第二十九条的内容看，对总承包人和承包人、建筑工程总承包和施工总承包均进行了明确区分，对于建设工程主体结构的分包限制仅及于施工总承包人和承包人，截至目前，并没有对建筑工程总承包人分包建设工程主体结构的禁止性规定。因此，中机公司作为工程总承包方，经发包方中益公司对郑建工公司单位资质审查报审

同意后，将土建工程进行分包，涉案的总包和分包合同均应合法有效。

（六）排斥或者限制潜在投标人的风险与防范

【风险点解析】

无论针对工程总承包项目还是传统的施工总承包项目，采取何种招标形式均应当严格遵守《招标投标法》相关法律规定，而公开、公平、公正、诚实信用原则是招标投标的灵魂。因此在工程总承包项目招标过程中，可能存在限制或排斥潜在投标人的风险，主要表现为：(1) 不向潜在投标人或者投标人提供与招标项目有关的同样信息；(2) 不根据招标项目的具体特点和实际需要设定资格、技术、商务条件；(3) 以获得特定区域、行业或者部门奖项为加分条件或者中标条件；(4) 要求提供与投标或者订立合同无关的证明材料；(5) 限定或者指定特定的专利、商标、名称、设计、原产地或者生产供应者；(6) 限制投标人所有制形式或者组织形式；(7) 不充分公开技术标细节，以试用不合格为由筛选提前淘汰潜在竞争者。

【防范措施】

第一，对于工程总承包单位而言，在积极响应招标人招标文件的同时，也需要建立对招标文件质疑的意识，尤其是审查招标资格预审条件中是否存在不合理的条件限制或者排斥潜在投标人，如存在不合理的限制或排斥条件，应主动向招标人提出异议，争取更加公平、公正的投标环境，增加自身投标机会。

第二，工程总承包单位在对外进行投标时，也需要审查自身是否符合投标主体要求，因为法律规定，工程总承包项目的代建单位、项目管理单位、监理单位、造价咨询单位、招标代理单位，因为与工程总承包单位具有直接利益冲突，是明确禁止不能再作为投标人参与工程总承包项目的。对于政府投资项目，项目建议书、可行性研究报告、初步设计文件的编制单位及其评估单位，原则上也不能投标工程总承包项目，但在招标人公开已经完成的项目建议书、可行性研究报告、初步设计文件的情况下，因上述编制单位已不再具备信息优势，仅在此例外情况下可以投标工程总承包项目。

【相关规定链接】

《招标投标法实施条例》(2019 年修订)

第三十二条　招标人不得以不合理的条件限制、排斥潜在投标人或者投标人。

招标人有下列行为之一的，属于以不合理条件限制、排斥潜在投标人或者投标人：

（一）就同一招标项目向潜在投标人或者投标人提供有差别的项目信息；

（二）设定的资格、技术、商务条件与招标项目的具体特点和实际需要不相适应或者与合同履行无关；

（三）依法必须进行招标的项目以特定行政区域或者特定行业的业绩、奖项作为加分条件或者中标条件；

（四）对潜在投标人或者投标人采取不同的资格审查或者评标标准；

（五）限定或者指定特定的专利、商标、品牌、原产地或者供应商；

（六）依法必须进行招标的项目非法限定潜在投标人或者投标人的所有制形式或者组织形式；

（七）以其他不合理条件限制、排斥潜在投标人或者投标人。

《房屋建筑和市政基础设施项目工程总承包管理办法》建市规〔2019〕12号

第十一条　工程总承包单位不得是工程总承包项目的代建单位、项目管理单位、监理单位、造价咨询单位、招标代理单位。

政府投资项目的项目建议书、可行性研究报告、初步设计文件编制单位及其评估单位，一般不得成为该项目的工程总承包单位。政府投资项目招标人公开已经完成的项目建议书、可行性研究报告、初步设计文件的，上述单位可以参与该工程总承包项目的投标，经依法评标、定标，成为工程总承包单位。

（七）招标人提高资质等级进行招标的风险与防范

【风险点解析】

对于工程总承包项目，招标人通常愿意选择一些技术、资金实力雄厚的总承包单位承揽工程，出于特定需求考虑，招标人可能会涉及与工程项目规模要求更高的资质等级条件，排除一些较低资质等级的潜在投标人。但是《招标投标法》第十八条规定，招标人可以根据招标项目本身的要求，在招标公告或者投标邀请书中，要求潜在投标人提供有关资质证明文件和业绩情况，并对潜在投标人进行资格审查；国家对投标人的资格条件有规定的，依照其规定。招标人不得以不合理的条件限制或者排斥潜在投标人，不得对潜在投标人实行歧视待遇。《江苏省国有资金投资工程建设项目招标投标管理办法》第十三条规定，招标人不得将下列带有不合理限制或者排斥潜在投标人作为资格合格条件：提高资质等级、同时设置总承包资质和总承包资质范围内的专业承包资质要求以及其他不按照资质管理规定设置资质要求的……因此，招标人提高资质等级进行招标可能涉嫌存在不合理限制或者排斥潜在投标人的法律风险。

【防范措施】

虽然《江苏省国有资金投资工程建设项目招标投标管理办法》属于地方政府规章，但是《招标投标法实施条例》第三十二条第二款第七项规定“以其他不合理条件限制、排斥潜在投标人或者投标人”，该款项规定并未禁止地方政府规章细化不合理条件限制、排斥潜在投标人或者投标人的情形，且法律已经授予企业承揽相关工作的特定资格，招标人擅自提高标准，其实质是剥夺了企业的法定权利，因此提高资质等级有不合理限制之嫌。招标人在对外进行工程总承包项目招标时，应当根据工程规模设置与工程规模相适应的工程设计资质和施工资质的投标人资格合格条件。

【相关规定链接】

《招标投标法实施条例》（2019 年修订）

第三十二条　招标人不得以不合理的条件限制、排斥潜在投标人或者投标人。

招标人有下列行为之一的，属于以不合理条件限制、排斥潜在投标人或者投标人：

（一）就同一招标项目向潜在投标人或者投标人提供有差别的项目信息；

（二）设定的资格、技术、商务条件与招标项目的具体特点和实际需要不相适应或者与合同履行无关；

（三）依法必须进行招标的项目以特定行政区域或者特定行业的业绩、奖项作为加分条件或者中标条件；

（四）对潜在投标人或者投标人采取不同的资格审查或者评标标准；

（五）限定或者指定特定的专利、商标、品牌、原产地或者供应商；

（六）依法必须进行招标的项目非法限定潜在投标人或者投标人的所有制形式或者组织形式；

（七）以其他不合理条件限制、排斥潜在投标人或者投标人。

《江苏省国有资金投资工程建设项目招标投标管理办法》（江苏省人民政府令第 120 号）

第十三条　招标人不得将下列带有不合理限制或者排斥潜在投标人作为资格合格条件：

（一）提高资质等级、同时设置总承包资质和总承包资质范围内的专业承包资质要求以及其他不按照资质管理规定设置资质要求的；

（二）资格条件要求 2 个以上资质但不允许联合体投标的；

（三）除主体结构相连无法分割施工的项目外，将不同总承包资质类别的施工总承包工程捆绑招标并在合格条件中设置两个施工总承包资质的。

（八）招标人只在内部合格供应商库招标的风险与防范

【风险点解析】

我国现行法律并未针对企业内部合格供应商库的建立和使用进行规定，也未明确禁止建立合格供应商库的行为。在招采实践中有部分采购人尤其是一些中央企业、地方国有企业、大型民营企业，通常会建立自己的合格供应商库，将与自己业务联系紧密、服务优、信誉好的供应商列入本单位、本部门的供应商库，作为提高采购效率、保障采购质量的举措之一。

由于《招标投标法》《政府采购法》等相关法律规定未对采购人建立合格供应商库的行为做出禁止性评价，企业可以建立行业合格供应商库，但在实践中引发关注和争议的是，采购人自建的供应商库能否作为投标门槛，即供应商是否必须要在采购人建立的供应商库中注册并通过审核，方可投标的问题。有部分企业在发布招标文件时，要求潜在供应商必须在该企业供应商库注册、审核通过后，才能购买标书；或者在设置投标人资格预审条件时，明确要求必须是该企业供应商库里的供应商才有资格参加投标。

对此，有不少观点认为，该设置内部合格供应商库投标条件的行为，构成“招标人不得以不合理的条件限制或者排斥潜在投标人，不得对潜在投标人实行歧视待遇”“以不合理的条件对供应商实行差别待遇或者歧视待遇”的情形，违反《招标投标法》及《政府采购法》的规定，应当予以废标处理。

【防范措施】

应当来讲，招标仅仅是政府采购的方式之一，政府采购的方式还包括公开招标、邀请招标、竞争性谈判、竞争性磋商、单一来源采购、询价以及国务院政府采购监督管理部门认定的其他采购方式。因此，并非所有的政府采购均需要采用招标方式，从这个角度讲，企业设置内部合格供应商库也不违反法律、行政法规的强制性规定。企业可以根据企业自身情况制定内部合规管理制度，包括招采管理制度，但是企业开展招投标活动还应当遵循《民法典》《招标投标法》《政府采购法》《招标投标法实施条例》等一般规范招投标活动的法律法规以及针对企业招标投标活动的法律、行政法规、部门规章、地方性法规等特殊规定。我国法律并未直接针对国有企业合格供应商库的建立和使用进行规定，结合《招标投标法》关于邀请招标的有关规定，国有企业可以建立行业合格供应商库。

但在实践中，应注意：（1）对于依法必须进行公开招标的项目以及虽然非依法必须进行招标但根据国有企业内部规定应采用公开招标方式进行采购的项目，招标人应以公开方式邀请不特定的供应商参与投标。（2）对于采用邀请招标方式进行招标的项目，招标人可从行业供应商库（符合相应资格条件的供应商）中随机抽取3家以上供应商，并以投标邀请书的方式邀请其参加投标。国有企业应当通过内部的合规管理制度明确行业供应商库的建立和维护、邀请对象选择的具体标准。因此，对于必要公开招标的项目以及虽然非依法必须进行招标但是企业决定公开招标的项目，应当向不特定的供应商发布招标文件，不得仅在企业内部合格供应商库内进行招标，否则可能涉嫌以不合理的条件限制或者排斥潜在投标人，导致废标情形的出现。但是除了公开招标投标以外，企业采用邀请招标或者其他方式采购的，可以根据企业内部管理制度要求从合格供应商库里面确定供应单位。

【相关规定链接】

《招标投标法》（2017年修正）

第十八条　招标人可以根据招标项目本身的要求，在招标公告或者投标邀请书中，要求潜在投标人提供有关资质证明文件和业绩情况，并对潜在投标人进行资格审查；国家对投标人的资格条件有规定的，依照其规定。

招标人不得以不合理的条件限制或者排斥潜在投标人，不得对潜在投标人实行歧视待遇。

第二十条　招标文件不得要求或者标明特定的生产供应者以及含有倾向或者排斥潜在投标人的其他内容。

《招标投标法实施条例》（2019年修订）

第三十二条　招标人不得以不合理的条件限制、排斥潜在投标人或者投标人。

招标人有下列行为之一的，属于以不合理条件限制、排斥潜在投标人或者投标人：

（一）就同一招标项目向潜在投标人或者投标人提供有差别的项目信息；

（二）设定的资格、技术、商务条件与招标项目的具体特点和实际需要不相适应或者与合同履行无关；

（三）依法必须进行招标的项目以特定行政区域或者特定行业的业绩、奖项作为加分条件或者中标条件；

（四）对潜在投标人或者投标人采取不同的资格审查或者评标标准；

（五）限定或者指定特定的专利、商标、品牌、原产地或者供应商；

（六）依法必须进行招标的项目非法限定潜在投标人或者投标人的所有制形式或者组织形式；

（七）以其他不合理条件限制、排斥潜在投标人或者投标人。

（九）招标文件发包人要求编制不完整的风险与防范

【风险点解析】

招标人应当根据招标项目的特点和需要编制招标文件。招标文件应当包括招标项目的技术要求、对投标人资格审查的标准、投标报价要求和评标标准等所有实质性要求和条件以及拟签订合同的主要条款，国家对招标项目的技术、标准有规定的，招标人应当按照其规定在招标文件中提出相应要求，招标项目需要划分标段、确定工期的，招标人应当合理划分标段、确定工期，并在招标文件中载明。

针对工程总承包项目，随着工程总承包招标项目日渐增多，因招标文件中《发包人要求》不完备引起的设计—采购—施工项目实施过程中的合同价格纠纷也越来越多。因此在编制招标文件时，对于《发包人要求》的编制尤为关键，《房屋建筑和市政基础设施项目工程总承包管理办法》以及《建设项目工程总承包合同（示范文本）》规定，《发包人要求》主要包括对项目的内容、范围、规模、标准、功能、质量、安全、节约能源、生态环境保护、工期、验收等的明确要求，是发包人最终验收的重要依据，一旦对于《发包人要求》中未明确的事项是否属于《发包人要求》范围进行认定，会对发承包双方合同价格的控制产生重大影响：如认定为属于发包人要求范围，则工程总承包单位要承担合同总价变化的影响；如认定为变更，则发包人要承担合同总价变化的影响。

【防范措施】

《发包人要求》作为投标人参与投标活动的指导性文件，是投标人在投标阶段有效识别风险，合理确定成本、进度、质量及安全目标的重要依据，确保投标的合理性，为避免后期可能发生的争议、分歧：第一，建设单位要高度重视《发包人要求》的科学编写，《发包人要求》应尽可能清晰准确，对于可以进行定量评估的工作，《发包人要求》不仅应明确规定其产能、功能、用途、质量、环境、安全，并且应规定偏离的范围和计算方法，以及检验、试验、试运行的具体要求。对于承包人负责提供的有关设备和服务，对发包人人员进行培训和提供一些消耗品等，在《发包人要求》中应一并明确规定。第二，对于工程总承包单位而言，《发包人要求》作为合同的重要组成部分，是承包人履行项目建设的重要依据，因此承包人进行投标时，如遇到《发包人要求》编制不完整的情形时，投标人应主动提出答疑申请，要求招标人对招标文件作出修改或解释。同时，招标文件的解读不仅涉及技术判断，而且存在大量的法律风险的判断分析，若依据本身存在错误，则会给项目建设带来各种不可预见的问题，在必要时应当委托专业律师提供专业咨询。在实际执行过程中，《发包人要求》或发包人提供的基础资料中的错误导致承包人增加费用和（或）工期延误的，承包人应当及时向发包人索赔要求发包人承担由此增加的费用和（或）工期延误等权利。

【相关规定链接】

《招标投标法》（2017 年修正）

第十九条　招标人应当根据招标项目的特点和需要编制招标文件。招标文件应当包括招标项目的技术要求、对投标人资格审查的标准、投标报价要求和评标标准等所有实质性要求和条件以及拟签订合同的主要条款。

国家对招标项目的技术、标准有规定的，招标人应当按照其规定在招标文件中提出相应要求。

招标项目需要划分标段、确定工期的，招标人应当合理划分标段、确定工期，并在招标文件中载明。

《房屋建筑和市政基础设施项目工程总承包管理办法》（建市规〔2019〕12号）

第九条　建设单位应当根据招标项目的特点和需要编制工程总承包项目招标文件，主要包括以下内容：

（一）投标人须知；

（二）评标办法和标准；

（三）拟签订合同的主要条款；

（四）发包人要求，列明项目的目标、范围、设计和其他技术标准，包括对项目的内容、范围、规模、标准、功能、质量、安全、节约能源、生态环境保护、工期、验收等的明确要求；

（五）建设单位提供的资料和条件，包括发包前完成的水文地质、工程地质、地形等勘察资料，以及可行性研究报告、方案设计文件或者初步设计文件等；

（六）投标文件格式；

（七）要求投标人提交的其他材料。

建设单位可以在招标文件中提出对履约担保的要求，依法要求投标文件载明拟分包的内容；对于设有最高投标限价的，应当明确最高投标限价或者最高投标限价的计算方法。

推荐使用由住房和城乡建设部会同有关部门制定的工程总承包合同示范文本。

《建设项目工程总承包合同（示范文本）》（GF-2020-0216）

附件1　《发包人要求》

《发包人要求》应尽可能清晰准确，对于可以进行定量评估的工作，《发包人要求》不仅应明确规定其产能、功能、用途、质量、环境、安全，并且要规定偏离的范围和计算方法，以及检验、试验、试运行的具体要求。对于承包人负责提供的有关设备和服务，对发包人人员进行培训和提供一些消耗品等，在《发包人要求》中应一并明确规定。

《发包人要求》通常包括但不限于以下内容：

一、功能要求

（一）工程目的。

（二）工程规模。

（三）性能保证指标（性能保证表）。

（四）产能保证指标。

二、工程范围

（一）概述

（二）包括的工作

1. 永久工程的设计、采购、施工范围。

2. 临时工程的设计与施工范围。

3. 竣工验收工作范围。

4. 技术服务工作范围。

5. 培训工作范围。

6. 保修工作范围。

（三）工作界区

（四）发包人提供的现场条件

1. 施工用电。

2. 施工用水。

3. 施工排水。

4. 施工道路。

（五）发包人提供的技术文件

除另有批准外，承包人的工作需要遵照发包人的下列技术文件：

1. 发包人需求任务书。

2. 发包人已完成的设计文件。

三、工艺安排或要求（如有）

四、时间要求

（一）开始工作时间。

（二）设计完成时间。

（三）进度计划。

（四）竣工时间。

（五）缺陷责任期。

（六）其他时间要求。

五、技术要求

（一）设计阶段和设计任务。

（二）设计标准和规范。

（三）技术标准和要求。

（四）质量标准。

（五）设计、施工和设备监造、试验（如有）。

（六）样品。

（七）发包人提供的其他条件，如发包人或其委托的第三人提供的设计、工艺包、用于试验检验的工器具等，以及据此对承包人提出的予以配套的要求。

六、竣工试验

（一）第一阶段，如对单车试验等的要求，包括试验前准备。

（二）第二阶段，如对联动试车、投料试车等的要求，包括人员、设备、材料、燃料、电力、消耗品、工具等必要条件。

（三）第三阶段，如对性能测试及其他竣工试验的要求，包括产能指标、产品质量标准、运营指标、环保指标等。

七、竣工验收

八、竣工后试验（如有）

九、文件要求

（一）设计文件，及其相关审批、核准、备案要求。

（二）沟通计划。

（三）风险管理计划。

（四）竣工文件和工程的其他记录。

（五）操作和维修手册。

（六）其他承包人文件。

十、工程项目管理规定

（一）质量。

（二）进度，包括里程碑进度计划（如有）。

（三）支付。

（四）HSE（健康、安全与环境管理体系）。

（五）沟通。

（六）变更。

十一、其他要求

（一）对承包人的主要人员资格要求。

（二）相关审批、核准和备案手续的办理。

（三）对项目业主人员的操作培训。

（四）分包。

（五）设备供应商。

（六）缺陷责任期的服务要求。

（十）投标人串标、围标的风险与防范

【风险点解析】

“串标”“围标”是招投标活动过程中隐蔽性、欺骗性和危害性较强的一种违法行为，该行为干扰了招标投标活动的正常秩序，影响公平公正，被《招标投标法》所明文禁止。实践中主要表现为：（1）投标人之间相互约定抬高或者压低投标报价；（2）投标人之间事先约定中标者；（3）投标人之间为谋取中标或者排斥特定投标人而联合采取行动；（4）属于同一协会、商会、集团公司等组织成员的投标人，按照该组织要求在投标中采取协同行动。当出现串标、围标行为时，因该行为违反法律的强制性规定，签订的中标合同应当认定为无效，同时行为人还要面临监管部门的行政处罚，情节严重时甚至涉嫌违法犯罪。从刑事责任来看，投标人互相串通投标报价，损害招标人或者其他投标人利益，或者招标人与投标人串通，损害国家集体公民的合法权利，扰乱市场经济秩序，情节严重的，构成串通投标罪。《刑法》第二百二十三条规定，投标人互相串通投标报价，损害招标人或其他投标人利益，情节严重的，处三年以下有期徒刑或者拘役，并处或单处罚金。招标人与投标人串通投标，损害国家、集体、公民的合法利益的，依照前款的规定处罚。另外，还可能涉及徇私舞弊、滥用职权、玩忽职守以及行贿、受贿等罪名。对招标投标活动，依法负有行政监督职责的国家机关工作人员，有徇私舞弊、滥用职权或者玩忽职守的行为的，可能构成徇私舞弊罪、滥用职权罪或者玩忽职守罪。

【防范措施】

串标、围标行为不仅扰乱了招标市场公开、公平的正常秩序，而且也侵害了

其他投标人的合法权益。对于承包人而言，应严格做好企业合规管理，从提升自身竞争力上拓展业务，在对外投标工程总承包项目时，应当严格依照法定程序参与投标，坚决杜绝串标、围标行为。

【相关规定链接】

《招标投标法》（2017 年修正）

第三十二条　投标人不得相互串通投标报价，不得排挤其他投标人的公平竞争，损害招标人或者其他投标人的合法权益。

投标人不得与招标人串通投标，损害国家利益、社会公共利益或者他人的合法权益。

禁止投标人以向招标人或者评标委员会成员行贿的手段谋取中标。

《招标投标法实施条例》（2019 年修订）

第三十九条　禁止投标人相互串通投标。

有下列情形之一的，属于投标人相互串通投标：

（一）投标人之间协商投标报价等投标文件的实质性内容；

（二）投标人之间约定中标人；

（三）投标人之间约定部分投标人放弃投标或者中标；

（四）属于同一集团、协会、商会等组织成员的投标人按照该组织要求协同投标；

（五）投标人之间为谋取中标或者排斥特定投标人而采取的其他联合行动。

第四十条　有下列情形之一的，视为投标人相互串通投标：

（一）不同投标人的投标文件由同一单位或者个人编制；

（二）不同投标人委托同一单位或者个人办理投标事宜；

（三）不同投标人的投标文件载明的项目管理成员为同一人；

（四）不同投标人的投标文件异常一致或者投标报价呈规律性差异；

（五）不同投标人的投标文件相互混装；

（六）不同投标人的投标保证金从同一单位或者个人的账户转出。

第四十一条　禁止招标人与投标人串通投标。

有下列情形之一的，属于招标人与投标人串通投标：

（一）招标人在开标前开启投标文件并将有关信息泄露给其他投标人；

（二）招标人直接或者间接向投标人泄露标底、评标委员会成员等信息；

（三）招标人明示或者暗示投标人压低或者抬高投标报价；

（四）招标人授意投标人撤换、修改投标文件；

（五）招标人明示或者暗示投标人为特定投标人中标提供方便；

（六）招标人与投标人为谋求特定投标人中标而采取的其他串通行为。

《江苏省国有资金投资工程建设项目招标投标管理办法》（江苏省人民政府令第120号）

第十六条　招标人或者其委托的招标代理机构在招标过程中有下列情形之一的，属于与投标人串通投标：

（一）直接或者间接向投标人泄露获取资格预审文件或者通过资格预审的投标申请人，或者已经获取招标文件的潜在投标人的名称、数量的；

（二）直接或者间接向投标利害关系人泄露资格审查或者评标情况的；

（三）故意损毁、篡改特定投标文件内容，或者在资格预审活动中损毁、篡改特定资格预审申请人提交的资格预审申请文件的；

（四）法律、法规、规章规定的其他串通投标行为。

第十七条　投标人在投标过程中有下列情形之一的，属于投标人相互串通投标：

（一）相互约定不按照资格预审文件的要求提交资格申请文件的；

（二）按照相互约定不实质性响应招标文件的；

（三）按照相互约定制定投标方案的；

（四）相互约定给予未中标的投标人费用补偿的；

（五）法律、法规、规章规定的其他相互串通投标行为。

第十八条　投标人在投标过程中有下列情形之一的，视为投标人相互串通投标：

（一）不同投标人的电子投标文件出自同一台电脑的；

（二）不同投标人的投标文件由同一投标人的附属设备打印、复印的；

（三）不同投标人的投标报价用同一个预算编制软件密码锁制作或者出自同一电子文档的；

（四）不同投标人的投标保证金虽然经由投标人自己的基本账户转出，但所需资金均是来自同一单位或者个人的账户的；

（五）不同投标人编制的投标文件存在两处以上一致性错误的；

（六）法律、法规、规章规定的其他视为相互串通投标的行为。

【典型案例】

案例：江西长荣建设集团有限公司、江西余干高新技术产业园区管理委员会建设工程施工合同纠纷案

案号：（2020）最高法民终 115 号

审理法院：最高人民法院

裁判要旨：

招标公告设置不合理条件，排除不特定的潜在投标人，以致投标人无法达到法定标准，使得招标投标流于形式，属于明标暗定的串标行为，违反《招标投标法》的强制性规定，设计—采购—施工工程总承包合同无效。

基本案情：

2017 年 8 月 10 日，江西余干高新技术产业园区管理委员会（以下简称余干管委会）就产业园设计—采购—施工项目发布第一次招标公告，江西长荣建设集团有限公司（以下简称长荣公司）联合体在七天报名期内提交报名资料。其中，产业园设计—采购—施工项目资金来源是国有资金。

2017 年 8 月 23 日，余干管委会以报名单位少于三家又发布第二次招标公告，长荣公司联合体再次提交报名资料。但两次招标都流标。余干管委会受余干县发展和改革委员会通知，不再进行招标，直接选定长荣公司。

2017 年 9 月 15 日，长荣公司进场施工。同年 11 月 10 日，长荣公司、余干管委会、中海公司签订了《总承包合同》，约定工程内容及规模为余干城西创新创业产业园设计施工一体化（设计—采购—施工）项目的设计、采购、施工及项目管理工作，建设规模约 25 万平方米，约定竣工时间为 2017 年 12 月 31 日，合同价格为 36, 768. 26 万元。

长荣公司以余干管委会拖欠工程款为由提起诉讼，主张确认《总承包合同》无效、支付工程款和返还保证金，余干管委会反诉解除《总承包合同》、支付赔偿款。

法院裁判理由与结果：

一审法院认为，关于《总承包合同》的效力问题。案涉工程建设使用的全部是国有资金，总投资数亿元，属于必须招标工程。《招标投标法》第三十二条第二款规定，投标人不得与招标人串通投标，损害国家利益、社会公共利益或者他

人的合法权益。案涉工程虽然形式上履行了招投标程序，但两次《招标公告》均未规定获取招标文件或者资格预审文件的地点和时间，致使不特定的潜在投标人无法知晓招标文件内容及投标截止时间，导致两次《招标公告》规定的报名截止时间（7天）等同于投标截止时间，显然对中标结果造成实质性影响，且目前已不能采取补救措施予以纠正。按规定第二次公开招标投标人提交投标文件截止日期为2017年9月14日，而余干县发展和改革委员会《关于余干城西创新创业产业园设计施工一体化（EPC）项目不再进行招标备案的通知》2017年9月12日就下发，长荣公司自认于2017年9月15日就提前进场，但双方签订的《总承包合同》时间为2017年11月10日，故现有证据表明长荣公司与余干管委会之间存在明标暗定的串通行为，违反了法律强制性规定。综合该案事实，案涉《总承包合同》应依法认定为无效。

二审法院认为，关于《总承包合同》的效力问题。案涉工程属于依法应当进行招标的项目。案涉工程最终未通过招投标程序确定中标人，即由余干管委会与长荣公司签订施工合同。结合一审法院查明和认定的余干管委会违反《招标投标法》关于“依法必须进行招标的项目，自招标文件开始发出之日起至投标人提交投标文件截止之日止，最短不得少于二十日”的规定，在13天内进行两次招标、两次招标公告均未规定获取招标文件或者资格预审文件的地点和时间、长荣公司一审自认的提前进场施工日期2017年9月15日早于《总承包合同》签订日期2017年11月10日等事实，一审判决认定余干管委会与长荣公司在案涉工程招投标程序中违反《招标投标法》的强制性规定，对中标结果造成实质影响，且不能采取补救措施予以纠正，案涉《总承包合同》无效，有事实和法律依据，并无不当。

（十一）投标人借用资质投标的风险与防范

【风险点解析】

在工程总承包项目招投标中，法律规定承包人承接工程总承包项目需要同时具备与工程规模相适应的工程设计资质和施工资质，但实践中大量承包人缺乏相应的专业资质以及资金实力，在投标时选择借用资质投标，一旦中标将直接影响履约行为，甚至有可能危及工程质量。上述行为不仅严重违背招标人的招标目的，而且对于其他投标人也不公平，导致中标结果失实，受到《招标投标法》的否定性评价。因此，对于借用他人名义、资质投标的企业而言，中标行为无效，所签订的工程总承包项目合同亦无效，应承担相应的行政及民事责任；对于出借资质的企业而言，不仅需要对因该项承揽工程不符合规定的质量标准造成的损失与借用资质企业承担连带赔偿责任，还应当承担相应的行政责任。

【防范措施】

借用他人资质或者出借资质投标为《招标投标法》所明文禁止，对于借用他人资质投标的企业而言，投标文件及中标合同均以借用资质企业的名义开展，存在实际施工人身份不能认定的风险。目前司法裁判观点认定，借用资质的实际施工人原则上不能突破合同相对性直接向发包人主张工程款，同时由于出借资质的企业对借用资质的实际施工人仅承担工程款的转付义务，并不承担直接付款责任，一旦发包人未支付工程款，借用资质的实际施工人将处于两难的困境。故借用资质的实际施工人应当提高自身企业实力，必要时可以选择与其他主体组成联合体的形式参与投标活动，或者量力而行，选择承接一些专业分包工程，逐步积累并扩大项目业务。

对于出借资质企业而言，借用资质管理费属于违法所得，依法应当予以收缴，目前司法审判实践也对借用资质管理费的收取持否定性倾向态度，出借资质的企业主张扣除相应管理费的，人民法院不予支持，故从企业合规角度考虑，应当避免出现借用他人资质或者出借资质投标情形。

【相关规定链接】

《招标投标法》（2017 年修正）

第三十三条　投标人不得以低于成本的报价竞标，也不得以他人名义投标或者以其他方式弄虚作假，骗取中标。

《招标投标法实施条例》（2019 年修订）

第四十二条　使用通过受让或者租借等方式获取的资格、资质证书投标的，属于招标投标法第三十三条规定的以他人名义投标。

投标人有下列情形之一的，属于招标投标法第三十三条规定的以其他方式弄虚作假的行为：

（一）使用伪造、变造的许可证件；

（二）提供虚假的财务状况或者业绩；

（三）提供虚假的项目负责人或者主要技术人员简历、劳动关系证明；

（四）提供虚假的信用状况；

（五）其他弄虚作假的行为。

《房屋建筑和市政基础设施工程施工招标投标管理办法》（2019 年修正）

第三十一条　投标人不得以低于其企业成本的报价竞标，不得以他人名义投标或者以其他方式弄虚作假，骗取中标。

最高人民法院《关于审理建设工程施工合同纠纷案件适用法律问题的解释（一）》（法释〔2020〕25 号）

第一条　建设工程施工合同具有下列情形之一的，应当依据民法典第一百五十三条第一款的规定，认定无效：

（一）承包人未取得建筑业企业资质或者超越资质等级的；

（二）没有资质的实际施工人借用有资质的建筑施工企业名义的；

（三）建设工程必须进行招标而未招标或者中标无效的。

承包人因转包、违法分包建设工程与他人签订的建设工程施工合同，应当依据民法典第一百五十三条第一款及第七百九十一条第二款、第三款的规定，认定无效。

（十二）投标人投标报价的风险与防范

【风险点解析】

在设计—采购—施工总承包项目投标阶段，项目投标报价的风险识别，有利于工程总承包单位在项目前期降低项目风险带来的损失，但是在实践过程中，由于各种因素导致工程总承包单位承担了很大的投标报价风险。一方面，在国内建筑业市场中，业主处于绝对强势的地位。在这样的情况下，许多业主为了转移自身风险会在投标报价过程中增加不平等条款，这就造成了合同条款风险，可能导致工程总承包单位承担过高的风险，尤其是业主要求工程总承包单位垫资施工的风险；垫资承包施工是在中国建设工程施工领域长期存在的一种承包方式，但是垫资行为使得资金压力由业主转移到承包方身上，承包方是否承受垫资压力并完成施工内容是其经营过程的一个高风险点。另一方面，工程总承包项目投标过程中，工程总承包单位只能通过招标文件和短暂的实地勘察来了解工程项目的信息，如果工程总承包单位经验不足，对项目背景、施工环境、地质条件、建设规模、施工标准、资金来源、合同条款、付款方式等实际情况判断不准确，则会导致投标报价过程中存在盲目性。

【防范措施】

第一，业主不平等条款的风险防控措施。工程总承包单位应重点加强对合同条款的审查，对于业主给工程总承包单位提出的设计以及施工方面的需求，承包方应对其合理性进行判断和审查，确保提出的要求能够在工期和报价内完成。此外，业主招标时不应过于希望最低价中标，报价过低会严重影响工程项目的质量问题，应该咨询相关专业人士理性地对待报价，保证工程进度和质量。

第二，业主要求工程总承包单位垫资施工的风险防控措施。在签订工程总承包合同时，如果有垫资条款，工程总承包单位应在合同中明确约定垫资利息，垫资利息在一定程度上遏制了业主拖欠利息和工程价款的风险。此外，如果合同中有垫资条款，工程总承包单位为避免风险可以尽量明确垫资后工程进度款的支付时间节点，同时明确逾期未支付工程款的违约责任，将追索工程款和垫资的风险降到最低。

第三，需关注业主资信、资金风险并做好防控措施。近年来，业主因为资金链断裂导致项目停工、烂尾的案例不胜枚举，工程总承包单位要做好风险防范意识，判断业主资信、资金风险，并决策是否投标项目。首先，可以通过政府平台等公开途径查询业主的资信评价，如果业主资信评价较高，则承接项目的风险相对较小。其次，应该注意审查项目土地权属、出让金支付、项目审批等情况，这对工程总承包单位来说至关重要，否则项目本身可能涉及违建或者违规，对工程总承包单位而言没有保障。最后，可以提前评估业主资金状况，预估业主是否有能力按时支付工程价款，以此来降低需要过多垫资的风险。在必要时，可以委托专业律师开展业主及项目尽职调查专项法律服务，将前期风险降到最低。

【相关规定链接】

《招标投标法》（2017 年修正）

第三十三条　投标人不得以低于成本的报价竞标，也不得以他人名义投标或者以其他方式弄虚作假，骗取中标。

《房屋建筑和市政基础设施项目工程总承包管理办法》（建市规〔2019〕12 号）

第十五条　建设单位和工程总承包单位应当加强风险管理，合理分担风险。

建设单位承担的风险主要包括：

（一）主要工程材料、设备、人工价格与招标时基期价相比，波动幅度超过合同约定幅度的部分；

（二）因国家法律法规政策变化引起的合同价格的变化；

（三）不可预见的地质条件造成的工程费用和工期的变化；

（四）因建设单位原因产生的工程费用和工期的变化；

（五）不可抗力造成的工程费用和工期的变化。

具体风险分担内容由双方在合同中约定。

鼓励建设单位和工程总承包单位运用保险手段增强防范风险能力。

第十六条　企业投资项目的工程总承包宜采用总价合同，政府投资项目的工程总承包应当合理确定合同价格形式。采用总价合同的，除合同约定可以调整的情形外，合同总价一般不予调整。

建设单位和工程总承包单位可以在合同中约定工程总承包计量规则和计价方法。

依法必须进行招标的项目，合同价格应当在充分竞争的基础上合理确定。

住房和城乡建设部《关于进一步推进工程总承包发展的若干意见》（建市〔2016〕93号）

二、完善工程总承包管理制度

（六）工程总承包企业的选择。建设单位可以依法采用招标或者直接发包的方式选择工程总承包企业。工程总承包评标可以采用综合评估法，评审的主要因素包括工程总承包报价、项目管理组织方案、设计方案、设备采购方案、施工计划、工程业绩等。工程总承包项目可以采用总价合同或者成本加酬金合同，合同价格应当在充分竞争的基础上合理确定，合同的制订可以参照住房城乡建设部、工商总局联合印发的建设项目工程总承包合同示范文本。

（十三）投标人低于成本报价的风险与防范

【风险点解析】

《招标投标法》第三十三条、《招标投标法实施条例》第五十一条规定，投标人不得以低于成本的报价竞标，否则评标委员会应当否决其投标。一般来说，投标人的投标报价应在企业成本价的基础上加上适当的利润。但是由于市场竞争激烈，许多总承包单位为了在激烈的市场竞争中提高中标的概率，盲目采取低价竞争的策略。有一些总承包单位以低价中标，工程承建过程中为了弥补投标报价过低的亏损，中标人往往会想方设法增加签证或者中途停建，向发包人要求调高总价，引发纠纷。

工程总承包模式相较于传统的施工总承包模式而言，在施工总承包模式下，常见的是“工程量清单”“建设规模表”“建设标准表”“施工图纸”等类似的意思表示，均表述了合同实质性内容，施工总承包单位对于自身应当完成的建设工程，是有明确具体的认识的，可以较为清晰地依据自身的经济技术能力判断自身可能产生的成本及风险，最终明确合同报价。工程总承包模式下，工程总承包模式中的“发包人要求”来自国际咨询工程师联合会条款中的“the Employer's Requirements”这一概念，直接翻译为“雇主要求”，本土化后翻译为“发包人要求”，由于是对设计、采购、施工、试运行等阶段的全面承包，所约定的固定总价范围更大，因为设计和施工在面对建设单位时已经不再分家，设计单位是工程总承包单位的内部机构或下属机构或者联合体成员，其所发出的设计变更属于其内部行为，其单方法律效力不及于外部，故单纯的由设计单位发出的设计变更，不再对固定总价范围造成影响，也不再成为后续固定总价合同可调整的事由。这种情况下，工程项目往往会因为报价过低而无法按时竣工，最后该项目会因工期延误损失惨重。低价竞标让总承包商自身承担了极高的风险，不得不减少技术力量、设备设施、人工材料的投入，工程项目的质量无法保证；一旦工程因为报价过低而难以继续，业主与总承包商都面临着巨大的损失，如果因自身原因被迫放弃项目，将面临发包人的巨额索赔，也会严重影响企业的良好形象。

【防范措施】

低价报价扰乱了市场秩序，破坏公平竞争的招投标环境，形成低价竞争的恶性循环，最终损害的是行业内所有企业的利益。为避免投标文件被认定为废标，减少后续不必要的纠纷，企业应加强项目投标合规管理，杜绝低于成本价报价的行为。对此，笔者建议，工程总承包单位在制作项目具体报价时，区分设计费用、施工费用等，并应当严格遵守下列原则：（1）将不可竞争费用如规费、税金等直接计入成本；（2）对于有限竞争费用，如人工工资、材料费、机械使用费、措施费等，应根据企业自身实力、优势等编制报价，但不应低于成本；（3）对于完全竞争费用如施工利润、企业管理费等根据企业的承受能力，参照市场行业正常水准，合理编制。同时，业主单位也不应以价格作为中标的唯一评判标准，避免让一些失信的中标单位达到“低价中标，高价索赔”的目的。

【相关规定链接】

《招标投标法》（2017 年修正）

第三十三条　投标人不得以低于成本的报价竞标，也不得以他人名义投标或者以其他方式弄虚作假，骗取中标。

《招标投标法实施条例》（2019 年修订）

第五十一条　有下列情形之一的，评标委员会应当否决其投标：

（一）投标文件未经投标单位盖章和单位负责人签字；

（二）投标联合体没有提交共同投标协议；

（三）投标人不符合国家或者招标文件规定的资格条件；

（四）同一投标人提交两个以上不同的投标文件或者投标报价，但招标文件要求提交备选投标的除外；

（五）投标报价低于成本或者高于招标文件设定的最高投标限价；

（六）投标文件没有对招标文件的实质性要求和条件作出响应；

（七）投标人有串通投标、弄虚作假、行贿等违法行为。

《房屋建筑和市政基础设施工程施工招标投标管理办法》（2019 年修正）

第三十一条　投标人不得以低于其企业成本的报价竞标，不得以他人名义投标或者以其他方式弄虚作假，骗取中标。

【典型案例】

案例：济宁市高新区接庄污水处理厂改扩建及管网配套工程总承包（EPC）项目评标案

基本案情：

2022 年 2 月 17 日，招标人济宁高新技术产业开发区住房和城乡建设局发布山东省济宁高新区接庄污水处理厂改扩建及管网配套工程招标公告。本次工程主要内容为新建 8.0 万 m^3/d 污水处理厂 1 座及 2.0 万 m^3/d 中水回用系统、31.4 公里污水管网及配套泵站 1 座。污水处理厂总建筑面积 1384 平方米，日处理污水 8 万吨/天，主要建设内容：粗格栅及进水泵房 1 座、细格栅及曝气沉砂池 1 座、膜格栅 1 座、生化池 1 座、MBR 膜池 1 座、膜设备间 1 座、综合加药间 1 座、接触消毒池 1 座、鼓风机房 1 座、变配电间 2 座、仪表间 2 座、污泥浓缩池 2 座、调理池 2 座、污泥深度脱水车间 1 座、中水回用池 1 座、中水回用泵房 1 座、除臭系统1套、综合楼1座、加氯加药间1座、臭氧催化氧化池及臭氧发生间1座、臭氧制备间1座、液氧站1座、事故水池1座；配套管网工程：对济邹路、大禹西路、矿外路进行雨污水分流改造，对全区17个合流制小区进行雨污水分流改造，对西浦路进行综合整治改造，实现区域内污水应收尽收，新建、改建配套管网总长约31.4公里，配套泵站1座。工程总价概算（估算）68,000万元。

评标结果：

2023年3月10日开标，根据评标结果显示，中铁某局等12家投标单位，其设计费报价明显低于成本价，根据招标文件投标人须知附录：6.4.5（4）在评标过程中，评标委员会发现投标人的报价可能低于个别成本的，应当要求该投标人作出书面说明并提供相关证明材料，投标人不能合理说明或者不能提供相关证明材料的，由评标委员会认定该投标人以低于成本报价竞标，应当否决其投标，因此否决了中铁某局等12家投标单位投标。

（十四）发包人股东方或关联方参与工程总承包项目投标的风险与防范

【风险点解析】

以新能源工程总承包项目为例，新能源项目的开发模式已由最初的地方企业开展路条模式，逐步转为深入项目建设开发，越来越多的行业龙头企业已深入新能源发电项目开发运营的上下游。新能源项目开发以“项目公司”为载体，可能会出现项目公司的投资人是行业内的设计—采购—施工承包商、设备供应商、电站运营商等的情况。新能源项目的招采中必须招投标的采购事项，以设计—采购—施工合同为例，如项目公司作为发包人，其股东方或关联方可否作为投标人参与投标成为项目的设计—采购—施工承包商、设备供应商、电站运营商？对此，《招标投标法》《招标投标法实施条例》并没有条款直接明确指出招标人的股东方或关联方不得参与投标，但实践中可能会发生招标投标效力争议。

【防范措施】

《招标投标法》第三十二条第二款规定，投标人不得与招标人串通投标，损害国家利益、社会公共利益或者他人的合法权益。《招标投标法实施条例》第三十四条第一款规定，与招标人存在利害关系可能影响招标公正性的法人、其他组织或者个人，不得参加投标。上述规定并没有一概禁止与招标人存在关联关系的公司参与投标，而是通过“存在利害关系”且“可能影响招标公正性”两个条件来衡量关联方参与投标是否有效。如在实践中，项目公司与参与投标的关联公司采用的是“两块牌子、两套人马”，两个主体从人员到业务相对独立，人员之间不存在共用或一方对另一方的决策起决定作用等情况，且在招采过程中，不存在影响招采公正性的情况（如招标文件编制、投标人资格要求设置、评标专家选取、开标、评标、定标等各个环节依法合规），则该中标结果并不会仅仅因为招采双方具备关联关系而无效；如项目公司的人员与参与投标的关联公司为“两块牌子、一套人马”，或人员之间有大量的共用情况，则较难证明该“利害关系”未能对中标结果产生“影响招标公正性”的影响，较大可能在中标后，被其他参与投标的主体或其他方质疑该中标结果的公正性，主张该次中标行为无效。因此，如在设计—采购—施工项目的招采中确实无法避免出现关联方参与投标并中标的情况，则企业应当在招采时关注该次招采的公正性，避免导致中标结果无效。

【相关规定链接】

《招标投标法》（2017 年修正）

第三十二条　投标人不得相互串通投标报价，不得排挤其他投标人的公平竞争，损害招标人或者其他投标人的合法权益。

投标人不得与招标人串通投标，损害国家利益、社会公共利益或者他人的合法权益。

禁止投标人以向招标人或者评标委员会成员行贿的手段谋取中标。

《招标投标法实施条例》（2019 年修订）

第三十四条　与招标人存在利害关系可能影响招标公正性的法人、其他组织或者个人，不得参加投标。

单位负责人为同一人或者存在控股、管理关系的不同单位，不得参加同一标段投标或者未划分标段的同一招标项目投标。

违反前两款规定的，相关投标均无效。

（十五）联合体资质认定的风险与防范

【风险点解析】

根据管理办法的规定，在承接工程总承包项目时，工程总承包单位必须同时具备设计和施工资质或者组成联合体，仅具有施工资质或设计资质的企业无法单独承接工程总承包业务。应当指出，企业申请“双资质”是未来的发展方向，目前有很多大型建设企业都在通过重组融合等方式努力实现“双资质”，企业在自身实力允许的情况下，应通过兼并重组等多种形式拓展企业功能，完善项目管理体制，发展成为具有设计、采购、施工管理、试车考核等工程建设全过程服务能力的综合型工程公司，促进设计与施工技术的结合与发展。但是不可否认的是，现阶段具备“双资质”的企业少之又少，在企业不具备“双资质”的情形下，组建联合体参与设计—采购—施工工程的承建工作成为工程总承包模式的过渡。

实践中需要注意的是，在组建联合体时应当如何正确认定联合体的资质问题，如果未能正确组建联合体，导致联合体不具备工程总承包项目招标条件，很可能导致投标人资格不具备，进而导致投标无效的法律后果。

【防范措施】

关于联合体资质不同，在实务中易引发困惑的主要有两种，一是联合体成员分别在自身专业拥有资质，二是联合体虽承担不同专业工作，但其中的一方或多方拥有多专业领域的资质。《建筑法》第二十七条第二款规定，两个以上不同资质等级的单位实行联合共同承包的，应当按照资质等级较低的单位的业务许可范围承揽工程。《招标投标法》第三十一条第二款规定，由同一专业的单位组成的联合体，按照资质等级较低的单位确定资质等级。联合体资质“就低不就高”原则范围应当限定在联合体成员从事“同一专业”内的工作，当联合体成员从事不同专业的工作时，应该“一码归一码”，也就是联合体成员满足联合体协议约定的分工所需资质即可，即联合体中有同类资质的供应商按联合体分工承担相同工作的，应当按照资质等级较低的供应商确定资质等级；对于不同分工的工作，按照承担该项工作的联合体一方资质作为认定依据。对此，投标联合体一方面应关注招标文件的规定，在规定不明确时及时寻找招标方答疑，另一方面应该在《联合体协议》中明确各自职责和分工，避免发生歧义。

【相关规定链接】

《招标投标法》（2017 年修正）

第三十一条　两个以上法人或者其他组织可以组成一个联合体，以一个投标人的身份共同投标。

联合体各方均应当具备承担招标项目的相应能力；国家有关规定或者招标文件对投标人资格条件有规定的，联合体各方均应当具备规定的相应资格条件。由同一专业的单位组成的联合体，按照资质等级较低的单位确定资质等级。

联合体各方应当签订共同投标协议，明确约定各方拟承担的工作和责任，并将共同投标协议连同投标文件一并提交招标人。联合体中标的，联合体各方应当共同与招标人签订合同，就中标项目向招标人承担连带责任。

招标人不得强制投标人组成联合体共同投标，不得限制投标人之间的竞争。

《招标投标法实施条例》（2019 年修订）

第三十七条　招标人应当在资格预审公告、招标公告或者投标邀请书中载明是否接受联合体投标。

招标人接受联合体投标并进行资格预审的，联合体应当在提交资格预审申请文件前组成。资格预审后联合体增减、更换成员的，其投标无效。

联合体各方在同一招标项目中以自己名义单独投标或者参加其他联合体投标的，相关投标均无效。

《房屋建筑和市政基础设施项目工程总承包管理办法》（建市规〔2019〕12 号）

第十条　工程总承包单位应当同时具有与工程规模相适应的工程设计资质和施工资质，或者由具有相应资质的设计单位和施工单位组成联合体。工程总承包单位应当具有相应的项目管理体系和项目管理能力、财务和风险承担能力，以及与发包工程相类似的设计、施工或者工程总承包业绩。

设计单位和施工单位组成联合体的，应当根据项目的特点和复杂程度，合理确定牵头单位，并在联合体协议中明确联合体成员单位的责任和权利。联合体各方应当共同与建设单位签订工程总承包合同，就工程总承包项目承担连带责任。

《江苏省国有资金投资工程建设项目招标投标管理办法》（江苏省人民政府令第 120 号）

第十三条　招标人不得将下列带有不合理限制或者排斥潜在投标人作为资格合格条件：

（一）提高资质等级、同时设置总承包资质和总承包资质范围内的专业承包资质要求以及其他不按照资质管理规定设置资质要求的；

（二）资格条件要求 2 个以上资质但不允许联合体投标的；

（三）除主体结构相连无法分割施工的项目外，将不同总承包资质类别的施工总承包工程捆绑招标并在合格条件中设置两个施工总承包资质的。

【典型案例】

案例：四川省冶金设计研究院、贵州省冶金建设公司建设工程施工合同纠纷案

案号：（2018）最高法民申 2076 号

审理法院：一审四川省凉山彝族自治州中级人民法院、二审四川省高级人民法院、再审最高人民法院

裁判要旨：

设计—采购—施工项目联合体成员不具有相应资质，即使发包人确认联合体中标，该中标行为亦无效。

基本案情：

2008 年 3 月 3 日，德铁公司与四川省冶金设计研究院（以下简称川冶设计院）签订建设工程设计合同，约定：发包人德铁公司委托设计人川冶设计院承担德铁公司环保技改搬迁工程设计。合同签订后，川冶设计院完成了部分设计任务，德铁公司支付了部分设计费。

2010 年 12 月 9 日，华硅公司、贵州省冶金建设公司（以下简称贵冶公司）、川冶设计院签订联合体协议书，约定：贵冶公司与华硅公司自愿组成德铁公司环保技改搬迁项目一标段施工投标，华硅公司为德铁公司环保技改搬迁项目（一期标段）的牵头人。2011 年 1 月 23 日，华硅公司、川冶设计院、贵冶公司三方又签订联合体协议书，约定：华硅公司、川冶设计院、贵冶公司自愿组成德铁公司环保技改搬迁项目总承包联合体，共同参加德铁公司环保技改搬迁一期工程标段施工投标。华硅公司为德铁公司环保技改搬迁项目（一期标段）投标联合体的牵头人，合法代表联合体各成员负责本招标项目投标文件编制和合同谈判活动，代表联合体提交和接受相关的资料、信息及指导，并处理与之有关的一切事务，负责合同实施阶段的主办、组织和协调工作。联合体将严格按照招标文件的各项要求，递交投标文件，履行合同，并对外承担连带责任。

2011 年 1 月 25 日，德铁公司与华硅公司签订案涉《总承包合同》约定：工程采用设计、采购、施工（EPC）/交钥匙工程总承包方式。设计、施工及施工管理方采用联合体的方式投标，联合体的权利、义务、分工和组织形式在联合体

协议中约定，但无论怎样约定，联合体成员之一或全部必须按照国家法律对发包人承担连带责任。合同总价为54,348,100元。

法院裁判理由与结果：

法院认为，关于“联合体”投标、中标效力问题。根据《招标投标法》第三十一条第二款“联合体各方均应当具备承担招标项目的相应能力；国家有关规定或者招标文件对投标人资格条件有规定的，联合体各方均应当具备规定的相应资格条件。由同一专业的单位组成的联合体，按照资质等级较低的单位确定资质等级”的规定，华硅公司、贵冶公司、川冶设计院组成的联合体属于不具有案涉工程项目联合投标资格的“联合体”。华硅公司既不具有建筑施工资质，也不具有参与该案工程组成联合体的主体资格。对于华硅公司的主体资质，以及招标投标法对联合体投标方式的具体规定，作为招标人的德铁公司应当是明知的。故贵冶公司、川冶设计院上诉主张案涉工程的投标、中标违反《招标投标法》第三十一条的规定的理由成立，该案“联合体”投标、中标均违反了《招标投标法》的规定，其投标、中标行为当属无效。

（十六）联合体责任承担的风险与防范

【风险点解析】

《建筑法》第二十七条第一款规定，大型建筑工程或者结构复杂的建筑工程，可以由两个以上的承包单位联合共同承包。共同承包的各方对承包合同的履行承担连带责任。《招标投标法》第三十一条第三款规定，联合体中标的，联合体各方应当共同与招标人签订合同，就中标项目向招标人承担连带责任。这两个条款明确了联合体对其共同债务对外承担连带责任具有法定性，即使联合体未约定内部责任的承担方式或约定了其他责任承担的方式，都必须依照法律规定承担连带责任。故组建联合体时，联合体成员应当考虑上述连带责任风险。

同时，联合体对成员就分工范围内的工作所产生的债务，如联合体其他成员对联合体一方对外分包行为是否承担连带责任，实务中也存在较大的争议，一旦认定联合体其他成员应当承担连带责任，对于联合体其他成员风险极大。

【防范措施】

对招标人责任承担方面，由于我国《建筑法》《招标投标法》已经明确规定了联合体各方应当就中标项目向招标人承担连带责任，故承包人在组建联合体成员时应当考虑其他成员的资质、资信情况，尽量选择实力雄厚的合作单位，避免联合体其他成员履约能力不足等导致承担连带责任。

对联合体一方对外发生债务方面，建议准备以联合体模式进行设计—采购—施工工程总承包的企业应当仔细研究联合体协议的内容，在联合体协议中明确以下内容：联合体各方在总承包中的分工范围；是否授权联合体一方对外签订分包合同；第三方因未尽到合理的注意义务时无权要求联合体其他成员承担连带责任。

【相关规定链接】

《建筑法》（2019 年修订）

第二十七条　大型建筑工程或者结构复杂的建筑工程，可以由两个以上的承包单位联合共同承包。共同承包的各方对承包合同的履行承担连带责任。

两个以上不同资质等级的单位实行联合共同承包的，应当按照资质等级低的单位的业务许可范围承揽工程。

《招标投标法》（2017 年修正）

第三十一条　两个以上法人或者其他组织可以组成一个联合体，以一个投标人的身份共同投标。

联合体各方均应当具备承担招标项目的相应能力；国家有关规定或者招标文件对投标人资格条件有规定的，联合体各方均应当具备规定的相应资格条件。由同一专业的单位组成的联合体，按照资质等级较低的单位确定资质等级。

联合体各方应当签订共同投标协议，明确约定各方拟承担的工作和责任，并将共同投标协议连同投标文件一并提交招标人。联合体中标的，联合体各方应当共同与招标人签订合同，就中标项目向招标人承担连带责任。

招标人不得强制投标人组成联合体共同投标，不得限制投标人之间的竞争。

《房屋建筑和市政基础设施项目工程总承包管理办法》（建市规〔2019〕12 号）

第十条　工程总承包单位应当同时具有与工程规模相适应的工程设计资质和施工资质，或者由具有相应资质的设计单位和施工单位组成联合体。工程总承包单位应当具有相应的项目管理体系和项目管理能力、财务和风险承担能力，以及与发包工程相类似的设计、施工或者工程总承包业绩。

设计单位和施工单位组成联合体的，应当根据项目的特点和复杂程度，合理确定牵头单位，并在联合体协议中明确联合体成员单位的责任和权利。联合体各方应当共同与建设单位签订工程总承包合同，就工程总承包项目承担连带责任。

《江苏省国有资金投资工程建设项目招标投标管理办法》（江苏省人民政府令第 120 号）

第十四条　2 个或者 2 个以上法人以联合体形式投标的，联合体各成员单位应当具备与联合体协议中约定的分工相适应的资质和能力。

【典型案例】

案例：中冶建工集团有限公司、重庆交通大学工程设计研究院有限公司建设工程施工合同纠纷案

案号：（2020）云 25 民终 1620 号

审理法院：云南省红河哈尼族彝族自治州中级人民法院

裁判要旨：

根据《建筑法》第二十七条第一款“共同承包的各方对承包合同的履行承担连带责任”的规定，联合体成员应对外债务承担连带责任。

基本案情：

2017 年 6 月 1 日，中冶建工集团有限公司（以下简称中冶公司）、中安公司、重庆交通大学工程设计研究院有限公司（以下简称重庆公司）组成联合体，共同参加蒙自市 2017—2019 年农村公路建设项目 1 标段（东北部乡镇）的设计、采购、施工总承包（设计—采购—施工）项目的投标。2017 年 9 月，交投公司作为发包方与中冶公司、中安公司、重庆公司签订《蒙自市 2017—2019 年农村公路建设项目 1 标段（东北部乡镇）合同协议书》，约定被告交投公司将文澜镇、老寨乡、芷村镇、鸣就镇、西北勒乡、雨过铺镇、草坝镇 2017 年至 2019 年农村公路路基、路面、桥涵等项目的设计、采购、施工承包给被告中冶公司、中安公司、重庆公司设计、施工建设，工程价款为 343, 570, 000 元。

2018 年 5 月，代表中冶公司的中冶公司第四建筑工程分公司又与中安公司签订《战略合作及联合经营项目合作协议》，约定由被告中安公司负责上述项目总里程约 435 公里的 39%（或西北勒乡、芷村镇的全部公路）施工建设。

后中安公司又与鑫明公司签订《联合经营协议书》，联合组建项目部，中安公司占联合利润的 51%，鑫明公司占联合利润的 49%，中安公司同时从工程款中扣除结算价的 4% 作为前期费用及管理费用。后鑫明公司经与马某山协商，签

订《乡村公路施工劳务承包合同（暂定）》，约定采取原告包工不包料的方式对“蒙自市2017—2019年农村公路建设项目（设计—采购—施工）第一标段的“环苹果路”公路施工建设，并对具体工程项目的完成内容、单价等进行了约定。

马某山向一审法院起诉请求鑫明公司、中冶公司、中安公司、重庆公司、交投公司支付拖欠的工程劳务费。

法院裁判理由与结果：

一审法院认为，中冶公司虽没有直接与马某山签订劳务合同，但其作为马某山所完成工程项目的总承包方，在取得该项目后又将该项目的部分工程（项目总里程约435公里的39%或西北勒乡、芷村镇的全部公路）分包给无公路建设资质的中安公司单独建设并收取相应的管理费用，其应与中安公司共同承担责任，作为应承担责任的主体在该案是适格的被告。重庆公司辩称的只是该工程前期勘察设计，与工程劳务没有关联性的意见，因重庆公司与中安公司、中冶公司是该项目的一个联合承包整体，且三方约定对外应承担连带责任，故重庆公司在该案中亦应承担责任。

二审法院认为，关于中冶公司、重庆公司应否承担连带责任的问题。该院认为，连带责任是指依照法律规定或者当事人约定，两个或者两个以上当事人对其共同债务全部承担或部分承担，并能因此引起其内部债务关系的一种民事责任。根据《建筑法》第二十七条“大型建筑工程或者结构复杂的建筑工程，可以由两个以上的承包单位联合共同承包。共同承包的各方对承包合同的履行承担连带责任。两个以上不同资质等级的单位实行联合共同承包的，应当按照资质等级低的单位的业务许可范围承揽工程”的规定和《联合体协议书》第三条“联合体将严格按照招标文件的各项要求，递交投标文件，履行合同，并对外承担连带责任”的约定，中冶公司、重庆公司、中安公司作为联合体的共同承包人，其对与中安公司组建项目部联合经营的违法分包人鑫明公司欠付实际施工人马某山的工程款，应当按照法律规定和合同约定承担连带责任。中冶公司、重庆公司对外承担连带责任后，可向中安公司、鑫明公司进行追偿。至于中冶公司、重庆公司主张《联合体协议书》第三条约定的联合体对外承担连带责任，只是针对发包人交投公司，而非对发包人之外的马某山承担连带责任的上诉理由不能成立，该院不予支持。

（十七）中标合同磋商与谈判的风险与防范

【风险点解析】

《招标投标法实施条例》第五十七条规定，招标人和中标人应当依照招标投标法和该条例的规定签订书面合同。实践中，由于工程总承包项目招标时可能只完成了初步设计或者项目核准或备案手续，对于项目建设范围、规模、标准、功能、质量等发包人要求编制地较为笼统，投标人中标后往往不注重中标合同磋商与谈判，而是直接在招标人提供的中标合同上签字盖章，一旦发生纠纷，招标人有可能抗辩认为工程总承包项目为“交钥匙”工程，合同约定的是固定总价，工程价款一概不予调整，此时工程总承包单位可能处于不利地位。

【防范措施】

工程总承包单位中标后，应当注重中标后的磋商，做好合同评审把关工作。企业应尽量对工程总承包项目的内容、范围、规模、标准、功能、质量、安全、节约能源、生态环境保护、工期、验收等《发包人要求》的内容加以明确，以书面形式真实、清楚地进行表述，避免使用容易引起歧义的字句书写投标文件。原则上尽量选择国家《建设项目工程总承包合同（示范文本）》缔结合同，保证条款的齐全、内容的完整，要对专用条款中与工程相关的具体要求和内容加以明确约定，尤其是要明确违约责任的限度，尽量减少对自身苛刻的、单方面的约束性条款，以防风险的扩大化。

【相关规定链接】

《招标投标法》（2017 年修正）

第四十五条　中标人确定后，招标人应当向中标人发出中标通知书，并同时将中标结果通知所有未中标的投标人。

中标通知书对招标人和中标人具有法律效力。中标通知书发出后，招标人改变中标结果的，或者中标人放弃中标项目的，应当依法承担法律责任。

第四十六条　招标人和中标人应当自中标通知书发出之日起三十日内，按照招标文件和中标人的投标文件订立书面合同。招标人和中标人不得再行订立背离合同实质性内容的其他协议。

招标文件要求中标人提交履约保证金的，中标人应当提交。

《招标投标法实施条例》(2019年修订)

第五十七条　招标人和中标人应当依照招标投标法和本条例的规定签订书面合同，合同的标的、价款、质量、履行期限等主要条款应当与招标文件和中标人的投标文件的内容一致。招标人和中标人不得再行订立背离合同实质性内容的其他协议。

招标人最迟应当在书面合同签订后5日内向中标人和未中标的投标人退还投标保证金及银行同期存款利息。

最高人民法院《关于审理建设工程施工合同纠纷案件适用法律问题的解释(一)》(法释〔2020〕25号)

第二条　招标人和中标人另行签订的建设工程施工合同约定的工程范围、建设工期、工程质量、工程价款等实质性内容，与中标合同不一致，一方当事人请求按照中标合同确定权利义务的，人民法院应予支持。

招标人和中标人在中标合同之外就明显高于市场价格购买承建房产、无偿建设住房配套设施、让利、向建设单位捐赠财物等另行签订合同，变相降低工程价款，一方当事人以该合同背离中标合同实质性内容为由请求确认无效的，人民法院应予支持。

第二十三条　发包人将依法不属于必须招标的建设工程进行招标后，与承包人另行订立的建设工程施工合同背离中标合同的实质性内容，当事人请求以中标合同作为结算建设工程价款依据的，人民法院应予支持，但发包人与承包人因客观情况发生了在招标投标时难以预见的变化而另行订立建设工程施工合同的除外。

(十八) 中标人放弃中标的风险与防范

【风险点解析】

招标人和中标人应当自中标通知书发出之日起三十日内，按照招标文件和中标人的投标文件订立书面合同，签订中标合同既是中标人的权利也是其法定义务。但是实践中，由于各种原因，如中标人由于自身原因或者前期投标报价发生漏项等出现报价重大失误，要求在中标谈判阶段改变合同实质性内容，如招标人与中标人未能达成一致，中标人以此为由拒绝签订中标合同，中标人将会承担民事责任甚至行政责任，将严重影响到企业的良好声誉和正常生产经营。

【防范措施】

工程总承包单位在进行工程总承包项目投标前应当做好招投标的前期准备工作，应当对业主方的基本情况进行客观、全面、细致的了解，必要时聘请专业法律人士进行尽职调查，根据调查结果判断可能存在的风险及防范措施，决定是否参加投标。一旦参与投标，需要公司专业人员参与编制投标文件，做好投标报价的科学测算和风险评估工作，避免出现投标报价失误情况。同时工程总承包单位应当严格遵守招投标法律的管理秩序，不得擅自弃标，更不得在中标后无故放弃，应遵守诚实信用原则，维护企业的良好信誉。

【相关规定链接】

《招标投标法》（2017 年修正）

第四十六条　招标人和中标人应当自中标通知书发出之日起三十日内，按照招标文件和中标人的投标文件订立书面合同。招标人和中标人不得再行订立背离合同实质性内容的其他协议。

招标文件要求中标人提交履约保证金的，中标人应当提交。

第六十条　中标人不履行与招标人订立的合同的，履约保证金不予退还，给招标人造成的损失超过履约保证金数额的，还应当对超过部分予以赔偿；没有提交履约保证金的，应当对招标人的损失承担赔偿责任。

中标人不按照与招标人订立的合同履行义务，情节严重的，取消其二年至五年内参加依法必须进行招标的项目的投标资格并予以公告，直至由工商行政管理机关吊销营业执照。

因不可抗力不能履行合同的，不适用前两款规定。

《招标投标法实施条例》（2019 年修订）

第五十七条　招标人和中标人应当依照招标投标法和本条例的规定签订书面合同，合同的标的、价款、质量、履行期限等主要条款应当与招标文件和中标人的投标文件的内容一致。招标人和中标人不得再行订立背离合同实质性内容的其他协议。

招标人最迟应当在书面合同签订后 5 日内向中标人和未中标的投标人退还投标保证金及银行同期存款利息。

第七十四条　中标人无正当理由不与招标人订立合同，在签订合同时向招标人提出附加条件，或者不按照招标文件要求提交履约保证金的，取消其中标资格，投标保证金不予退还。对依法必须进行招标的项目的中标人，由有关行政监督部门责令改正，可以处中标项目金额10‰以下的罚款。

《房屋建筑和市政基础设施工程施工招标投标管理办法》（2019年修正）

第四十六条　招标人和中标人应当自中标通知书发出之日起30日内，按照招标文件和中标人的投标文件订立书面合同；招标人和中标人不得再行订立背离合同实质性内容的其他协议。

中标人不与招标人订立合同的，投标保证金不予退还并取消其中标资格，给招标人造成的损失超过投标保证金数额的，应当对超过部分予以赔偿；没有提交投标保证金的，应当对招标人的损失承担赔偿责任。

招标人无正当理由不与中标人签订合同，给中标人造成损失的，招标人应当给予赔偿。

三、小结

在招投标过程中，不同环节对招标人和投标人的权利义务侧重点不同，关注的重点不同，需防范的风险点亦不相同。因此，工程总承包单位在投标时结合每一环节自身关注的重点，防范招投标程序的法律风险，显得尤为必要。针对工程总承包项目而言，由于工程总承包项目将发包时间节点大大提前，对于发包的准确性、科学性要求更高，尤其是应当明确工程总承包项目的建设范围、建设规模、建设标准、功能要求等发包人要求，避免后续产生争议。

首先，在招标阶段，工程总承包单位应重点关注招标条件、招标形式、招标文件、投标人资格等事项，并逐一判断是否符合投标条件；其次，在投标阶段，工程总承包单位的主要工作在于制作投标标书，响应招标文件，在此阶段递交一份既能满足招标人招标要求，又能保证工程总承包单位获得合理利润的投标文件尤为重要，对于投标文件的专业性、规范性、风险性要求较高；再次，在开标与评标阶段，工程总承包单位应当认真研究分析评标标准、方法是否公平、公正，评标程序是否合法等问题；最后，在定标与合同谈判阶段，作为招标活动的最后一个环节，工程总承包单位若未中标，应重点关注中标结果是否公正、是否提出异议、投标保证金退还等问题；若中标，工程总承包单位应及时确定中标通知书是否发放、中标合同内容是否存在重大变更或不合理之处，及时与招标人谈判，完善中标合同条款，明确合同主要条款，落实各自权利义务。

第四章 工程总承包项目合同签约阶段的法律风险与防范

承包人通过招投标程序等法定程序，或者建设单位直接发包的，双方根据中标文件或谈判合意，签订书面工程总承包合同。工程总承包合同是合同当事人履约的重要依据，能否依法合规签订合同，以及合同条款的安排是否符合双方预期的交易目的、能否控制交易风险等，都直接影响发承包双方的切身利益。对于工程总承包人而言，该阶段的工作重点是对合同文本进行全面认真的审查，对合同风险进行全面的评估，以避免合同存在约定无效或约定不明等法律风险导致合同难以履行或己方承担不利后果。

本章结合建设工程的相关法律法规及工程总承包合同示范文本，通过列举司法实践中较多发生的合同纠纷，对合同效力、联合体、承包范围、工期、质量、变更、索赔、价格调整、计价与支付等主要条款的拟定中容易发生争议的问题进行风险提示，供各方参与主体参考。

一、工程总承包合同概述

（一）工程总承包合同的订立

工程总承包又被称为“交钥匙工程”，《房屋建筑和市政基础设施项目工程总承包管理办法》第三条规定，本办法所称工程总承包，是指承包单位按照与建设单位签订的合同，对工程设计、采购、施工或者设计、施工等阶段实行总承包，并对工程的质量、安全、工期和造价等全面负责的工程建设组织实施方式。

《民法典》第四百七十条规定，合同的内容由当事人约定，一般包括下列条款：(1) 当事人的姓名或者名称和住所；(2) 标的；(3) 数量；(4) 质量；(5) 价款或者报酬；(6) 履行期限、地点和方式；(7) 违约责任；(8) 解决争议的方法。工程总承包合同的签订可参照《民法典》关于合同签订具备的内容之规定，由建设单位与工程总承包单位直接签订。同时，《房屋建筑和市政基础设施项目工程总承包管理办法》第七条规定，实行工程总承包项目需满足审批、核准或者备案程序，否则可能会面临发包无效、工程总承包合同无效的风险。故而，承包单位在同建设单位签订合同时，需重点审核建设单位是否在发包前完成项目审批、核准或者备案程序，是否满足法律法规关于总承包项目的特殊程序要求，谨防合同无效风险。

(二) 工程总承包合同的类型

工程总承包的合同类型主要取决于工程总承包模式的类型。目前，我国工程总承包实践中的工程总承包合同类型较多，除了标准文本的设计—施工总承包合同形式及示范文本的设计—采购—施工合同形式外，还存在设计—采购总承包合同形式和采购—施工总承包合同形式。

1. 设计—采购—施工工程总承包合同

设计—采购—施工工程总承包合同是指建设单位与工程总承包单位按照合同约定，由工程总承包单位承担工程项目的设计、采购、施工、试运行服务等工作，并对承包工程的质量、安全、工期、造价全面负责，建设单位按照合同约定的付款进度支付工程款的总承包合同。这种合同类型还可以延伸为交钥匙总承包，即设计—采购—施工工程总承包单位的业务和责任的延伸为最终是向业主提交一个满足使用功能、具备使用条件的工程项目。

2. 设计—施工工程总承包合同

设计—施工工程总承包合同是由工程总承包单位承担工程项目工程设计和施工工作，并对承包工程的质量、安全、工期、造价全面负责的总承包合同。设计—施工总承包合同模式最初主要应用于由厂家或承包商负责设计、施工或安装调试后交业主使用的电气工程、机械工程，以及化工等项目。当前逐步推广应用到由承包商负责设计和施工的建筑、石油管道、土木等工程项目。

3. 采购—施工工程总承包合同

采购—施工工程总承包合同，是由工程总承包单位承担工程项目物资采购和施工管理工作，并对承包工程的质量、安全、工期、造价全面负责的总承包合同。

4. 设计—采购工程总承包合同

设计—采购工程总承包合同，是由工程总承包单位承担工程项目设计和设备供应安装工作，并对承包工程的质量、安全、工期、造价全面负责的总承包合同。

（三）工程总承包合同的特征

由于工程总承包合同具有合同形式的多样性，工程总承包合同性质的认定需综合考虑各种因素。目前，工程法律实务界多认为，建设工程总承包合同属于一种特殊的建设工程施工合同或是一种特殊的建设工程合同，究其原因，多数人认为在工程总承包合同中包括设计、施工、设备采购等两种以上工作内容，这些工作之间形成有机整体，不可区分，且设计和买卖最终还是为了施工服务的，并不因为工程总承包合同中含有设计、买卖等内容就改变了其以施工为核心的根本属性。然而，在法律尚未将工程总承包合同作为典型合同加以规范的前提下，工程总承包的合同性质究竟为何，目前尚无统一结论，但毋庸置疑的是由于总承包合同中包括设计、施工、采购等两种以上工作内容，不是纯粹的建设施工合同，不同模式下的总承包合同对应的合同法律关系、合同性质也各不相同，需要在实践中具体问题具体分析。

二、工程总承包项目合同签约阶段的法律风险与防范

总体而言，工程总承包合同签约阶段的法律风险涉及各个方面，如合同的效力、发包人要求、承包范围、工期、质量、变更、索赔、价格、支付结算及担保等。主要体现在两个方面：一是合同签订形成的风险，即签订了不应该签订的合同；二是合同条款形成的风险，由于合同条款不严谨、不全面、不平等、不可控形成风险隐患。具体来看有以下几点。

（一）工程总承包合同无效的风险与防范

【风险点解析】

违反法律、行政法规强制性规定签订的工程总承包合同无效将导致合同对当事人没有约束力，合同当事人无法追究逾期竣工、逾期付款、工程质量不合格的

违约责任等。当存在挂靠、转包、违法分包或者超越资质等级承接工程的情形时，合同当事人还将面临行政主管部门停业整顿、吊销资质、没收违法所得、责令停止执业、吊销执业资格、罚款等行政处罚。

以"工程总承包合同""合同无效"为关键词，通过"威科先行法律信息库"进行检索可知，建设工程案件合同无效案件数量居高不下，高达近2000件，而其中以合同、准合同纠纷为案由进行诉讼的最多，约占总案件的98%。

实务中存在大量建设工程合同无效的情形，结合相关法律规定，目前建设工程合同无效的情形，主要包括：

1. 施工企业未取得建筑施工企业资质或者超越资质等级；

2. 没有资质的实际施工人借用有资质的建筑施工企业名义；

3. 违反招投标法律的强制性规定签订建设工程合同；

4. 违法分包与转包；

5. 签订"黑白合同"，"黑合同"无效。"黑合同"是指，发承包双方在中标合同签订后，对同一标的的工程项目签订一份或多份背离中标合同实质性内容的合同，中标合同为"白合同"。

6. 其他无效情形，即《民法典》等基本法律规定的，以欺诈、胁迫手段订立合同损害国家利益的；恶意串通损害国家、集体或者第三人利益的；以合法形式掩盖非法目的的；损害社会公共利益的；违反法律、行政法规的强制性规定等情形亦将导致合同无效。

【防范措施】

1. 作为工程总承包企业应尽量避免没有资质、超越资质或借用资质承接工程。但是建筑行业竞争激烈，如总承包企业为承接工程不得不签订类似合同时，要充分了解合同无效的法律风险，积极采取补救措施，控制风险和可能发生的损失。

2. 工程总承包企业如存在超越资质等级签订合同的情形，可在工期内对建设工程合同的效力采取补正措施，如争取在竣工之前取得相应的资质等级，此时建设工程总承包合同将由无效转为有效。

3. 工程总承包企业如存在借用资质承接工程的，则应注意：保证工程质量符合约定，及时取得工程完工证明及竣工验收证明，避免因质量问题导致承包人及被挂靠单位被发包人索赔。

4. 如存在发包人未按照招投标程序进行招投标，而直接签订合同的情形，工程总承包企业应清楚该种情形下合同无效的法律后果，注意保留好合同原件、实际施工过程中的签证等原件，并在专业人士的指导下合理控制风险，防止工程投入与亏损同比例增加。

5. 双方就同一建设工程另行订立的建设工程总承包合同与经过中标合同实质性内容不一致的，应当以中标合同作为结算工程价款的根据。而若中标合同的结算价格、计价方式低于双方实际履行的合同的，以中标合同结算会对总承包人造成不利。故在签订中标合同时，计价方式或结算价应尽量与实际履行合同相近，避免中标合同各项条件过低。

【相关规定链接】

最高人民法院《关于审理建设工程施工合同纠纷案件适用法律问题的解释（一）》（法释〔2020〕25 号）

第一条　建设工程施工合同具有下列情形之一的，应当依据民法典第一百五十三条第一款的规定，认定无效：

（一）承包人未取得建筑业企业资质或者超越资质等级的；

（二）没有资质的实际施工人借用有资质的建筑施工企业名义的；

（三）建设工程必须进行招标而未招标或者中标无效的。

承包人因转包、违法分包建设工程与他人签订的建设工程施工合同，应当依据民法典第一百五十三条第一款及第七百九十一条第二款、第三款的规定，认定无效。

《房屋建筑和市政基础设施项目工程总承包管理办法》（建市规〔2019〕12 号）

第十条第一款　工程总承包单位应当同时具有与工程规模相适应的工程设计资质和施工资质，或者由具有相应资质的设计单位和施工单位组成联合体。工程总承包单位应当具有相应的项目管理体系和项目管理能力、财务和风险承担能力，以及与发包工程相类似的设计、施工或者工程总承包业绩。

【典型案例】

案例：江苏省建设集团有限公司、大庆嘉丽房地产开发有限公司建设工程施工合同纠纷

案号：（2020）最高法民终 398 号

审理法院：最高人民法院

裁判要旨：

招投标双方在招投标程序开始前就招投标事项进行磋商，缴纳保证金并做好开标前一切工作的，违反了《招标投标法》规定的招投标程序，属于串通投标行为，签订的合同无效。

基本案情：

2012年6月15日，大庆嘉丽房地产开发有限公司（以下简称嘉丽开发公司）与江苏省建设集团有限公司（以下简称江苏建设公司）签订《工程总承包意向书》。内容为：工程承包范围梦幻城G2区小高层、多层及商铺（约170,000平方米）；承包内容为土建、水暖、电气及2米以内的场平工作；承包方式为乙方以包工包料、保质量、保安全、保文明施工、保验收的总承包管理模式等。2013年5月1日，江苏建设公司进场施工。2013年8月21日，江苏建设公司中标案涉工程，同日，嘉丽开发公司与江苏建设公司签订《工程施工合同》，约定江苏建设公司承包大庆香格里拉花园项目的工程施工工作。后双方发生争议诉至法院。

法院裁判理由与结果：

一审法院认为，江苏建设公司与嘉丽开发公司于2012年6月15日签订《工程总承包意向书》。案涉工程于2013年5月1日开工建设，于2013年7月开始招投标程序，2013年8月21日确定江苏建设公司中标，于同日签订《工程施工合同》。在招投标前，嘉丽开发公司要求江苏建设公司将参加投标的三家建筑公司的保证金一并缴纳，在开标前做好一切准备工作，必须确保招标顺利、万无一失。江苏建设公司亦自认其与嘉丽开发公司串通投标。结合江苏建设公司在中标和签订《工程施工合同》之前即进场施工的事实，以及嘉丽开发公司、江苏建设公司、大江公司三方召开“部署、落实工程招投标的各项工作”会议纪要中的内容，应认定双方当事人的一系列行为违反《招标投标法》规定的招投标程序。据此双方所签订的《工程施工合同》，虽系双方的真实意思表示，但因违反法律的效力性强制性规定而无效。

二审法院认为，双方签订的《工程施工合同》违反了《招标投标法》规定的招投标程序，合同无效，对此一审法院认定并无不当，该院予以维持。

（二）合同未成立的法律风险与防范

【风险点解析】

工程总承包项目经过招投标程序后，发包人、工程总承包人需根据法律相关规定在限期内签订建设工程总承包合同。然而在实践中，双方在签约过程中往往存在发包人拒绝与中标人签订工程总承包合同、签约资格瑕疵、签约形式不合规或未经审批、双方/单方篡改合同内容以及签约过程中的代理问题，如私刻印章等情形，从而导致工程总承包合同不成立或者未签订的风险，进而追究责任方缔约过失责任或违约责任。

【防范措施】

1. 发包人签约资格的审查。若发包人签约资格存在瑕疵，则可能导致合同的效力存在瑕疵或导致合同履约的实质障碍。故在合同签订阶段，工程总承包单位应当注意对发包人进行资格审查，如签约前审查发包人是否具有相应签约资格、相应签约资质和等级；与发包人签约，需要审查发包人的营业执照、立项批文等证照。

2. 合同签订阶段发包人违约的应对。若在合同签订阶段，发包人不与中标人签订正式的建设工程总承包合同的，或者签约资格瑕疵、签约形式不合规或未经审批导致合同未签订或不成立的，中标人可要求发包人承担缔约过失责任，并可要求赔偿损失，包括赔偿合同履行后的可得利益。

3. 工程总承包单位签约时认真审查合同的重要条款及签章形式、流程，包括对比合同，在合同盖章前，将招标人盖章的合同版本与招标文件进行对比，防止招标人私下篡改合同版本；合同签字、盖章时，己方合同的代理人一栏建议不由项目人员进行签字，避免形成表见代理。同时应当严格按照印章管理制度及合同管理制度进行盖章流程。

【相关规定链接】

《招标投标法》

第四十五条　中标人确定后，招标人应当向中标人发出中标通知书，并同时将中标结果通知所有未中标的投标人。

第四十六条第一款　招标人和中标人应当自中标通知书发出之日起三十日内，按照招标文件和中标人的投标文件订立书面合同。招标人和中标人不得再行订立背离合同实质性内容的其他协议。

【典型案例】

案例：沈阳远大铝业工程有限公司、裕景兴业（厦门）有限公司建设工程合同纠纷案

案号：（2018）闽02民终4782号

审理法院：福建省厦门市中级人民法院

裁判要旨：

中标通知书发出后，双方应按约定订立施工合同，因发包人原因导致合同未成立的，发包人应承担相应的法律责任，包括且不限于给分包人造成的损失、预期可得利益等。

基本案情：

裕景兴业（厦门）有限公司（以下简称裕景公司）系裕景中心项目工程的建设方、发包方，中建三局第一建设有限责任公司系总承包方。裕景中心项目幕墙分包工程（以下简称讼争工程）由裕景公司于2013年8月发布招标文件进行招标，沈阳远大铝业工程有限公司（以下简称远大公司）具有建筑幕墙工程专业承包一级资质，该公司于2013年9月15日向裕景公司提交了商务标投标文件。后裕景公司关于讼争工程的顾问单位利比有限公司自2013年9月29日起多次与远大公司之间进行议标，并将总投标总价调整为228,808,519.8元，双方议标过程直至2014年7月23日止。2014年7月30日，远大公司收到了裕景公司发出的《中标通知书》，《中标通知书》发出后，双方至今仍未签署书面分包合同，裕景公司也从未通知远大公司进场施工。后远大公司向裕景公司提起诉讼，主张裕景公司立即赔偿远大公司损失。

法院裁判理由与结果：

法院认为，远大公司与裕景公司就涉案项目的价格，自2013年9月29日起进行了多次的议标，裕景公司向远大公司发出的《中标通知书》包含分包工程项目、合同总价、包干方式、合同工期、付款办法等内容，远大公司收到该《中标通知书》后亦按裕景公司的要求，于2014年7月30日向裕景公司进行回复，确认同意按《中标通知书》的条件接受裕景公司的委托执行及完成涉案工程。可见，远大公司接受了裕景公司的要约并作出承诺，依照原《合同法》第二十五条、第二十六条的规定及《中标通知书》约定的“在签署正式合同前，经分包

单位签署回执的本中标通知书为有效的合同文件，对发包方及总承包方均有法律效力及约束力”，一审法院认为双方当事人就涉案项目的合同已成立，并无不当。裕景公司认为涉案合同未成立的理由，不能成立，该院不予采信。双方当事人均应诚信地履行该合同，否则应承担相应的法律责任。虽然裕景公司于2014年9月12日向远大公司发出暂缓签署合同的工作函，但该行为为裕景公司的单方行为，未得到远大公司的认可。远大公司已于2016年6月24日以律师函方式要求裕景公司履行涉案合同、允许远大公司进场施工，裕景公司收到该函件后未予答复，远大公司以裕景公司拒绝履行合同义务为由，要求解除涉案合同，符合法律规定。远大公司要求裕景公司承担赔偿责任，有相应的事实和法律依据，应予以准许。按照原《合同法》第一百一十三条的规定，损失赔偿额包括合同履行后可以获得的利益，但应当以订立合同时当事人应当预见违约可能造成的损失额为限。远大公司要求裕景公司赔偿其预期利润损失符合上述法律规定，应予以支持，但远大公司主张的包括打印装订费用、工资损失、差旅费等直接损失均系远大公司为订立合同应当支出的费用，不应予以支持。

（三）合同承包范围或发包人要求约定不明的风险与防范

【风险点解析】

工程承包范围是解决工程合同争议的重要依据，也是工程总承包人主体资质认定、合同价款结算、工程变更索赔、工程维修范围确定的重要依据。现行的工程总承包合同不同于传统的建设施工总承包合同，发包人发包时并无施工图纸，只是根据项目内容与最终使用并在发包人要求的基础上进行招标，工程总承包人签订合同后需对项目的设计、采购和施工全面负责。如合同签订时，合同主体对合同承包范围约定不明，将导致合同签订及履行过程中容易产生争议，如勘察纳入承包范围带来的投标报价和履约风险、承包范围的约定背离招投标文件或中标合同的风险、工程范围约定不清的风险等，甚至导致合同无法履行。

【防范措施】

1. 对于政府投资的项目而言，工程总承包项目的承包范围不应包含前期的勘察、方案设计以及初步设计工作。对于企业投资的项目而言，基于勘察工作可能引发的有关造价方面的争议，不建议将勘察纳入工程总承包项目的承包范围。

2. 通过招标模式确定中标人的工程总承包项目，应严格按照招投标文件和中标通知书确定项目承包范围。

3. 工程总承包合同的承包范围与发包人要求、固定价格之间均有联系，工程总承包人在签订合同时应严格审查发包人要求，根据其要求进行报价；若发包人将前期勘察设计工作纳入承包范围的，工程总承包人应谨慎对待并做好相应的风险应对。

4. 工程总承包合同中关于承包范围的约定应尽可能清晰明确，且在不同的合同文件中应保持一致，避免出现互相矛盾情形。

【相关规定链接】

《民法典》

第五百一十一条　当事人就有关合同内容约定不明确，依据前条规定仍不能确定的，适用下列规定：

（一）质量要求不明确的，按照强制性国家标准履行；没有强制性国家标准的，按照推荐性国家标准履行；没有推荐性国家标准的，按照行业标准履行；没有国家标准、行业标准的，按照通常标准或者符合合同目的的特定标准履行。

（二）价款或者报酬不明确的，按照订立合同时履行地的市场价格履行；依法应当执行政府定价或者政府指导价的，依照规定履行。

（三）履行地点不明确，给付货币的，在接受货币一方所在地履行；交付不动产的，在不动产所在地履行；其他标的，在履行义务一方所在地履行。

（四）履行期限不明确的，债务人可以随时履行，债权人也可以随时请求履行，但是应当给对方必要的准备时间。

（五）履行方式不明确的，按照有利于实现合同目的的方式履行。

（六）履行费用的负担不明确的，由履行义务一方负担；因债权人原因增加的履行费用，由债权人负担。

《房屋建筑和市政基础设施项目工程总承包管理办法》（建市规〔2019〕12号）

第十五条　建设单位和工程总承包单位应当加强风险管理，合理分担风险。

建设单位承担的风险主要包括：

（一）主要工程材料、设备、人工价格与招标时基期价相比，波动幅度超过合同约定幅度的部分；

（二）因国家法律法规政策变化引起的合同价格的变化；

（三）不可预见的地质条件造成的工程费用和工期的变化；

（四）因建设单位原因产生的工程费用和工期的变化；

（五）不可抗力造成的工程费用和工期的变化。

具体风险分担内容由双方在合同中约定。

鼓励建设单位和工程总承包单位运用保险手段增强防范风险能力。

【典型案例】

案例：河北京电电力建设有限公司与新疆西域恒通电力设计有限公司建设工程施工合同纠纷案

案号：（2020）兵12民终59号

审理法院：新疆生产建设兵团第十三师中级人民法院

裁判要旨：

依据GB 50797—2012《光伏发电站设计规范》、GB/T 19964—2012《光伏发电站接入电力系统技术规定》的标准，通信设备与调度自动化是不同定义、配置和技术标准，二者不是同一类设备。天伏EPC合同中约定的总包范围仅仅是“电缆、光缆的线路工程”和“通信工程”，并不包括“调度自动化设备”，“调度自动化设备”不能理解为天伏EPC合同中所隐含的要求，天伏PC合同所约定的设备不包含在天伏EPC合同范围中。

基本案情：

陕西复兴建设集团公司作为总承包方将工程转包给保定京电电力建设有限公司（以下简称京电公司），2015年11月13日，京电公司与新疆西域恒通电力设计有限公司（以下简称西域公司）签订了一份《哈密天宏二期光伏35kV输变电工程EPC总承包合同》，约定由京电公司将哈密天宏二期光伏35kV输变电工程以EPC工程总包方式发包给西域公司施工，包括项目科研、采购、施工，合同总价1, 399, 000元。付款方式约定：签订后支付20%即279, 800元、主材设备到场支付30%即419, 700元、工程完工后支付20%即279, 800元、竣工验收支付20%即279, 800元，付款的程序为“先票后款”。2015年11月16日，京电公司给西域公司支付了首笔20%工程款279, 800元。2015年12月，京电公司与新疆中兴信通科技开发有限公司签订《哈密天宏二期光伏35kV汇集站调度自动化PC工程承包合同》，京电公司为此合同支付施工费用400, 000元。该工程于2016年

1月8日并网发电，通过试运行并办理了整体工程移交手续。后京电公司、西域公司因工程款结算争议诉至法院，争议焦点之一是天伏PC合同所约定的设备是否包含在天伏EPC合同范围中。

法院裁判理由与结果：

关于上诉人京电公司与被诉人西域公司的EPC总承包合同是否应该包含调度自动化工程。EPC总承包合同，指公司接受业主的委托，按照合同的约定对工程建设项目的设计、采购、施工、试运行等实行全过程和或若干阶段的承包。公司在总价条件下，对其所承包工程的质量、安全、费用和进度进行负责。该案中，上诉人京电公司与被上诉人西域公司签订的《哈密天宏二期光伏35kV输变电工程EPC总承包合同》，工程范围包括哈密天宏二期光伏35kV输电线路工程、输电通信设备工程的EPC，合同总价构成中亦明确输电通信设备工程（二期）合同价格为69万元、输电线路工程合同价为70.9万元，合同总价为139.9万元，双方合同没有明确约定调度自动化工程包括在该案合同内；上诉人京电公司认为调度自动化设备是输变电工程必不可少的工程设备、总承包合同EPC工程应该包含调度自动化，但未提交证据证明；上诉人京电公司（发包人）与被上诉人西域公司（承包人）签订的天宏二期总承包合同约定，所有的施工设计由承包人即西域公司负责；西域公司在开工施工前，向京电公司提交总体施工组织设计，京电公司提出合理建议和要求，由承包人西域公司自费修改完善；发包人义务条款约定：发包人京电公司有权对西域公司提交的总体施工组织设计进行审查，并在接到后的20天内提出建议和要求和补充。发包人的建议和要求，并不能减轻和免除承包人的任何合同责任。发包人京电公司人未能在20日内提出任何建议和要求的，承包人西域公司有权按提交的总体施工组设计实施。从以上合同条款内容看，承包人西域公司组织的初步方案、施工图设计等均应由京电公司审查通过，如果调度自动化工程应该包含在总承包合同内，而西域公司提交设计施工图纸缺失调度自动化工程，京电公司应在审查提出并要求西域公司增加该项工程的设计，但上诉人京电公司并没有提出增加设计的建议或要求，西域公司按设计的图纸施工的工程符合双方合同约定。京电公司以并不详知西域公司的设计内容、双方合同确定的工程内容包含调度自动化工程的辩解理由该院不予采信。

（四）合同工期约定不明确的风险与防范

【风险点解析】

工期条款作为工程总承包合同的核心条款以及合同的实质性内容，对开竣工时间的认定，承包人是否迟延履行、是否需要承担工期延误责任，停窝工损失的认定以及发包人支付工程款及利息的起算节点等一系列问题的认定都至关重要。因工程总承包合同不同于施工总承包合同，其是设计与施工的融合体，如合同中未约定开竣工日期的认定标准（如开始设计日期是否属于合同约定的开工日期），或未明确工期是日历天还是工作日，未约定清楚工期索赔事项及索赔程序等，导致约定不明，易产生争议。若后期发生工期延误，工程总承包人难以主张工期顺延及合理损失，甚至承担工期违约责任。

【防范措施】

工程总承包合同中，对于开始工作日期、开始现场施工日期、竣工日期等的约定，以及项目进度计划、进度延误条款的内容描述应尽量明确具体。工程总承包单位在签订工程总承包合同中工期条款应当注意：

1. 工程总承包合同签订前发承包单位，尤其是工程总承包单位应当对发包人要求的工期进行测算，了解其是否存在不合理压榨工期的情形。工程总承包单位可以相关法律为依据，与发包人就工期设置不合理问题进行磋商，避免因发包人不合理的工期要求承担违约责任的风险。

2. 合同签订时应在合同中明确约定开工时间和竣工时间的认定标准，如开工时间约定以开工报告批准的时间为准或以施工许可证颁发的时间为准，竣工时间约定以竣工报告为准或以竣工验收报告备案时间为准。约定工期是自然日还是工作日，以及如遇到节假日或政府管控等情况工期是否顺延。一般来说，工程总承包合同中如有不可抗力造成的工程费用和工期变化属于发包人风险，由此导致的工期延误及赶工费用应当约定由发包人承担。

3. 合同订立时应重视工期签证的约定。在合同中结合项目的具体情况约定工期可以顺延的情形与程序，程序约定要符合项目实际情况，如关于工程总承包单位提出工期顺延申请的期限，需根据项目管理的实际情况确定，避免总承包单位逾期索赔而丧失相应的权利。

4. 尽量避免约定发包人免除工期顺延责任的条款。工期顺延条款对工程总承包单位而言是比较有利的条款，工程总承包企业在签订合同时放弃工期顺延的权利，将直接导致工期延误期间的损失无处索赔。

5. 工程总承包单位在签订工程总承包合同时需重点考虑办理规划许可证和施工许可证等行政审批或行政许可手续的时间是否包含在合同工期中。如因行政部门审批延误造成的工期延误责任风险负担，是工程总承包人在签订合同时需重点关注的内容。

【相关规定链接】

《民法典》

第七百九十八条　隐蔽工程在隐蔽以前，承包人应当通知发包人检查。发包人没有及时检查的，承包人可以顺延工程日期，并有权请求赔偿停工、窝工等损失。

第八百零三条　发包人未按照约定的时间和要求提供原材料、设备、场地、资金、技术资料的，承包人可以顺延工程日期，并有权请求赔偿停工、窝工等损失。

《建设项目工程总承包合同（示范文本）》（GF－2020－0216）

2.4　办理许可和批准

2.4.1　发包人在履行合同过程中应遵守法律，并办理法律规定或合同约定由其办理的许可、批准或备案，包括但不限于建设用地规划许可证、建设工程规划许可证、建设工程施工许可证等许可和批准。对于法律规定或合同约定由承包人负责的有关设计、施工证件、批件或备案，发包人应给予必要的协助。

2.4.2　因发包人原因未能及时办理完毕前述许可、批准或备案，由发包人承担由此增加的费用和（或）延误的工期，并支付承包人合理的利润。

8.1.2　开始工作通知

经发包人同意后，工程师应提前7天向承包人发出经发包人签认的开始工作通知，工期自开始工作通知中载明的开始工作日期起算。

除专用合同条件另有约定外，因发包人原因造成实际开始现场施工日期迟于计划开始现场施工日期后第84天的，承包人有权提出价格调整要求，或者解除合同。发包人应当承担由此增加的费用和（或）延误的工期，并向承包人支付合理利润。

8.2　竣工日期

承包人应在合同协议书约定的工期内完成合同工作。除专用合同条件另有约定外，工程的竣工日期以第10.1条［竣工验收］的约定为准，并在工程接收证书中写明。

因发包人原因，在工程师收到承包人竣工验收申请报告42天后未进行验收的，视为验收合格，实际竣工日期以提交竣工验收申请报告的日期为准，但发包人由于不可抗力不能进行验收的除外。

【典型案例】

案例：中国核工业华兴建设有限公司、南京欣网视讯文化传播有限公司等建设工程施工合同纠纷案

案号：（2021）最高法民终1241号

审理法院：最高人民法院

裁判要旨：

关于案涉工程延误期间及违约责任应如何认定，应首先根据双方合同约定进行确定。在确定工程延期的基础上，违约责任如何负担应根据双方当事人的过错程度进行分配。

基本案情：

2012年8月8日，南京欣网视讯文化传播有限公司（以下简称欣网视讯公司）、南京欣网视讯投资咨询有限公司（以下简称投资咨询公司）、南京欣网视讯通信服务有限公司（以下简称通信服务公司）、南京欣网视讯通讯设备有限公司（以下简称通讯设备公司）（甲方）与中国核工业华兴建设有限公司（以下简称华兴公司）（乙方）签订总承包合同。后双方就工期延误责任应如何认定等问题产生争议诉至法院。华兴公司认为，案涉工程工期延误是欣网视讯公司的责任。虽然华兴公司是设计—采购—施工工程的总承包人，但华兴公司施工的内容仅为土方开挖和地下室部分施工以及楼面混凝土浇筑，其他工程均是欣网视讯公司指定的专业分包单位施工，分包合同的价款、工期、质量以及结算等实质内容也是由欣网视讯公司决定的，而且这些指定的专业分包单位中，部分单位施工能力和履约能力极差，严重影响了工程施工的进度，是工期延误的根本原因。其他由于欣网视讯公司设计变更等以及政府环境管控等客观因素的影响也是导致工期延误的重要原因。欣网视讯公司认为，延误工期的责任应由华兴公司承担。华兴

公司作为设计—采购—施工合作方，收取高达7%的高额总包管理费，未能尽到总包管理的义务，应当承担工程施工过程中的一切管理责任和风险，包括其自行施工部分与分包单位施工部分。

法院裁判理由与结果：

最高人民法院认为，关于案涉工程延误期间及违约责任应如何认定，以及欣网视讯公司损失数额的计算标准应如何确定的问题：总承包合同补充协议约定，各方明确约定因工程设计方案变更导致合同价款变更，合同暂定总价由25,830万元调整为41,040万元，并将总承包自行施工部分完成时间变更为2015年7月20日，甲方指定分包工程完成时间也相应延长，故一审认定案涉工程约定的竣工日期为2015年7月20日，并无不当。

关于案涉工程延误期间责任分配问题。根据各方当事人一审举证情况，案涉工程工期延误事由包括当地政府要求停工；华兴公司作为总承包人在工程监督管理、工程款支付等方面存在问题，影响工期；欣网视讯公司设计变更导致工程量增加，因人防工程验收需要未及时提供三套图纸且未在验收资料上盖章导致竣工验收迟延；2016年1月28日工程联系单反映的变配电、幕墙、公告部位装修、水电安装施工滞后问题。由于案涉专业分包单位系由欣网视讯公司指定，虽然华兴公司与指定分包人签订专业分包合同，但分包合同实质内容系由欣网视讯公司确定，故一审法院认定欣网视讯公司对于分包单位工期延误亦存在过错，并根据各方过错程度酌定华兴公司对工期延误承担60%的主要责任，即承担工期延误500天的违约责任，欣网视讯公司承担剩余40%的责任，并无不当，该院予以维持。

（五）工程质量标准约定不明确或不规范的风险与防范

【风险点解析】

质量标准条款是工程验收的依据，若工程质量标准约定不明确、不规范，不仅影响工程的适用性、对工程总承包项目产生负面影响，而且可能直接导致工程完工后无法通过竣工验收，从而引发质量违约责任或者工程款结算争议。具体到工程总承包项目中，在土建验收合格的基础上，通常还存在性能验收要求，其中对工程质量的认定加入了发包人要求的性能、产能、技术特定要求等指标，使得实践中对于工程质量合格的认定更为复杂。此外，工程总承包合同将认定标准不明确的“优良质量标准”“发包人申请评选的奖项”约定为工程验收标准，导致质量违约责任争议。

【防范措施】

1. 签订合同时，合同主体应明确约定质量标准，尽量约定具体的国家、地方、行业质量标准作为质量验收标准，并在合同中列明相应的质量标准文件文号，避免约定不明确或将不规范的奖项作为质量验收标准。

2. 签订合同时应尤其注意，工程质量标准不得低于国家强制性标准的“红线”。若对工程质量标准的要求高于国家强制性标准的或者对工程项目具有创优等要求的，合同主体在签订合同时应考虑创优成本是否计入合同价格。

3. 对于发包人要求的质量标准除了要满足国家相应的质量验收标准外，还应当明确性能指标的最低标准，避免竣工验收合格但因达不到发包人要求的性能标准进而被拒付工程款的风险。

【相关规定链接】

《建筑法》

第六十一条　交付竣工验收的建筑工程，必须符合规定的建筑工程质量标准，有完整的工程技术经济资料和经签署的工程保修书，并具备国家规定的其他竣工条件。

建筑工程竣工经验收合格后，方可交付使用；未经验收或者验收不合格的，不得交付使用。

《建设项目工程总承包合同（示范文本）》（GF－2020－0216）

6.4.1　工程质量要求

工程质量标准必须符合现行国家有关工程施工质量验收规范和标准的要求。有关工程质量的特殊标准或要求由合同当事人在专用合同条件中约定。

因承包人原因造成工程质量未达到合同约定标准的，发包人有权要求承包人返工直至工程质量达到合同约定的标准为止，并由承包人承担由此增加的费用和（或）延误的工期。因发包人原因造成工程质量未达到合同约定标准的，由发包人承担由此增加的费用和（或）延误的工期，并支付承包人合理的利润。

【典型案例】

案例：广东德嘉电力环保科技有限公司与山西漳电蒲州热电有限公司建设工程施工合同纠纷案

案号：（2020）晋08民终1157号

审理法院：山西省运城市中级人民法院

裁判要旨：

设计—采购—施工合同属于“交钥匙”总承包合同，工程经过竣工验收合格并交付，但未达到合同明确约定的通过性能验收的合同付款条件，发包人可以就交付土建工程后发现的性能损害为由进行抗辩拒绝支付相应工程款项。

基本案情：

2014年9月15日，原告广东德嘉电力环保科技有限公司（以下简称德嘉公司）与被告山西漳电蒲州热电有限公司（以下简称蒲州热电公司）签订了一份“山西永济上大压小热电联产工程（脱硫废水深度处理系统设计—采购—施工）合同”，合同约定：“由原告承包被告发包的山西永济‘上大压小’热电联产工程设备（脱硫废水深度处理系统设计—采购—施工）工程，工程范围包括：全套设备及材料的供货、安装、分部及整体调试试运、性能测试、售后服务等……合同总价款为3820万元，其中设计费用为60万元，设备费用为3120万元，建安工程费用为640万元，本合同总价在合同有效期内为不变价……性能验收试验应在每套机组全部设备运转稳定，达到额定出力连续稳定运行168小时完毕后10个月内（此10个月不包括停机时间）施行，如果性能验收试验由于承包方原因没有按计划进行，此试验时间就应顺延。性能验的目的是验证该套机组是否能达到各项技术性能和保证指标。验收试验由业主方负责，承包方参加……10.7，在合同设备通过168小时可靠性运行试验后，业主方应签署由承包方会签的本合同设备初步验收证书。初步验收签发之日起一年并完成索赔后签发最终验收证明书。本期工程脱硫水深度处理水量$20m^3/h$……”。

后双方因工程款支付发生争议，德嘉公司诉至法院要求蒲州热电公司支付工程款450.381301万元及逾期违约金。蒲州热电公司则主张德嘉公司未能完成合同约定稳定运行10个月后应进行性能验收试验的合同义务，致使机组整套系统尚不能正常运行，因合同目的无法实现，剩余工程款不能支付。

法院裁判理由与结果：

运城市中级人民法院认为，嘉德公司的主履行义务是按照合同约定设计承建涉案环保项目，并配合蒲州热电公司完成设备的调试，达成废水深度处理水量达到$20m^3/h$的合同目的。嘉德电力环保公司完成环保项目的土建和设备安装后，在蒲州热电公司蒸汽压力没有达到设计值的情况下降低调试条件，按照合同约定配合蒲州热电公司进行了168小时设备运行调试，出具了调试报告并载明整个系统存在的问题。嘉德公司针对2018年调试报告中存在的系统问题未做处理，在蒲州热电公司发函要求其公司整改系统存在的问题时，没有采取更换、重做、修复设备等方式继续履行合同，没有配合蒲州热电公司再次按照合同约定重新进行168小时设备调试，至今嘉德公司未提供证据证实承建的环保项目符合合同约定，其公司行为构成违约。嘉德公司现向蒲州热电公司主张履行给付环保项目设备质保金和返还安全生产、廉政保证金义务时，蒲州热电公司依法享有抗辩权。嘉德公司与蒲州热电公司签订的合同属于交钥匙总承包合同，合同包括多重法律关系，应适用合同法总则及相关合同的法律规定，嘉德公司认为将土建安装工程交付就应视为涉案工程符合出具最终验收证书达到付款条件，系对合同法律关系的错误理解，该公司的上诉理由不能成立。

（六）工程变更条款约定不明的风险与防范

【风险点解析】

1. 合同变更条款直接关系到工期及最终合同价格的调整，无论是对发包人还是工程总承包人来说都至关重要。工程总承包项目中，工程总承包单位负责施工图的设计，因工程总承包项目一般为固定总价，固定总价针对的范围是“发包人要求”而不是图纸，一般来说“发包人要求”变更会引起工程总承包合同价款的变更，但因设计范围的变更本身就包含在承包人风险范围之内，所以存在即便经过发包人同意总包人仍不能据此调整价款的风险。

2. 《建设项目工程总承包合同（示范文本）》《建设项目工程总承包计价规范》（T/C CEAS001—2022）对变更及合同价格的调整程序作了时效性和程序要求。如《建设项目工程总承包计价规范》第6.1.2条约定出现合同价款调增事项（不含计日工、工程签证、索赔）的申请期限，若承包人未在约定的期限内按相关程序进行申请变更及调整合同价款，则存在逾期失权的风险。

3. 工程总承包人利用自身经验进行设计优化但没有经过发包人的同意，合同也没有就此约定收益分成，此时承包人要求发包人给予补偿或者奖励或者提出对合同价款进行相应调整的，存在发包人拒绝调整合同价格的风险。

4. 合同变更存在工程变更计价方法约定不明确的风险。《建设项目工程总承包合同（示范文本）》新增了价格清单的概念，价格清单是承包人在发包人提供的项目清单中列明价格的清单。如果没有价格清单或者合同中就计价方法约定不明的，双方容易就合同变更的计价方法发生争议。

【防范措施】

1. 发承包双方应结合发包人要求、项目特点等实际情况在专用合同条款部分进一步明确细化相关的工程变更情形，如工程的变更程序、期限等内容，以减少双方因变更导致的权利义务分歧，影响工程建设进程。

2. 发包人与工程总承包单位需就变更事项形成签证或补充协议进行固定，并且重点关注工程变更的时效性要求。因《房屋建筑和市政基础设施项目工程总承包管理办法》第九条第三款规定，推荐使用由住房和城乡建设部会同有关部门制定的工程总承包合同示范文本，故发包人与承包人在签订合同之前需了解一般情形下变更的范围。

3. 设计优化属于工程变更的一种情形，双方应遵守变更对价款调整的约定，因此双方在签订合同时应尽可能将该部分内容约定得具体明确。另关于承包人提出设计优化应当按照设计变更程序实施、征得发包人同意并与发包人进行签证明确，若承包人事前没有征得发包人同意，在实施设计优化后也应尽可能要求发包人进行追认。

4. 工程变更计价的方法对工程量最终的结算至关重要，《建设项目工程总承包合同（示范文本）》第 13.3.3.1 条约定了变更估价原则，将价格清单作为变更估价的参考依据，承包人应在投标编制价格清单时对工程变更价款的计算方法予以重视，明确变更价款的计价方法，避免后续产生争议。

【相关规定链接】

《建设项目工程总承包计价规范》（T/C CEAS001—2022）

6.1.2　出现合同价款调增事项（不含工程签证、索赔）后的 14 天内，承包人应向发包人提交合同价款调增报告并附相关资料；承包人在 14 天内提交报告的，应视为承包人对该事项放弃调整价款请求。

出现合同价款调减事项（不含索赔）后的 14 天内，发包人应向承包人提交合同价款调减报告并附相关资料；发包人在 14 天内未提交报告的，应视为发包人对该事项放弃调整价款请求。

《建设项目工程总承包合同（示范文本）》（GF－2020－0216）

13.3.3.1　变更估价原则

除专用合同条件另有约定外，变更估价按照本款约定处理：

（1）合同中未包含价格清单，合同价格应按照所执行的变更工程的成本加利润调整；

（2）合同中包含价格清单，合同价格按照如下规则调整：

①价格清单中有适用于变更工程项目的，应采用该项目的费率和价格；

②价格清单中没有适用但有类似于变更工程项目的，可在合理范围内参照类似项目的费率或价格；

③价格清单中没有适用也没有类似于变更工程项目的，该工程项目应按成本加利润原则调整适用新的费率或价格。

《房屋建筑和市政基础设施项目工程总承包管理办法》（建市规〔2019〕12号）

第九条　建设单位应当根据招标项目的特点和需要编制工程总承包项目招标文件，主要包括以下内容：

（一）投标人须知；

（二）评标办法和标准；

（三）拟签订合同的主要条款；

（四）发包人要求，列明项目的目标、范围、设计和其他技术标准，包括对项目的内容、范围、规模、标准、功能、质量、安全、节约能源、生态环境保护、工期、验收等的明确要求；

（五）建设单位提供的资料和条件，包括发包前完成的水文地质、工程地质、地形等勘察资料，以及可行性研究报告、方案设计文件或者初步设计文件等；

（六）投标文件格式；

（七）要求投标人提交的其他材料。

建设单位可以在招标文件中提出对履约担保的要求，依法要求投标文件载明拟分包的内容；对于设有最高投标限价的，应当明确最高投标限价或者最高投标限价的计算方法。

推荐使用由住房和城乡建设部会同有关部门制定的工程总承包合同示范文本。

【典型案例】

案例：辽宁志诚岩土工程有限公司、沈阳市于洪区农业技术推广与行政执法中心、中十冶集团有限公司建设工程施工合同纠纷案

案号：（2022）辽01民终6978号

审理法院：辽宁省沈阳市中级人民法院

裁判要旨：

承包人根据发包人要求进行工程变更或者工程变更经过发包人同意的，变更部分的工程造价应计入工程款。

基本案情：

2012年6月25日，管委会与中十冶集团有限公司（以下简称中十冶）就农博路道路工程、兰花街道路工程分别签订《建设工程施工合同》，合同约定了工程地点为光辉现代农业示范区，工程内容为光辉现代农业示范区农博路道路工程、兰花街道路工程，承包范围道路及排水施工。2013年7月5日，辽宁志诚岩土工程有限公司（以下简称志诚岩土，分包人）与中十冶（承包人）签订《工程施工专业分包合同》，约定：工程名称为农博路道路工程，地点在光辉农业示范区，分包方式包工包料，专业分包工程内容和范围为农博路路基及雨污管线开挖铺设。合同签订后，志诚岩土开始实际施工。后因施工范围内仍有农用地，未征为国有建设用地，自然资源局明确上述两项工程禁止施工，故志诚岩土无法进行后续施工，工程亦无法后续验收及结算。上述两项工程均存在工程签证及变更。

后志诚岩土、沈阳市于洪区农业技术推广与行政执法中心（以下简称行政执法中心）（发包人）关于《签证15》的工程量变更部分的造价是否应当列入工程价款产生争议，志诚岩土认为该施工内容是经过发包人许可增加的施工，应计入工程造价，而行政执法中心则认为《签证15》未经建设单位签章确认，不能证明《签证15》对应的工程内容也经过了建设单位的认可，该部分造价不应计入工程价款，双方对此各执一词诉至法院。

法院裁判理由与结果：

沈阳市中级人民法院认为，关于上诉人提出《签证15》部分的造价应列入工程价款的主张。该签证单上虽然没有建设单位加盖公章，但有监理单位加盖公章及监理人员签字，监理单位是受建设单位委托现场施工管理，因此监理单位签

章的行为应视为签证发生事实的认可，因此相应签证的造价应列入涉案工程价款，故被上诉人欠付的工程款金额应为 11,884,741.73 元（28,843,986.07 元 + 727,811.06 元 + 9,812,944.60 元 - 2750 万元）。

（七）价格条款及价格风险范围约定不明的风险与防范

【风险点解析】

合同价格条款是工程总承包合同的核心条款之一，是工程总承包单位据以结算工程价款的合同依据，对工程总承包单位至关重要，合同价款约定不明直接导致总包单位的工程款利益难以实现。目前工程总承包合同价格以固定总价为主，除合同约定可以调整的情形外，合同总价一般不予调整。但在施工过程中，人工、材料、机械、设备等价格不可避免会由于市场原因或法律法规政策原因发生波动，当发生价格大幅上涨的情况，合同价格是否调整直接影响工程价款结算结果，即合同价款风险范围有无约定，或者虽作出了约定，但具体调整方法是否明确，均影响工程总承包企业的工程款收益，约定不明的易产生争议。实务中主要表现为：

1. 《房屋建筑和市政基础设施项目工程总承包管理办法》明确了五类需由建设单位承担的风险，但实务中承包人往往迫于发包人的压力，在合同中明确约定因国家法律法规政策变化、市场价格波动不进行合同价格的调整。因该管理办法不具有强制适用性，法院在裁判时出于尊重当事人意思自治的原则从而依据双方约定的合同进行裁判也不在少数，对承包人来说将承担明显的价格风险。

2. 价格风险范围及调价方式约定不明。如工程总承包合同中双方约定固定价格形式，但未对风险范围和风险费用作出约定，亦未对风险以外的价格调整作出约定的情形。因当前存在价格指数调价和造价信息调价两种市场价格波动调整机制，《建设项目工程总承包合同（示范文本）》进一步将价格指数这一调价方式纳入合同中，若当事人在合同中未作明确约定，则其在适用过程中容易产生争议。

【防范措施】

1. 采用固定总价合同的，合同当事人应在专用合同条款中约定总价包含的风险范围和风险费用的计算方法，并约定风险范围以外的合同价格的调整方法，其中因市场价格波动引起的调整、因国家法律法规政策变化引起的调整应明确约定并执行。若合同中约定物价波动不调整合同价格的，若物价涨幅过大，承包人应尽可能与发包人进行沟通，以情势变更为由争取发包人的补偿。另对于“因国家法律法规政策变化引起的合同价格变化”中的“基准日期”及“法律”等关键词的定义建议在合同中明确约定，以防产生争议。

2. 在约定调整价格的基础上，建议承包人与发包人进一步明确价格调整的方式。如《建设项目工程总承包合同（示范文本）》通用合同条件第13.8.1条规定，主要工程材料、设备、人工价格与招标时基期价相比，波动幅度超过合同约定幅度的，双方按照合同约定的价格调整方式调整；第13.8.3条规定，发包人与承包人应在专用合同中约定采用“价格指数权重表”或其他方式调整合同价格的条款。

【相关规定链接】

《房屋建筑和市政基础设施项目工程总承包管理办法》（建市规〔2019〕12号）

第十五条　建设单位和工程总承包单位应当加强风险管理，合理分担风险。

建设单位承担的风险主要包括：

（一）主要工程材料、设备、人工价格与招标时基期价相比，波动幅度超过合同约定幅度的部分；

（二）因国家法律法规政策变化引起的合同价格的变化；

（三）不可预见的地质条件造成的工程费用和工期的变化；

（四）因建设单位原因产生的工程费用和工期的变化；

（五）不可抗力造成的工程费用和工期的变化。

具体风险分担内容由双方在合同中约定。

鼓励建设单位和工程总承包单位运用保险手段增强防范风险能力。

《建设项目工程总承包合同（示范文本）》（GF－2020－0216）

13.8.1　主要工程材料、设备、人工价格与招标时基期价相比，波动幅度超过合同约定幅度的，双方按照合同约定的价格调整方式调整。

【典型案例】

案例：江西长荣建设集团有限公司、江西余干高新技术产业园区管理委员会建设工程施工合同纠纷案

案号：（2020）最高法民终115号

审理法院： 最高人民法院

裁判要旨：

案涉项目开始施工时仅有立项文件，无初步设计、无图纸，属于边施工边设计出图的模式，工程总价难以控制。在总承包合同无效，双方对合同价款没有明确约定的情况下，法院可根据当事人申请，根据公平原则，委托鉴定机构对总承包单位已完工程造价以及该项目的总工期进行鉴定，并根据双方过错确定已完工程造价。

基本案情：

2017 年 8 月 10 日，江西省余干县公共资源交易中心网站发布了余干城西创新创业产业园设计施工一体化（EPC）项目招标公告，江西余干高新技术产业园区管理委员会（以下简称余干管委会）为招标人，招标范围为余干城西创新创业产业园设计施工一体化（EPC）项目的设计、采购、施工及项目管理工作，报名时间为 2017 年 8 月 11 日至 2017 年 8 月 17 日，江西长荣建设集团有限公司（以下简称长荣公司）与深圳中海世纪建筑设计有限公司（以下简称中海公司）、案外人杭萧钢构股份有限公司组成联合体提交了报名资料。2017 年 11 月 10 日，长荣公司、余干管委会、中海公司签订了《总承包合同》，约定工程内容及规模为余干城西创新创业产业园设计施工一体化（EPC）项目的设计、采购、施工及项目管理工作，建设规模约 25 万平方米，约定竣工时间为 2017 年 12 月 31 日，合同价格为 36, 768. 26 万元。2017 年 12 月 18 日长荣公司向三家监理单位提出《工程款支付申请》，三家监理单位向建设单位出具《工程进度证书》，明确“现场已完工量 45%，按约定可支付进度款 20%，但因本项目控制价仅 2017 年 12 月 18 日送财审，短期内难以形成财审报告，为响应县委、县政府号召加快本项目顺利推进，请政府领导批示”。后双方对工程价款产生争议，长荣公司将余干管委会、中海公司诉至法院。

法院裁判理由与结果：

关于案涉《总承包合同》是否为固定总价合同，若不属于固定总价合同，一审法院采信鉴定意见确定工程价款是否正确的问题。案涉《总承包合同》第一部分合同协议书第六条约定合同价格为 36, 768. 26 万元，虽该合同无效，但其约定的合同价格在具有相应事实基础且公平合理的情况下可以参照结算工程价款。案涉《总承包合同》于 2017 年 11 月 10 日签订，约定竣工日期为 2017 年 12 月 31

日。对于长荣公司在《总承包合同》签订前已入场施工的事实，各方均不否认。案涉项目开始施工时仅有立项文件，无初步设计、无图纸，属于边施工边设计出图的模式，工程总价难以控制。二审中，余干管委会认为长荣公司已完工程量约为总工程量的58%。余干管委会主张案涉《总承包合同》为固定总价合同，即工程总价款为合同约定的36,768.26万元，而如果依此固定工程价款，结合余干管委会主张的已完工程比例来计算长荣公司已完工程价款，将与鉴定结论确定的已完工程造价35,040.624661万元相去甚远。从合同对工期的约定看，与鉴定结论亦有很大差距。基于此，一审判决认定如按照余干管委会主张的合同约定的工程总价结合其认可的长荣公司已完工程量占比来确定工程价款，双方权利义务将失衡，长荣公司、余干管委会对案涉工程实际施工成本高于合同价均具有过错，并无不当。一审判决结合在案证据及该案实际情况，采信江西中达造价咨询有限公司出具的鉴定结论认定余干管委会应支付给长荣公司的工程价款，对案涉工程进行据实结算，并无不妥。余干管委会一审中申请对长荣公司已完成工程量在其总工程量中所占比例进行鉴定，一审法院为此向相关鉴定机构进行咨询，鉴定机构认为上述比例值难以确定，故一审法院未启动此鉴定程序，不构成程序违法。

（八）工程价款支付条款约定不明确的风险与防范

【风险点解析】

1. 一般情况下，工程进度款按月支付或按工程进度拨付，但如何申请拨款，需报何种文件，如何审核确认拨款数额以及双方对进度款数额认识不一致时如何处理，往往缺少详细的合同约定，易引起争议，影响工程正常施工。根据法律规定，未约定或约定不明的只能按照法定的标准认定应付工程款时间，该种情况下，工程总承包企业直至工程完工方能进行工程结算，在保证质量符合要求的前提下还需承担长期垫资的压力。

2. 商业合同中经常出现甲乙地位不对等的情况，甲方往往会制定对己方有利的条款，建设工程总承包项目开展过程中，工程总承包方与发包方最突出的矛盾是工程款支付，发包方往往设定远超核算需要的复杂付款条件来拖延付款的时间，甚至将付款时间条件设置成其可以控制的。实践中，有些甲方会在合同中约定审计完成后付款或者先开发票后付款，控制付款时间，工程总承包方只能等待其审计完成、先开发票或者通过诉讼申请司法鉴定得出工程金额，拖延支付工程款。

【防范措施】

1. 明确约定进度款支付时间。签约时，工程总承包企业应注意工程进度款支付时间的约定必须具体明确。

2. 明确约定进度款计算标准，每次支付工程进度款前，通过测量来核实实际完成的工程量，工程总承包企业按期报送实际工程量，以实际工程量计量值作为支付依据。

3. 明确约定进度款结算程序。工程进度款的结算程序直接关系到工程总承包企业的利益，《建设项目工程总承包合同（示范文本）》第二部分通用合同条件对工程进度款的结算程序做了详细的约定，发承包双方在签订合同时可尽量采用示范文本，对进度款的结算程序包括工程总承包企业申报的时间、申报的文件内容、审核的标准、审核的期限等具体流程予以明确，避免过程中的结算发生争议，影响工程进度。

【相关规定链接】

最高人民法院《关于审理建设工程施工合同纠纷案件适用法律问题的解释（一）》（法释〔2020〕25号）

第十九条　当事人对建设工程的计价标准或者计价方法有约定的，按照约定结算工程价款。

第二十七条　利息从应付工程价款之日开始计付。当事人对付款时间没有约定或者约定不明的，下列时间视为应付款时间：

（一）建设工程已实际交付的，为交付之日；

（二）建设工程没有交付的，为提交竣工结算文件之日；

（三）建设工程未交付，工程价款也未结算的，为当事人起诉之日。

《建设工程价款结算暂行办法》（财建〔2004〕369号）

第十一条　工程价款结算应按合同约定办理，合同未作约定或约定不明的，发、承包双方应依照下列规定与文件协商处理：

（一）国家有关法律、法规和规章制度；

（二）国务院建设行政主管部门、省、自治区、直辖市或有关部门发布的工程造价计价标准、计价办法等有关规定；

（三）建设项目的合同、补充协议、变更签证和现场签证，以及经发、承包人认可的其他有效文件；

（四）其他可依据的材料。

《建设项目工程总承包合同（示范文本）》（GF－2020－0216）

14.3.1 工程进度付款申请

（1）人工费的申请

人工费应按月支付，工程师应在收到承包人人工费付款申请单以及相关资料后7天内完成审查并报送发包人，发包人应在收到后7天内完成审批并向承包人签发人工费支付证书，发包人应在人工费支付证书签发后7天内完成支付。已支付的人工费部分，发包人支付进度款时予以相应扣除。

（2）除专用合同条件另有约定外，承包人应在每月月末向工程师提交进度付款申请单，该进度付款申请单应包括下列内容：

1）截至本次付款周期内已完成工作对应的金额；

2）扣除依据本款第（1）目约定中已扣除的人工费金额；

3）根据第13条［变更与调整］应增加和扣减的变更金额；

4）根据第14.2款［预付款］约定应支付的预付款和扣减的返还预付款；

5）根据第14.6.2项［质量保证金的预留］约定应预留的质量保证金金额；

6）根据第19条［索赔］应增加和扣减的索赔金额；

7）对已签发的进度款支付证书中出现错误的修正，应在本次进度付款中支付或扣除的金额；

8）根据合同约定应增加和扣减的其他金额。

【典型案例】

案例一：敦煌市清洁能源开发有限责任公司、中国能源建设集团天津电力建设有限公司建设工程施工合同纠纷案

案号：（2021）甘民终232号

审理法院：甘肃省高级人民法院

裁判要旨：

项目已实际移交使用，发包人应支付总承包单位工程款。建设工程施工合同作为一种双务合同，抗辩的范围仅限于对价义务，即一方不履行对价义务的，相对方才享有抗辩权，支付工程款义务与开具发票义务是两种不同性质的义务，不

可因一方未开发票而拒付工程款。

基本案情：

2013年10月18日，敦煌市清洁能源开发有限责任公司（以下简称清洁能源公司，发包人）与中国能源建设集团天津电力建设有限公司（以下简称天津电建公司，承包人）在甘肃省敦煌市签订设计—采购—施工合同，将敦煌光电产业园330kV升压站配套5座110kV升压站7号站项目设计—采购—施工总承包工程交由天津电建公司承建。合同协议书第1条约定：合同协议书与中标通知书、投标函及投标函附录、专用合同条款、通用合同条款、发包人要求、价格清单、承包人建议、其他合同文件一起构成合同文件。第2条约定：上述文件相互补充和解释，如有不明确或不一致之处，以合同约定次序在先者为准。设计—采购—施工合同第三部分“专用条款”第15.1条，本工程采用固定总价承包，除第15.3.2条专用条款约定的调整条件外，结算时合同价格不作任何调整。第15.6条，本项目不设暂估价。签约合同价为32,600,568元。合同签订后，天津电建公司于2013年11月20日开工，2014年8月竣工，2015年1月25日试运行并投产。2015年1月26日验收委员会、监理单位、接收（运行）单位、移交（承包）单位签字盖章形成《工程验收鉴定书》，载明：“2015年1月25日16时2分并网带电，经24小时带负荷运行和测试，现运行情况正常，各项性能指标均达到国家标准和设计要求，工程质量总评为优良级，即日移交运行单位使用”。清洁能源公司共计付款24,500,000元，欠付天津电建公司部分工程款，天津电建公司诉至法院要求清洁能源公司支付欠付工程款，双方对于工程款应付时间、金额产生争议。

法院裁判理由与结果：

关于清洁能源公司支付下欠工程款条件是否成就的问题。清洁能源公司认为双方未进行结算，天津电建公司未提供发票，付款条件未成就。经查，合同通用条款第1.1.4.4条竣工日期：实际竣工日期以工程接收证书中写明的日期为准。2014年1月26日工程验收鉴定书中载明：……即日移交运行单位使用。依照上述约定，结合该项目已实际移交使用的事实，清洁能源公司应支付天津电建公司工程款。对于未开具发票的问题，建设工程施工合同作为一种双务合同，抗辩的范围仅限于对价义务，即一方不履行对价义务的，相对方才享有抗辩权。支付工程款义务与开具发票义务是两种不同性质的义务，前者是合同的主要义务，后者并非合同的主要义务，二者不具有对等关系。并且，双方并未明确约定天津电建公司不及时开具发票，清洁能源公司有权拒绝支付工程价款。故清洁能源公司认为付款条件未成就的上诉理由不能成立。

案例二：天津宇昊建设工程集团有限公司、山东焦化北海冶金科技有限公司建设工程施工合同纠纷案

案号：（2020）鲁民终2592号

审理法院：山东省高级人民法院

裁判要旨：

工程因故停工，合同对违约责任、付款时间、付款条件等约定不明，双方产生争议后对工程已施工部分重新达成协议通过委托鉴定的方式进行结算，应当认定为双方形成了对已施工工程进行结算的合意，认定该案支付工程款的条件已经具备。

基本案情：

2012年3月30日，山东焦化北海冶金科技有限公司（以下简称山东焦化公司）与天津华厦设计签订《北海公寓楼工程总承包合同》。2012年3月30日，山东焦化公司（建设单位）与天津华厦设计（总承包单位）、天津宇昊建设工程集团有限公司（以下简称天津宇昊公司）（施工单位）签订"北海公寓楼工程三方协议书""北海公寓楼工程三方协议书补充协议"。2012年4月，天津宇昊公司与山东焦化公司签订《建设工程施工合同》，山东焦化公司将"北海冶金公寓楼与公用建筑工程"发包给天津宇昊公司施工。2013年11月19日因山东焦化公司未取得涉案工程所在海域的海域使用权，滨州北海经济开发区与渔业局向山东焦化公司下发了"责令停止违法行为通知书"，导致涉案工程停工。2015年11月2日，天津宇昊公司向一审法院提起诉讼，要求山东焦化公司支付工程款。

法院裁判理由与结果：

根据经审理认定的事实，2013年11月19日，因山东焦化公司未取得案涉工程所在海域的海域使用权，滨州北海经济开发区与渔业局向山东焦化公司下发了"责令停止违法行为通知书"，导致案涉工程停工。至一审法庭辩论终结之日，该工程并未复工。对于该工程已施工部分，当事人达成协议通过委托鉴定的方式进行结算，应当认定为双方形成了对已施工工程进行结算的合意。山东焦化公司主

张的工程质量问题已经通过委托鉴定的方式进行处理。山东焦化公司主张开具发票、交付相关图纸等理由，不是否认其履行支付工程款义务的必要条件，其在支付工程款后，可以根据相关法律规定及合同约定主张权利。故应当认定该案支付工程款的条件已经具备……天津宇昊公司主张应从工程交付或者天津宇昊公司第一次向法院起诉的2015年11月15日等时间节点开始计算利息，但基于天津宇昊公司不能明确证明工程交付的时间，其第一次起诉后又提出撤诉，属于对自身权利的正常行使，双方又签订补充协议约定工程价款的支付方式，一审判决认定利息从该案起诉之日起计算较为公平合理。山东焦化公司主张尚未达到工程款的支付条件，但该工程停工是其自身原因所致，所提出的事由不足以否定其应支付工程款的合同义务，故对其不应支付利息的主张，不予采信。

（九）国有投资项目未约定行政审计或约定不明的法律风险与防范

【风险点解析】

《审计法》规定政府投资建设项目的预算执行情况和结算，需要进行审计。对于该类项目，部分发包人与承包人直接在合同中约定“须经过审计”“以业主审计为准”“承包人须配合审计”等类似条款，而有些却没有进行直接约定或者约定不明。如果有这样的约定，是否就意味着工程款的结算“要以行政审计结论作为结算依据”成为发承包双方付款条件是否成就的争议焦点。

【防范措施】

针对国有投资的工程，必然会有财评审计这一行政监督行为，但行政监督是政府部门、机构内部的流程，而工程款的结算则是建设单位与承包人之间的民事行为，不能混为一谈。因此，如果双方自愿以“财评审计”这样的行政监督行为来结算工程款，为了避免审计结果与结算价格差异过大的风险，发包人可以在合同中明确约定以国家审计机关审计结论作为结算依据，防止后期结算过程中对于结算方式、付款条件等出现争议。

【相关规定链接】

《审计法》

第二十三条　审计机关对政府投资和以政府投资为主的建设项目的预算执行情况和决算，对其他关系国家利益和公共利益的重大公共工程项目的资金管理使用和建设运营情况，进行审计监督。

最高人民法院《关于审理建设工程施工合同纠纷案件适用法律问题的解释（一）》（法释〔2020〕25号）

第十九条第一款　当事人对建设工程的计价标准或者计价方法有约定的，按照约定结算工程价款。

最高人民法院《关于人民法院在审理建设工程施工合同纠纷案件中如何认定财政评审中心出具的审核结论问题的答复》（〔2008〕民一他字第4号）

财政部门对财政投资的评定审核是国家对建设单位基本建设资金的监督管理，不影响建设单位与承建单位的合同效力及履行。但是，建设合同中明确约定以财政投资的审核结论作为结算依据的，审核结论应当作为结算的依据。

最高人民法院《关于建设工程承包合同案件中双方当事人已确认的工程决算价款与审计部门审计的工程决算价款不一致时如何适用法律问题的电话答复意见》（〔2001〕民一他字第2号）

审计是国家对建设单位的一种行政监督，不影响建设单位与承建单位的合同效力。建设工程承包合同案件应以当事人的约定作为法院判决的依据。只有在合同明确约定以审计结论作为结算依据或者合同约定不明确、合同约定无效的情况下，才能将审计结论作为判决的依据。

【典型案例】

案例一：北京城建道桥建设集团有限公司等与北京积水潭医院建设工程合同纠纷案

案号：（2020）京民再41号

审理法院：北京市高级人民法院

裁判要旨：

国家审计机关对工程建设单位进行审计是一种行政监督行为，审计人与被审计人之间因国家审计发生的法律关系与当事人之间的民事法律关系性质不同。当事人对接受行政审计作为确定民事法律关系依据的约定，应当具体明确，而不能通过解释推定的方式认为合同签订时，当事人已经同意接受国家机关的审计行为对民事法律关系的介入，将其作为付款条件。

基本案情：

2012年9月28日，北京积水潭医院（以下简称积水潭医院，发包方）与北京城建道桥建设集团有限公司（以下简称城建道桥公司，承包方）签订《北京市房屋建筑和市政基础设施工程施工总承包合同》。合同条款专用部分第33.2.3条约定：工程进度款支付比例执行京财经二（2005）1032号文件，支付上月已完工程进度款的80%；当进度款累计支付至合同总价的80%时不再支付，待工程竣工结算（含设计变更和工程洽商）经同期审计完成后30日历天内支付至审计额的95%，其余的5%作为质量保证金。合同签订后，城建道桥公司按照合同的相关约定对工程进行了施工，双方对结算工程款结算付款条件发生争议。

法院裁判理由与结果：

再审法院认为，根据我国《审计法》的规定，国家审计机关对工程建设单位进行审计是一种行政监督行为，审计人与被审计人之间因国家审计发生的法律关系与当事人之间的民事法律关系性质不同。因此，在民事合同中，当事人对接受行政审计作为确定民事法律关系依据的约定，应当具体明确，而不能通过解释推定的方式认为合同签订时，当事人已经同意接受国家机关的审计行为对民事法律关系的介入。该案中，双方当事人在合同约定工程款累计支付至合同总价的80%时不再支付，待工程竣工结算（含设计变更和工程洽商）经同期审计完成后30日内支付至审计额的95%，其余的5%作为质量保证金。双方当事人在合同中没有明确约定行政审计作为支付的依据，反而在补充条款中约定了报送发包人的审计部门审核，故二审判决认定该案的审计应为行政审计，进而驳回城建道桥公司要求支付剩余工程款的诉求，没有事实依据，应当予以纠正。

案例二：兰州市城市发展投资有限公司、北京城建建设工程有限公司建设工程施工合同纠纷案

案号：（2018）最高法民终651号

审理法院：最高人民法院

裁判要旨：

审计结果作为工程款结算依据，必须明确具体约定，即在合同中约定“以审计部门的审计结论作为竣工结算价款支付依据”。如审计部门是确定的，还应写明审计部门的全称。双方在合同仅约定“最终结算价按审计为准”对该约定的解释，应解释为工程最终结算价需通过专业的审计途径或方式确定结算工程的真实合理性，而不应理解为须在业主接受国家审计机关审计后，依据审计结果进行结算。

基本案情：

2009年1月，北京城建建设工程有限公司（以下简称北京城建公司）与兰州市城市发展投资有限公司（以下简称兰州城投公司）签订《建设工程施工合同》，合同约定，北京城建公司承包由兰州城投公司投资开发建设的位于兰州市城关区南山路东岗立交桥工程，承包范围是道路、桥梁、土方、支挡、雨水、污水、照明、绿化给水、道路工程。工期自2009年2月20日至2010年9月15日，工程质量合格，合同总额193,360,878元，采用固定价格方式。案涉《建设工程施工合同》签订后，北京城建公司于2009年4月13日进场施工，2013年10月30日完工。2014年1月10日，建设单位、设计单位、监理单位、施工单位、勘察单位、邀请单位和接收及管理单位七家单位共同签发《竣工验收证书》，确认案涉工程质量合格。工程竣工验收后，北京城建公司依约作出结算书，结算价款总计286,960,075.48元，监理单位作出审核价为286,841,932.55元，南山路公司审核后确认结算价为262,989,664.48元。2015年10月25日，北京城建公司、监理单位和南山路公司共同形成《工程（决）算书》，并在各自作出的结算价款上加盖公章进行确认。2015年11月3日，双方当事人将施工资料及各方结算书送交兰州市审计局进行审计，该局委托的甘肃立信工程造价咨询服务有限公司至今未能作出审计结论。《建设工程施工合同》的“通用条款”第33条竣工结算部分约定，发包人兰州城投公司在收到承包人北京城建公司提交的竣工结算报告及结算资料后28天内进行核实，给予确认或者提出修改意见。发包人确认竣工结算报告后支付工程结算价款。若发包人收到竣工结算报告及结算资料后28天内无正当理由不支付工程竣工结算价款，从第29天起支付拖欠工程价款的利息。

法院裁判理由与结果：

最高人民法院认为，该案中，案涉工程竣工验收合格后，北京城建公司依约作出了结算书，兰州城投公司也在审核后对北京城建公司的结算价款进行了调整，北京城建公司、监理单位和南山路公司共同形成《工程（决）算书》，并在各自作出的结算价款上加盖公章进行确认。据此可以认定，兰州城投公司依约对工程结算价款进行了审核，其应在合同约定的期限内支付下欠的工程款。一审判决以南山路公司的审核价262,989,664.48元作为案涉工程款的结算依据，并无不当。兰州城投公司上诉主张，《建设工程施工合同》第三部分“专用条款”第六“合同价款与支付”第26条的约定表明，双方当事人同意将案涉工程最终造价的确定方式约定为审计方式，经审查，上述约定与该合同中第二部分“通用条款”第33条竣工结算的约定并不矛盾，不能认定为“专用条款”第26条的约定改变了“通用条款”第33条针对案涉工程的竣工结算进行的专门约定，故其该项上诉理由不能成立。兰州城投公司关于《工程（决）结算书》中做出的审核价是其单位内部无造价资质的工作人员初步审核后形成的，案涉工程的结算价款应委托第三方专业机构进行造价鉴定的上诉理由，亦与合同约定不符，缺乏法律依据，不能成立，该院不予支持。

（十）联合体分工和责任承担等条款约定不明确的风险与防范

【风险点解析】

《招标投标法》第三十一条第三款规定，联合体各方应当签订共同投标协议，明确约定各方拟承担的工作和责任，并将共同投标协议连同投标文件一并提交招标人。联合体中标的，联合体各方应当共同与招标人签订合同，就中标项目向招标人承担连带责任。联合体成员的主要风险来源为“连带责任”，由于工程总承包项目集合性特征，这里的连带责任既包括承揽勘察设计、施工某一专业成员对单一专业其他成员的连带责任，又包括不同专业成员对别的专业成员的连带责任。实践中，联合体成员主要有以下风险。

1. 设计单位的主要风险

在传统平行发包的模式下，设计单位仅需对自身的设计质量承担责任，能够自行控制风险，且风险系数相对较低，但在联合承包的模式下，设计单位的风险陡增。首先，设计单位的责任显著增加。传统施工总承包模式下，设计单位仅对自己的设计内容负责，在联合体模式下，需要对工程进度、工程质量等施工内容负责。其次，设计单位的诉讼风险加大。一般情况下，设计单位与发包人出现纠纷的可能性是很小的，但联合体承包的模式下，设计单位与施工单位需要承担连带责任，而施工单位与发包人发生诉讼的可能性是极高的，一旦发包人与施工单位发生诉讼，设计单位往往也会被列为共同被告。

2. 联合体施工单位的主要风险

工程总承包实践中，施工单位存在以下风险：一是设计缺陷风险。该风险是施工单位应当关注的，一旦出现设计缺陷，所采取的补救措施往往会产生巨大的费用，且设计缺陷所产生的建设成本应当由承包人进行承担。设计单位与施工单位组成承包人联合体，需要对该风险承担连带责任。通常情况下设计单位的整体经济实力一般，难以承担较大的设计缺陷风险，导致该风险最终由施工单位进行承担。二是设计变更风险。施工总承包模式下，设计与施工分别承包时，施工单位若提出设计变更时，基于合同的相对性，设计风险多由发包人承担。但工程总承包模式下，由于实现了风险转移，造价风险、设计风险基本上都是由总承包方承担。

3. 联合体成员费用获取风险

工程总承包模式下，发包人往往会要求承包人指定一个账户，发包人将全部工程款按照进度支付至指定账户中。该指定账户往往是牵头人的账户，牵头人实际控制资金，在牵头人向联合体成员支付过程中，存在支付不及时，甚至长期拖欠工程款的现象。

【防范措施】

1. 联合体内部明确责任分担

联合体成员之间应签署一份实质性的联合体协议，明确约定各方权利义务及责任承担。联合体成员对发包人而言，需要承担连带责任；但对于联合体内部而言，每一个联合体成员都是单独的个体，需要对自己的行为负责。联合体成员间由于某种利益上的共同需求而组成联合体，但仍然需要厘清各自的责任，如果因一方的行为给其他方造成损失的，则其应当承担相应的赔偿责任。一方即使对发包人承担了违约责任，也可以通过向造成损失的联合体成员追偿的方式，实现风险转移。

2. 设计单位的风险防范

设计单位在作为联合体成员参与工程总承包项目时，也需要采取一定措施对自身的风险进行把控。首先，在合作伙伴的选择上，可以选择有过合作经历的施工单位，或者是同一集团下存在关联关系的施工单位，或是选择实力雄厚的施工单位。其次，与施工企业明确分工、划清责任。设计单位与施工单位组成联合体时，意味着要与施工单位就工程总承包项目承担连带责任，这对设计单位是不利的。双方可以签署协议，约定设计单位应该从工程款中优先取得设计款，以及发生发包人索赔事项时，设计单位承担责任的上限，必要时可以要求施工单位提供担保。

3. 施工单位的风险防范

施工单位的风险主要是因设计缺陷造成的额外风险，对于该等风险可以采取以下措施：一是购买保险。鉴于设计单位承担风险的能力相对较低，对于该部分风险建议采取购买保险的方式进行化解。二是选择实力较强的设计单位。可以从设计单位的整体资产状况、设计业绩等方面进行考察，选择实力较强的设计单位。

4. 合同条款的设置

以住房和城乡建设部、国家市场监督管理总局发布的《建设项目工程总承包合同（示范文本）》为例，其中专门设置了联合体条款，对联合体的合同责任进行原则性规定，同时要求联合体对履约保函的提交主体、联合体各成员的分工、费用收取、发票开具等事项进行明确。

【相关规定链接】

《招标投标法》

第三十一条　两个以上法人或者其他组织可以组成一个联合体，以一个投标人的身份共同投标。

联合体各方均应当具备承担招标项目的相应能力；国家有关规定或者招标文件对投标人资格条件有规定的，联合体各方均应当具备规定的相应资格条件。由同一专业的单位组成的联合体，按照资质等级较低的单位确定资质等级。

联合体各方应当签订共同投标协议，明确约定各方拟承担的工作和责任，并将共同投标协议连同投标文件一并提交招标人。联合体中标的，联合体各方应当共同与招标人签订合同，就中标项目向招标人承担连带责任。

招标人不得强制投标人组成联合体共同投标，不得限制投标人之间的竞争。

《政府采购法》

第二十四条　两个以上的自然人、法人或者其他组织可以组成一个联合体，以一个供应商的身份共同参加政府采购。

以联合体形式进行政府采购的，参加联合体的供应商均应当具备本法第二十二条规定的条件，并应当向采购人提交联合协议，载明联合体各方承担的工作和义务。联合体各方应当共同与采购人签订采购合同，就采购合同约定的事项对采购人承担连带责任。

《建设项目工程总承包合同（示范文本）》（GF－2020－0216）

4.6.1　经发包人同意，以联合体方式承包工程的，联合体各方应共同与发包人订立合同协议书。联合体各方应为履行合同向发包人承担连带责任。

4.6.2 承包人应在专用合同条件中明确联合体各成员的分工、费用收取、发票开具等事项。联合体各成员分工承担的工作内容必须与适用法律规定的该成员的资质资格相适应，并应具有相应的项目管理体系和项目管理能力，且不应根据其就承包工作的分工而减免对发包人的任何合同责任。

【典型案例】

案例：中国瑞林工程技术股份有限公司与江苏阿特兰涂料有限公司、江西建工建筑安装有限责任公司等建设工程施工合同纠纷案

案号：（2019）苏08民终1694号

审理法院：江苏省淮安市中级人民法院

裁判要旨：

联合体成员与第三方签订分包合同既是作为联合体成员的工作和职责，也是对总承包合同的履行行为，联合体各方应共同承担连带责任。

基本案情：

中国瑞林工程技术股份有限公司（以下简称瑞林公司）与江西建工建筑安装有限责任公司（以下简称建工公司）于2012年5月16日签订的《联合投标协议书》第1条约定，由瑞林公司作为牵头单位，建工公司为联合体单位，双方组成联合体共同进行此次投标工作。2012年9月16日，案外人控股公司（发包人，甲方）与瑞林公司、建工公司签订轮窑安置小区工程优化设计、采购、施工工程总承包（EPC）工程总承包合同（以下简称总承包合同），瑞林公司、建工公司在合同题头处身份为承包人、乙方，在合同落款处瑞林公司印章加盖在总包人处、建工公司印章加盖在施工方处。2014年5月21日，阿特兰公司（乙方）与建工公司项目部（甲方）签订外墙涂料施工合同，约定阿特兰公司承接淮安市轮窑安置小区1号、2号、3号楼外墙批灰、涂料工程。建工公司后与阿特兰公司就工程施工签订分包合同，产生争议，阿特兰公司将原本与该案无关的瑞林公司一并拖入诉讼当中。

法院裁判理由与结果：

淮安市中级人民法院认为，关于瑞林公司应否承担连带责任问题，瑞林公司主张其并非轮窑安置小区工程施工受益方，也不是签订外墙涂料施工合同的当事人，不应承担连带责任，一审法院适用法律错误。但依据《联合投标协议书》第1条、第5条约定及总承包合同，瑞林公司是牵头单位、总包人，负责项目

总体协调管理和工程设计优化；建工公司是联合体单位、施工方，负责项目招标采购、施工、验收等，而轮窑安置小区1号、2号、3号楼外墙涂料工程属于总承包合同施工范围，由此可见，建工公司与阿特兰公司签订外墙涂料施工合同既是建工公司作为联合体成员的工作和职责，也是对总承包合同的履行行为，故一审判决联合共同承包人瑞林公司承担连带责任有事实和法律依据，并无不当。

（十一）工程结算标准约定不明的风险与防范

【风险点解析】

建设工程价款结算，通常是指对建设工程的发承包合同价款进行约定和依据合同约定进行工程预付款、工程进度款、工程竣工结算的活动。主要风险点如下：

1. 工程的计价方式直接决定工程款的结算。工程总承包合同价款通常采用固定总价，由工程总承包人根据发包人确定的建设范围、建设规模、建设标准、功能需求进行报价，除了双方在合同中约定的变更范围和价格调整因素之外，固定总价应不再进行调整，但实践中，由于发包人所能够提供的信息资料有限，设计构想与实施方案不确定，未来发生变更的可能性较大，发包人一方面急于推进工程进度而通过招标选定了总包单位，另一方面寄希望于待相关边界条件进一步明确后再与总包单位重新确定价格作为结算依据。该种操作模式下，如约定不明则导致发承包双方在二次协商确定合同价款时极易发生争议，可能会产生一方当事人对工程计价方式不予认可要求对建设工程造价进行鉴定的风险。

2. 工程总承包合同中一般会约定工程结算报审的程序，如《建设项目工程总承包合同（示范文本）》通用合同条件第14.5.2条约定除专用合同条件另有约定外，工程师应在收到竣工结算申请单后14天内完成核查并报送发包人。发包人应在收到工程师提交的经审核的竣工结算申请单后14天内完成审批，并由工程师向承包人签发经发包人签认的竣工付款证书。实践中存在发包人利用自身优势修订通用合同条件，未对总承包单位提交工程结算报告提交后的审批期限作具体约定，进而导致发包方结算拖延。

3. 在实务中，发包人往往利用其优势地位，在合同中约定以审计结果作为竣工结算依据，在合同履行过程中双方对于该约定审计条款的效力易产生争议，然而相应的法律法规司法解释却没有对其进行必要的规制，导致地方法院自由裁量权过大，案件久拖不决。

【防范措施】

1. “固定总价”模式下，对于工程款变更的，需在工程总承包合同约定中加入有关工程价款调整情形、调整方式等条款。例如，在合同中明确需要工程价款调整的情况，并对工程价款调整计价基础、计价方式、价格区间、价格审批确定的程序等相关内容作出具体规定，降低发生争议的可能性。

2. 工程总承包单位在签署合同时需要明确约定工程结算报告提交后发包人的审批期限，并进一步明确约定逾期审批的法律后果，如有可能，明确约定“发包人对于工程总承包单位提交的结算报告逾期未予审批的，视为认可承包人的工程结算报告载明的工程价款”条款。

3. 在工程总承包合同签订过程中，双方对接受审计作为工程款结算标准的约定应当具体明确。工程总承包人可通过跟发包人沟通协商，争取对审计期限加以必要的限制，如合同约定业主在收到承包人结算资料起超过 2 年仍不能做出结论的，承包人有权请求法院或仲裁机构进行鉴定，鉴定结果对双方具有约束力。

【相关规定链接】

最高人民法院《关于审理建设工程施工合同纠纷案件适用法律问题的解释（一）》（法释〔2020〕25 号）

第十九条　当事人对建设工程的计价标准或者计价方法有约定的，按照约定结算工程价款。

因设计变更导致建设工程的工程量或者质量标准发生变化，当事人对该部分工程价款不能协商一致的，可以参照签订建设工程施工合同时当地建设行政主管部门发布的计价方法或者计价标准结算工程价款。

建设工程施工合同有效，但建设工程经竣工验收不合格的，依照民法典第五百七十七条规定处理。

第二十八条　当事人约定按照固定价结算工程价款，一方当事人请求对建设工程造价进行鉴定的，人民法院不予支持。

第二十九条　当事人在诉讼前已经对建设工程价款结算达成协议，诉讼中一方当事人申请对工程造价进行鉴定的，人民法院不予准许。

《建设项目工程总承包合同（示范文本）》（GF－2020－0216）

14.5.1　竣工结算申请

除专用合同条件另有约定外，承包人应在工程竣工验收合格后42天内向工程师提交竣工结算申请单，并提交完整的结算资料，有关竣工结算申请单的资料清单和份数等要求由合同当事人在专用合同条件中约定。

14.5.2　竣工结算审核

（1）除专用合同条件另有约定外，工程师应在收到竣工结算申请单后14天内完成核查并报送发包人。发包人应在收到工程师提交的经审核的竣工结算申请单后14天内完成审批，并由工程师向承包人签发经发包人签认的竣工付款证书。工程师或发包人对竣工结算申请单有异议的，有权要求承包人进行修正和提供补充资料，承包人应提交修正后的竣工结算申请单。

发包人在收到承包人提交竣工结算申请书后28天内未完成审批且未提出异议的，视为发包人认可承包人提交的竣工结算申请单，并自发包人收到承包人提交的竣工结算申请单后第29天起视为已签发竣工付款证书。

（2）除专用合同条件另有约定外，发包人应在签发竣工付款证书后的14天内，完成对承包人的竣工付款。发包人逾期支付的，按照贷款市场报价利率（LPR）支付违约金；逾期支付超过56天的，按照贷款市场报价利率（LPR）的两倍支付违约金。

【典型案例】

案例：中机新能源开发有限公司与山东鼎泰隆城市智能工程有限公司、北京国电龙源环保工程有限公司等建设工程施工合同纠纷案

案号：（2018）内民申1117号

审理法院：内蒙古自治区高级人民法院

裁判要旨：

固定价款属于总价在合同约定的风险范围内不可调整的价格，属于市场经济条件下的商业风险，一方当事人请求对建设工程造价进行鉴定的，不予支持。

基本案情：

2012年11月，中机新能源开发有限公司（以下简称中机能源公司）提交的内蒙古岱海发电有限责任公司（以下简称岱海发电公司）与北京峰业公司签订《二期3号机组及公用系统脱硫改造EPC工程总承包商务合同》；2013年3月，

山东鼎泰隆城市智能工程有限公司（以下简称山东鼎泰隆公司）与中机能源公司签订《内蒙古岱海发电有限责任公司二期SCR烟气脱硝改造工程建筑安装工程施工分包合同》，合同约定采用固定总价，中机能源公司以2930万元的总价分包给山东鼎泰隆公司，且明确约定双方在“合同实施期间不因市场变化、政策性调整等任何因素而变动该价格”。山东鼎泰隆公司按施工图纸进行施工，并经业主岱海发电公司于2013年10月、2014年5月竣工验收且已投入使用。中机能源公司认为其与山东鼎泰隆公司签订的合同为可调价合同，可调整情形即山东鼎泰隆公司未施工的部分工程。双方对结算价的计价方式产生争议诉至法院。

法院裁判理由与结果：

法院经审查认为，该案审查的争议焦点为：（1）中机能源公司是否欠付山东鼎泰隆公司工程款及金额依据问题；（2）中机能源公司应否向山东鼎泰隆公司支付代购设备、材料垫付款129,331元。关于中机能源公司是否欠付山东鼎泰隆公司工程款及金额依据问题。中机能源公司主张山东鼎泰隆公司未进行完整的施工，未施工部分的造价为1,240,520元，系由北京峰业公司进行施工并向岱海发电公司交付了该部分工程，但根据中机能源公司提交的岱海发电公司与北京峰业公司签订的《二期3号机组及公用系统脱硫改造EPC工程总承包商务合同》可知，该合同与山东鼎泰隆公司与中机能源公司签订的《内蒙古岱海发电有限责任公司二期SCR烟气脱硝改造工程建筑安装工程施工分包合同》不属于同一类工程，前者为脱硫改造工程，后者为脱硝改造工程，且北京峰业公司履行的合同签订于2012年11月，而案涉分包合同形成于2013年3月，两份合同缺少必要的关联依据，既不足以认定山东鼎泰隆公司未履行案涉合同义务，又不能证明应从工程总造价中核减1,240,520元，原审法院未予支持该部分内容，并无不当。原审判决在案涉工程已竣工验收并实际投入使用的情况下，依据合同约定的固定总价2930万元，核减掉中机能源公司已向山东鼎泰隆公司支付的工程款23,863,577.84元，得出尚欠工程款2,506,422.16元，最终认定中机能源公司应向山东鼎泰隆公司支付剩余工程款2,505,966.07元，亦无不当。至于中机能源公司关于涉案合同为可调价合同、应将罚款部分在应付款中进行核减及其已超付工程款、不存在欠付情形的主张均因缺乏事实和法律依据，不能成立。关于中机能源公司应否向山东鼎泰隆公司支付代购设备、材料垫付款129,331元的问题。山东鼎泰隆公司所举的工程联系单明确载明是中机能源公司委托山东鼎泰隆公司进行采购，中机能源公司也无相反证据证明不应支付，故原审判决中机能源公司向山东鼎泰隆公司支付代购设备、材料垫付款129,331元，有事实依据。综上所述，中机能源公司的再审申请不符合《民事诉讼法》第二百条规定的情形。

（十二）工程担保条款约定不明确的风险与防范

【风险点解析】

工程总承包合同属于一种常见的建设工程合同，从工程总承包合同签署到履约过程中涉及一系列担保问题。鉴于工程总承包合同签约的复杂性，项目中涉及工程担保的种类和方式很多，工程担保条款在工程总承包合同中主要体现为保证金的缴纳以及担保的提供，如总包人提供的履约保证金、发包人提供的工程款支付担保、质量保证金、农民工工资保证金、独立保函等。但有时由于发承包双方在合同中约定不清，合同的履行过程中会产生一定的风险。

1. 发包人不提供工程款支付担保的行政监管风险。工程总承包人提供履约担保，发包人则需要提供对应的工程款支付担保，但实践中发包人往往处于较为强势的地位，工程总承包人迫于发包人的压力而在合同中未约定或者不要求发包人提供工程款支付担保。《保障农民工工资支付条例》明确将发包人提供工程款支付担保作为其法定义务，发包人如不履行该义务将承担行政处罚的风险。

2. 合同中约定的保证金比例超出法律规定的不合规风险。《建设工程质量保证金管理办法》将工程质量保证金的收取比例规定为不超工程价款结算总额的3%，明确发包人应当在招标文件中明确预留、返还等内容，并与承包人在合同文件中对涉及保证金的预留比例、期限、是否给付利息、缺陷责任期的期限及计算方式等内容进行约定。因此，工程总承包合同中对于上述保证金的比例应当依照法律及相关规定进行约定，否则可能产生合同违规的风险。

3. 保函续保约定不明的风险。工程总承包项目具有工期长、体量大等特点，工程周期往往存在不能按照合同约定按时完工的情形。鉴于工期不确定性引起的工程项目未完工但保函期限截止情况时有发生，若当事人在合同中未对保函进行具体明确的约定，届时是否要续保、保函担保金额如何确定、保函成本如何负担等问题将会成为发承包双方的争议焦点。

【防范措施】

1. 工程总承包合同中，发承包双方应当遵守国家的相关法律法规政策文件，通过采取保函的方式减轻承包人的资金负担，并且发承包双方应采取积极措施全面履行合同约定，降低保函风险。发承包双方均应按照法律规定协商确定工程总承包合同中有关工程担保的条款。发包人应提供工程款支付担保，并在合同中约定提供担保的具体金额和形式，避免违反法律法规等规范性文件的规定。关于工程质量保证和农民工工资支付保证金，双方也应在符合法律规定的范围内进行约定，履约保函一般不超过10%，质保金的金额一般不超过合同价款的3%。同时还应注意，农民工工资保证金如果是采用保函形式开具的，应当开具独立保函。

2. 工程总承包合同中，发承包双方对于担保的期限应当进行明确的约定。譬如履约担保的失效期一般应在完工日或试运行完成日之前；质保金应在工程验收合格、履约保函到期后提交或生效，其失效期应为发包人最终履约证书的签发日；发包人未签发或未及时签发最终履约证书的，应在最长不超过24个月的缺陷责任期满后失效，以较早条件成就之日为准。同时应注意，在工程项目竣工前，已经缴纳履约保证金或者提供履约担保的，不应同时约定预留工程质量保证金。

3. 质量保证金的预留方式和退还可以参照《建设项目工程总承包合同（示范文本)》第14.6.2条关于“质量保证金的预留”的约定，双方约定采用预留相应比例的工程款方式提供质量保证金的，质量保证金的预留有以下三种方式：(1）按专用合同条件的约定在支付工程进度款时逐次预留，直至预留的质量保证金总额达到专用合同条件约定的金额或比例为止。在此情形下，质量保证金的计算基数不包括预付款的支付、扣回以及价格调整的金额；(2）工程竣工结算时一次性预留质量保证金；(3）双方约定的其他预留方式。除专用合同条件另有约定外，质量保证金的预留原则上采用上述第（1）种方式。如承包人在发包人签发竣工付款证书后28天内提交工程质量保证担保，发包人应同时返还预留的作为质量保证金的工程价款……

【相关规定链接】

《保障农民工工资支付条例》

第二十四条第一款　建设单位应当向施工单位提供工程款支付担保。

《建设工程质量保证金管理办法》（2017年修订）

第七条　发包人应按照合同约定方式预留保证金，保证金总预留比例不得高于工程价款结算总额的3%。合同约定由承包人以银行保函替代预留保证金的，保函金额不得高于工程价款结算总额的3%。

【典型案例】

案例：江苏卧牛山保温防水技术有限公司、宁夏润恒农产品市场有限公司建设工程施工合同纠纷案

案号：（2018）最高法民终906号

审理法院：最高人民法院

裁判要旨：

案涉工程虽未经竣工验收，但已交付并实际投入使用，双方约定“工程完工后返还履约保证金”的条件已成就。当事人虽未约定返还履约保证金利息，但依据公平原则，宁夏润恒农产品市场有限公司（以下简称宁夏润恒公司）应按照中国人民银行发布的同期同类贷款利率计付资金占用期间的利息；利息仍应以签订《结算审核表》的2016年3月19日确定为应返还履约保证金时间计付利息。

基本案情：

2014年5月19日，宁夏润恒公司与江苏卧牛山保温防水技术有限公司（以下简称卧牛山公司）签订《A冷库合同》，约定宁夏润恒公司将银川润恒城一期冷库A聚氨酯发泡保温工程发包给卧牛山公司进行施工，卧牛山公司包工包料；工程造价按固定全费用单价结算，合同暂定总价为1087.4万元，实际总价按完工后宁夏润恒公司审计的实际发生量结算；卧牛山公司应于合同签订后3日内向宁夏润恒公司交纳20万元履约保证金，工程完工后返还履约保证金20万元；结算工程量的确认：双方对图纸和清单子目进行确认，若无设计变更，清单工程量不再调整；付款方式：按单栋结算，卧牛山公司每完成两层冷库的涂刷氰凝工程、保温发泡工程和彩钢板防护工程，经宁夏润恒公司、监理核实7日内，宁夏润恒公司付至已完成工程量的80%，以此类推至工程完工；全部完工后经宁夏润恒公司、监理核实7日内支付80%工程款，宁夏润恒公司审计（不超过30日）结束30日内，宁夏润恒公司付至95%实际总工程款，其余5%实际工程款为质保金，质保一年内无质量问题无息返还；工程保修期为12个月，自验收合格之日起算；合同履行期限自2014年5月19日至2014年11月18日。卧牛山公司于2014年6月30日通过《建行客户专用回单》向宁夏润恒公司转账汇款交纳了20万元履约保证金，宁夏润恒公司于2014年7月10日出具《统一收据》，收到了卧牛山公司向其交纳的履约保证金20万元。

案涉工程虽未经竣工验收，但双方于2016年3月19日进行了结算并实际投入使用，双方关于工程款履约保证金的返还及利息问题产生争议诉至法院，一审判决后被告不服上诉至最高人民法院。

法院裁判理由与结果：

一审法院认为，依据《建行客户专用回单》和《统一收据》，证实卧牛山公司按照《A冷库合同》约定向宁夏润恒公司交纳了20万元履约保证金，且宁夏润恒公司亦出具了收款收据，收到了卧牛山公司向其交纳的履约保证金20万元，故宁夏润恒公司主张未收到卧牛山公司交纳的履约保证金20万元的抗辩理由不能成立，该院不予采信。现宁夏润恒公司对该合同项下的A冷库工程已实际投入使用，卧牛山公司主张要求宁夏润恒公司返还该履约保证金20万元的诉求成立，该院予以支持。该案当事人虽未约定返还履约保证金利息，但依据公平原则，宁夏润恒公司应按照中国人民银行发布的同期同类贷款利率计付资金占用期间的利息；利息仍应以签订《结算审核表》的2016年3月19日确定为应返还履约保证金时间计付利息，故卧牛山公司主张返还履约保证金利息的诉求成立，该院予以支持。

最高人民法院认为，2014年5月19日，宁夏润恒公司与卧牛山公司签订了《A冷库合同》，约定卧牛山公司应于合同签订后3日内向宁夏润恒公司交纳20万元履约保证金，工程完工后返还履约保证金20万元。根据卧牛山公司提供的《建行客户专用回单》和《统一收据》，可以证明卧牛山公司已按约向宁夏润恒公司交纳了20万元履约保证金，宁夏润恒公司也收到了卧牛山公司向其交纳的履约保证金20万元。案涉工程虽未经竣工验收，但已交付宁夏润恒公司，宁夏润恒公司也实际使用了部分案涉工程，且双方还于2016年3月19日对案涉工程进行了结算。故一审法院认定返还履约保证金的条件已成就，判决宁夏润恒公司向卧牛山公司返还履约保证金20万元，具有事实和法律依据，并无不当，该院予以维持。宁夏润恒公司此项上诉主张不能成立，该院不予支持。

（十三）违约责任约定不明或过高的风险与防范

【风险点解析】

工程总承包合同违约金没有具体法定标准。由于建设工程合同违约的种类繁多，客观上难以通过法律法规制定统一的违约金标准，在实务中，建设工程合同中的违约金条款有概括性和具体性之分，概括性违约金合同指当事人对违约行为不作具体区分，当事人一方一旦有违约行为就应向对方支付一定数额的违约金；具体性违约指的是当事人针对不同的违约行为可以约定不同的违约金数额。实务中，发承包方一般约定只要违约就要向对方支付法定违约金，这种约定既没有约定具体违约金数额，也没有约定因违约产生的损失赔偿的计算办法，属于违约金约定不明的情形，一旦发生违约情况，违约条款的适用没有明确标准，容易发生争议，也不利于守约方权利的保护。此外，若违约金约定过高，且没有最高限额的约定，将可能导致违约方承担过高的逾期违约金，不利于合同的履行。尤其建设工程合同的签订，承包人处于相对被动的局面，一旦约定的违约金过高，亦会影响承包人的工程款收益。

【防范措施】

1. 合同中首先应约定发包人对预付款、工程进度款、竣工结算的违约应承担的具体违约责任。

2. 合同中当事人的具体义务条款应约定对应的违约责任。

3. 违约金与赔偿金应约定具体数额和具体计算方法，同时违约条款应具有可操作性，以防止事后产生争议。

4. 尽可能约定违约金的最高限额，以赔偿实际损失为限，避免约定过高的违约金。

【相关规定链接】

《民法典》

第五百八十四条　当事人一方不履行合同义务或者履行合同义务不符合约定，造成对方损失的，损失赔偿额应当相当于因违约所造成的损失，包括合同履行后可以获得的利益；但是，不得超过违约一方订立合同时预见到或者应当预见到的因违约可能造成的损失。

第五百八十五条　当事人可以约定一方违约时应当根据违约情况向对方支付一定数额的违约金，也可以约定因违约产生的损失赔偿额的计算方法。

约定的违约金低于造成的损失的，人民法院或者仲裁机构可以根据当事人的请求予以增加；约定的违约金过分高于造成的损失的，人民法院或者仲裁机构可以根据当事人的请求予以适当减少。

当事人就迟延履行约定违约金的，违约方支付违约金后，还应当履行债务。

《全国法院民商事审判工作会议纪要》

50.【违约金过高标准及举证责任】认定约定违约金是否过高，一般应当以《合同法》第113条规定的损失为基础进行判断，这里的损失包括合同履行后可以获得的利益。除借款合同外的双务合同，作为对价的价款或者报酬给付之债，并非借款合同项下的还款义务，不能以受法律保护的民间借贷利率上限作为判断违约金是否过高的标准，而应当兼顾合同履行情况、当事人过错程度以及预期利益等因素综合确定。主张违约金过高的违约方应当对违约金是否过高承担举证责任。

《全国法院贯彻实施民法典工作会议纪要》（法〔2021〕94号）

11. 民法典第五百八十五条第二款规定的损失范围应当按照民法典第五百八十四条规定确定，包括合同履行后可以获得的利益，但不得超过违约一方订立合同时预见到或者应当预见到的因违约可能造成的损失。

当事人请求人民法院增加违约金的，增加后的违约金数额以不超过民法典第五百八十四条规定的损失为限。增加违约金以后，当事人又请求对方赔偿损失的，人民法院不予支持。

当事人请求人民法院减少违约金的，人民法院应当以民法典第五百八十四条规定的损失为基础，兼顾合同的履行情况、当事人的过错程度等综合因素，根据公平原则和诚信原则予以衡量，并作出裁判。约定的违约金超过根据民法典第五百八十四条规定确定的损失的百分之三十的，一般可以认定为民法典第五百八十五条第二款规定的“过分高于造成的损失”。当事人主张约定的违约金过高请求予以适当减少的，应当承担举证责任；相对人主张违约金约定合理的，也应提供相应的证据。

【典型案例】

案例：长春凯希环保有限责任公司、玖龙纸业（东莞）有限公司建设工程施工合同纠纷案

案号：（2021）粤19民终7958号

审理法院：广东省东莞市中级人民法院

裁判要旨：

长春凯希环保有限责任公司（以下简称凯希公司）认为案涉合同约定的违约金过高，其应当对违约金是否过高承担举证责任。因凯希公司未对违约金或损

失是否过高的情形进行有效举证，故对其提出的调整违约金标准的请求不予支持。

基本案情：

玖龙纸业（东莞）有限公司（以下简称玖龙公司）因生产需要向凯希公司订购设备一套，双方签订了《采购合同》，《采购合同》第三条第一项、第七条第一项均明确约定本合同为交钥匙工程；《技术协议》第5页第4.1条明确约定案涉工程承包范围为设计、供货、施工、安装调试工作以及负责土建设计等义务。在合同履行过程中，凯希公司实际工期比约定工期超出了426.5天，违约情节严重。案涉工程于2015年12月31日开工，2017年9月6日完工，共计616天，扣除工期延期78.5天，实际工期应为537.5天，依据合同约定2015年11月10日需方土建具备条件下，供方开始安装，2016年2月28日前完工并具备调试条件，工期为111天，故实际工期比约定工期超出了426.5天，工期严重超期。后双方关于工期延误、合同的性质及违约金等问题产生争议诉至法院。

法院裁判理由与结果：

东莞市中级人民法院认为，该案争议焦点为：一、案涉合同纠纷系建设工程施工合同纠纷还是买卖合同纠纷；二、案涉工程的完工时间应当如何认定；三、凯希公司应否向玖龙公司支付工期延误的违约金，如需支付，数额如何认定。

针对焦点三……最后，凯希公司主张的违约金标准过高，应予调整。该院认为，凯希公司认为案涉合同约定的违约金过高，其应当对违约金是否过高承担举证责任。凯希公司以其违约情节不严重；设备的特殊性决定了即使迟延投入使用，玖龙公司亦不存在任何实际损失为由，请求调整违约金，缺乏事实依据。玖龙公司以案涉设备的迟延投入使用给其造成严重的经济损失及环保风险，亦未就其实际损失承担举证责任。结合双方均未对违约金或损失是否过高的情形进行有效举证，该院认为，案涉工程标的较大，双方当事人作为规模较大的企业，在合同缔结时应尽审慎义务，合同履行过程中应当诚信履约，结合凯希公司在该案中存在工期严重延误的情形，以及环保风险的举证存在接近证据的难易程度因素的考量，对凯希公司提出的调整违约金标准的请求，该院不予支持。

（十四）合同解除条款约定不明的风险与防范

【风险点解析】

工程总承包模式下，双方签订总包合同时，发包人一般会利用自己甲方的身份优势将《建设项目工程总承包合同（示范文本）》通用合同条件中不利于己方的合同解除情形在专用合同条件中删除或者进行模糊约定。此时，如果工程总承包单位在合同履行过程中与发包人就合同价款、停工复工等影响工程进展的事项无法协商达成一致，导致合同无法继续履行，那么对于工程总承包合同中未明确约定的合同可解除的情形，双方容易就一方是否享有单方解除权而产生纠纷。

【防范措施】

工程总承包单位在签约时需重点注意审查工程总承包合同发承包双方有权解除合同的情形，可参考《建设项目工程总承包合同（示范文本）》通用合同条件中第 16 条之规定，明晰自身享有解除权的情形，并在专用合同条件中对通用条款的相关条款作出选择、细化、调整。

【相关规定链接】

《民法典》

第五百六十二条　当事人协商一致，可以解除合同。

当事人可以约定一方解除合同的事由。解除合同的事由发生时，解除权人可以解除合同。

第五百六十三条第一款　有下列情形之一的，当事人可以解除合同：

（一）因不可抗力致使不能实现合同目的；

（二）在履行期限届满前，当事人一方明确表示或者以自己的行为表明不履行主要债务；

（三）当事人一方迟延履行主要债务，经催告后在合理期限内仍未履行；

（四）当事人一方迟延履行债务或者有其他违约行为致使不能实现合同目的；

（五）法律规定的其他情形。

《建设项目工程总承包合同（示范文本）》（GF－2020－0216）

16.1.1　因承包人违约解除合同

除专用合同条件另有约定外，发包人有权基于下列原因，以书面形式通知承包人解除合同，解除通知中应注明是根据第 16.1.1 项发出的，发包人应在发出正式解除合同通知 14 天前告知承包人其解除合同意向，除非承包人在收到该解除合同意向通知后 14 天内采取了补救措施，否则发包人可向承包人发出正式解除合同通知立即解除合同。解除日期应为承包人收到正式解除合同通知的日期，但在第（5）目的情况下，发包人无须提前告知承包人其解除合同意向，可直接发出正式解除合同通知立即解除合同：

（1）承包人未能遵守第4.2款［履约担保］的约定；

（2）承包人未能遵守第4.5款［分包］有关分包和转包的约定；

（3）承包人实际进度明显落后于进度计划，并且未按发包人的指令采取措施并修正进度计划；

（4）工程质量有严重缺陷，承包人无正当理由使修复开始日期拖延达28天以上；

（5）承包人破产、停业清理或进入清算程序，或情况表明承包人将进入破产和（或）清算程序，已有对其财产的接管令或管理令，与债权人达成和解，或为其债权人的利益在财产接管人、受托人或管理人的监督下营业，或采取了任何行动或发生任何事件（根据有关适用法律）具有与前述行动或事件相似的效果；

（6）承包人明确表示或以自己的行为表明不履行合同或经发包人以书面形式通知其履约后仍未能依约履行合同、或以不适当的方式履行合同；

（7）未能通过的竣工试验、未能通过的竣工后试验，使工程的任何部分和（或）整个工程丧失了主要使用功能、生产功能；

（8）因承包人的原因暂停工作超过56天且暂停影响到整个工程，或因承包人的原因暂停工作超过182天；

（9）承包人未能遵守第8.2款［竣工日期］规定，延误超过182天；

（10）工程师根据第15.2.2项［通知改正］发出整改通知后，承包人在指定的合理期限内仍不纠正违约行为并致使合同目的不能实现的。

16.2.1　因发包人违约解除合同

除专用合同条件另有约定外，承包人有权基于下列原因，以书面形式通知发包人解除合同，解除通知中应注明是根据第16.2.1项发出的，承包人应在发出正式解除合同通知14天前告知发包人其解除合同意向，除非发包人在收到该解除合同意向通知后14天内采取了补救措施，否则承包人可向发包人发出正式解除合同通知立即解除合同。解除日期应为发包人收到正式解除合同通知的日期，但在第（5）目的情况下，承包人无须提前告知发包人其解除合同意向，可直接发出正式解除合同通知立即解除合同：

（1）承包人就发包人未能遵守第2.5.2项关于发包人的资金安排发出通知后42天内，仍未收到合理的证明；

（2）在第14条规定的付款时间到期后42天内，承包人仍未收到应付款项；

（3）发包人实质上未能根据合同约定履行其义务，构成根本性违约；

（4）发承包双方订立本合同协议书后的84天内，承包人未收到根据第8.1款［开始工作］的开始工作通知；

（5）发包人破产、停业清理或进入清算程序，或情况表明发包人将进入破产和（或）清算程序或发包人资信严重恶化，已有对其财产的接管令或管理令，与债权人达成和解，或为其债权人的利益在财产接管人、受托人或管理人的监督下营业，或采取了任何行动或发生任何事件（根据有关适用法律）具有与前述行动或事件相似的效果；

（6）发包人未能遵守第2.5.3项的约定提交支付担保；

（7）发包人未能执行第15.1.2项［通知改正］的约定，致使合同目的不能实现的；

（8）因发包人的原因暂停工作超过56天且暂停影响到整个工程，或因发包人的原因暂停工作超过182天的；

（9）因发包人原因造成开始工作日期迟于承包人收到中标通知书（或在无中标通知书的情况下，订立本合同之日）后第84天的。发包人接到承包人解除合同意向通知后14天内，发包人随后给予了付款，或同意复工、或继续履行其义务或提供了支付担保等，承包人应尽快安排并恢复正常工作；因此造成工期延误的，竣工日期顺延；承包人因此增加的费用，由发包人承担。

【典型案例】

案例一：山东能源重装集团宇洁环保工程有限公司、单县华能生物发电有限公司承揽合同纠纷案

案号：（2020）鲁民申1649号

审理法院：山东省高级人民法院

裁判要旨：

在设计阶段未提供详细的施工设计图纸致使无法实现合同目的，付款方要求返还定金和其他付款具有合同依据和法律依据，因已经进行的施工产生的损失可另行主张。

基本案情：

2017年6月12日，单县华能生物发电有限公司（以下简称华能发电公司）

与山东能源重装集团宇洁环保工程有限公司（以下简称宇洁环保公司）签订《EPC总承包合同书》，合同中双方就华能发电公司电厂烟气治理项目工程设计—采购—施工总承包事宜进行约定。华能发电公司依约向宇洁环保公司支付定金后，合同生效。宇洁环保公司进驻施工工地，开展了相应施工准备后，双方发生纠纷。华能发电公司于2018年4月3日向法院提起诉讼，要求解除上述《EPC总承包合同书》并要求宇洁环保公司返还定金和进度款335万元（包括85万元的酒款）。

法院裁判理由与结果：

山东省高级人民法院经审查认为，该案再审审查的焦点问题是华能发电公司要求与宇洁环保公司解除合同并返还定金及进度款是否具有事实依据和法律依据。

双方签订的《设计—采购—施工总承包合同书》第2.4.2款约定，合同生效后10日内，乙方（宇洁环保公司）向甲方（华能发电公司）提供详细设计（施工图设计），甲方向乙方支付合同总价款的20%即370万元作为第一笔进度款；合同第2.17款约定，如果乙方未能在合同规定的期限内提供全部或部分货物或未能履行合同规定的其他义务时，甲方将以书面形式向乙方发出违约通知。乙方在接到通知后3日内，或经甲方书面认可延长的时间内未能纠正其过失，甲方可向乙方发出书面通知，终止部分或全部合同。华能发电公司主张宇洁环保公司未按合同约定的期间交付详细施工设计图，其在原审中提交的证据：2017年9月14日向宇洁环保公司发出的催告函及2017年9月18日宇洁环保公司的复函，可以证明宇洁环保公司未在合同约定期限内提交详细设计图纸。其提交的微信聊天记录仅能证明宇洁环保公司向华能发电公司提交过设计图，但不能证明其工作人员所提到的设计图为详细设计还是初步设计。结合2017年9月18日宇洁环保公司的复函，原审认定其未提交详细设计图认定事实并无不当，华能发电公司主张宇洁环保公司违约并要求解除合同具有合同依据和法律依据。对于宇洁环保公司因已经进行的施工产生的损失，因原审中未提出反诉主张，可另行处理。

案例二：中交第一航务工程勘察设计院有限公司、中交第四航务工程局有限公司等与海南如意岛旅游度假投资有限公司建设工程合同纠纷案

案号：（2018）最高法民再228号

审理法院：最高人民法院

裁判要旨：

双方未能对合同总价款达成一致，导致合同不能继续履行，不属于原《合同法》第九十四条第五项规定的“法律规定的其他情形”，一方当事人不必然享有单方解除合同的法定解除权。

基本案情：

2013 年 11 月 20 日，中交第一航务工程勘察设计院有限公司（以下简称中交一航院）、中交第四航务工程局有限公司（以下简称四航局）、中交广州航道局有限公司（以下简称广航局）签订《联合体协议书》。该协议书约定：三单位自愿组成中交一航院—广航局—四航局联合体，共同参加海口市如意岛项目填岛设计—采购—施工总承包工程的投标。海南如意岛旅游度假投资有限公司（以下简称如意岛公司）于 2014 年 5 月 4 日向中交联合体发出《动工令》，要求于当月 6 日开始挤密砂桩试桩施工。同年 6 月 16—17 日，双方召开项目初步设计评审及合同谈判会，因承包商与设计顾问咨询单位在地基处理方法、沉箱护底结构设计和堤顶高程确定等几项关键技术处理和造价问题上无法形成统一意见，如意岛公司要求中交一航院在重点考虑降低工程造价的方案，深入开展优化结构设计工作，并提出具体的优化成果。中交一航院对初步设计进行优化后于 2014 年 6 月 29 日将工程总价款调整为 27.9 亿余元，仍超出合同暂定总价 1.5 亿余元。如意岛公司不接受该造价。中交联合体从 2014 年 10 月起开始将其现场人员和设备陆续撤出，并于 2016 年 1 月 13 日提起该案诉讼。截至如意岛公司通知解除合同时，中交一航院已向如意岛公司提交可供评审的完整初步设计成果，并根据评审意见进行优化。此后，如意岛公司未组织对最后一次优化的初步设计进行评审。

法院裁判理由与结果：

一审法院认为，审理该案纠纷需解决以下问题：如意岛公司单方解除合同是否符合合同约定或法律规定？姑且不论中交联合体未按合同约定期限提交初步设计成果及开工是否存在期限顺延的事由，如意岛公司在合同工期还剩余 2/3 的情况下，单方以中交联合体违约在先为由解除合同，既不符合《专用合同条款》第 8.4 条、第 8.7 条和《通用合同条款》第 15.2 条约定，也不符合原《合同法》第九十四条的规定。如意岛公司单方解除合同不符合法律规定或合同约定，其单方解除合同是导致该案合同不能继续履行的直接原因。为此，如意岛公司应当就中交联合体已经实际履行合同的部分，按合同约定支付相关费用。

二审法院认为，该案合同不能顺利履行的主要原因是双方未能对合同总价款达成一致，未完成总承包合同的协商，致使已签订的合同文件不能继续履行。有关如意岛公司单方解除合同是否构成违约的问题，应综合本案的合同约定以及实际履行情况予以认定：（1）双方均具有合同总价款重新协商的合同权利。（2）如意岛公司终止合同协商有合理的事由。（3）如意岛公司单方终止合同履行不构成违约。（4）如意岛公司单方终止合同履行不构成违约。故如意岛公司与中交联合体经合理、充分协商但未能就合同总价款达成一致，双方之前所订立的合同文件的合同目的无法实现，在合同已无法实际履行的情况下，如意岛公司单方解除涉案合同文件符合法律规定，不构成违约。

最高人民法院再审认为，根据查明的基本事实，如意岛公司以中交联合体设计迟延、价格超标、工期迟延等为由，发出《终止海口如意岛填岛工程东标段设计采购施工（EPC）合同的通知》，并未以双方未能对合同总价款达成一致导致合同不能继续履行为由终止合同。二审法院认为双方未能对合同总价款达成一致是导致合同不能继续履行的原因，属于原《合同法》第九十四条第五项规定的“法律规定的其他情形”，缺乏事实依据，适用法律错误。

（十五）争议解决条款约定不明或约定无效的风险与防范

【风险点解析】

前文已经介绍过工程总承包合同涵盖设计、采购、施工等多个环节，实践中关于合同性质的认定众说纷纭，有的认为其是建设施工合同，有的认为其是承揽合同，不同合同性质的认定直接影响到法院最终管辖的确定。双方当事人在工程总承包合同中对争议解决条款约定不当，将可能导致约定无效，甚至导致增加诉讼成本、延长纠纷解决期限以及其他不利的后果。实务中主要表现为：同时约定仲裁和诉讼的争议解决方式，同时选择两家仲裁机构，只约定仲裁地点但未约定仲裁机构，与分公司约定仲裁但未得到总公司确认等情形。

【防范措施】

1. 明确约定选择仲裁或诉讼的方式解决争议，避免出现同时约定两种争议解决方式，否则仲裁条款将被认定无效。

2. 选择仲裁，则必须以书面形式表示，并准确约定仲裁机构的名称。实务中应避免与分公司签署仲裁条款的情形，因分公司没有独立的民事行为能力，若分公司的仲裁条款未得到总公司的确认，则仲裁条款无效。

3. 选择诉讼，建设工程施工合同纠纷只能由项目所在地法院专属管辖，若选择其他法院管辖将会被认定为无效。

【相关规定链接】

《仲裁法》

第十六条　仲裁协议包括合同中订立的仲裁条款和以其他书面方式在纠纷发生前或者纠纷发生后达成的请求仲裁的协议。

仲裁协议应当具有下列内容：

（一）请求仲裁的意思表示；

（二）仲裁事项；

（三）选定的仲裁委员会。

第十八条　仲裁协议对仲裁事项或者仲裁委员会没有约定或者约定不明确的，当事人可以补充协议；达不成补充协议的，仲裁协议无效。

《民事诉讼法》

第三十四条　下列案件，由本条规定的人民法院专属管辖：

（一）因不动产纠纷提起的诉讼，由不动产所在地人民法院管辖；

（二）因港口作业中发生纠纷提起的诉讼，由港口所在地人民法院管辖；

（三）因继承遗产纠纷提起的诉讼，由被继承人死亡时住所地或者主要遗产所在地人民法院管辖。

【典型案例】

案例：中石化胜利油建工程有限公司、中石油昆仑燃气有限公司建设工程施工合同纠纷案

案号：（2018）最高法民终 433 号

审理法院：最高人民法院

裁判要旨：

设计—采购—施工项目中，当事人之间针对同一工程签订了三份不同的施工合同，其中一份合同约定仲裁条款，其他两份均未作有效约定，法院不得仅以一份合同中存在仲裁协议为由驳回整个案件的起诉。

基本案情：

中石油工程设计公司与中石化胜利油建工程有限公司（以下简称胜利油建公

司）组成联合体（总包方）共同承包某项目，后因工程款支付问题，胜利油建公司将中石油昆仑燃气有限公司（以下简称昆仑燃气公司）、中石油昆仑天然气利用有限公司（以下简称天然气利用公司）、临沂中石油昆仑天然气输配有限公司（以下简称天然气输配公司）及中国石油集团工程设计有限责任公司（以下简称工程设计公司）四家公司告上法院。被告之一的天然气输配公司与总包方签订的《临沂—团林输气管道工程设计采购施工（EPC）总承包合同》约定了有效仲裁条款，但原告胜利油建公司未与其他被告在合同中约定仲裁条款。天然气输配公司认为天然气输配公司与胜利油建公司 2014 年 7 月 9 日签订的《临沂—团林输气管道工程设计采购施工（EPC）总承包合同》替代了 2011 年 2 月 18 日签订的《临沂—团林输气管道工程总承包协议》，已存在仲裁协议，提出管辖权异议。一审法院以原告与天然气输配公司约定了仲裁条款为由驳回起诉，二审法院改判。

法院裁判理由与结果：

二审法院认为，胜利油建公司以昆仑燃气公司、天然气利用公司、天然气输配公司及工程设计公司等四家公司为被告提起该案诉讼，请求判决原审四被告向其支付工程款、动迁费、误工费及利息等。胜利油建公司的起诉涉及天然气利用公司与设计—采购—施工总包方于 2011 年 2 月 18 日签订的《临沂—团林输气管道工程总承包协议》、天然气输配公司与“EPC 总包方”于 2014 年 7 月 9 日签订的《临沂—团林输气管道工程设计采购施工（EPC）总承包合同》及中石油工程设计公司与胜利油建公司于 2014 年 8 月签订的《临沂—团林输气管道工程 EPC 项目施工合同》三份合同。其中，天然气利用公司与设计—采购—施工总包方签订的《临沂—团林输气管道工程总承包协议》以及中石油工程设计公司与胜利油建公司签订的《临沂—团林输气管道工程 EPC 项目施工合同》中，并未约定有效的仲裁条款。原审法院仅以天然气输配公司与设计—采购—施工总包方签订的《临沂—团林输气管道工程设计采购施工（EPC）总承包合同》中约定有仲裁条款为由，裁定驳回胜利油建公司对该案原审四被告的起诉，适用法律不当。上诉人的该上诉理由成立。

三、小结

合同管理是企业运营、发展的基础，对提高工程质量、保证企业效益具有关键作用，而法律风险管理又是合同管理的核心内容。目前工程总承包实践中，工程总承包单位因缺乏相应的意识或专业知识，或者基于一时的利益追求，签订完全不合法的合同，最终给企业造成了严重的损失。例如，大部分工程总承包单位目前仍局困于施工总承包的认知，在签订合同时对于签约价等合同价格条款不予重视，认为可从施工中的签证进行增补，忽视了工程总承包项目最本质的特征——固定总价的“交钥匙”工程，在签合同时把价格报得一低再低，将工程款变更的选择权交到发包人手中，最终增加了自身的工程价款获取风险。

基于工程总承包项目不同于施工总承包的特殊性，本章总结了工程总承包合同签订时主要的十四大法律风险点，从合同的效力、承包范围、价格条款、工期、工程变更、工程质量、争议管辖等方面进行了详细的风险提示，结合目前司法实践中出现的裁判案例进行阐述，并给出对应的风险防范措施，希望各单位在合同签订过程中能够加以重视，注重项目人员及管理人员的风险意识培训，了解风险，了解风险背后的法律后果，杜绝盲目、侥幸心理，合同内容要严格审查并熟记于心，树立红线意识，将风险因素限定在可控、可接受的范围内，在合理范围内争取自身权利的最大化。

第五章 工程总承包项目实施阶段的法律风险与防范

相比较传统施工总承包业务而言，建筑企业作为工程总承包业务的工程总承包方不仅需要承担施工责任，还应承担设计、采购责任。建设工程施工项目管理中的法律风险预防和控制是一个非常复杂的系统过程，涉及企业管理的方方面面，贯穿建设工程总承包项目的整个设计、采购及施工的执行过程之中。工程总承包项目所处的国家和地区不同，行业领域不同，大小复杂程序不同，所面临的法律风险也不尽相同，这就要求总承包单位要切实增强总承包项目中的法律风险管理意识，建立起科学的法律风险识别及应对机制，采取行之有效的管理措施，最大限度预防和化解总承包项目中面临的法律风险，从而顺利实现建设工程总承包业务的稳定和可持续发展。

本章结合建设工程的相关法律法规及《建设项目工程总承包合同（示范文本）》，通过列举司法实践中较多发生的工程总承包履约纠纷，对工程总承包模式下设计、采购、施工过程中容易发生争议的问题进行风险提示，供各方参与主体参考。

一、工程总承包项目管理的概述

（一）工程总承包项目实施阶段的法律法规体系

在建设工程项目施工管理领域，我国先后出台了《建筑法》《建筑工程质量管理条例》等法律法规，住房和城乡建设部出台了《建筑工程施工发包与承包违法行为认定查处管理办法》等部门规章，最高人民法院出台了《关于审理建设工程施工合同纠纷案件适用法律问题的解释（一）》等司法解释，这些法律法规、部门规章及司法解释统一了建设工程项目管理规范要求及相关纠纷案件裁判尺度。在建设工程合同示范文本方面，国际上制定了国际咨询工程师联合会系列合同范本，我国相继制定出台了《房屋建筑和市政基础设施项目工程总承包管理办法》（建市规〔2019〕12号）《建设项目工程总承包合同（示范文本）》等规定和合同范本对建设工程项目的施工管理加以规范，降低施工管理风险，减少纠纷发生。

（二）工程总承包项目管理的特点

1. 项目的多方面性、多阶段性

工程总承包项目实施阶段的管理是整个建设工程项目的核心环节，区别于施工总承包的重点施工管理，工程总承包管理的范畴拓宽到项目立项到运营的全"生命期"，涉及项目设计管理、工期管理、造价管理、质量管理、安全管理、用工管理、采购管理等多个方面，需要对建设工程项目实施阶段的各个环节进行监控。同时，由于不同管理阶段的风险点及侧重点各不相同，需要通过合理的现场分工管理以实现工程现场资源的合理配置，在最大限度保证工程总承包项目开展过程的有序性。

2. 工程总承包单位承担风险的广泛性

工程总承包项目中，业主仅提出业主要求，主要针对工程要达到的目标，如实现的功能、技术标准、总工期等。对工程项目的实施过程，业主仅做总体的、宏观的、有限度的控制，给承包商以充分的自由完成项目。同时承包商承担更大的风险，可以最大限度地发挥自己在设计、采购、施工、项目管理方面的创造性和创新精神。

3. 总承包单位责任体系的完备性

工程总承包项目中，设计、施工、供应之间和各专业工程之间的责任盲区不再存在，承包商对设计、施工、供应和运营的协调责任一体化。由于总承包商对项目的全"生命期"负责，故而总承包单位要协调各个专业工程的设计、施工和供应，站在比各个专业更高、更系统的角度分析、研究和处理项目问题。

二、工程总承包项目实施阶段的法律风险与防范

工程总承包项目实施阶段施工管理主要分为设计管理、采购管理、项目工

期及进度管理、造价管理、质量管理、安全管理、用工管理、签证与索赔管理等，故有必要从以上核心管理内容中梳理总结风险点，并制定合理的防范措施。

（一）工程设计的法律风险与防范

【风险点解析】

1. 根据《房屋建筑和市政基础设施项目工程总承包管理办法》（建市规〔2019〕12 号）第十条的相关要求，工程总承包单位应当同时具有与工程规模相适应的工程设计资质和施工资质，或者由具有相应资质的设计单位和施工单位组成联合体。当施工单位不具备“双资质”时如要开展工程总承包业务，原则上应当通过与设计单位组成联合体承揽设计—采购—施工项目，否则可能面临合同效力风险。此外，组成联合体承包项目的施工单位，在项目开展过程中未同设计单位签订风险分担协议，确认设计责任的认定与分担，进而产生设计责任不明、双方“扯皮”的风险。

2. 工程总承包的总工期涵盖了项目从设计、采购、施工到竣工交付等总承包范围内的各个实施阶段的时间总和，即工程总承包项目的总工期为发包人要求工程总承包单位完成整个工程所需的总时间，包括完成合同约定的设计、施工、采购、试运行或投产运行等各阶段工作所需要的总日历天数，然而实践中承包单位更注重施工阶段的工期管理及索赔，在项目实施过程中对于设计工期缺乏重视，缺少对设计工期的顺延事宜及时签证固定，往往导致工期延误，被发包单位进行工期索赔。

3. 工程总承包模式中设计工作直接影响项目使用功能、项目投资、项目建设进度以及现场施工便利性和可行性。设计文件是安排建设项目和组织工程施工的重要依据，设计一经批准，不得任意变更。只有当工程变更按合同规定的程序审批、确认后，才能由总承包单位实施。工程总承包合同中设计是由总承包单位负责的，除非在总承包合同约定变更情形下双方协商对设计进行的变更，其他在合同约定工程范围和功能描述内，因设计图纸、文件修改产生的工程工期与造价的改变，均属于总承包合同总承包单位责任范围，相关的费用由总承包单位承担。在实际项目开展过程中，总包单位由于缺乏设计经验，在设计阶段未能合理选择设计方案，导致成本增加，产生后期工程款结算风险。

【防范措施】

1. 作为承包人禁止没有资质、超越资质或借用资质承接工程，为了拓展工程总承包业务，如承包人不具备设计资质可以选择组建联合体模式，同设计单位联合投标工程总承包项目，但同时为了控制风险和内部纠纷，建议双方签订联合体协议，对联合体内部责任的承担作明确划分。

2. 项目实施初期，工程总承包单位负责编制工程总进度计划要求，在初步编制施工计划和采购进度计划的基础上，组织编制项目初步设计进度计划。总包单位应给设计进度计划留有一定的余地，避免设计周期过短造成设计错误多，影响工程造价，影响采购进度，制约施工进度等。设计进度应充分考虑工程项目外部约束条件等相关因素，如消防报批、人防报批、规划报批、施工图审查等专项报批。还应充分考虑按照限额设计指标完成的设计成果。在采购过程或预算编制过程中，由于超限额而需调整设计时间，应高度重视设计与采购、施工的协调配合，重视设计同项目业主之间的密切沟通协调，确保设计成果可满足业主使用功能和使用要求。

3. 如工程总承包项目包括初步设计文件，在编制初步设计时，其内容和深度应满足工程总承包项目的要求，应对工程总承包项目合同中的所有设计内容进行描述，确保初步设计文件内容的全面性、完整性、准确性，避免出现缺项和漏项。初步设计概算要全面准确，涉及的有关新材料、新设备价格须符合市场行情，不能简单地按照概算指标进行选择，特别是设计方案新颖、造型独特的项目，避免后续施工图预算超概算的情况出现。此外，工程总承包单位在总承包合同签订后，相关人员要分解和熟悉合同，详细了解业主提出变更的程序和要求：对于业主提出的设计变更，首先依据合同进行确认，如认为符合变更条件但业主并未按照规定格式签发“变更令”等正式文件，应当严格依据合同进行澄清确认，防止“先执行”带来的索赔困难。

【相关规定链接】

《房屋建筑和市政基础设施项目工程总承包管理办法》（建市规〔2019〕12号）

第十条　工程总承包单位应当同时具有与工程规模相适应的工程设计资质和施工资质，或者由具有相应资质的设计单位和施工单位组成联合体。工程总承包单位应当具有相应的项目管理体系和项目管理能力、财务和风险承担能力，以及与发包工程相类似的设计、施工或者工程总承包业绩。

设计单位和施工单位组成联合体的，应当根据项目的特点和复杂程度，合理确定牵头单位，并在联合体协议中明确联合体成员单位的责任和权利。联合体各方应当共同与建设单位签订工程总承包合同，就工程总承包项目承担连带责任。

《民法典》

第八百条　勘察、设计的质量不符合要求或者未按照期限提交勘察、设计文件拖延工期，造成发包人损失的，勘察人、设计人应当继续完善勘察、设计，减收或者免收勘察、设计费并赔偿损失。

【典型案例】

案例一：北京国电富通科技发展有限责任公司与窑街煤电集团有限公司合同纠纷

案号：（2020）甘01民初522号

审理法院：甘肃省兰州市中级人民法院

裁判要旨：

基于我国《建设项目工程总承包合同（示范文本）》中规定的发包人对现场基础资料准确性的保证义务，因此由于工程总承包项目中设计基础资料引起的工程质量不达标的责任由发包人承担。

基本案情：

2015年4月29日，联合体牵头人北京国电富通科技发展有限责任公司（以下简称北京富通公司）及成员单位山西省化工设计院与窑街煤电集团有限公司（以下简称窑街煤电公司）签订了《窑街煤电集团有限公司油页岩炼油项目二期工程总承包合同书》和《窑街煤电集团有限公司油页岩炼油项目二期工程总承包技术协议书》。上述总承包合同和技术协议对承包范围、合同价款、付款期限、末页岩原料要求、竣工验收等事项进行了全面约定。北京富通公司与案外人山西省化工设计院签订了《联合体协议书》，协议约定北京富通公司为联合体主办单位，负责收取案涉工程项下的全部工程款。案涉项目于2016年5月25日至8月9日进行了第一次带料试运行，又于2017年7月25日至10月22日进行了第二次带料试运行，但系统无法实现独立满负荷运行。2019年4月30日，北京富通公司和窑街煤电公司共同组织以金某院士为组长的专家团队对案涉项目运行情况和改造技术方案进行了评审。该专家团队评审意见认为：现场原料实际指标低于设计值是导致自产煤气热值低，系统无法实现独立满负荷运行的关键因素。北京富通公司认为窑街煤电公司提供的原料不符合技术协议第3.9条约定的原料参数指标是导致案涉项目未能通过达产达标测试和总体竣工验收的根本原因，其责任应当全部归于窑街煤电公司。

窑街煤电公司认为案涉项目为设计—采购—施工项目，北京富通公司应当提供设计、采购、施工、试运行服务等工作，并对承包工程的质量、安全、工期、造价全面负责，并最终向窑街煤电公司提交一个满足使用功能、具备使用条件的工程项目。因案涉项目至今未能通过竣工验收，按照合同的约定付款条件尚未成就，北京富通公司无权主张工程价款。

法院裁判理由与结果：

兰州市中级人民法院认为，原料参数指标系窑街煤电公司所提供。原料参数指标的设定即意味着案涉项目应当处理符合什么条件的原料。案涉项目未能通过达产达标测试和总体竣工验收的责任在于窑街煤电公司。原料是否符合技术协议约定的原料参数指标，其举证责任在于窑街煤电公司，窑街煤电公司有义务证明原料参数指标符合技术协议约定的标准。窑街煤电公司既无证据证明原料参数指标符合技术协议约定的标准，也不同意鉴定，依法应当承担不利后果。《窑街煤电集团有限公司油页岩炼油项目二期工程改造技术方案专家评审会评审意见》认为：现场原料实际指标低于设计值是导致自产煤气热值低，系统无法实现独立满负荷运行的关键因素。北京富通公司主张窑街煤电公司提供的原料不符合技术协议的要求是案涉工程项目无法通过总体竣工验收的原因，窑街煤电公司对此应当承担全部责任。该评审会签到表中除有专家签名外，还有原被告双方人员的签字，该专家评审意见系由原被告双方共同委托的，对双方均具有约束力，因此，北京富通公司的主张于法有据，窑街煤电公司提供的原料不达标导致系统无法实现独立满负荷运行，应当承担全部责任。

案例二：八冶建设集团有限公司、中核动力设备有限公司建设工程施工合同纠纷案

案号：（2022）甘09民终1300号

审理法院：甘肃省酒泉市中级人民法院

裁判要旨：

在建设施工过程中，相关图纸、设计、工程量及工程费用的变更应当有完整

的证据链予以证实，一方主张案涉工程发生了图纸变更和设计变更，存在合同施工范围之外的增量工程，对此应举证证明，否则应承受举证不能的后果。

基本案情：

2017 年 12 月 14 日，原告中核动力设备有限公司与第三人甘肃电投常乐发电有限责任公司（以下简称常乐公司）签订了编号为 CPGC－201711－0101－044 的《甘肃电投常乐发电有限责任公司 4×1000MW（1 号、2 号机组）工程启动锅炉设备买卖合同》（以下简称《启动锅炉设备买卖合同》）。该合同签订后，原告在征得第三人常乐公司的同意后又将《启动锅炉设备买卖合同》项下的锅炉房及设备基础土建施工工程分包给了被告八冶建设集团有限公司（以下简称八冶公司）。2018 年 3 月 27 日，原告（甲方）与被告（乙方）签订了合同编号为 CLDC－BY－2018001《甘肃电投常乐电厂 4×1000MW（1 号、2 号机组）启动锅炉工程建设工程施工合同》。2019 年 4 月 9 日，原告与被告签订了协议编号为 ZHDL－LZF－2019－008－WB（TJ）－GL《安全文明施工补充协议》。该补充协议主要约定：一、合同造价中安全文明施工费的计算：1. 设计—采购—施工工程总承包合同安全文明施工费计算基础为 2600 万元，计算安全文明费为 78 万元；2. 甲乙双方签订合同价款 565 万元，计算安全文明施工费用为 15.3 万元；3. 设计—采购—施工工程总承包合同与土建合同之间安全文明施工费差 62.7 万元……审理中，原告申请对未完成工程量造价进行鉴定，被告则申请对变更、新增的工程量造价进行鉴定，并申请对其认可的未完工的 19 项工程造价进行鉴定以及申请对被告不认可的 31 项工程是否属于被告施工范围及工程量和造价进行鉴定。

法院裁判理由与结果：

酒泉市中级人民法院认为，《民事诉讼法》第六十七条第一款规定，当事人对自己提出的主张，有责任提供证据。最高人民法院《关于适用〈中华人民共和国民事诉讼法〉的解释》第九十条规定，当事人对自己提出的诉讼请求所依据的事实或者反驳对方诉讼请求所依据的事实，应当提供证据加以证明，但法律另有规定的除外。作出判决前，当事人未能提供证据或者证据不足以证明其事实主张的，由负有举证证明责任的当事人承担不利的后果。该案中，上诉人八冶公司主张案涉工程发生了图纸变更和设计变更，存在合同施工范围之外的增量工程，对此上诉人应举证证明。在双方均未提供互相认可的施工图纸，就目前所举证据的情况下，应依据高度盖然性的判断标准认定上诉人提交的电子版施工内容和施工蓝图的证明力。该院认为，在建设施工过程中，相关图纸、设计、工程量及工程费用的变更应当有完整的证据链予以证实。在该案中，双方无论是关于增加450,000元安全文明施工费，还是增加360,000元的零星工程费用，都签订有书面补充协议来明确变更或增加的具体内容，而上诉人通过邮箱发送给被上诉人的电子版施工内容和施工蓝图，被上诉人未明确进行确认，双方也未对此进行后续协商并签订相关变更协议或变更签证单，上诉人亦未能提交其他充分证据证实案涉工程存在设计、图纸变更及施工工程量增加的事实。因此，上诉人关于工程存在变更增量，要求增加工程价款的主张缺乏充分证据证实，该院不予支持，一审判决驳回上诉人八冶公司的反诉请求正确，该院予以维持。

（二）工程项目采购的法律风险与防范

【风险点解析】

工程总承包项目存在设备材料种类多、需求量大、供应商多，且采购周期长、形式多样、涉及地域广泛等特点，增加了采购管理难度及风险。

1. 管理风险

基于工程总承包管理模式的优势，项目业主方将工程总承包项目设计、采购以及施工等各个环节全过程全权承包给工程总承包单位，与其签订工程总承包合同，再由项目的总包单位与各个分承包商签订相关合同。工程总承包单位行使管理的权利与义务，对项目的业主方负有一定的责任，项目总承包商需要严格依照合同的具体要求，对工程各相关方进行妥善的协调，以实现整体的项目目标，否则对于下游供应商的违约行为导致的质量、工期责任，总包单位可能面临发包人索赔的风险。

2. 自然风险

自然风险指自然界中力的不规则变动导致的地质灾害、气象灾害、洪水灾害及海洋灾害等，如暴风、暴雨、山洪、寒潮、高温、地震、泥石流、山体滑坡、海啸、赤潮等。工程总承包项目通常规模较大，建设周期长，其间发生自然风险的可能性不可忽略，另外采购活动通常在多个采购地进行，跨度较大，不同地域发生自然风险的可能性也不可忽略。

3. 采购合同效力风险

在工程总承包项目中，有任一项属于依法必须进行招标的项目范围且达到国家规定规模标准的，应当采用招标的方式选择工程总承包单位。然而在实践中，受传统施工总承包思维的影响，存在发包单位将已发包给工程总承包单位的采购项目另行发包给第三方的情形，进而导致同材料商签订的合同无效。

4. 材料上涨导致成本增加的风险

工程总承包项目周期长，钢材、木材、混凝土等材料费、人工费的快速上涨给工程总承包单位经营带来巨大的成本压力。在项目实施过程中如遇到材料费、人工费大幅上涨，如处理不善，极有可能给工程总承包单位带来不必要的成本损失，甚至造成项目亏损，严重影响企业的正常经营。

【防范措施】

1. 做好市场调研工作

在工程总承包项目开展过程中，工程总承包单位需要承担比较大的成本风险。因此在项目开展前，成本管理人员还需要做好市场调研工作，对项目周边的环境进行详细的勘察，还需要对项目建设中成本风险因素进行及时的识别与处理。通过对预见性的成本进行评估的方式，明确合同中一些潜在的成本费用，从而采取相应措施进行施工成本控制。总承包商的成本管理人员还要在项目施工前做好调研结果的分析与评估工作，明确合同风险，为后续成本管理工作奠定良好的基础。

2. 采购风险管理

首先，采购过程中对于本身风险过高的产品，总承包商可寻购长期合作的供应商以保证质量；另外重要的产品购入时，也可对供应商进行实地勘察、考核、跟进等，以确保设备购入的标准化。其次，当发生材料费大幅上涨等事件时，总包单位应当及时依据合同约定提出调整价款的申请，如双方对价款调整事宜未有约定，可以通过达成补充协议的形式确定价格调整事宜，不能达成补充协议的，按照合同有关条款或者交易习惯确定，主张调整价款。

3. 采购招投标管理

工程总承包单位需做好采购项目的招投标工作，尤其是政府采购项目中，对于属于必须招标项目范围的，依法开展招投标工作，采用招标的方式选择材料商，做好项目开展过程中的合规管理工作，避免合同无效风险。

【相关规定链接】

《房屋建筑和市政基础设施项目工程总承包管理办法》（建市规〔2019〕12号）

第二十一条　工程总承包单位可以采用直接发包的方式进行分包。但以暂估价形式包括在总承包范围内的工程、货物、服务分包时，属于依法必须进行招标的项目范围且达到国家规定规模标准的，应当依法招标。

《建设项目工程总承包合同（示范文本）》（GF－2020－0216）

15.2.1　承包人违约的情形

除专用合同条件另有约定外，在履行合同过程中发生的下列情况之一的，属于承包人违约：

……

（3）承包人违反约定采购和使用不合格材料或工程设备。

【典型案例】

案例：大连华峰发展公司、抗美援朝纪念馆买卖合同纠纷案

案号：（2019）辽06民终1769号

审理法院：辽宁省丹东市中级人民法院

裁判要旨：

《招标投标法》第九条第一款规定，招标项目按照国家有关规定需要履行项目审批手续的，应当先履行审批手续，取得批准。污水一体化设备采购属于总承包工程范围内的给排水分项工程内设备采购，总承包工程已经依法对外招标，设备采购是总承包单位的业务范围，应当由总承包单位中建八局进行采购，不应由建设单位抗美援朝纪念馆再另行招标，招标主体错误。招标活动违反了国家及辽宁省关于招标和政府采购的强行性规定，建设单位与材料商签订的采购合同无效。

基本案情：

2015年3月2日，辽宁省发展和改革委员会以辽发改社会〔2015〕136号文件下发《省发改委关于抗美援朝纪念馆改扩建项目建议书》的批复，同意抗美援朝纪念馆改扩建项目建议书，资金来源为中央、省、市专项资金。依据招投标文件，抗美援朝纪念馆改扩建项目中标总承包单位为中建八局。项目的招标范围包括总承包项目和专业承包工程，项目的最高投标限价为137,789,636元，中标价

格为1.165亿元，该案设备采购包括在给排水项目中，该项目包括在中建八局已经中标的范围内。

2016年11月17日，由抗美援朝纪念馆向大连华峰发展公司下达《关于确定中标单位结果的通知》，确定大连华峰发展公司通过投标被确定为抗美援朝纪念馆改扩建项目污水一体化提升泵站设备采购的中标单位，中标金额为753,624元。2016年12月1日，大连华峰发展公司与抗美援朝纪念馆签订合同编号为（2016）KG－SBCG－002号抗美援朝纪念馆改扩建项目污水一体化提升泵站设备采购合同书。

案涉合同签订后，抗美援朝纪念馆没有按照合同约定向大连华峰发展公司支付总额30%预付款。大连华峰发展公司催要未果，遂诉至法院要求抗美援朝纪念馆支付货款。

法院裁判理由与结果：

丹东市中级人民法院认为，关于抗美援朝纪念馆与大连华峰发展公司签订的设备采购合同是否有效。其一，《招标投标法》第九条第一款规定，“招标项目按照国家有关规定需要履行项目审批手续的，应当先履行审批手续，取得批准”。该案中，抗美援朝纪念馆改扩建项目已经过招投标程序，确定总承包单位为中建八局。该工程施工总承包招标文件中已将污水提升一体化设备列入排水工程范围内。在该案现有证据无法证明污水提升一体化设备的采购经过相关手续审批的情况下，抗美援朝纪念馆又将该设备的采购单独对外招投标不符合上述法律规定。其二，《政府采购法》第十条第一款规定，政府采购应当采购本国货物、工程和服务。抗美援朝纪念馆系丹东市政府全额拨款单位，案涉抗美援朝纪念馆扩建项目的资金来源为中央、省、市专项资金，故根据上述法律规定，案涉工程所采购设备应为本国设备。而该案中，大连华峰发展公司在其一审提供的证据中载明案涉采购合同中的污水一体化提升设备为丹麦格兰富进口设备。虽然大连华峰发展公司二审对此予以否认并主张该设备系在国内生产，但其提供的证据中所载设备型号与案涉采购合同中设备型号并不一致，故现有证据无法证实案涉采购合同中的污水提升一体化设备为本国产品。所以，案涉采购合同中所买卖的设备并不符合上述法律规定。其三，从案涉采购合同签订过程来看，此次关于污水提升一体化设备的招投标并未取得政府预算批准，该设备的招标过程也未设定标底，导致案涉采购合同的价格明显高于事后政府财审价格。综合以上三点，法院认为因案涉采购合同违反国家法律、行政法规的效力性强制性规定，该采购合同应为无效。故大连华峰发展公司提出案涉采购合同有效的上诉主张不能成立，其要求抗美援朝纪念馆给付货款接收货物的主张亦不能成立。

（三）中标后主体变更的法律风险与防范

【风险点解析】

工程总承包项目因其性质与规模，发包人大多时候通过招投标程序确定工程总承包人。但实践操作中，经过法定招投标程序的工程总承包合同主体，或因改制等原因主体发生变更，或因其他原因将中标工程交给自己的全资子公司实际承包施工，此时工程总承包合同有可能面临无效的风险，而合同主体也将因此遭受意想不到的损失。

【防范措施】

经过招投标程序的工程中标后，主体发生变更是否需要重新招标的问题，《招标投标法》与《招标投标法实施条例》没有明确规定。与此同时，主体的变更是否属于《招标投标法》第四十六条“招标人和中标人不得再行订立背离合同实质性内容的其他协议”的范畴同样存在争议。主体变更不仅仅因为债权债务的转移，还包括合并、分立、破产清算、重组、改制等多种情形。从合同当事人风险防范的角度，可将主体变更的情形（如合并、分立、改制等）写入招标文件中，并明确约定此时无须重新招标，由新主体承继合同权利义务将更符合法律规定。

【相关规定链接】

《民法典》

第四百六十四条　合同是民事主体之间设立、变更、终止民事法律关系的协议。

第五百四十三条　当事人协商一致，可以变更合同。

《招标投标法（2017 年修正）》

第四十六条　招标人和中标人应当自中标通知书发出之日起三十日内，按照招标文件和中标人的投标文件订立书面合同。招标人和中标人不得再行订立背离合同实质性内容的其他协议。

招标文件要求中标人提交履约保证金的，中标人应当提交。

【典型案例】

案例：瑞丽云投康建投资管理有限公司、上海现代建筑设计（集团）有限公司建设工程施工合同纠纷案

案号：（2018）云民终 646 号

审理法院：云南省高级人民法院

裁判要旨：

涉案工程系发包人瑞丽云投康建投资管理有限公司（以下简称瑞丽云投公司）通过招投标程序确定了由上海现代建筑设计（集团）有限公司（以下简称上海集团公司）作为中标人进行施工。后因上海集团公司整体改制上市，上海集团公司告知其将涉案工程所涉权利义务转至其全资子公司华东设计公司以及华东设计公司的全资子公司上海建设公司。其后瑞丽云投公司与上海建设公司之间形成事实合同关系，但该合同关系因未经法定招投标程序而无效。因双方对合同无效均有过错，案涉工程停工、窝工、合同终止损失和后期现场看护发生费用由双方各承担 50%。

基本案情：

2012 年 8 月，原告（反诉被告）瑞丽云投公司发出《瑞丽国际医院项目医院部分 EPC 工程总承包招标文件》，招标范围：“本次招标范围为瑞丽国际医院项目医院部分 EPC 工程总承包，包括设计部分、采购部分、施工部分、试运行考核部分及配合竣工验收等工作内容”。2012 年 10 月 24 日，经公开招投标，被告（反诉第三人）上海集团公司中标了原告（反诉被告）瑞丽云投公司招标的瑞丽国际医院项目医院部分 EPC 工程。2012 年 10 月 26 日，上海集团公司进场开工建设及相应的设计工作。2013 年 4 月 1 日，本案所涉工程停工。2014 年 8 月 8 日上海集团公司、上海建设公司、华东设计公司联合向瑞丽云投公司发出编号：【30－131】《告知函》，告知：由于上海集团公司整体改制上市，目前上海集团公司履行业务合同相关的资产、资质和人员已由华东院承继，华东院决策管理层由现代设计集团决策管理层兼任，为项目工程服务的团队成员也均已由现代设计集团平移至华东院（其中现代设计集团履行工程总承包业务相关的资产、资质和人员已由现代建设咨询承继）。本着为我双方长远、良好合作的愿望，并为保障贵司在此项目的权益，现代设计集团拟自 2013 年起将此项目的权利和义务转移给华东院及现代建设咨询，由华东院及现代建设咨询继续履行此项目的权利

和义务并承担此项目的全部责任。2014 年 8 月 19 日、2015 年 2 月 12 日，瑞丽云投公司与上海建设公司分别签订两份《协议书》，约定“2012 年 10 月乙方通过招标中标取得甲方‘瑞丽国际医院’项目总承包权。由于各种原因未能签署瑞丽国际医院项目 EPC 总承包合同……”并约定瑞丽云投公司向上海建设公司支付工程预付款 1500 万元。2016 年 6 月 17 日，瑞丽云投公司经云南省昆明市国正公证处公证向上海集团公司、上海建设公司、华东设计公司分别发出《解除合同通知书》。2016 年 9 月 26 日，上海建设公司反诉要求瑞丽云投支付已完工程款、设计费，以及自 2012 年 10 月 26 日进场施工至项目退场期间的停工、窝工、合同终止损失和后期现场看护发生的费用。华东设计公司系上海集团公司下属全资子公司，上海建设公司系被告华东设计公司全资子公司。上海建设公司具有房屋建筑工程施工总承包一级资质和建筑行业（建筑工程）甲级设计资质。华东设计公司则具有建筑行业（建筑工程）甲级设计资质；上海建设公司已完成现场前期所有工作，需等待建设单位确认设计图纸后继续施工，涉案工程停工闲置并导致工程项目用地被政府收回是瑞丽云投公司自己的原因。

法院裁判理由与结果：

一审法院云南省德宏傣族景颇族自治州中级人民法院认为，该案所涉工程是经公开招投标中标，虽然双方未签订书面的《瑞丽国际医院项目医院部分 EPC 工程总承包合同》，但瑞丽云投公司已支付部分工程预付款，上海建设公司也进行了开工建设和部分设计工作，双方以自己的实际履行行为形成瑞丽国际医院项目医院部分设计—采购—施工工程总承包合同的法律关系，系有效合同。该案中，上海建设公司已依约进场施工并开展相应的设计工作，而从双方签字确认的 2014 年 7 月 24 日编号为 XDRLGJYY - QZ - 010、XDRLGJYY - QZ - 011 等《工程现场签证单》，以及 2013 年 11 月 4 日的《关于停止项目基坑抽水事宜专题办公会议纪要》、2013 年 11 月 14 日的《业务联系单回复函》等材料的内容看，上海建设公司已完成现场前期所有工作，需等待建设单位确认设计图纸后继续施工，因此，涉案工程停工闲置，并导致工程项目用地被政府收回是瑞丽云投公司自己的原因造成的。对于停工损失，因该损失系瑞丽云投造成，应由其承担。

二审法院云南省高级人民法院认为，案涉工程总承包项目最初由上海集团公司中标，其后上海集团公司因改制原因将案涉工程权利义务转至其全资子公司华东设计公司以及华东设计公司的全资子公司上海建设公司，但该转让并未得到瑞丽云投公司书面同意。其后瑞丽云投公司与上海建设公司形成事实上的施工合同关系，但该施工合同属于依法必须招标工程，而双方当事人未经法定招标投标程序建立的事实上的建设工程施工合同违反了国家法律法规的强制性、禁止性规定而无效。因瑞丽云投公司与上海建设公司均有责任，根据《合同法》第五十八条“合同无效或者被撤销后，因该合同取得的财产，应当予以返还；不能返还或者没有必要返还的，应当折价补偿。有过错的一方应当赔偿对方因此所受到的损失，双方都有过错的，应当各自承担相应的责任”之规定，依法确定由瑞丽云投公司和上海建设公司各自承担停工损失的50%。

（四）工期延误的法律风险与防范

工期延误是建筑企业在工程总承包项目实施过程中的常见问题，也是建设单位在面对建筑企业主张工程款时最重要的反制措施。

【风险点解析】

1. 发包人未按时发出开始工作通知的风险与防范

根据《建设项目工程总承包合同（示范文本）》第二部分通用合同条件第2.4.1条规定，发包人在履行合同过程中应遵守法律，并办理法律规定或合同约定由其办理的许可、批准或备案，包括但不限于建设用地规划许可证、建设工程规划许可证、建设工程施工许可证等许可和批准。经发包人同意后，工程师应提前7天向承包人发出经发包人签认的开始工作通知，工期自开始工作通知中载明的开始工作日期起算。合同签订后，承包人会按照合同约定组织人员、材料、机械等事项做好开工准备。如因发包人原因而未能按照约定按时发出开工通知，承包人必然会面临推迟开工期间的费用损失以及后续不能按时竣工的工期责任，从而导致承包人成本及其他损失增加。

2. 停工的风险与防范

在工程总承包项目施工中，停工现象较为常见，究其原因主要分为因发包人原因如工程量增加、未及时支付工程款等导致停工；因承包人原因如人员、材料、机械准备不足、安全事故、质量问题等导致停工；因其他原因如不可抗力、政府行为等导致停工。当发生停工时，尤其是非因承包人原因停工时，如果承包人未及时做好防范及止损措施，可能承担相应的停工损失以及工期延误的风险。

【防范措施】

为避免工期延误的风险，工程总承包单位应当：

1. 依据项目实际情况制定施工组织设计和工程进度计划，并严格落实，避免因自身的原因造成工期延误，如果已经出现工期延误，则在后续的施工过程中应当科学合理地安排赶工，抢回工期。

2. 在项目实施阶段，在确保工程质量的前提下，总承包单位应协调好勘察、设计、采购、施工等各方主体的关系，确保互相配合，工程衔接顺利，加快施工进度，缩短工期。

3. 在项目开展过程中，一旦出现合同约定或法律规定的可顺延工期的事项，总承包单位应当及时按照合同约定的时间和程序以书面形式申请工期顺延，避免逾期造成权利的灭失。申请应当载明工期顺延的事由、依据以及顺延的天数，尤其是顺延的天数，极易被总包单位忽视，在后续的司法程序中又难以认定而给总包单位带来巨大损失。与此同时，总包单位应当及时书面告知发包人或指定代表，收集、固定暂停和恢复施工的证据材料，主张停工、窝工等损失及工期索赔并固定好将工期顺延申请送达发包人或监理人的相关证据，以对抗其可能作出的未收到工期顺延申请的抗辩。

【相关规定链接】

《民法典》

第八百零三条　发包人未按照约定的时间和要求提供原材料、设备、场地、资金、技术资料的，承包人可以顺延工程日期，并有权请求赔偿停工、窝工等损失。

第八百零四条　因发包人的原因致使工程中途停建、缓建的，发包人应当采取措施弥补或者减少损失，赔偿承包人因此造成的停工、窝工、倒运、机械设备调迁、材料和构件积压等损失和实际费用。

最高人民法院《关于审理建设工程施工合同纠纷案件适用法律问题的解释（一）》（法释〔2020〕25号）

第十条　当事人约定顺延工期应当经发包人或者监理人以签证等方式确认，承包人虽未取得工期顺延的确认，但能够证明在合同约定的期限内向发包人或者监理人申请过工期顺延且顺延事由符合合同约定，承包人以此为由主张工期顺延的，人民法院应予支持。

当事人约定承包人未在约定期限内提出工期顺延申请视为工期不顺延的，按照约定处理，但发包人在约定期限后同意工期顺延或者承包人提出合理抗辩的除外。

《建设项目工程总承包合同（示范文本）》（GF－2020－0216）

13.3.4 变更引起的工期调整

因变更引起工期变化的，合同当事人均可要求调整合同工期，由合同当事人按照第3.6款［商定或确定］并参考工程所在地的工期定额标准确定增减工期天数。

【典型案例】

案例一：东辰控股集团有限公司与中建安装工程有限公司建设工程施工合同纠纷案

案号：（2018）最高法民终1240号

审理法院：最高人民法院

裁判要旨：

设计—采购—施工工程总承包中，约定承包人负责设计、采购、施工交钥匙总承包，出现工期延误情形，若发包人未尽到相应的协调配合义务，发包人应对自身原因造成的工期延误损失部分承担相应的责任。

基本案情：

2011年2月16日，东辰控股集团有限公司（以下简称东辰控股公司）与中建安装工程有限公司（以下简称中建安装公司）签订《20万吨/年芳烃联合装置项目设计、采购、施工总承包合同》，主要内容为：第一部分合同协议书。一、东辰控股公司将20万吨/年芳烃联合装置项目的设计、采购、施工总承包工作交中建安装公司实施，即设计、采购、施工（EPC）交钥匙总承包。承包商的工作范围应包括设计—采购—施工阶段的详细工程设计、总承包管理、设备材料采购服务、采购、材料和设备供货；制造、安装、施工、单机试车至中间交接；在联动试车、投料试车和开车工程中给业主提供技术、人力支持，确保开车成功，以及所有合同规定的事项，并对承包工程的质量、安全、工期全面负责，最终向业主提交一个满足使用功能、具备使用条件的工程项目。合同第16.2条延误工期赔偿金条款约定，由于承包商的原因而未能满足批准的进度计划要求，承包商应按每拖延一天向业主支付合同价款（不含业主采购的设备材料费）1/10000的延误违约赔偿金。延误工期违约赔偿金的总额不超过合同价款（不含业主采购的设备材料费）的2.5%。业主原因造成的工期延期，停、窝工补偿执行：每拖延一天业主向承包方支付合同价款1/10000的延误违约赔偿金。延误工期违约赔偿金的总额不超过合同价款的2.5%。如果承包商在合同第12.2条约定的付款时间后14天还未收到付款，每延误一天业主向承包商支付合同价款1/10000的迟延付款的补偿。延误付款的赔偿金的总额不超过合同价款的2.5%。

合同签订后，中建安装公司于2011年5月27日开始施工，约定工期为14个月，中建安装公司应当于2012年7月26日前完工。根据查明的事实，案涉项目的保温工程于2013年5月19日完成中间交接，其余工程于2012年11月完成中间交接，均晚于合同约定时间，东辰控股公司向中建安装公司主张工期违约责任赔偿。

法院裁判理由与结果：

最高人民法院认为，关于竣工迟延的责任问题。首先，根据中建安装公司提交的《工程联络单》《设计变更通知》，可以认定案涉工程存在大量设计变更且其中很多系东辰控股公司提出并要求中建安装公司执行。其次，2012年2月、4月的多份《工程联络单》显示由东辰控股公司负责采购的三机组相关设备迟延进场，影响了工程进度。最后，东辰控股公司在2012年9月24日尾号为2404的《工程联络单》中明确，208单元部分设备设计没有保温，根据生产实际需要，其决定增加保温工程施工，其并在2012年12月5日、2013年1月25日的《工程联络单》上继续要求中建安装公司增加保温设备。由此可见，作为发包方的东辰控股公司对导致案涉工程竣工迟延确有责任。一审法院综合以上因素，以及东辰控股公司在案涉工程竣工后长达三年多时间内一直未要求中建安装公司承担逾期竣工违约责任，直到2017年11月该案诉讼发生后才以反诉方式提出该项请求，对东辰控股公司的该项诉讼请求不予支持，并无不当。

案例二：山东瑞拓球团工程技术有限公司与陕西阳山庄钢铁炉料有限公司建设工程合同纠纷案

案号：（2021）最高法民申2492号

审理法院：最高人民法院

裁判要旨：

承包人经发包人同意已经实际进场施工的，以实际进场施工时间为开工日期。基于公平原则和诚实信用原则，工期延误损失的计算终点（工期终点）为热负荷试车成功之日，而非工程移交之日。

基本案情：

2011年年初，陕西省渭南市韩城市华晟钢铁炉料有限公司（以下简称华晟钢铁炉料公司）投资建设2×60万吨/年氧化球团一期工程项目。该项目已由韩城市经济发展局项目备案、韩城市国土资源局用地预审、韩城市住房和城乡建设局建设用地定点批复，但未办理建设用地规划许可证、建设工程规划许可证及施工许可证。为承揽该项工程，山东瑞拓球团工程技术有限公司（以下简称山东瑞拓公司）借用山西省冶金设计院资质证书号参与工程招投标。经招投标程序，2011年4月26日，华晟钢铁炉料公司与山东瑞拓公司签订了2×60万吨/年球团一期项目《工程总承包合同》。合同约定：华晟钢铁炉料公司为发包方，山东瑞拓公司为总承包方，工程总承包费1.03亿元，其中300万元为达产达标费；山东瑞拓公司总承包范围为工程设计及工程建设，包括工程设计、设备采购、监制运输、建筑工程（不含桩基）、安装工程、调试、试生产、达产达标、人员培训、技术服务等；总工期10个月，工程建设260天，自现场“三通一平”、桩基处理完成交付承包方日期作为工程建设开工日期，以热负荷联动试车验收通过为竣工日；在满足施工的前提下，工期每延期一天，山东瑞拓公司承担每天2万元的迟延交工违约金。

合同签订后，华晟钢铁炉料公司根据合同约定进行桩基工程施工。9月23日，双方就工程进度、时间节点、双方工程衔接、进度款等进行协商。由于村民阻挡施工，桩基工程延缓。2011年10月25日，华晟钢铁炉料公司将造球室地基交付山东瑞拓公司开始土建施工。2011年10月30日，华晟钢铁炉料公司变更为陕西阳山庄钢铁炉料有限公司（以下简称阳山庄钢铁炉料公司）。

施工期间，由于村民阻挡施工、停电，导致多次停工。同时，由于付款不及时、受设备到场不及时、图纸设计变更、钢铁市场不景气等因素影响，整体工程进展缓慢。山东瑞拓公司虽多次承诺加快工程进度，并自愿承担较高的违约金，但仍未能在约定的260日内完工。2014年12月3日，阳山庄钢铁炉料公司、山东瑞拓公司进行主控室交接，2014年12月8日进行PLC图纸交接，2014年12月17日进行工程热负荷联动试车，生产线投产运行。双方未进行工程竣工验收，也未就生产线是否达产达标进行验收确认。

自2011年10月25日交付山东瑞拓公司土建施工至2014年12月17日生产线热负荷联动试车，山东瑞拓公司共计施工1149天，工程逾期交付821天，造成经济损失为1642万元。因村民阻挡施工、停电停工等原因，山东瑞拓公司误工3410个，施工机械停工，造成经济损失40万元。一审法院审理判决：一、阳山庄钢铁炉料公司与山东瑞拓公司2011年4月26日签订的《工程总承包合同》为无效合同；二、山东瑞拓公司赔偿阳山庄钢铁炉料公司经济损失821万元。后山东瑞拓公司不服，向陕西省高级人民法院提起上诉，经二审法院审理判决驳回上诉，维持原判。再后，山东瑞拓公司向最高人民法院提起再审。

法院裁判理由与结果：

最高人民法院认为，关于原审法院在认定阳山庄钢铁炉料公司经济损失时所依据的工期起算点、终点和工期时长是否正确的问题。首先，关于工程起算点，根据最高人民法院《关于审理建设工程施工合同纠纷案件适用法律问题的解释(二)》（已失效）第五条，当事人对建设工程开工日期有争议的，人民法院应当分别按照以下情形予以认定：……承包人经发包人同意已经实际进场施工的，以实际进场施工时间为开工日期。因此原审法院以山东瑞拓公司实际进场施工日期作为工期起算点，并无不当。其次，关于工期终点，山东瑞拓公司主张，阳山庄钢铁炉料公司在一审的诉讼请求中主张工期违约的终点是2014年11月8日，原审法院却以2014年12月17日作为终点，超出了阳山庄钢铁炉料公司的请求范围，且在2014年12月3日。双方就主控室进行了交接，阳山庄钢铁炉料公司实际控制案涉工程，却于2014年12月17日启动热负荷试车，责任不应由山东瑞拓公司承担。经查，阳山庄钢铁炉料公司在一审中提出的诉讼请求是判令山东瑞拓公司承担迟延交付工期的违约金16, 820, 000元，山东瑞拓公司依约应承担每天20, 000元违约金（从2012年7月17日至2014年11月8日，迟延工期841天）。从阳山庄钢铁炉料公司提起该案诉讼的目的来看，其意思表示是以案涉合同有效且山东瑞拓公司支付16, 820, 000元的违约金为前提的，由于一审、二审法院认定案涉合同因山东瑞拓公司未取得建筑施工企业资质、阳山庄钢铁炉料公司未办理建设用地规划许可证、建设工程规划许可证而无效，阳山庄钢铁炉料公司前述的意思表示即无基础，原审法院基于公平原则和诚实信用原则，认定工期延误损失的计算终点为热负荷试车成功之日，并在阳山庄钢铁炉料公司主张的数额范围之内作出判决，并未超出诉讼请求。原审法院对此认定正确，并无不当。最后，关于工期时长，山东瑞拓公司主张根据合同第六条约定，合同签订生效后，总工期为 10 个月，其中工程建设 260 天。可见，工程建设结束后，合同规定了 40 天的试车期，热负荷联动试车验收通过之日为工程竣工之日，而不是工程建设结束之日，原审法院以 260 天的工程建设期作为工期时长，显然是错误的。法院认为，工期 10 个月是预计划的框架范畴，其中包括 260 天的工程建设期以及 40 天试车期，结合山东瑞拓公司于 2012 年 11 月 22 日出具的承诺书，原审法院以 260 天的工程建设期作为工期时长，亦无不妥。

（五）实施阶段工程价款支付的法律风险与防范

【风险点解析】

1. 发包人不按约支付工程进度款的风险

在工程总承包项目管理过程中，工程进度款的及时支付对于总承包单位而言至关重要，如发包人未能按照合同约定的时间、约定的方式支付工程进度款，将直接加大总承包单位的垫资压力和商业负担风险，亦有可能致使总承包单位发生拖欠分包单位或材料供应商款项以及民工工资的情形，直至影响到工程的质量、安全和工期，甚至可能引发群体性事件。

2. 工程款支付方式的风险

工程总承包项目周期长、金额大，发包人为了减轻自身流动资金压力，往往会采用商票支付方式给付工程款。商票支付的风险主要有：首先是无法兑付的风险，如商票到期后由于发包方原因未予兑付，总承包单位就要承担巨大风险，包括但不限于被其下游公司追索票据债务的风险。其次，丧失优先受偿权的风险。工程开展过程中，发包方以商业承兑汇票支付工程进度款，由于商票本身存在一定的付款期限，支付周期较长，存在超过优先受偿权行使期限的风险。最后，可能存在因商票提示付款不及时或者诉讼不及时导致逾期失权（票据权利）的风险。

此外，发包人为了缓解自身付款压力，在支付进度款或工程款的过程中采取“以房抵工程款”的方式支付，总承包单位在持有以房抵工程款协议兑现工程款的过程中，作为不了解开发销售市场情况的建筑公司，可能面临兑现工程款的过程中遭遇发包人将抵顶房屋另行出售、以抵押房屋抵顶工程款、发包人的其他债权人司法查封房屋等情形，成为总承包单位不可预见的最大风险，且还将面临再次诉请享有工程价款优先受偿权，已经超过行使优先受偿权权利行使期间的问题。

【防范措施】

1. 首先，工程总承包单位在承揽项目之前，应当对建设单位的资金能力、企业信誉等进行尽职调查，评估建设单位违约风险。其次，双方在缔结合同过程中，应当明确发包人不按约支付工程进度款的违约责任，同时设置总承包单位暂停施工或解除合同的权利。最后，如发包人未按约支付工程进度款，总承包单位应根据合同约定，通过书面发函等形式催讨，并做好相应的工程签证或索赔工作，在符合条件时，应及时行使工程价款优先受偿权。

2. 在工程款债权到期后，若开发商无法以金钱偿还债务，总承包单位应注意进行核查，确认其不存在抵押、查封等权利瑕疵和瑕疵负担，并要求开发商在以房抵债协议中作出不动产不存在权利瑕疵、权利负担的保证，同时约定违反该等保证的惩罚措施，为可能发生的争议争取更多“抓手”。此外，对于预售房屋的情形，还应注意核查开发商已取得商品房预售许可证明。在以房抵债协议条款方面，特别注意不能出现“本协议签订后，原工程款债权即告消灭”的意思表示，这样以房抵债行为将仅仅是另行增加一种清偿债务的履行方式，而非原工程款之金钱给付债务的消灭。

3. 对于商票支付，若合同中对于商票约定不明确，即未约定商票的支付方式，工程总承包单可以拒绝，抑或约定的出票人、承兑人非建设单位，而为资信较差的企业，工程总承包单位也有权不接受商票，要求发包方直接支付工程款。或者，有条件接受商票支付，即要求对方提供担保。当发包方提出以商票支付工程款情形，总承包单位首先应对发包方的资信情况进行核实，若发现存在资信不良时，应及时提出要求发包方提供担保或者要求第三人担保，以此来确保商票可以承兑或者可以通过其他方式回收工程款。

【相关规定链接】

《民法典》

第八百零七条　发包人未按照约定支付价款的，承包人可以催告发包人在合理期限内支付价款。发包人逾期不支付的，除根据建设工程的性质不宜折价、拍卖外，承包人可以与发包人协议将该工程折价，也可以请求人民法院将该工程依法拍卖。建设工程的价款就该工程折价或者拍卖的价款优先受偿。

最高人民法院《关于审理建设工程施工合同纠纷案件适用法律问题的解释（一）》（法释〔2020〕25号）

第三十五条　与发包人订立建设工程施工合同的承包人，依据民法典第八百零七条的规定请求其承建工程的价款就工程折价或者拍卖的价款优先受偿的，人民法院应予支持。

第四十一条　承包人应当在合理期限内行使建设工程价款优先受偿权，但最长不得超过十八个月，自发包人应当给付建设工程价款之日起算。

【典型案例】

案例一：南京圣火环境科技有限公司、贵州鑫晟煤化工有限公司建设工程施工合同纠纷案

案号：（2018）最高法民终239号

审理法院：最高人民法院

裁判要旨：

双方在工程总承包合同履行后签订《终止协议》，约定进入“工程后期结算”，该约定有效，如一方不仅已开展工程结算，而且业已开展审计工作，则工程总承包单位不得再以结算前的暂估总额要求发包人支付工程进度款。

基本案情：

南京圣火环境科技有限公司（以下简称圣火公司）与贵州鑫晟煤化工有限公司（以下简称鑫晟公司）签订了一份日期为2009年9月16日的《工程总承包合同》，就圣火公司承建鑫晟公司3200T/D熟料水泥生产线进行约定，合同对工程设计、采购、施工总承包工程建设事项进行了约定。协议签订后，圣火公司依约进场，对《工程总承包合同》约定的内容进行施工。2014年4月1日，鑫晟公司（甲方）与圣火公司（乙方）签订《关于终止生产总承包、水泥二线工程总包合同的协议》，对于工程款的付款条件进行约定，双方同意从本协议签署之日起30日内，乙方提供完整合格的EPC工程合同结算资料，进入结算程序，交付完整的竣工档案资料，以便开展工程结算及审计工作。如提交资料时间延迟，后续相关工作时间相应顺延。甲方在收到乙方具备结算条件资料后120日内完成工程的结算和审计工作，甲方负责选择审计机构开展审计工作，乙方派专人配合中介机构审计。后双方对于案涉《工程总承包合同》《关于终止生产总承包、水泥二线工程总包合同的协议》的效力以及圣火公司诉请的工程款产生争议。

法院裁判理由与结果：

最高人民法院认为，圣火公司向一审法院起诉请求判令两被告连带支付3600万元及违约金，其依据为“暂估总额为3.6亿元”的10%。但鑫晟公司（甲方）与圣火公司（乙方）2014年4月1日签订的《终止协议》已明确约定，双方同意从该协议签署之日起30日内，乙方提供完整合格的EPC工程合同结算资料，进入结算程序，交付完整的竣工档案资料，以便开展工程结算及审计工作。甲方在收到乙方具备结算条件资料后120日内完成工程的结算和审计工作，甲方负责选择审计机构开展审计工作，乙方派专人配合中介机构审计。2016年2月18日，圣火公司出具《变更工程结算书》，对《总承包合同》约定的施工内容的变更内容进行结算变更。同年8月21日，圣火公司向会计师事务所出具《关于对鑫晟煤化工3200TPD水泥生产线工程结算初审意见的回复》，对会计师事务所出具的初审意见提出异议。2017年4月20日，会计师事务所出具了审核意见。故鑫晟公司与圣火公司事实上已经按照2014年4月1日《终止协议》的约定进入“工程后期结算”，不仅已开展工程结算，而且业已开展审计工作，故圣火公司显然不能再以结算前的暂估总额要求鑫晟公司支付工程进度款及质保金。

案例二：凯迪生态环境科技股份有限公司、雄安科融环境科技股份有限公司等建设工程施工合同纠纷案

案号：（2022）湘05民终718号

审理法院：湖南省邵阳市中级人民法院

裁判要旨：

工程款采用商票方式进行支付的，商票到期发包人逾期兑付，工程总承包单位以发函方式再行索要工程款并给予宽限期，发包人签收后视为认可该付款期限，工程款诉讼时效应自该宽限日开始起算，而非工程竣工结算之日开始起算。

基本案情：

凯迪生态环境科技股份有限公司（以下简称隆回凯迪公司）系由凯迪生态公司（原武汉凯迪电力股份有限公司）成立并持股100%的子公司。2011年9月16日雄安科融环境科技股份有限公司（以下简称雄安科融公司，原徐州燃控科技股份有限公司）与凯迪生态公司签订《凯迪绿色能源开发有限公司燃料存储系统EPC总承包合同》（以下简称《EPC总承包合同》），合同约定雄安科融公司承包凯迪生态公司位于全国各地的生物质发电厂燃料存储系统EPC工程的施

工，同时合同就工程范围、质量要求、施工进度、工程价款及支付、违约责任等作出了具体约定。2012 年 6 月 13 日，隆回凯迪公司作为甲方，雄安科融公司作为乙方，凯迪生态公司作为丙方，三方签署《补充协议书》，协议载明：鉴于乙方、丙方于 2011 年 9 月 20 日签订了《燃料存储系统 EPC 合同》，约定由乙方负责由丙方投资的隆回县隆回凯迪公司 1×300MW 机组燃料存储系统 EPC 合同的实施，《燃料存储系统 EPC 合同》（含补充协议）的履行主体由丙方变更为甲方，乙方、丙方同意隆回凯迪公司 1×300MW 机组燃料存储系统 EPC 合同有关工程施工等合同履行事宜均由甲方负责，甲方为履行合同权利义务的主体；乙方同意由丙方作为上述合同代为甲方付款的单位，且丙方仅作为代付款方，并不因此承担任何合同义务。此后，凯迪生态公司又分别于 2012 年 12 月、2013 年 5 月与雄安科融公司签署《EPC 总承包合同补充协议二》和《EPC 总承包合同补充协议三》。雄安科融公司按合同约定施工完成隆回凯迪公司燃料存储系统 EPC 工程项目后，2014 年 8 月 28 日，雄安科融公司与隆回凯迪公司就以上工程项目进行结算，并签署了《竣工结算协议》，确认竣工结算价（含税）为 16, 083, 900 元。凯迪生态公司已先后支付雄安科融公司工程价款共计 13, 685, 184 元，其中 2011 年 12 月 28 日支付 589, 480 元，2012 年 9 月 28 日支付 8, 745, 714 元，2013 年 2 月 4 日支付 1, 090, 030 元，2016 年 2 月 5 日支付 2, 293, 728 元，2017 年 12 月 31 日支付 966, 232 元。2020 年 5 月雄安科融公司通过邮政快递方式向隆回凯迪公司发出催款函，要求收到函件后 5 日内支付所欠工程款，2020 年 5 月 15 日隆回凯迪公司签收上述邮件后，没有付款。雄安科融公司遂于 2021 年 2 月 4 日向隆回县人民法院提起诉讼。

法院裁判理由与结果：

邵阳市中级人民法院认为，关于雄安科融公司请求凯迪生态公司、隆回凯迪公司支付工程价款是否已超过诉讼时效。2014 年 8 月 28 日雄安科融公司与隆回凯迪公司就案涉工程进行结算，双方确认了工程竣工结算价款为 16, 083, 900 元，并未明确付款期限，凯迪生态公司陆续向雄安科融公司付款直至 2017 年 12 月 31 日，已付工程款为 1, 368, 5184 元。凯迪生态公司曾以电子商业承兑汇票支付的形式向雄安科融公司支付 73, 563, 487 元，该汇票的到期日为 2018 年 6 月 29 日。凯迪生态公司在汇票的到期日未依约付款，雄安科融公司于 2018 年 11 月 26 日向湖北省武汉市中级人民法院提起诉讼，要求凯迪生态公司依据该电子商业承兑汇票清偿票面金额73,563,487元及相应利息。可见，雄安科融公司一直积极主张其权利，要求凯迪生态公司履行支付工程款义务。2020年5月13日雄安科融公司通过中国邮政速递向隆回凯迪公司邮寄了催款函，要求隆回凯迪公司收到函件后5日内支付所欠工程款，隆回凯迪公司于2020年5月15日签收了催款函。可视为雄安科融公司给予凯迪生态公司、隆回凯迪公司的付款宽限期为2020年5月20日，故案涉工程款的诉讼时效期间应自2020年5月21日或者凯迪生态公司、隆回凯迪公司明确表示拒绝支付工程款之日起开始计算。雄安科融公司于2021年2月4日提起诉讼，要求凯迪生态公司、隆回凯迪公司支付工程欠款，故该案没有超过法律规定的诉讼时效。对凯迪生态公司提出本案已过诉讼时效的上诉理由不能成立，法院不予支持。

（六）工程变更的法律风险与防范

【风险点解析】

1. 施工总承包向工程总承包转变的思维定式的风险

传统施工总承包模式，发包人对承包人的工作进行严密的监督或控制，承包人受制于发包人的因素较多，大多数承包人已经习惯了传统承包模式下的按图索骥和严密的过程控制。在发包人发出指令后，无论正确与否，承包人基本上都会按令执行。因而，采用工程总承包模式时，工程总承包单位会自然而然地将传统施工总承包模式下的思维带入项目的实施过程中，不去判断发包人指令的正确性，从而发生工程总承包单位自身利益损失的风险。

2. 工程价款变更风险

工程总承包模式一般采用总价合同形式，但总价合同并不意味着固定价，在合同约定的情况下也是可以调整的。住房和城乡建设部，国家发展和改革委员会《房屋建筑和市政基础设施项目工程总承包项目管理办法》第十六条第一款规定，项目的工程总承包宜采用总价合同，政府投资项目的工程总承包应当合理确定合同价格形式。采用总价合同的，除合同约定可以调整的情形外，合同总价一般不予调整。在工程总承包项目中，业主只提出了比较明确的条件、功能要求、技术标准和大概的范围，招投标的边界不明确，工程总承包方案招标、初步设计招标、工程边界不明确，后续施工是合同范围内的工作还是合同范围外的调价存有争议。

3. 工程变更未按程序履约导致逾期失权的风险

在工程总承包模式下，工程变更根据示范文本属于调整价款的依据，但是由于承包人为赶工期以及现场管理不够规范等原因，当发生工程量增加等事件时，承包人未能按照合同约定时间和程序向发包人主张变更工程价款，待竣工结算阶段，发包人往往以此为由拒绝调增工程价款，可能造成承包人费用损失。如《建设项目工程总承包合同（示范文本)》规定“承包人应在收到变更指示后 14 天内，向工程师提交变更估价申请”，对承包人“变更估价”提出了更高的时间（14 天内）要求，给承包人带来了更大的合同风险。

【防范措施】

1. 在合同谈判、签订过程中，承包单位需要利用自身的设计管理、项目管理能力在项目投标、签订的时候封闭项目开口部分，要明确项目的设计，工程量的参数，使得项目处于封闭的环境。合同的签订要确定工程范围，为变更打下基础。

2. 在发生工程变更、工程量清单漏项等导致工程总承包合同项下工程量增加时，建议工程总承包企业严格按照合同约定，在规定期限内向发包人提交书面文件及相关证据材料，并要求发包人签收，如发包人拒绝签收应当做好固定证据工作，防止超出期限不能向发包人主张调整合同价款的风险。

3. 由于现场实际地质等情况发生变化，在项目开展过程中，也可能发生各种变更。由于地质基础资料、勘察资料主要由业主提供，由此原因导致的变更应在合同中作出细致规定，不可直接将风险转嫁给总承包单位。另外，《房屋建筑和市政基础设施项目工程总承包管理办法》第十五条规定应由发包人承担的风险，如“不可抗力造成的工程费用和工期的变化”由发包人承担，故总承包单位在签订合同时应注意明确此类风险由发包人承担。

【相关规定链接】

《建设项目工程总承包合同（示范文本)》(GF－2020－0216)

13.1.1　变更指示应经发包人同意，并由工程师发出经发包人签认的变更指示。除第 11.3.6 项［未能修复］约定的情况外，变更不应包括准备将任何工作删减并交由他人或发包人自行实施的情况。承包人收到变更指示后，方可实施变更。未经许可，承包人不得擅自对工程的任何部分进行变更。发包人与承包人对某项指示或批准是否构成变更产生争议的，按第 20 条［争议解决］处理。

13.3.3.2　变更估价程序

承包人应在收到变更指示后 14 天内，向工程师提交变更估价申请。工程师应在收到承包人提交的变更估价申请后 7 天内审查完毕并报送发包人，工程师对变更估价申请有异议，通知承包人修改后重新提交。发包人应在承包人提交变更估价申请后 14 天内审批完毕。发包人逾期未完成审批或未提出异议的，视为认可承包人提交的变更估价申请。因变更引起的价格调整应计入最近一期的进度款中支付。

17.4　不可抗力后果的承担

不可抗力导致的人员伤亡、财产损失、费用增加和（或）工期延误等后果，由合同当事人按以下原则承担：

（1）永久工程，包括已运至施工现场的材料和工程设备的损害，以及因工程损害造成的第三人人员伤亡和财产损失由发包人承担；

（2）承包人提供的施工设备的损坏由承包人承担；

（3）发包人和承包人各自承担其人员伤亡及其他财产损失……

《房屋建筑和市政基础设施项目工程总承包管理办法》（建市规〔2019〕12 号）

第十五条　建设单位和工程总承包单位应当加强风险管理，合理分担风险。

建设单位承担的风险主要包括：

（一）主要工程材料、设备、人工价格与招标时基期价相比，波动幅度超过合同约定幅度的部分；

（二）因国家法律法规政策变化引起的合同价格的变化；

（三）不可预见的地质条件造成的工程费用和工期的变化；

（四）因建设单位原因产生的工程费用和工期的变化；

（五）不可抗力造成的工程费用和工期的变化。

具体风险分担内容由双方在合同中约定。

鼓励建设单位和工程总承包单位运用保险手段增强防范风险能力。

【典型案例】

案例一：惟邦营造建筑设计（北京）有限公司与贵州省梵净山投资控股集团有限公司建设工程合同纠纷案

案号：（2021）最高法民终 1312 号

审理法院：最高人民法院

裁判要旨：

工程总承包项目原则上不允许出现正变更，但合同另有约定的除外，工程造价可以突破合同约定价格。国内航站楼建设过程中已构成发包人提出变更，因发包人原因未履行变更程序的责任应归责于发包人，变更产生的费用应按变更发生实际工程量按计价原则计价，由发包人公司承担，工程总承包单位应收工程总价款可以突破 EPC 总包合同约定。

基本案情：

2015 年 4 月 13 日，贵州省梵净山投资控股集团有限公司（以下简称梵投公司）发布铜仁凤凰机场航站区改扩建工程总承包招标文件。2015 年 6 月 3 日，梵投公司向惟邦营造建筑设计（北京）有限公司（以下简称惟邦公司）发出中标通知书，惟邦公司被确定为中标人。中标价：16, 980 万元，工期 17 个月。2015 年 7 月 1 日，梵投公司为甲方，惟邦公司（联合体牵头人）、中国民航机场建设集团公司（联合体成员）作为乙方，就铜仁凤凰机场航站区改扩建工程即案涉国内航站楼工程，签订《EPC 总包合同》。2015 年 6 月 26 日，惟邦公司向中铁公司发出投标邀请函，邀请中铁公司对惟邦公司作为 EPC 总包方对总包合同范围的工程内容进行投标。2015 年 8 月 26 日，惟邦公司在启动招投标程序后，向中铁公司发出中标通知书，确定中铁公司为铜仁凤凰机场航站区改扩建施工总承包工程的施工承包中标人。2015 年 10 月 8 日，国内航站楼实际开工。

2016 年 9 月 18 日，中磊公司向惟邦公司发出关于铜仁凤凰机场航站区改扩建工程室内装饰专业预算书及相关资料的函，主要载明，迄今为止，惟邦公司没有向中磊公司提供基于总投资控制在 2000 万元以内的装修预算书，没有提供任何优化设计资料，导致中磊公司无法对装修工程开展前置审计。如果优化设计内容与 2016 年 7 月出图的装修施工图内容不一致，希望惟邦公司提供手续完善的变更设计。

2017 年 3 月 8 日，国内航站工程的勘察、设计、施工、监理和建设单位五方盖章确认国内航站楼工程竣工验收合格。2017 年 3 月 27 日，铜仁市住房和城乡建设局形成铜仁凤凰机场航站区改扩建工程竣工验收备案表。2017 年 4 月 1 日，案涉国内航站楼投入运营。因 EPC 项目实施过程中发生设计变更增项，惟邦公司要求梵投公司支付增项工程款，但梵投公司认为其和惟邦公司签订的《EPC 总包合同》对国内航站楼工程总价已作限价约定，若出现变更需严格按照变更程序执行，现惟邦公司因其设计方案造成超出合同约定价格，且没有按照变更程序进行变更，该超出合同约定分项金额的部分，应当由惟邦公司自行承担。

法院裁判理由与结果：

关于惟邦公司应收工程总价款是否可以突破《EPC总包合同》进行调整的问题。最高人民法院认为，从《EPC总包合同》专用合同条款15.3.1约定来看，原则上不允许出现正变更，但以下两种情形允许出现正变更，一是因发包人原因提出的变更，二是承包人在施工过程中如因技术原因、不可预见事项或者其他特殊原因确需调整工程项目建设资金，且已按程序经发包人、监理人核查报批。故案涉工程在符合合同约定的情况下，工程造价可以突破合同约定价格。现已查明，因施工过程中增加建设国际航站楼，导致国内楼的设计方案、施工内容发生变更，工程造价增加，突破了合同价格。目前双方争议的焦点是由谁提出变更、提出变更方是否履行了变更程序以及增加的工程款由谁承担的问题。经查，……2015年12月2日，铜仁凤凰机场航站楼建设指挥部向惟邦公司送达建筑方案设计委托书，委托惟邦公司开展国际航站楼建筑方案设计。在此期间，铜仁市政府、铜仁凤凰机场航站楼建设指挥部多次组织梵投公司、惟邦公司、三维监理公司、中磊公司等相关单位就国内航站楼、国际航站楼的工程建设推进召开会议，各方实际上也均按照会议纪要履行相应工作，加之梵投公司系国有控股公司且是国际航站楼发包人，可以认定国内航站楼工程变更是因为增加国际航站楼建设项目，梵投公司直接通过行为方式提出变更，相关会议纪要构成发包人梵投公司和监理人三维监理公司的变更指示。至于梵投公司提出变更后是否履行了变更程序，根据《EPC总包合同》专用合同条款15.3.1约定，发包人原则上不提出变更，确需提出时按变更程序执行。而本案中，发包人梵投公司和监理人三维监理公司向惟邦公司发出变更指示前，并未通过递交变更意向书的方式经惟邦公司进行确认反馈，而是以会议纪要的方式径行向惟邦公司发出了变更指示，由此可以认定，梵投公司未按照《EPC总包合同》约定履行变更程序。《EPC总包合同》专用合同条款15.3.1约定“非发包人原因提出的变更产生的费用由承包人自行承担，发包人原因提出变更费用按变更发生实际工程量按变更计价原则进行清单计价”，明确了发包人原因提出变更后的计价方式为根据实际工程量计价。综上所述，法院认为，国内航站楼建设过程中已构成发包人提出变更，且未履行变更程序的责任应归责于发包人梵投公司，故变更产生的费用应按变更发生实际工程量按计价原则计价，由梵投公司承担，惟邦公司应收工程总价款可以突破《EPC总包合同》约定。一审法院认定国内航站楼工程发生变更非因发包人梵投公司原因引起且归责于承包人惟邦公司，缺乏事实依据，法院予以纠正。

案例二：华能泰安众泰发电有限公司与江苏新世纪江南环保股份有限公司建设工程施工合同纠纷案

案号：（2017）苏民申1376号

审理法院：江苏省高级人民法院

裁判要旨：

交付符合约定的工程，是EPC工程总承包人的终极目标，为达到该目标承包人所采取的措施等产生或增加的费用，都包含在固定总价中，不予增加工程价款。

基本案情：

2007年10月，山东众泰发电公司（后更名为华能泰安众泰发电有限公司，以下简称众泰发电公司）（乙方）与镇江江南环保工程建设公司（后更名为江苏新世纪江南环保股份有限公司，以下简称江南环保公司）（甲方），签订《山东众泰发电有限公司2×150MW机组烟气脱硫工程合同文件》，约定由江南环保公司承包众泰发电公司1号、2号机组炉外烟气脱硫工程，承包方式为EPC总承包，协议价款为固定总价5240万元。合同价格第4.3条约定，本合同总价在合同执行期内为不变价，遇下列情况作相应调整：氧化风机已包含在合同总价中，如设计不需要，按乙方投标价格从合同总价中扣除；如乙方考虑不周，漏设或其他原因等造成工程量的增加，增加的工程量不再增加费用。合同专用条款中约定采用EPC总承包方式建造；本合同价款为闭口价，除合同条件第4.3条款外，在整个合同执行期内不变，本合同价款包含但不限于乙方为完成本工程所发生的所有费用及风险，乙方已在投标报价时充分考虑。双方在技术协议书中约定：在本协议书中关于各系统的配置和布置等是甲方的基本要求，仅供乙方设计参考，并不免除乙方对系统设计和布置等所负的责任。合同签订后江南环保公司开始施工。

施工过程中，经双方协商对施工方案进行调整，取消两台增压风机及相应工程。2009年12月18日，众泰发电公司与江南环保公司召开脱硫干燥系统改造方案讨论会，会议对干燥系统改造方案进行讨论研究并形成会议纪要，会议纪要第4条载明：采用蒸汽换热方式，由于出料量设计为18t/h，蒸汽消耗量较大，江南环保公司应设计采用电厂锅炉热风作为干燥源，根据众泰发电公司锅炉热风运行参数和干燥系统运行参数选择合适的管径和阀门，干燥方案报众泰发电公司审批后组织实施，江南环保公司实施了改造工程。后双方对于取消及增项工程对应的增压风机价款组成及扣款发生争议诉至法院。

法院裁判理由与结果：

二审法院南京市中级人民法院认为，首先，江南环保公司并未提供证据证明就该增项工程与众泰发电公司另行签订协议约定相应工程款项，亦未提供证据证明在本次诉讼前向众泰发电公司主张过该增项工程款，故江南环保公司要求众泰发电公司支付增项工程款依据不足；其次，根据江南环保公司提供的168小时满负荷试运行报告以及脱硫干燥系统改造方案专题会议纪要，该增项工程原因是经试运行后发现蒸汽压力达不到设计要求的0.8MPa，为确保干燥效果，需进行干燥系统的改造，改用锅炉热风作为干燥源。虽然蒸汽压力数据系众泰发电公司提供，但双方合同约定采用EPC总承包方式建造，即江南环保公司承包的内容包括工程的勘测、设计、设备材料供货、建筑安装、调试、试验及检查、试运行、考核验收、消缺、培训和最终交付投产、运行管理，且双方签订的《技术协议书》明确约定“各系统的配置和布置等是众泰发电公司的基本要求，仅供江南环保公司设计参考，并不免除江南环保公司对系统设计和布置所负的责任”，因此江南环保公司作为烟气脱硫工程的设计方，应当对相关技术参数的准确性负责。江南环保公司为改进烟气脱硫工程运行效果进行的增项工程，应由其自行承担费用。

江苏省高级人民法院驳回众泰发电公司的再审申请。

江苏省高级人民法院认为，该案例中虽然是发包人提供的技术参数，承包人按照发包人提供的参数进行作业，但是最后达不到设计要求，所以才改用其他的方式进行作业，由此增加的费用，法院认为应由承包人承担，理由：承包人未提出过增项工程款；承包的内容包括工程的勘测、设计、设备材料供货等和最终交付投产、运行管理，且签订的协议书明确约定各系统的配置和布置，仅供江南环保公司设计参考，并不免除江南环保公司对系统设计和布置所负的责任。

（七）工程质量管理的风险与防范

【风险点解析】

1. 工程质量不合格的风险

工程总承包企业应对建设工程的质量负总责。建设工程质量合格是发包人支付工程价款的前提条件，建设工程质量不合格的，工程总承包企业无权主张工程价款，并应当承担质量责任。此外，对于工程总承包人来说，工程质量不合格，返工修复造成逾期交付的，当承担违约责任；工程质量验收不合格，工程总承包单位提交验收报告之日不能作为竣工之日、不能享有优先受偿权。

2. 隐蔽工程未经验收的风险

隐蔽工程验收一般是指对项目建成后无法进行复查的工程部位所作的验收，根据行业惯例以及合同约定，隐蔽工程在隐蔽前，工程总承包企业应当通知发包人验收，如未经验收即进行后续施工，一旦发包人主张隐蔽工程质量问题，工程总承包单位将处于极为被动地位，甚至有可能重新开挖返修，严重增加施工成本。

【防范措施】

1. 工程质量不仅关系到工程总承包企业能否主张工程款，而且还涉及公共安全，因此工程总承包企业必须重视工程的施工质量，应当按照施工技术标准施工，不得偷工减料，总承包单位在施工过程中发现设计文件和图纸有差错或缺陷的，应当及时提出意见和建议。同时，工程总承包单位必须按照施工技术标准和合同约定，严格检验建筑材料、建筑构配件、设备等，并做好书面记录，未经检验或者检验不合格的，不得使用。

2. 工程总承包单位应了解熟悉合同约定质量标准：合格、业主内部的质量标准；严格管控材料采购质量，做好材料报验手续、竣工验收手续、交付使用手续，按照合同约定的质量标准规范，建立有效的质量管理系统，确保设计、采购、加工制造、施工、竣工试验等各项工作的质量，并按照国家有关规定，通过质量保修责任书的形式约定保修范围、保修期限和保修责任。

3. 工程总承包单位必须建立、健全施工质量的检验制度，严格工序管理，做好隐蔽工程的质量检查和记录。在隐蔽工程隐蔽前，承包人应在自检后书面通知发包人验收，验收合格，承包人方可继续施工；验收不合格，承包人在限定的时间内整改后重新验收。而且需要特别提示的是，在发包人接到通知后未及时对隐蔽工程进行验收时，承包人不仅可以顺延工期，而且有权要求发包人赔偿停工、窝工等损失。

【相关规定链接】

《建筑法》

第三十二条　建筑工程监理应当依照法律、行政法规及有关的技术标准、设计文件和建筑工程承包合同，对承包单位在施工质量、建设工期和建设资金使用等方面，代表建设单位实施监督。工程监理人员认为工程施工不符合工程设计要求、施工技术标准和合同约定的，有权要求建筑施工企业改正。工程监理人员发现工程设计不符合建筑工程质量标准或者合同约定的质量要求的，应当报告建设单位要求设计单位改正。

《建设工程质量管理条例》

第二十九条　施工单位必须按照工程设计要求、施工技术标准和合同约定，对建筑材料、建筑构配件、设备和商品混凝土进行检验，检验应当有书面记录和专人签字；未经检验或者检验不合格的，不得使用。

第三十条　施工单位必须建立、健全施工质量的检验制度，严格工序管理，做好隐蔽工程的质量检查和记录。隐蔽工程在隐蔽前，施工单位应当通知建设单位和建设工程质量监督机构。

《建设工程安全生产管理条例》

第十三条　设计单位应当按照法律、法规和工程建设强制性标准进行设计，防止因设计不合理导致生产安全事故的发生。

设计单位应当考虑施工安全操作和防护的需要，对涉及施工安全的重点部位和环节在设计文件中注明，并对防范生产安全事故提出指导意见。

采用新结构、新材料、新工艺的建设工程和特殊结构的建设工程，设计单位应当在设计中提出保障施工作业人员安全和预防生产安全事故的措施建议。

设计单位和注册建筑师等注册执业人员应当对其设计负责。

【典型案例】

案例一：内蒙古福城矿业有限公司、北京翰海青天环保科技有限公司建设工程合同纠纷案

案号：（2020）内0623民初296号

审理法院：内蒙古自治区鄂托克前旗人民法院

裁判要旨：

取得工程竣工验收合格文件不代表工程质量必然合格，有客观证据证明所建工程质量存在问题的情况下，以存在工程竣工验收合格文件作为抗辩，不应获得支持。

基本案情：

2017 年 10 月 27 日，被告中标原告发包的内蒙古福城矿业有限公司北翼 4 台 20t/h 锅炉脱硫除尘设施改造工程，后双方签订《内蒙古福城矿业有限公司北翼 4 台 20t/h 锅炉脱硫除尘设施改造 EPC 总承包工程合同》及《技术协议书》。合同通用条款一致同意采用国家建设部和工商行政管理局颁发的《建设项目工程总承包合同示范文本（试行）》的“合同通用条款”。合同协议书部分约定，工程名称：内蒙古福城矿业有限公司北翼 4 台 20t/h 锅炉脱硫除尘设施改造 EPC 总承包工程。被告中标后，开始设计、施工。在施工过程中，原告及监理公司就施工中存在的质量问题、设计进度问题多次向被告发函，要求整改。被告于 2018 年 11 月施工结束，2018 年 11 月 29 日进行竣工验收，并出具了单位工程竣工验收报告。在涉案设备使用过程中，原告认为脱硫除尘系统工程主体部分现已经出现严重的破损、渗漏、堵塞，脱落现象。原被告双方对于维修进行数次交涉未果。2019 年 7 月 4 日，北京翰海青天环保科技有限公司作为原告，起诉内蒙古福城矿业有限公司，要求支付下欠的工程款，内蒙古福城矿业有限公司提出抗辩，要求针对涉案工程进行维修，双方就工程款的给付及工程维修达成调解协议。后双方履行协议过程中发生争议。2020 年 4 月 3 日，内蒙古福城矿业有限责任公司向法院提起诉讼。

法院裁判理由与结果：

鄂托克前旗人民法院认为，关于涉案工程的质量问题。取得工程竣工验收合格文件不代表工程质量必然合格，有客观证据证明所建工程质量存在问题的情况下，以存在工程竣工验收合格文件作为抗辩，不应获得支持。竣工验收合格文件，在诉讼程序中属于证据范畴，其证明力的大小，需要根据民诉法、民诉法解释，民事诉讼证据规定等法律、法规和司法解释确定的规则进行判断。竣工验收证明文件，是建设单位、监理单位、勘察单位、设计单位、施工单位共同对工程质量进行的确认，证据性质上属于“书证”，证明效力低于“国家机关或者其他依法具有社会管理职责的组织在其职权范围内制作的文书”。最高人民法院《关于适用〈中华人民共和国民事诉讼法〉的解释》第一百一十四条规定，国家机关或者其他具有社会管理职能的组织，在其职权范围内制作的文书所记载的事项推定为真实，但有相反证据足以推翻的除外。可见，国家机关职权范围内制作的文件尚不足以作为认定案件事实的根据，何况建设单位、监理单位等签署的竣工验收证明文件。本案中，涉案工程存在质量问题，从（2019）内0623民初926号案件调解内容涉及维修，双方曾多次就维修事宜进行交涉，以及鉴定意见书载明的内容，鉴定专家庭审时的解释说明等方面，已经充分证明涉案工程存在质量问题，且是设计缺陷和选用材料不符合设计标准以及产品设计施工未达到合同约定使用年限等原因造成的，故被告应就工程存在质量问题承担损害赔偿责任。

案例二：中国海诚工程科技股份有限公司、青岛三利集团有限公司建设工程施工合同纠纷案

案号：（2017）最高法民终476号

审理法院：最高人民法院

裁判要旨：

在工程总承包人施工的工程存在质量问题且未予修复的情况下，发包人拒绝支付工程进度款，具有合同和法律依据，不应承担违约责任。

基本案情：

2012年3月25日，青岛三利集团有限公司（以下简称三利公司，甲方、发包人）与中国海诚工程科技股份有限公司（以下简称海诚公司，乙方、总承包）签订《设计及施工总承包合同》，将位于山东省青岛市青大工业园青岛博利尔机械设备有限公司院内的涉案工程发包给海诚公司施工。合同约定开工日期为2012年4月10日，竣工日期为2012年12月21日（含装修），其中室外赛场、看台建筑及接待用的房间和通道完工并交付日期为2012年9月25日，室外赛场有条件尽可能提前交付。合同项目设计、施工总包价暂定人民币5000万元。工程预付款金额为合同的15%，工程进度款按月产值付至80%，每月5日前提报上月的产值，甲方最迟每月25日前审定拨付完毕进度款；工程完工付至已完工程量的85%；工程竣工结算后15天内付至审定值的95%；剩余审定值的5%作为保修金，保修期至2年后15天内将保修金的100%给予支付。乙方向甲方提供履约保证金500万元。

2012年8月28日，海诚公司与三利公司签订《补充协议》，对主合同工期进行了补充约定，甲乙双方协商一致，乙方将本工程（指本协议第1条第2款规定的内容）完工交付甲方的日期定在2012年10月15日。协议还对钢结构、膜结构及场地回填等事项进行了约定。涉案工程于2012年4月开工，至今未完工，也未进行竣工验收。三利公司以海诚公司虚报工程款、工程质量存在严重问题为由未予支付工程进度款，海诚公司诉至法院要求支付本金及违约金。

法院裁判理由与结果：

最高人民法院认为，关于一审判决对工程进度款违约金及工程款利息的处理是否正确的问题。根据一审已经查明的事实，海诚公司2012年9月的工程进度款为731万元，三利公司以海诚公司虚报工程款、工程质量存在严重问题为由未予支付，故三利公司应否支付工程进度款违约金的关键是其拒付工程款是否具有正当事由。双方《设计及施工总承包合同》约定“工程进度款按月产值付至80%，每月5日前提报上月的产值，甲方最迟每月25日前审定拨付完毕进度款”，由此约定来看，双方合同义务的履行有明确的先后顺序，即先由海诚公司完成质量合格的工程，然后由三利公司支付工程进度款。而根据生效的（2016）鲁02民终261号判决认定，涉案工程存在质量问题，海诚公司需支付修复费用32,694,348.76元。原《合同法》第六十七条规定，当事人互负债务，有先后履行顺序，先履行一方未履行的，后履行一方有权拒绝其履行要求。先履行一方履行债务不符合约定的，后履行一方有权拒绝其相应的履行要求。因此，在海诚公司施工的工程存在质量问题且未予修复的情况下，三利公司拒绝支付工程进度款，具有合同和法律依据，不应承担违约责任，海诚公司关于要求三利公司支付工程进度款违约金的诉讼请求亦不能成立。

（八）联合体履约的法律风险与防范

【风险点解析】

联合体的运作特点比总承包工程要复杂，潜在风险更大，在履约过程中，联合体存在以下法律风险。

1. 设计单位的主要风险

在传统平行发包的模式下，设计单位仅需对自身的设计质量承担责任，能够自行控制风险，且风险系数相对较低，但在联合承包的模式下，设计单位的风险陡增，主要表现在以下几个方面。

首先，设计单位的责任显著增加。一般情况下，设计单位仅对自己的设计内容负责；在联合体模式下，需要对工程进度、工程质量等施工内容负责，但施工内容是由施工单位直接负责实施的，设计单位对该部分工作负责，并承担连带责任，对不能控制的事项负责，势必增加风险。

其次，设计费收取难度增加。在传统模式下，工程项目往往是先设计后施工，设计费用在项目进入施工阶段以前一般已经支付了绝大部分，而且设计费用在工程全部费用中所占比例并不高，很少会出现欠付设计费的情况。但是在设计—施工联合体承包的模式下，设计费往往是和施工单位的工程款打包处理的，建设期间发包人资金相对紧张，往往会导致设计费回收困难。

再次，设计单位的诉讼风险加大。一般情况下，设计单位与发包人出现纠纷的可能性是很小的，但设计—施工联合体承包的模式下，设计单位与施工单位需要承担连带责任，而施工单位与发包人发生诉讼的可能性是极大的，一旦发包人与施工单位发生诉讼，设计单位往往也会被列为共同被告。

最后，设计单位的履约成本增加。设计单位在设计—施工联合体承包的情况下，为了充分发挥设计在工程中的主导作用，实现设计与施工进度的深度交叉，设计单位与发包人、施工单位保持沟通并常驻现场势必成为一项履约内容，也必然拉长设计时间，增加履约成本。

2. 施工单位的主要风险

设计—施工联合体的模式对施工单位的履约成本、诉讼风险、工程款支付等方面的影响并不明显，因而施工单位往往会忽视其自身的风险。实践中，施工单位存在以下风险。

一是设计缺陷风险。该风险是施工单位应当关注的，一旦出现设计缺陷，所采取的补救措施往往会伴随巨大的费用，且设计缺陷所产生的建设成本应当由承包人承担。设计单位与施工单位组成承包人联合体，需要对该风险承担连带责任。通常情况下设计单位的整体经济实力一般，难以承担较大的设计风险，导致该风险最终由施工单位承担。

二是设计变更风险。目前，建筑市场总体趋势是“僧多粥少”，通常情况下，施工单位为了拿到项目，中标价格中的利润都不高，而是寄希望于施工过程中的设计变更和签证。

传统模式下，设计与施工分别承包时，施工单位若提出设计变更时，基于合同的相对性，设计风险多由发包人承担。但工程总承包模式下，情况就不一样了，由于实现了风险转移，造价风险、设计风险基本上都是由总承包方承担。发包人之所以采用工程总承包的模式，就是需要设计单位和施工单位紧密合作，使设计和施工一体化，减少甚至避免出现设计变更的情况，节约建设成本。这种情况下，施工单位很难通过设计变更实现更高利润。如果发生设计变更，该部分风险仍可能是由承包人承担。

3. 联合体成员费用获取风险

工程总承包模式下，发包人往往会要求承包人指定一个账户，发包人将全部工程款按照进度支付至指定账户。该指定账户往往是牵头人的账户，牵头人实际控制资金，在牵头人向联合体成员支付的过程中，存在支付不及时，甚至长期拖欠工程款的现象。

【防范措施】

1. 联合体内部明确责任分担

联合体在投标时签署的联合体协议为格式性、概括性的协议，主要约定联合体的工作分工及连带责任。该协议仅满足联合体投标的必要条件，但并不能满足联合体成员之间的实际需求，因此在签订合同时需要厘清各自的责任，因一方的行为给其他方造成损失的，其应当承担相应的赔偿责任。即使对发包人承担了违约责任，但同时可以通过向联合体成员追偿的方式，实现风险转移。

2. 联合体成员之间引入担保机制

联合体成员之间可根据各方承担的工作，设定相应的担保机制，在发生部分成员违约导致守约方承担赔偿责任时，守约方可以通过担保措施弥补损失。同时，担保机制的引入，也能对联合体各方起到制约作用，促使各方更好地履行合同。

3. 联合体成员加强协调与管理

与传统的平行发包模式相比，工程总承包模式下，设计单位和施工单位之间更需要保持高效、畅通、及时的沟通交流与配合。为避免组织协调不力，联合体内部应制定相应的组织、协调、管理机制，联合体各成员单位派员共同组成联合体项目部，以具备项目设计、采购、施工以及质量、安全、工期、造价等多个事项的总承包管理能力，各成员单位是一个利益共同体，彼此可以取长补短，优势互补。

4. 设计单位的风险防范

设计单位在作为联合体成员参与工程总承包项目时，由于承担了相对较高的风险，也需要采取一定的措施，对自身的风险进行把控。

首先，在合作伙伴的选择上，可以选择有过合作经历的施工单位，或者是同一集团下存在关联关系的施工单位，或是选择实力雄厚的施工单位。

其次，与施工企业明确分工、划清责任。设计单位与施工单位组成联合体，意味着要与施工单位就工程总承包项目承担连带责任，这对设计单位是不利的。双方可以签署协议，约定设计单位应该从工程款中优先取得设计款，以及发生发包人索赔事项时，设计单位承担责任的上限，必要时可以要求施工单位提供担保。

最后，鉴于设计—施工联合体模式下，设计单位承担了更高的风险，也产生了更高的履约成本。高风险对应高收益，相对单独承包收取更高的设计费用也并无不妥。

5. 施工单位的风险防范

施工单位的风险主要是因设计缺陷造成的额外风险，对于该等风险可以采取以下措施：

一是购买保险。鉴于设计单位承担风险的能力相对较低，对于该部分风险建议采取购买保险的方式进行化解。

二是选择实力较强的设计单位。可以从设计单位的整体资产状况、设计业绩等方面进行考察，选择实力较强的设计单位。

【相关规定链接】

《招标投标法》

第三十一条第三款　联合体各方应当签订共同投标协议，明确约定各方拟承担的工作和责任，并将共同投标协议连同投标文件一并提交招标人。联合体中标的，联合体各方应当共同与招标人签订合同，就中标项目向招标人承担连带责任。

《房屋建筑和市政基础设施项目工程总承包管理办法》（建市规〔2019〕12号）

第十条第三款　工程总承包单位应当同时具有与工程规模相适应的工程设计

资质和施工资质，或者由具有相应资质的设计单位和施工单位组成联合体。工程总承包单位应当具有相应的项目管理体系和项目管理能力、财务和风险承担能力，以及与发包工程相类似的设计、施工或者工程总承包业绩。

设计单位和施工单位组成联合体的，应当根据项目的特点和复杂程度，合理确定牵头单位，并在联合体协议中明确联合体成员单位的责任和权利。联合体各方应当共同与建设单位签订工程总承包合同，就工程总承包项目承担连带责任。

《建设项目工程总承包合同（示范文本）》（GF－2020－0216）

4.6 联合体

4.6.1 经发包人同意，以联合体方式承包工程的，联合体各方应共同与发包人订立合同协议书。联合体各方应为履行合同向发包人承担连带责任。

4.6.2 承包人应在专用合同条件中明确联合体各成员的分工、费用收取、发票开具等事项。联合体各成员分工承担的工作内容必须与适用法律规定的该成员的资质资格相适应，并应具有相应的项目管理体系和项目管理能力，且不应根据其就承包工作的分工而减免对发包人的任何合同责任。

4.6.3 联合体协议经发包人确认后作为合同附件。在履行合同过程中，未经发包人同意，不得变更联合体成员和其负责的工作范围，或者修改联合体协议中与本合同履行相关的内容。

【典型案例】

案例：中国瑞林工程技术股份有限公司与江苏阿特兰涂料有限公司、江西建工建筑安装有限责任公司等建设工程施工合同纠纷案

案号：（2019）苏08民终1694号

审理法院：江苏省淮安市中级人民法院

裁判要旨：

EPC工程总承包合同当事人应当是发包人和联合体，联合体成员在履行总承包合同的过程中，对联合体其他成员与第三人发生的合同履行行为承担连带责任。

基本案情：

2012年9月16日，案外人控股公司（发包人，甲方）与中国瑞林工程技术股份有限公司（以下简称瑞林公司）、江西建工建筑安装有限责任公司（以下简称建工公司）签订轮窑安置小区工程优化设计、采购、施工工程总承包（EPC）

合同（以下简称总承包合同），瑞林公司、建工公司在合同题头处身份为承包人、乙方，在合同落款处瑞林公司印章加盖在总包人处、建工公司印章加盖在施工方处。合同工期：开工日期2012年9月28日（以甲方批准的开工报告为准），竣工日期2014年8月6日，合同价款38,4743,605.49元。

2014年5月21日，江苏阿特兰涂料有限公司（以下简称阿特兰公司，乙方）与建工公司项目部（甲方）签订外墙涂料施工合同，约定阿特兰公司承接淮安市轮窑安置小区1号、2号、3号楼外墙批灰、涂料工程。本合同甲方按4:3:3比例付款，以涂料工程开工，完成内墙面涂料工程全部结束，经竣工验收合格。2015年2月10日，王某庆与阿特兰公司法定代表人唐某签订结算单，载明阿特兰公司完成工程价值1,911,832元，该结算单加盖建工公司项目部印章。

后建工公司欠付阿特兰公司工程款，阿特兰公司将建工公司、瑞林公司作为共同被告诉至法院，要求瑞林公司承担连带责任。

法院裁判理由与结果：

淮安市中级人民法院认为，关于瑞林公司应否承担连带责任问题。瑞林公司主张其并非轮窑安置小区工程施工受益方，也不是签订外墙涂料施工合同的当事人，不应承担连带责任，一审法院适用法律错误。但依据《联合投标协议书》第1条、第5条约定及总承包合同，瑞林公司是牵头单位、总包人，负责项目总体协调管理和工程设计优化；建工公司是联合体单位、施工方，负责项目招标采购、施工、验收等，而轮窑安置小区1号、2号、3号楼外墙涂料工程属于总承包合同施工范围，由此可见，建工公司与阿特兰公司签订外墙涂料施工合同既是建工公司作为联合体成员的工作和职责，也是对总承包合同的履行行为，故一审判决联合共同承包人瑞林公司承担连带责任有事实和法律依据，并无不当。

（九）发包人指定分包的法律风险与防范

【风险点解析】

在我国实践中，发包人直接指定分包方，既要剥夺总包对分包的管理权，又要独揽指定分包的管理权，发包人直接选择分包人、直接管理分包人、直接支付工程款，形成“名为指定分包，实为另行发包或支解发包”。司法实践中常出现的问题是，发包人直接对分包人进行指定和管理，双方形成权利义务关系，而一旦分包出现质量问题、工期问题或在工程款的支付上出现延期，又要求总包人来承担责任。

1. 对工期的影响

在 EPC 模式下，总包单位对分包工程承担总包责任。因分包单位由建设单位直接指定，其进场时间、施工进度工程总承包单位很难管控。如因指定分包单位原因造成现场施工进度变慢甚至停工，且工程总承包单位无法证明原因在建设单位或指定分包，很可能就要承担工程进度风险。

2. 工程款支付风险

在实践中，指定分包单位的工程款一般由建设单位支付给工程总承包单位，工程总承包单位扣除应扣款项后，再支付给指定分包单位。工程总承包单位为了降低自身付款风险，一般会约定“分包工程款需待建设单位支付后，再行支付”的“背靠背”条款。但是，从合同相对性角度来说，即使合同中约定了分包工程款“背靠背支付”，工程总承包单位仍然承担着支付工程款的责任，若因建设单位破产或其他原因导致建设单位没有能力支付，法院和仲裁机构仍可能会基于公平原则以及其他因素裁判工程总承包单位承担对指定分包单位工程款支付责任。

3. 工程质量风险

指定采购和指定分包在工程建设项目中普遍存在。在指定的分包人出现工程质量问题，指定分包单位造成建设工程质量缺陷时，因工程总承包单位对于指定分包单位具有管理义务，很可能承担相应的过错责任。实践中法院可能会综合考量总包人是否收取管理费、总包人在管理过程中是否存在疏忽和过错、由哪个主体和分包人签订合同及办理结算等因素进行责任分配。

【防范措施】

1. 根据业主资信决定是否接受指定分包

指定分包模式下，工程总承包单位最大的风险是承担着向指定分包支付工程款的义务，所以，建设单位资信是否良好、是否能够依约及时足额支付工程款极为重要。工程总承包单位在签订合同前，应审核建设单位资信状况。

2. 加强指定分包的管理

加强对指定分包合同的管理。一是在可能的情况下，要与建设单位、指定分包单位签订三方合同，在三方合同中明确各方的权利与义务；二是若指定分包非由工程总承包单位招标，那么工程总承包单位应与建设单位协商，要求对招标文件进行审核，并提出自己的意见与要求。

加强对指定分包的进度管理。对于指定分包的进度，工程总承包单位应要求指定分包单位严格按照合同执行，当指定分包单位施工进度达不到合同约定或者因指定分包进度过慢影响工程总承包单位整体工程进度时，工程总承包单位一方面需根据指定分包合同，对指定分包进行处罚，另一方面应向建设单位发函，要求其对因指定分包进度缓慢造成的后果和损失承担责任。

加强对指定分包的安全管理。工程总承包单位应将指定分包单位纳入自身安全管理体系，与指定分包单位签订安全管理责任书，降低安全事故发生的概率，从而降低自身风险。

加强对指定分包的质量管理。根据司法解释，对于建设单位指定分包的工程，工程总承包单位承担过错责任。因此，工程总承包单位若发现指定分包工程质量存在问题，应分别向指定分包单位和建设单位发函，对发包人指定采购和指定分包等行为的质量责任及时办理签证手续，避免因指定分包工程质量问题承担责任。

加强对指定分包的工程款支付管理。因指定分包的工程款最终支付责任是工程总承包单位承担的，所以工程总承包单位不能仅仅扮演一个转付工程款的角色，而应对指定分包的报量、工程款的请款、最终结算进行审核，在建设单位支付后，扣除应扣款后向指定分包支付。

3. 加强工期风险管理

关于工期风险，发生分包单位导致的工期延误时，及时界定原因，向发包人和分包人分别发函，要求发包人延长工期或界定工期延误责任、向分包人主张工期违约责任。

【相关规定链接】

《建筑法》

第二十五条　按照合同约定，建筑材料、建筑构配件和设备由工程承包单位采购的，发包单位不得指定承包单位购入用于工程的建筑材料、建筑构配件和设备或者指定生产厂、供应商。

最高人民法院《关于审理建设工程施工合同纠纷案件适用法律问题的解释（一）》（法释〔2020〕25号）

第十三条　发包人具有下列情形之一，造成建设工程质量缺陷，应当承担过错责任：

（一）提供的设计有缺陷；

（二）提供或者指定购买的建筑材料、建筑构配件、设备不符合强制性标准；

（三）直接指定分包人分包专业工程。

承包人有过错的，也应当承担相应的过错责任。

【典型案例】

案例：中国核工业华兴建设有限公司、南京欣网视讯文化传播有限公司等建设工程施工合同纠纷案

案号：（2021）最高法民终1241号

审理法院：最高人民法院

裁判要旨：

发包人指定工程总承包人与第三方签订专业分包合同，且分包合同实质内容系由发包人确定的，发包人与总承包人根据过错大小对工程质量、工期违约等承担相应责任。

基本案情：

南京欣网视讯研发大楼于2011年4月1日取得国有出让土地使用权证，用途为科教用地，土地使用权人为南京欣网视讯文化传播有限公司（以下简称欣网视讯公司）、投资咨询公司、通信服务公司、通信设备公司。2012年8月8日，欣网视讯公司、投资咨询公司、通信服务公司、通信设备公司（甲方）与中国核工业华兴建设有限公司（以下简称华兴公司，乙方）签订总承包合同，约定工程名称为南京欣网视讯研发大楼工程，建筑面积约59079平方米、总高度100米、由A楼（南楼）和B楼（北楼）组成，资金来源自筹。工程承包范围为桩基及基坑支护、土建安装、钢结构、装饰及室外工程等全部图纸范围内容（包含红线范围内容），其中甲方指定专业分包内容主要为：桩基、基坑支护、消防、智能化幕墙、钢结构、景观、电梯、空调、变配电、公共部分装修装饰等，乙方按照甲方书面确认的合同内容与相关单位签订分包合同，指定专业分包单位由乙方在施工过程中进行直接管理。开工日期2012年8月18日（具体以开工报告为准），竣工日期2014年8月18日（以开工报告日期顺延），合同工期总日历天数731天。合同价款25,830万元（暂定，实际以最终结算为准）。双方在专用条款中约定，本合同价款方式为按实结算，其造价不作优惠与让利。

2012年10月22日，基坑支护施工单位江苏地基工程有限公司向监理单位江

苏宏嘉工程项目管理有限公司（以下简称监理单位）提交一份工程开工报审表，申请于2012年10月25日开工。监理单位审核意见为该工程各项施工条件准备工作已具备，因施工许可证尚在办理，还未领取，暂不能批准开工；但由于该工程工期紧，科技园管委会又催促该工程尽快施工，故同意进行施工，并请抓紧办理领取施工许可证。2013年9月5日，欣网视讯公司与华兴公司形成一份工期会议纪要，载明由于土方施工工期的延误，造成原计划节点工期无法完成。经公司双方领导研究讨论决定，2013年12月31日完成两幢主楼正负零节点工期，每延误一天，罚款5万元。华兴公司将采取一切必要的施工措施，竭尽全力，保证工程质量，保证工期按时完成。

2017年11月1日，工程竣工验收结论为验收合格。11月2日，欣网视讯公司、华兴公司作出“关于工程竣工验收、备案资料的说明”称，南京欣网视讯研发大楼工程竣工验收、备案资料中所填写的开工日期、竣工日期、验收日期仅作为工程资料使用，并非发包方、总包方对工程工期的认可，不作为双方实际工期和工期结算的依据，工程工期以双方据实结算为准。

双方因工期延误责任、融资费用如何结算等问题经协商不成后形成本案诉讼。

法院裁判理由与结果：

一审法院认为，从欣网视讯公司给华兴公司的指定专业分包函内容看，欣网视讯公司不仅指定分包人，还就分包工程内容、合同价款、工期、质量等明确具体要求。由此可见，虽然由华兴公司与指定分包人签订专业分包合同，但分包合同实质内容由欣网视讯公司决定。因此，对于2016年1月28日工程联系单反映的变配电、幕墙、公共部位装修、水电安装施工滞后，应对工期产生影响，对此欣网视讯公司应承担一定责任。但是，华兴公司上述抗辩事由不足以导致工期延误834天，而欣网视讯公司提交的工地例会会议纪要、监理工程师通知单（进度类）、工程联系单等证据，可以证明华兴公司作为总承包人在工程监督管理、工程款支付等方面存在问题，影响工期。因此，一审法院酌定华兴公司对工期延误834天承担60%的主要责任，即承担工期延误500天的违约责任。

最高人民法院认为，关于案涉工程延误期间责任分配问题，根据各方当事人一审举证情况，案涉工程工期延误事由包括当地政府要求停工；华兴公司作为总承包人在工程监督管理、工程款支付等方面存在问题，影响工期；欣网视讯公司设计变更导致工程量增加，因人防工程验收需要未及时提供三套图纸且未在验收资料上盖章导致竣工验收迟延；2016 年 1 月 28 日工程联系单反映的变配电、幕墙、公告部位装修、水电安装施工滞后问题。由于案涉专业分包单位系由欣网视讯公司指定，虽然华兴公司与指定分包人签订专业分包合同，但分包合同实质内容系由欣网视讯公司确定，故一审法院认定欣网视讯公司对于分包单位工期延误亦存在过错，并根据各方过错程度酌定华兴公司对工期延误承担 60% 的主要责任，即承担工期延误 500 天的违约责任，欣网视讯公司承担剩余 40% 的责任，并无不当，法院予以维持。欣网视讯公司、华兴公司相关上诉主张均不能成立，法院不予采信。

（十）违法分包/转包的法律风险与防范

【风险点解析】

在工程总承包模式下，工程总承包单位对工程的设计、采购、施工等实行总承包，并对工程的质量、安全、工期和造价等全面负责。由于工程总承包项目往往具有体量大、专业多、技术复杂的特点，工程总承包单位承接工程后，通常会进行各种对外分包，包括设计分包、采购分包、施工分包、专业分包以及劳务分包等。工程总承包单位的此类分包行为应符合现行法律法规的要求，如出现违规情形将导致其承担相应的行政和民事责任，引发相关法律风险。

1. 目前我国对于工程总承包单位没有明确规定要求“双资质”，但是行业内越来越多的项目开始要求双资质才可承接工程总承包项目，尤其是对于公路、房建、市政、运输机场专业工程等特定行业和情况，明确要求同时具有相应设计和施工“双资质”才可承接。对于实行“单资质”要求的工程总承包项目，由于工程总承包单位通常仅具有实施项目的部分资质，对于其不具有资质的工作部分，可以整体另行发包给具有相应资质的企业。对于实行“双资质”要求的工程总承包项目，设计和施工分包的合规性受到挑战，一般认为工程总承包单位应自行完成“双资质”范围内的主体工作，否则可能违反《建筑法》等法律法规关于主体部分不可分包的规定，从而构成违法分包，导致相关行政处罚和分包合同无效。

2. 根据住建部《建设项目工程总承包合同（示范文本）》第 16.1.1 条等目前市场上主要的工程总承包合同范本，转包和违法分包都是发包人可以解除合同的严重违约行为。因此当工程总承包单位存在转包、违法分包行为时，发包人可以通过法定解除或约定解除的方式根据《民法典》或合同约定解除工程总承包合同。

【防范措施】

1. 目前对于工程总承包项目的分包范围，根据是否需要总承包人具有设计和施工"双资质"而有所不同。对于实行"单资质"要求的工程总承包项目，工程承包单位至少应自行完成其具有资质的设计或施工的主体部分，但对不具有资质的设计或施工业务应进行分包；而对于实行"双资质"要求的工程总承包项目，工程总承包单位不得将主体部分的设计、施工进行分包，但可以依法将非主体部分的设计、施工分包给其他单位。

2. 总包单位在通过合法程序取得特定工程后，应当依约依法完成工程主要部分或主体工程或全部工程，否则后续分包、转包、专业分包、劳务分包加材料采购等合同拆分行为，都可能因为违反法律、行政法规的效力性强制性规范而无效，进而承担相应的民事、行政责任。

【相关规定链接】

《民法典》

第七百九十一条　发包人可以与总承包人订立建设工程合同，也可以分别与勘察人、设计人、施工人订立勘察、设计、施工承包合同。发包人不得将应当由一个承包人完成的建设工程支解成若干部分发包给数个承包人。

总承包人或者勘察、设计、施工承包人经发包人同意，可以将自己承包的部分工作交由第三人完成。第三人就其完成的工作成果与总承包人或者勘察、设计、施工承包人向发包人承担连带责任。承包人不得将其承包的全部建设工程转包给第三人或者将其承包的全部建设工程支解以后以分包的名义分别转包给第三人。

禁止承包人将工程分包给不具备相应资质条件的单位。禁止分包单位将其承包的工程再分包。建设工程主体结构的施工必须由承包人自行完成。

第八百零六条第一款　承包人将建设工程转包、违法分包的，发包人可以解除合同。

《建筑法》

第二十八条　禁止承包单位将其承包的全部建筑工程转包给他人，禁止承包单位将其承包的全部建筑工程肢解以后以分包的名义分别转包给他人。

第二十九条第一款　建筑工程总承包单位可以将承包工程中的部分工程发包给具有相应资质条件的分包单位；但是，除总承包合同中约定的分包外，必须经建设单位认可。施工总承包的，建筑工程主体结构的施工必须由总承包单位自行完成。

《建设工程质量管理条例》

第七十八条　本条例所称肢解发包，是指建设单位将应当由一个承包单位完成的建设工程分解成若干部分发包给不同的承包单位的行为。

本条例所称违法分包，是指下列行为：

（一）总承包单位将建设工程分包给不具备相应资质条件的单位的；

（二）建设工程总承包合同中未有约定，又未经建设单位认可，承包单位将其承包的部分建设工程交由其他单位完成的；

（三）施工总承包单位将建设工程主体结构的施工分包给其他单位的；

（四）分包单位将其承包的建设工程再分包的。

本条例所称转包，是指承包单位承包建设工程后，不履行合同约定的责任和义务，将其承包的全部建设工程转给他人或者将其承包的全部建设工程肢解以后以分包的名义分别转给其他单位承包的行为。

【典型案例】

案例：中机新能源开发有限公司、郑州建工集团有限责任公司（原郑州建工集团有限公司）建设工程施工合同纠纷再审纠纷案

案号：（2019）豫民申 5894 号

审理法院：河南省高级人民法院

裁判要旨：

建设工程主体结构的分包限制仅及于施工总承包人和承包人，目前法律法规没有对建筑工程总承包人分包建设工程主体结构的禁止性规定。总包单位经发包方对分包单位资质审查报审同意后，将土建工程进行分包，涉案总包和分包合同均应合法有效。

基本案情：

中机新能源开发有限公司（以下简称中机公司）与项目业主签订《新乡中益发电有限公司 2 × 600MW 超超临界机组工程烟气脱硫岛总承包合同》，施工范

围包括设计、采购、施工等内容，并且该合同还在相关部门进行了备案登记。2013年6月1日，中机公司与郑州建工集团有限责任公司（以下简称郑建工公司）双方签订《新乡中益发电有限公司2×660MW超超临界机组烟气脱硫建筑工程施工分包合同》（合同编号：ZJ－TL1201－13－SGA001）一份，合同项目由新乡中益发电有限公司投资建设，中机公司施工总承包，郑建工公司施工分包。该工程竣工后，经验收评定获得国家级优质工程奖鲁班奖。解除合同后中机公司以按照合同约定项目竣工结算前支付合同总价80%的工程款为由，要求郑建工公司返还多付的工程进度款4,858,478.83元，并承担合同施工任务中关于"室外箱罐基础"部分的迟延工期违约金4,200,000元及不服从管理导致的违约金658,000元，并赔偿闹事损毁物品的直接经济损失26,320元，合计金额9,742,798.83元。诉讼过程中，双方对案涉分包合同的效力产生争议。

法院裁判理由与结果：

二审法院新乡市中级人民法院观点：关于案涉施工合同效力问题。依据原《合同法》第二百七十二条第三款规定：建设工程主体结构的施工必须由承包人自行完成。《建筑法》第二十九条第一款规定：施工总承包的，建筑工程主体结构的施工必须由总承包单位自行完成。本案中，中机公司作为总承包方将其承包的工程中的建筑工程主体结构和土建工程分包给郑建工公司施工，违反了上述法律的强制性规定，属于违法分包，其与郑建工公司签订的《施工分包合同》应认定为无效合同。

再审法院河南省高院观点：关于中机公司和郑建工公司分包合同的性质和效力。确定该合同性质和效力的基础是中机公司和中益公司之间《EPC总承包合同》的性质和效力。根据该《EPC总承包合同》第1条工程概况中关于工程范围的约定，该合同为建造总承包工程（EPC），包括设计、制造、采购、建设与施工、安装等所有工作；另根据第10条约定，总承包人在本工程的建筑及安装施工主要分包要经过发包方认可。根据上述约定内容，该《EPC总承包合同》的性质应为工程总承包，而非施工总承包。二审法院认为中机公司将建筑工程主体结构和土建工程分包给郑建工公司，违反了原《合同法》第二百七十二条第三款和《建筑法》第二十九条第一款的规定，属于违法分包。法院认为，从《合同法》第二百七十二条第三款和《建筑法》第二十九条第一款的内容看，法律对总承包人和承包人、建筑工程总承包和施工总承包均进行了明确区分，对于建设工程主体结构的分包限制仅及于施工总承包人和承包人，截至目前，并没有对建筑工程总承包人分包建设工程主体结构的禁止性规定。因此，中机公司作为工程总承包方，经发包方中益公司对郑建工公司单位资质审查报审同意后，将土建工程进行分包，涉案的总包和分包合同均应合法有效。

（十一）工程索赔的法律风险与防范

【风险点解析】

1. 工期索赔风险

EPC 项目中，虽然按期完成工程是承包人的主要义务，但承包人开展工作也需要发包人和外部条件的配合。实践中，因发包人未能及时支付工程款和提供相关资料，非承包人提供的设备材料延迟到场，以及现场和周边不可预见的物质条件困难，乃至疫情、恶劣天气等不可抗力原因，都可能导致工期延长。而对于此类非承包人原因导致的工期延长，承包人可以根据合同向发包人提起索赔，以顺延工期并就相关损失获得补偿。

2. 费用索赔风险

工程总承包施工过程中，发生非承包人原因，如当施工的客观条件改变导致承包人增加开支等，承包人可要求发包人对超出计划成本的附加开支给予经济补偿，但需注意存留施工过程中的签证、往来函件，防止发包人不予认可的风险。

3. 索赔的程序性要求及风险

《建设项目工程总承包合同（示范文本）》规定了建设工程索赔的流程和方式，而在实际签署的工程总承包合同中，发包人为了规避自己的责任，通常会对部分索赔事项提出严格的索赔程序及索赔时间，同时约定未按索赔程序及索赔时间的法律后果，因此工程总承包单位需按照合同约定的程序提出索赔，特别是需在约定的时限内提交符合要求的索赔文件，包括索赔通知、索赔的法律基础声明、详细的索赔报告和支持性材料等，否则即便承包人有权就工期的延长进行工期顺延和停窝工费用索赔，但如果承包人未按合同约定的时间或程序提出工期顺延或索赔申请，也可能发生逾期失权的风险。

【防范措施】

当发生索赔事项时，如双方选择适用《建设项目工程总承包合同（示范文本）》，且专用条款对索赔程序未有特别约定的情形下，建议工程总承包单位要特别注意索赔的时效性。首先，在索赔事件发生后的28天内必须提出索赔通知。总承包单位应在知道或应当知道索赔事件发生后28天内，向工程师递交索赔意向通知书，并说明发生索赔事件的事由，未在前述28天内发出索赔意向通知书的，丧失要求追加/减少付款、延长缺陷责任期和（或）延长工期的权利。其次，工程总承包单位应在发出索赔意向通知书后28天内，向工程师正式递交索赔报告；索赔报告应详细说明索赔理由以及要求追加的付款金额、延长缺陷责任期和（或）延长的工期，并附必要的记录和证明材料。再次，索赔事项具有持续影响的，应每月递交延续索赔通知，说明持续影响的实际情况和记录，列出累计的追加付款金额、延长缺陷责任期和（或）工期延长天数。最后，在索赔事件影响结束后28天内，工程总承包单位应向工程师递交最终索赔报告，说明最终要求索赔的追加付款金额、延长缺陷责任期和（或）延长的工期，并附必要的记录和证明材料。

为避免工期索赔风险，工程总承包单位应当：

1. 在管理过程中，建立全员商务索赔资料收集机制，专人负责资料整合，商务及法务人员仔细研究合同条款，列出合同漏洞、风险等，精心进行数据分析，并有针对性地制定商务策划，定期举行商务会议，对索赔事项适时发函备忘及索赔。

2. 做好索赔策划及职责分工。合理预见各种工期影响因素，研究合同条款，做好策划统筹，制定索赔策划书；对于过程中出现的索赔事项，制定专项索赔方案，确定合理的策略目标及底线目标，并做好职责分工。

3. 做好现场履约。加强项目管理，保证项目各项履约目标的实现，避免提出索赔时被发包人反索赔。

4. 做好专项方案编制。对比技术表及施工组设计方案编制赶工方案、应急处置方案、大型变更方案、停滞处理方案、劳务工人安置方案等，并取得发包人确认，作为计算费用的依据。

5. 做好索赔事实确认。索赔事件发生后，先认定工期延误的事实，及时收集工期延误证据，并取得发包人或工程师签字确认，随后再以事实和合同为依据提出工期、费用索赔请求。避免一揽子索赔。索赔事件发生后，按合同约定的时限及程序提出索赔，一事一清，避免积少成多拖至结算时解决。

6. 做好索赔报告编写。索赔报告编写应严谨规范，简明扼要，有理有据，经得起推敲，注意避免出现对立性语言。

7. 把握发包人索赔权限。了解发包人索赔确认权限及底线，合理转化超过发包人权限的索赔，增大获批的可能性。注重谈判技巧。创造良好的索赔谈判环境，向发包人反映项目客观困难，从保证项目生产的角度提出费用补偿请求，避免直接冲突，影响双方合作。

【相关规定链接】

《民法典》

第八百零三条　发包人未按照约定的时间和要求提供原材料、设备、场地、资金、技术资料的，承包人可以顺延工程日期，并有权请求赔偿停工、窝工等损失。

第八百零四条　因发包人的原因致使工程中途停建、缓建的，发包人应当采取措施弥补或者减少损失，赔偿承包人因此造成的停工、窝工、倒运、机械设备调迁、材料和构件积压等损失和实际费用。

最高人民法院《关于审理建设工程施工合同纠纷案件适用法律问题的解释（一）》（法释〔2020〕25号）

第十条第一款　当事人约定顺延工期应当经发包人或者监理人签证等方式确认，承包人虽未取得工期顺延的确认，但能够证明在合同约定的期限内向发包人或者监理人申请过工期顺延且顺延事由符合合同约定，承包人以此为由主张工期顺延的，人民法院应予支持。

【典型案例】

案例：中铁建设集团有限公司、惟邦营造建筑设计（北京）有限公司与贵州省梵净山投资控股集团有限公司建设工程施工合同纠纷案

案例：（2021）最高法民终1305号

审理法院：最高人民法院

裁判要旨：

违约金属于索赔事项，索赔人未按合同约定的程序在限期内未发出书面通知并详细说明索赔金额的，面临逾期失权的风险。

基本案情：

2015年7月1日，贵州省梵净山投资控股集团有限公司（以下简称梵投公司）为甲方，惟邦营造建筑设计（北京）有限公司（以下简称惟邦公司，联合

体牵头人)、中国民航机场建设集团公司（联合体成员）作为乙方，就铜仁凤凰机场航站区改扩建工程即案涉国内航站楼工程，签订《EPC 总包合同》。

2015 年 8 月 26 日，惟邦公司作为发包人与中铁建设集团有限公司（以下简称中铁公司）作为承包人签订《铜仁凤凰机场航站区改扩建工程施工总承包合同》（以下简称《施工总包合同》），主要内容如下：第一部分合同协议书：(1）工程概况……工程承包范围：基础工程（含桩基、承台、地梁等)、钢结构工程及施工总承包管理，详细范围见招标文件及相关澄清、答疑等文件。其他专业工程如承包人中标则作为承包人工程承包范围，如未中标则作为施工总承包管理范围，纳入施工总承包管理。（2）合同工期。主体工程计划开工日期：2015 年 8 月 26 日。主体工程计划竣工日期：2015 年 12 月 25 日。施工总承包计划竣工日期：2016 年 12 月 31 日。工期总日历天数 120 天。

根据合同约定，承包人认为有权得到追加付款和（或）延长工期的，应按以下程序向发包人提出索赔：（1）承包人应在知道或应当知道索赔事件后 28 天内，向监理人递交索赔意向通知书，并说明发生索赔事件的事由。承包人未在前述 28 天内发出索赔意向通知书的，丧失要求追加付款和（或）延长工期的权利。(2）承包人应在发出索赔意向通知书后 28 天内，向监理人正式递交索赔通知书。索赔通知书应详细说明索赔理由以及要求追加付款金额和（或）延长的工期，并附必要的记录和证明材料。(3）索赔事件具有连续影响的，承包人应按合理时间间隔继续递交延续索赔通知，说明连续影响的实际情况和记录，列出累计追加付款金额和（或）工期延长天数。(4）索赔事件影响结束后 28 天内，承包人应向监理人递交最终索赔通知书，说明最终要求索赔追加付款金额和延长的工期，并附必要的记录和证明材料。

后双方发生争议，中铁公司诉至法院向惟邦公司主张工程进度款，惟邦公司认为中铁公司逾期提交竣工资料，应向其支付逾期提交竣工资料的违约金。

法院裁判理由与结果：

最高人民法院认为，关于中铁公司逾期提交竣工资料的事实是否成立，是否应当向惟邦公司支付逾期提交竣工资料的违约金问题，按照《施工总包合同》合同条款专用部分第 18.2 条约定，中铁公司应在钢结构工程和基础工程竣工验收合格后 14 天内向惟邦公司移交符合铜仁市现行标准及规范要求的竣工资料（包括竣工图)，但在实际履行过程中，中铁公司施工的内容不仅包括钢结构工程和基础工程，还包括屋面幕墙工程、室内精装修工程、暖通空调工程、给排水消防工程、强电工程，惟邦公司所称的竣工资料实际包含上述全部工程的竣工资料。惟邦公司亦自认上述工程因增加了国际航站楼工程的建设工期，存在重大设计变更，惟邦公司是否已完全按照发包人的职责向中铁公司提供相应资料并未有证据证明；结合双方在《施工总包合同》第 23.4.1 条约定，发生索赔事件后，发包人应及时书面通知承包人，详细说明发包人有权得到的索赔金额和（或）延长缺陷责任期的细节和依据。发包人提出索赔的期限和要求与第 23.3 条的约定相同，延长缺陷责任期的通知应在缺陷责任期届满前发出，违约金属于索赔事项，惟邦公司在合同履行期间并未发出书面通知并详细说明索赔金额，现惟邦公司在本次诉讼中要求中铁公司按照逾期每日 10,000 元的标准支付违约金共计 443 万元，法院不予支持。

三、小结

当前，工程总承包模式是我国建筑业行业发展的主流趋势，未来也将会在全国范围内大力推行，建筑企业要把握时机，紧跟发展潮流，学习把控工程总承包项目实施过程中有可能出现的各类风险。同时，鉴于工程总承包模式的特点，工程承包单位承担了更多的风险，因此对总承包单位而言，在承揽项目后，应重视项目实施阶段的工程管理，在项目实施阶段做好设计、采购、工程变更、索赔等各方面的风险防控管理工作。工程总承包单位尤其应注意从施工总承包项目模式的思维定式中跳脱出来，结合目前工程总承包项目的相关法律法规，按照工程总承包项目的管理规定做好项目实施阶段的风险防控措施，为项目的建设保驾护航。工程总承包单位只有对工程总承包项目实施阶段的法律风险加以防控，明确其重要性及法律意义，才能实现工程投资效益最大化。

第六章 工程总承包项目竣工验收及交付阶段的法律风险与防范

工程竣工验收及交付是建设项目工程总承包合同履行的重要环节，是整个工程项目建设全过程的一道关键工序，系工程项目建设的收尾工作，意味着工程总承包人义务即将完成，对发、承包双方具有极其重要的法律意义。

一、工程总承包项目竣工验收及交付概述

（一）工程竣工验收及交付的释义

工程总承包项目竣工验收是指建设单位根据工程总承包人的工程竣工验收申请，组织工程总承包人、全过程咨询（监理/工程师）等单位依据国家有关法律、法规及规范、标准的规定，对工程质量是否符合发包人要求、设计文件和合同约定的各项要求进行检验，并评价工程是否验收合格的过程。

由于承包范围不同，工程总承包项目竣工验收与施工总承包项下的工程竣工验收存在以下差异：

1. 参与验收的主体不同

由于工程总承包范围的特殊性，工程总承包项目竣工验收参与主体并非工程施工总承包模式下的建设单位、勘察单位、设计单位、施工单位、监理单位五方主体，而是由建设单位、工程总承包单位、全过程咨询（监理/工程师）等单位组成。在工程总承包人将施工分包的情形下，工程竣工验收申请、参与主体仍然为工程总承包人，工程总承包人应当组织工程分包企业配合建设单位完成工程竣工验

收，并签署工程质量保修书。如工程总承包人为联合体，则相关竣工验收事宜由联合体牵头单位负责，由其协调联合体各方整理相关资料并参与工程竣工验收。

2. 验收的依据有所不同

传统的工程施工总承包是按发包人提供的施工图施工的，而工程总承包则是按约施工，即按发包人要求施工。与传统的工程施工总承包不同，工程总承包项目的竣工验收不仅涉及质量验收，还涉及工程的功能、性能、产能等验收，因功能、性能、产能等均规定在发包人要求中，故发包人要求是工程总承包项目竣工验收除国家有关法律、法规及规范、标准之外的一项主要验收依据。以发包人要求为主要验收依据，是工程总承包项目竣工验收的一大特色，这是由工程总承包的性质决定的。

发包人要求是发包人对承包人提出的契约性要求，是合同文件的一个重要组成部分，是工程总承包合同中确定承包人合同义务的最重要文件，其列明了工程的目的、范围、设计与其他技术标准和要求，以及合同双方当事人约定对其所作的修改或补充，是与合同专用条款处于同等解释顺位的合同文件。

发包人要求对建立工程总承包关系和合同履行全过程有着一系列影响。首先，投标人根据发包人要求编制投标文件；其次，承包人依据发包人要求进行设计、采购、施工，工程竣工后，承包人按照发包人要求提供竣工图和竣工资料，发包人按发包人要求组织各阶段验收，验收合格后，提供发包人要求等资料进行工程造价结算；再次，当合同发生纠纷时，依据发包人要求确定总价合同对应的工作范围、要求等，在以公开招标形式发包的工程项下，发包人要求是招标文件的一个组成内容，但经过投标人进行实质性响应投标后，发包人要求已转化为合同内容，是工程总承包人的主要义务，对双方具有约束力。在非招标发包的工程项下，发包人要求作为合同的组成内容，直接成为双方权利义务指向文件。

3. 工程总承包项目部分专业工程需进行竣工试验及竣工后试验

工程总承包项目工程竣工验收与传统的工程施工总承包不同，在工程竣工验收方面，因其工程总承包特性，以及部分工程自身功能等方面的特殊要求，诸如供水供电、污水处理、垃圾处理等工程需要进行竣工试验、竣工后试验，因此，部分专业工程竣工验收与发包人要求中的竣工试验、竣工后试验相关联。

（1）竣工试验

竣工试验是指承包人根据发包人要求及合同中约定的竣工试验条款，对已完工工程（全部工程或区段工程）是否符合国家强制性标准、竣工验收标准、发包人要求所进行的试验。竣工试验是工程竣工验收的前提条件，竣工试验并不构成发包人对于工程的接收，工程未按发包人要求进行竣工试验或试验不合格的，不得进入下阶段的竣工验收。

对未能通过竣工试验及重复试验的工程，承包人应根据合同约定修补缺陷。发包人或承包人可要求按相同的条件，重新进行未通过的试验以及相关工程或区段工程的竣工试验。

因发包人原因导致竣工试验未能通过的，承包人进行竣工试验的费用由发包人承担，竣工日期相应顺延。如果工程或区段工程未能通过重新进行的竣工试验，则发包人有权要求承包人继续进行修补和改正，并再次进行竣工试验。

能通过竣工试验，对工程或区段工程的操作或使用未产生实质性影响的，发包人有权要求承包人自费修复，承担因此增加的费用和误期损害赔偿责任，并赔偿发包人的相应损失，无法修复时，发包人有权扣减该部分的相应付款，同时视为通过竣工验收。

未能通过竣工试验，使工程或区段工程的任何主要部分丧失了生产、使用功能时，发包人有权指令承包人更换相关部分，承包人应承担因此增加的费用和误期损害赔偿责任，并赔偿发包人的相应损失。

未能通过竣工试验，使整个工程或区段工程丧失了生产、使用功能时，发包人可拒收工程或区段工程，或指令承包人重新设计、重置相关部分，承包人应承担因此增加的费用和误期损害赔偿责任，并赔偿发包人的相应损失。同时发包人有权根据合同约定解除合同。

因工程总承包项目的特殊性，许多工程要求工程竣工后应达到发包人要求的性能指标，为此，在工程交付后需进行竣工后试验。

（2）竣工后试验

竣工后试验是指承包人根据发包人要求及合同中约定的竣工后试验条款，对已经竣工验收及交付后的工程其设计和施工是否符合发包人要求及合同中约定的性能指标和产能指标而进行的试验，旨在检验工程是否达到发包人要求中的具体指标要求。

竣工后试验由发包人负责，承包人协助。如发包人要求承包人参加竣工后试验，则承包人有义务参加竣工后试验，如承包人未在发包人通知的时间和地点参加竣工后试验，发包人可自行进行，该试验应被视为是承包人在场的情况下进行的，且承包人应视为认可试验数据。如工程项目竣工后试验不合格，承包人将承担缺陷修复责任。

工程或区段工程未能通过竣工后试验，且合同中就该项未通过的试验约定了性能损害赔偿违约金及其计算方法的，或者就该项未通过的试验另行达成补充协议的，承包人在缺陷责任期内向发包人支付相应违约金或按补充协议履行后，视为通过竣工后试验。

对未能通过竣工后试验的工程或区段工程，承包人可向发包人建议，由承包人对该工程或区段工程进行调整或修补。发包人收到建议后，可向承包人发出通知，指示其在发包人方便的合理时间进入工程或区段工程进行调查、调整或修补，并为承包人的进入提供方便。承包人提出建议，但未在缺陷责任期内收到上述发包人通知的，相关工程或区段工程应视为已通过该竣工后试验。

发包人无故拖延给予承包人进行调查、调整或修补所需的进入工程或区段工程的许可，并造成承包人费用增加的，应承担由此增加的费用并支付承包人合理利润。

工程交付是指承包人将经验收合格的工程在取得建设单位颁发的工程接收证书后将工程移交建设单位的行为，交付完成后，工程毁损风险由建设单位承担。工程交付，发包人接收工程与工程竣工验收相互关联，在不同的合同范本中，有关工程接收的顺序有所不同，实务中应予区分。不同合同范本的工程接收顺序如表 1 所示。

表 1　不同合同范本的工程接收顺序

工程总承包合同范本	工程接收顺序
《建设项目工程总承包合同示范文本（试行）》	竣工试验—工程接收—竣工后试验—竣工验收
《标准设计施工总承包招标文件》	竣工试验—竣工验收—工程接收（竣工后试验）
《建设项目工程总承包合同（示范文本）》	竣工试验—竣工验收—工程接收—竣工后试验

（二）工程竣工验收及交付的法律意义

1. 工程竣工验收合格是工程交付使用的前提条件。《建筑法》《民法典》《建设工程质量管理条例》规定，建设工程经验收合格后，方可交付使用，未经验收合格或验收不合格的，不得交付使用。因此，工程交付必须经验收合格。

2. 工程竣工验收合格是工程结算的前提和依据。工程竣工验收既是对工程质量的检验，也是对工程量的确认，只有在工程验收合格后，承包人方可提交工程结算资料进行工程价款结算，经过确认的工程量才能作为结算依据。

3. 工程竣工验收合格是确定工程质量保修期及缺陷责任期起算点的充分条件。《建设工程质量管理条例》第四十条第三款规定建设工程的保修期自竣工验收合格之日起计算，《建设工程质量保证金管理办法》第八条规定缺陷责任期从工程通过竣工验收之日起计。因此，工程质量保修期及缺陷责任期的起算以工程竣工验收合格为条件和起算点。

4. 工程交付是工程毁损风险转移的法定界限，工程毁损风险随工程的移交而转移。

（三）关于工程竣工验收的相关规定

关于工程总承包项目的竣工验收，其验收条件、验收程序主要依据为国家及地方相关行政主管部门的行政监督管理规定，以及工程总承包合同的约定。目前，我国由于工程总承包制度推行较晚，国家层面还没有一部关于工程总承包项目竣工验收的统一管理性规定，实务中，工程总承包项目验收条件的界定及验收程序的适用，主要依据《建设工程质量管理条例》、《房屋建筑和市政基础设施工程竣工验收规定》（建质〔2013〕171 号）、《建筑工程施工质量验收统一标准》（GB 50300—2013）等规定，以及地方相关行政主管部门制定的一些具体的实施意见去操作。

另外，对于一些非房屋建筑和市政基础设施的专项工程，由于相关部门还制定了专项验收规定，对工程竣工验收条件、程序等作了特别规定，这些关于工程竣工验收的专项规定，在工程总承包项目竣工验收实务中，也是参照适用的依据。如环保工程的《建设项目竣工环境保护验收管理办法》（现已废止）、公路工程的《公路工程竣（交）工验收办法》（交通部令 2004 年第 3 号）、机场工程的《运输机场专业工程竣工验收管理办法》（民航规〔2020〕37 号）、煤矿项目的《煤矿建设项目竣工验收管理办法》（国能发煤炭〔2019〕1号）、港口工程的《港口工程竣工验收规程》（JTS 125－1—2021）、铁路工程的《铁路建设项目竣工验收交接办法》（铁建设〔2008〕23号）。

（四）工程竣工验收应当具备的条件

根据《建设工程质量管理条例》第十六条、《房屋建筑和市政基础设施工程竣工验收规定》第五条、《建设项目工程总承包合同（示范文本）》通用合同条件第10.1.1条等相关规定，建设工程一般应当具备以下法定条件，方可进行竣工验收。

1. 完成工程设计和合同约定的各项内容。除因工程变更导致的工程量删减和扫尾工作清单列入缺陷责任期内完成的扫尾工程和缺陷修补工作外，合同范围内的全部单位/区段工程以及有关工作，包括合同要求的试验和竣工试验均已完成，并符合合同要求；已按合同约定编制了扫尾工作和缺陷修补工作清单以及相应实施计划；完成合同约定要求在竣工验收前应完成的其他工作。

2. 承包人在工程完工后对工程质量进行了检查，确认工程质量符合有关法律、法规和工程建设强制性标准，符合发包人要求、设计文件及合同要求，并提出工程竣工报告，工程竣工报告应经项目经理和承包人有关负责人审核签字。

3. 对于委托工程师的工程项目，承包人向工程师报送竣工验收申请报告，工程师进行审查并报送发包人。工程师审查后认为尚不具备竣工验收条件的，应通知承包人，指出在颁发接收证书前承包人还需进行的工作内容。承包人完成工程师通知的全部工作内容后，应再次提交竣工验收申请报告，直至工程师同意为止。

4. 有完整的技术档案和施工管理资料，并按合同约定的内容和份数备齐竣工资料。

5. 有工程使用的主要建筑材料、建筑构配件和设备的进场试验报告，以及工程质量检测和功能性试验资料。

6. 建设单位已按合同约定支付工程款。

7. 有承包人签署的工程质量保修书。

8. 对于住宅工程，进行分户验收并验收合格，建设单位按户出具住宅工程质量分户验收表。

9. 建设主管部门及工程质量监督机构责令整改的问题全部整改完毕。

（五）工程竣工验收程序

根据《房屋建筑和市政基础设施工程竣工验收规定》及《建设项目工程总承包合同（示范文本）》通用合同条件，除专用合同条款另有约定外，承包人申请竣工验收的，一般应当按照以下程序进行。

1. 工程完工后，承包人在自检合格的基础上，向工程师报送竣工验收申请报告，工程师应在收到竣工验收申请报告后 14 天内完成审查并报送发包人。工程师审查后认为尚不具备竣工验收条件的，应在收到竣工验收申请报告后的 14 天内通知承包人，指出在颁发接收证书前承包人还需进行的工作内容。承包人完成工程师通知的全部工作内容后，应再次提交竣工验收申请报告，直至工程师同意为止。

2. 工程师同意承包人提交的竣工验收申请报告的，或工程师收到竣工验收申请报告后 14 天内不予答复的，视为发包人收到并同意承包人的竣工验收申请，发包人应在收到该竣工验收申请报告后的 28 天内通知工程质量监督机构并组织监理人、施工人、设计人等相关单位进行竣工验收。

工程经竣工验收合格的，以竣工验收合格之日为实际竣工日期，并在工程接收证书中记载；完成竣工验收但发包人不予签发工程接收证书的，视为竣工验收合格，以完成竣工验收之日为实际竣工日期。

竣工验收不合格的，工程师应按照验收意见发出指示，要求承包人对不合格工程返工、修复或采取其他补救措施，由此增加的费用和（或）延误的工期由承包人承担。承包人在完成不合格工程的返工、修复或采取其他补救措施后，应重新提交竣工验收申请报告，并按约定的程序重新进行验收。

3. 因发包人原因，未在工程师收到承包人竣工验收申请报告之日起 42 天内完成竣工验收的，以承包人提交竣工验收申请报告之日作为工程实际竣工日期。

4. 工程未经竣工验收，发包人擅自使用的，以转移占有工程之日为实际竣工日期。

具体程序如图 2 所示。

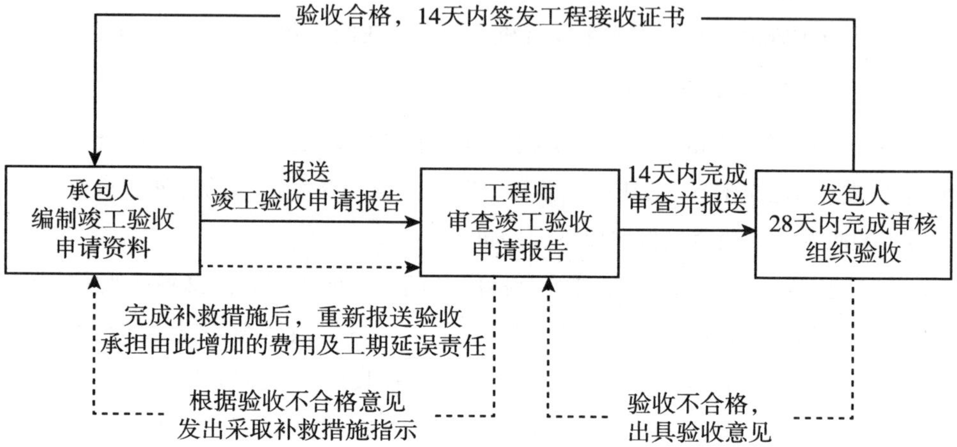

图2 《建设项目工程总承包合同（示范文本）》通用合同条件——竣工验收流程

《标准设计施工总承包招标文件》通用条款中规定的竣工验收程序与上述程序基本相同，只是相关时限不同而已。

验收时具体方法为：

1. 建设、工程总承包、监理等单位分别汇报工程合同履约情况和在工程建设各个环节执行法律、法规和工程建设强制性标准的情况；

2. 审阅建设、工程总承包、监理等单位的工程档案资料；

3. 实地查验工程质量；

4. 对工程勘察、设计、施工、设备安装质量和各管理环节等方面作出全面评价，形成经验收组人员签署的工程竣工验收意见。

（六）工程竣工文件

根据《建设工程文件归档规范》（GB/T 50328—2019）相关规定，在工程建设过程中形成的各种形式的信息记录称为建设工程文件，建设工程文件包括工程准备阶段文件、监理文件、施工文件、竣工图和竣工验收文件。其中工程准备阶段文件是指工程开工以前，在立项、审批、用地、勘察、设计、招投标等工程准备阶段形成的文件；监理文件是监理单位在工程设计、施工等监理过程中形成的文件；施工文件是施工单位在施工过程中形成的文件；竣工图是指工程竣工验收后，真实反映建设工程施工结果的图样；竣工验收文件是指建设工程项目竣工验收活动中形成的文件。

在建设工程文件中，监理文件、施工文件、竣工图构成工程竣工文件，工程竣工文件是对工程项目施工全过程和项目最终状态的真实记录，其编制、保管和提交移转应符合行业主管部门的相关规定和合同约定。

具备完整的工程竣工文件是工程竣工验收和备案的前置条件，在合同履行过程中，承包人应编制并及时更新反映工程实施结果的竣工记录，如实记载竣工工程的确切位置、尺寸和已实施工作的详细说明。竣工文件的形式、技术标准以及其他相关内容应按照相关法律法规、行业标准与发包人要求执行。竣工记录应保存在施工现场，并在竣工试验开始前，按照合同约定的份数提交工程师。在颁发工程接收证书之前，承包人应按照发包人要求的份数和形式向工程师提交相应竣工图纸，并取得工程师对尺寸、参照系统及其他有关细节的认可，工程师应按照约定进行审查。

二、工程总承包项目竣工验收及交付阶段的风险与防范

（一）未按规定及时、规范地向建设单位提交竣工验收申请报告的风险与防范

【风险点解析】

建设工程完工自检合格后，根据《建设工程质量管理条例》《房屋建筑和市政基础设施工程竣工验收规定》《建筑工程施工质量验收统一标准》相关规定及合同约定，承包人应向建设单位提交工程竣工验收申请报告，以启动工程竣工验收程序。根据《建设项目工程总承包合同（示范文本）》通用合同条件第 10.1.2 条第（4）项规定，因发包人原因，未在工程师收到承包人竣工验收申请报告之日起 42 天内完成竣工验收的，以承包人提交竣工验收申请报告之日作为工程实际竣工日期，因此，及时、规范地向建设单位提交竣工验收申请报告具有非常重要的法律意义。

实务中，部分承包人在工程完工后，一是不按规定及时向建设单位提交竣工验收申请报告，以致工程验收因承包人自身原因而被拖延，进而导致工程验收及交付工作延后，工程结算延期，工程保管成本增加，甚至造成工期违约，引发诉争；二是竣工验收申请报告送达不规范，既未按合同约定方式送达，也未向有权

签收报告的授权人送达，虽提交了竣工验收申请报告，但并未实际产生已提交竣工验收申请报告的法律效果，发包人拒绝予以确认，等同于未提交。

【防范措施】

1. 工程完工，经预验收后，及时整理好工程施工资料，并制作工程竣工验收申请报告，向建设单位提交竣工验收申请报告和完整的竣工验收资料。

2. 严格按照合同约定的方式送达，现场送达的，应当要求有权代表签字确认，做好签收记录；通过 EMS 快递邮寄方式送达的，保存好 EMS 快递建设单位签收凭证等资料。

3. 竣工验收申请报告及竣工验收资料的签收人原则上应为建设单位法定代表人，或合同约定并授权的监理人（工程师）、建设单位代表。

【相关规定链接】

《民法典》

第七百九十九条第一款　建设工程竣工后，发包人应当根据施工图纸及说明书、国家颁发的施工验收规范和质量检验标准及时进行验收。验收合格的，发包人应当按照约定支付价款，并接收该建设工程。

《建筑法》

第六十一条　交付竣工验收的建筑工程，必须符合规定的建筑工程质量标准，有完整的工程技术经济资料和经签署的工程保修书，并具备国家规定的其他竣工条件。

建筑工程竣工经验收合格后，方可交付使用；未经验收或者验收不合格的，不得交付使用。

《建设工程质量管理条例》

第十六条　建设单位收到建设工程竣工报告后，应当组织设计、施工、工程监理等有关单位进行竣工验收。

建设工程竣工验收应当具备下列条件：

（一）完成建设工程设计和合同约定的各项内容；

（二）有完整的技术档案和施工管理资料；

（三）有工程使用的主要建筑材料、建筑构配件和设备的进场试验报告；

（四）有勘察、设计、施工、工程监理等单位分别签署的质量合格文件；

（五）有施工单位签署的工程保修书。

建设工程经验收合格的，方可交付使用。

最高人民法院《关于审理建设工程施工合同纠纷案件适用法律问题的解释（一）》（法释〔2020〕25号）

第九条　当事人对建设工程实际竣工日期有争议的，人民法院应当分别按照以下情形予以认定：

（一）建设工程经竣工验收合格的，以竣工验收合格之日为竣工日期；

（二）承包人已经提交竣工验收报告，发包人拖延验收的，以承包人提交验收报告之日为竣工日期；

（三）建设工程未经竣工验收，发包人擅自使用的，以转移占有建设工程之日为竣工日期。

《房屋建筑和市政基础设施工程竣工验收规定》（建质〔2013〕171号）

第六条　工程竣工验收应当按以下程序进行：

（一）工程完工后，施工单位向建设单位提交工程竣工报告，申请工程竣工验收。实行监理的工程，工程竣工报告须经总监理工程师签署意见。

（二）建设单位收到工程竣工报告后，对符合竣工验收要求的工程，组织勘察、设计、施工、监理等单位组成验收组，制定验收方案。对于重大工程和技术复杂工程，根据需要可邀请有关专家参加验收组。

（三）建设单位应当在工程竣工验收7个工作日前将验收的时间、地点及验收组名单书面通知负责监督该工程的工程质量监督机构。

（四）建设单位组织工程竣工验收。

1. 建设、勘察、设计、施工、监理单位分别汇报工程合同履约情况和在工程建设各个环节执行法律、法规和工程建设强制性标准的情况；

2. 审阅建设、勘察、设计、施工、监理单位的工程档案资料；

3. 实地查验工程质量；

4. 对工程勘察、设计、施工、设备安装质量和各管理环节等方面作出全面评价，形成经验收组人员签署的工程竣工验收意见。

参与工程竣工验收的建设、勘察、设计、施工、监理等各方不能形成一致意见时，应当协商提出解决的方法，待意见一致后，重新组织工程竣工验收。

《建设项目工程总承包合同（示范文本）》（GF-2020-0216）

10.1.2　竣工验收程序

除专用合同条件另有约定外，承包人申请竣工验收的，应当按照以下程序进行：

（1）承包人向工程师报送竣工验收申请报告，工程师应在收到竣工验收申请报告后 14 天内完成审查并报送发包人。工程师审查后认为尚不具备竣工验收条件的，应在收到竣工验收申请报告后的 14 天内通知承包人，指出在颁发接收证书前承包人还需进行的工作内容。承包人完成工程师通知的全部工作内容后，应再次提交竣工验收申请报告，直至工程师同意为止。

……

（4）因发包人原因，未在工程师收到承包人竣工验收申请报告之日起 42 天内完成竣工验收的，以承包人提交竣工验收申请报告之日作为工程实际竣工日期。

（二）技术档案和施工管理资料不完整的风险与防范

【风险点解析】

技术档案和施工管理资料完整是工程竣工验收应当具备的一项法定条件，根据《房屋建筑和市政基础设施工程竣工验收规定》的相关规定，工程验收时，既要实地查验工程质量，也要审阅建设、勘察、设计、施工、监理单位的工程档案。据此，工程验收不仅是对工程质量内容的验收，也是对工程资料的验收。因此，承包人的竣工资料必须完整，否则，将导致建设单位不能正常验收或工程不能通过验收，承包人将承担未能及时竣工验收的法律后果。

【防范措施】

1. 承包人在工程施工过程中，应注重各阶段施工资料的收集整理，其中存在分包的，应在分包项目检验合格后，要求分包单位将工程的相关资料整理完整后及时移交，确保竣工验收资料的完整、规范。

2. 查漏补缺，对未经监理单位/工程师或建设单位签章确认的工程变更、工程量增减、工期顺延等事项，提请监理单位/工程师、建设单位签章确认，以完善相关施工资料。

3. 承包人应当严格按照合同约定及建设行政管理部门要求，整理、装订好竣工验收资料，并制作交接文件清单。办理交接手续时，做好资料交接签收记录，由双方签章确认。

【相关规定链接】

《建筑法》

第六十一条　交付竣工验收的建筑工程，必须符合规定的建筑工程质量标准，有完整的工程技术经济资料和经签署的工程保修书，并具备国家规定的其他竣工条件。

《建设工程质量管理条例》

第十七条　建设单位应当严格按照国家有关档案管理的规定，及时收集、整理建设项目各环节的文件资料，建立、健全建设项目档案，并在建设工程竣工验收后，及时向建设行政主管部门或者其他有关部门移交建设项目档案。

《房屋建筑和市政基础设施工程竣工验收规定》（建质〔2013〕171号）

第五条　工程符合下列要求方可进行竣工验收：

……

（五）有完整的技术档案和施工管理资料。

（六）有工程使用的主要建筑材料、建筑构配件和设备的进场试验报告，以及工程质量检测和功能性试验资料。

第六条　工程竣工验收应当按以下程序进行：

……

（四）建设单位组织工程竣工验收。

2. 审阅建设、勘察、设计、施工、监理单位的工程档案资料；

……

《城市建设档案管理规定》（2019年修正）

第八条　列入城建档案馆档案接收范围的工程，城建档案管理机构按照建设工程竣工联合验收的规定对工程档案进行验收。

《建筑工程施工质量验收统一标准》（GB 50300—2013）

5.0.4　单位工程质量验收合格应符合下列规定：

1：所含分部工程的质量均应验收合格；

2：质量控制资料应完整；

3：所含分部工程中有关安全、节能、环境保护和主要使用功能的检验资料应完整；

4：主要使用功能的抽查结果应符合相关专业验收规范的规定；

5：观感质量应符合要求。

【典型案例】

案例：武汉武船重型装备工程有限责任公司、海南东方国信风能有限公司等建设工程施工合同纠纷案

案号：（2022）最高法民终226号

审理法院：最高人民法院

裁判要旨：

土建及安装工程虽纳入鉴定范围，因提交的工程资料不完整，对鉴定机构认定的土建及安装工程造价不予认可。可根据发承包和监理三方签字盖章确认的工程量确认单等现场施工资料认定工程造价。

基本案情：

2015年12月19日，武汉武船重型装备工程有限公司（以下简称武船公司）与上海电建公司作为联合体与海南东方国信风能有限公司（以下简称东方国信公司）签订了《总承包合同》及《关于联合体分工、资金及支付安排等事项的三方协议》（以下简称《三方协议》）。总承包合同约定武船公司与上海电建的联合体作为总承包方承建东方国信公司技术改造项目的制造安装施工工程，包括风电场项目的建设、安装及验收移交。

总承包合同约定项目由武船公司垫资建设，在合同签订后，东方国信公司确认分项工程的实施单位和分项价格，武船公司应按时支付各分项合同的工程款。合同约定开工日期为2015年12月18日，竣工日期为2016年7月30日。合同总价为32，386万元（其中设备制造部分约为2.3亿元，建筑安装部分约为0.9386亿元）。质量保修期：风力发电机组质量保修期以与风机供应商签订的供货合同规定的质保时间为准。建筑或安装工程及其他设备质量保修期为竣工验收合格并移交发包方之日起24个月，承包方负责的塔架设备以承诺函为准。合同价款支付：第一批机组（8台）安装验收后支付合同总价格的30%；全部机组取得双方与主机厂签署共同预验收证书后支付至90%；发包方按合同规定在工程竣工验收合格并经审计结算完成后支付100%工程款。

违约责任约定：若发包方不能按合同约定的期限支付合同价款，发包方应按银行同期贷款利息上浮20%支付延期利息；合同总工期除不可抗力原因及发包方责任外，工期不得延误，承包方的移交基准日期与合同约定的移交基准日推迟

的，自违约之日起算，承包方每日按本项目建设工程费用的3‰向发包方支付违约金。工程变更、签证的价格计取按下述方法执行：工程设计变更的原则按本合同第三条执行，对设计变更与现场签证的计价，土建部分按《海南省建筑工程综合定额》计取，安装部分按《海南省安装工程综合定额》计取。具体在结算时设计变更及现场签证单价按以下顺序计价：如出现投标报价清单中的相同项目时，按清单中的综合单价执行；类似项目参照投标报价清单项目价格执行；如果是清单价中没有的项目，按现行建筑安装定额执行；如果清单项目与定额中均没有相应项目，则采取市场询价的方式共同确认单价。

《三方协议》约定武船公司承担联合体与业主所签订合同约定的其自身范围内的一切义务和责任以及上海电建公司范围内的资金义务和责任。2015 年 4 月 28 日，武船公司、东方国信公司、上海电气公司签署《海南东方风力发电厂技术改造项目 35MW 风电机组设备项目风力发电机组设备采购合同》，武船公司作为买方，东方国信公司作为使用方，向卖方上海电气公司采购 14 台风电机组及附属系统。合同为固定总价合同，合同总价 16, 570 万元。质量保修期两年。2017 年 9 月 1 日，武船公司、东方国信公司、上海电气公司签署预验收证书，并约定风机设备于 2017 年 4 月 30 日进入质保期。案涉项目于 2017 年 12 月 4 日竣工，2018 年 3 月 24 日完成竣工验收。

经武船公司申请，一审法院依法委托海南泓信工程咨询有限公司就案涉工程 14 台风机塔筒及土建部分进行工程造价鉴定。海南泓信工程咨询有限公司于 2021 年 7 月 29 日出具工程造价鉴定意见书，鉴定意见为：（1）鉴定意见金额 35, 534, 235. 61 元（塔筒制作费 24, 080, 000. 14 元 + 土建部分 11, 454, 235. 47 元）；（2）选择性意见金额 2, 894, 853. 11 元（塔筒制作设计费 226, 400 元 + 土建工程 2, 668, 453. 11 元）。东方风力发电厂对鉴定机构套用定额子目 5 – 1 – 9 计算塔筒制作费提出异议，一审法院就该问题向海南省建设标准定额站发函咨询，2021 年 10 月 14 日海南省建设标准定额站出具关于确认适用标准定额征询的复函，认为案涉项目不适用定额子目 5 – 1 – 9 计价，建议双方根据《总承包合同》，采取市场询价方式共同确认单价。

法院裁判理由与结果：

一审法院认为，虽然土建及安装工程纳入鉴定范围，因提交的工程资料不完整，上海电建对鉴定机构认定的土建及安装工程造价不予认可，要求以现场已完成工程量确认表确认的7086万元认定土建及安装工程造价。上海电建提交的现场已完成工程量确认表及海南东方风力发电厂技改项目工程完成产值报表，有上海电建、监理单位及东方国信公司的签字盖章，可以作为确定土建及安装工程造价的依据，一审法院予以支持。

二审法院认为，一审判决根据上海电建公司、东方国信公司及监理单位三方共同签字盖章确认的现场已完成工程量确认表及海南东方风力发电厂技改项目工程完成产值报表认定土建及安装工程造价为7086万元，有事实和法律依据，应予维持。东方国信公司称，工程量确认单仅作为进度款支付的依据，不能作为结算的依据，于法无据，不予支持。

（三）工程验收不合格，未按建设单位要求进行整改的风险与防范

【风险点解析】

工程竣工验收合格是建设工程最重要的里程碑，只有通过竣工验收，工程才能交付、结算，承包人才有权向建设单位主张工程价款。如工程未通过验收，承包人应根据建设单位按照验收意见发出的指示，对不合格工程进行返工、修复或采取其他补救措施，在完成不合格工程的返工、修复或采取其他补救措施后，重新提交竣工验收申请报告申请工程验收。如承包人未按建设单位对竣工验收所提出的整改意见进行整改，将导致竣工交付、结算被拖延，并有可能承担逾期竣工的违约责任。同时，建设工程经验收不合格的，建设单位可以请求承包人承担修复费用，如果修复后的建设工程经验收不合格，承包人则无权主张工程价款。

【防范措施】

1. 承包人应要求建设单位出具书面整改意见，明确具体整改项目及整改要求，组织人员及时、全面地进行整改。

2. 如建设单位提出的整改要求不合理，承包人则应及时提出异议，积极进行沟通协商、据理力争，并保留好提出异议的相关证据。

3. 整改时应当注意保留整改的证据材料，并在整改后及时提交验收申请报告，并做好报告签收确认事宜。

【相关规定链接】

《民法典》

第七百九十三条　建设工程施工合同无效，但是建设工程经验收合格的，可

以参照合同关于工程价款的约定折价补偿承包人。

建设工程施工合同无效，且建设工程经验收不合格的，按照以下情形处理：

（一）修复后的建设工程经验收合格的，发包人可以请求承包人承担修复费用；

（二）修复后的建设工程经验收不合格的，承包人无权请求参照合同关于工程价款的约定折价补偿。

发包人对因建设工程不合格造成的损失有过错的，应当承担相应的责任。

第八百零一条　因施工人的原因致使建设工程质量不符合约定的，发包人有权请求施工人在合理期限内无偿修理或者返工、改建。经过修理或者返工、改建后，造成逾期交付的，施工人应当承担违约责任。

《建设工程质量管理条例》

第三十二条　施工单位对施工中出现质量问题的建设工程或者竣工验收不合格的建设工程，应当负责返修。

《建设项目工程总承包合同（示范文本）》（GF－2020－0216）

10.1.2　竣工验收程序

除专用合同条件另有约定外，承包人申请竣工验收的，应当按照以下程序进行：

……

（3）竣工验收不合格的，工程师应按照验收意见发出指示，要求承包人对不合格工程返工、修复或采取其他补救措施，由此增加的费用和（或）延误的工期由承包人承担。承包人在完成不合格工程的返工、修复或采取其他补救措施后，应重新提交竣工验收申请报告，并按本项约定的程序重新进行验收。

（四）工程验收合格，未及时进行工程移交的风险与防范

【风险点解析】

工程竣工验收合格，承包人应在取得建设单位颁发的工程接收证书后，按合同约定的时间及时办理工程移交手续，将工程移交建设单位，并积极进行施工现场清理，待施工现场清理结束后及时撤出施工现场，解除施工现场全部保管责任。如工程验收通过后，承包人未能及时依约进行工程移交，承包人可能承担工期违约责任。而且，由于工程的保管责任未能及时解除，将继续承担保管费用，

且会存在建设单位依约处置施工现场遗留物导致承包人损失的风险。

【防范措施】

1. 工程验收通过，承包人应按合同约定时间书面通知建设单位接收工程，办理工程的移交手续，将竣工项目移交建设单位，并撤出施工现场，解除施工现场全部保管责任。

2. 如建设单位怠于接收工程，承包人应书面进行催促，同时就保管费用等事项提交索赔报告进行索赔。

3. 如因建设单位违约，承包人为保护自身权利采取暂不移交措施的，则应及时书面向建设单位主张权利，保留好送达证据，并在恰当的时候移交工程，以免承担责任。

【相关规定链接】

《民法典》

第六百零四条　标的物毁损、灭失的风险，在标的物交付之前由出卖人承担，交付之后由买受人承担，但是法律另有规定或者当事人另有约定的除外。

第六百四十六条　法律对其他有偿合同有规定的，依照其规定；没有规定的，参照适用买卖合同的有关规定。

第七百八十四条　承揽人应当妥善保管定作人提供的材料以及完成的工作成果，因保管不善造成毁损、灭失的，应当承担赔偿责任。

《建设项目工程总承包合同（示范文本）》（GF－2020－0216）

10.3.3　发包人无正当理由不接收工程的，发包人自应当接收工程之日起，承担工程照管、成品保护、保管等与工程有关的各项费用，合同当事人可以在专用合同条件中另行约定发包人逾期接收工程的违约责任。

10.3.4　承包人无正当理由不移交工程的，承包人应承担工程照管、成品保护、保管等与工程有关的各项费用，合同当事人可以在专用合同条件中另行约定承包人无正当理由不移交工程的违约责任。

（五）验收通过后，未及时办理工程资料移交手续或移交不规范的风险与防范

【风险点解析】

工程竣工验收合格后，建设单位应将建设工程竣工验收报告和规划，公安、

消防、环保等部门出具的认可文件或者准许使用文件报建设行政主管部门或者其他有关部门备案。其中工程质量保修书、竣工资料应由承包人提供给建设单位，对此，承包人有移交相关工程资料、配合建设单位竣工验收备案的法定协作义务，承包人应当诚信履行。另外，根据国家相关规定及合同约定，如承包人未及时办理工程资料移交手续或移交不规范，一方面会影响建设单位的工程竣工备案，如建设单位是房地产开发企业，则会因无法进行工程竣工备案，而造成向业主迟延交付，房地产开发企业在承担责任后，可能向承包人追偿；另一方面，建设单位也会以承包人未提供竣工资料或提供的竣工资料不完整为由拒绝工程结算，拖延工程款支付。

【防范措施】

1. 工程验收通过，承包人应按合同约定及时将装订成册的全部施工资料移交建设单位，由建设单位法定代表人或其授权的委托人签收，并保管好相关签收凭证。

2. 如建设单位怠于接收工程资料，则应书面进行催促，并保存书面通知的EMS 邮寄送达及建设单位签收凭证。

【相关规定链接】

《建设工程质量管理条例》

第十七条　建设单位应当严格按照国家有关档案管理的规定，及时收集、整理建设项目各环节的文件资料，建立、健全建设项目档案，并在建设工程竣工验收后，及时向建设行政主管部门或者其他有关部门移交建设项目档案。

《房屋建筑和市政基础设施工程竣工验收规定》（建质〔2013〕171 号）

第九条　建设单位应当自工程竣工验收合格之日起 15 日内，依照《房屋建筑和市政基础设施工程竣工验收备案管理办法》（住房和城乡建设部令第 2 号）的规定，向工程所在地的县级以上地方人民政府建设主管部门备案。

《建设项目工程总承包合同（示范文本）》（GF－2020－0216）

10. 3. 2　除按本条约定已经提交的资料外，接收工程时承包人需提交竣工验收资料的类别、内容、份数和提交时间，在专用合同条件中约定。

《房屋建筑和市政基础设施工程竣工验收备案管理办法》（建设部令第 78 号，2009 年修正）

第四条　建设单位应当自工程竣工验收合格之日起 15 日内，依照本办法规定，向工程所在地的县级以上地方人民政府建设主管部门（以下称备案机关）备案。

《城市建设档案管理规定》（2019年修正）

第六条第一款　建设单位应当在工程竣工验收后三个月内，向城建档案馆报送一套符合规定的建设工程档案。凡建设工程档案不齐全的，应当限期补充。

【典型案例】

案例：中冶北方工程技术有限公司、舞钢新希望炼铁有限责任公司建设工程合同纠纷案

案号：（2021）豫民终240号

审理法院：河南省高级人民法院

裁判要旨：

承包人未按照法律规定及工程总承包合同约定移交工程资料的，应当履行工程资料移交义务。

基本案情：

2010年2月26日，舞钢新希望炼铁有限责任公司（以下简称新希望公司）的前身舞钢冶金公司（发包方）与中冶北方工程技术有限公司（以下简称中冶公司，承包方）签订编号为wgyj2010－005的《总承包合同》，将其180m^2烧结机工程发包给中冶公司设计和建设。

《总承包合同》签订后，中冶公司根据合同约定组织了对涉案工程的设计和建设施工工作，新希望公司根据合同约定支付了工程进度款，由于多方面原因，该工程未能按合同约定时间完成建设任务。

2011年12月29日，新希望公司与中冶公司签订确认意见，就工程项目的工期、付款和相关事项作了确认。

2012年10月12日，新希望公司向中冶公司发出关于舞钢冶金公司180m^2烧结机总包工程项目进度的函，要求中冶公司于10月20日前将所有尾项工程和设备缺陷全部处理完毕。

2012年11月15日，中冶公司组织对涉案工程进行了无负荷联动运转测试，制作了无负荷联动试运转记录，中冶公司、海华监理公司、新希望公司签字盖章予以确认。试运行结果：通过调试与现场人员结合，完善了控制系统功能，实现了参加联锁的设备能够联锁启动、事故联锁停车等功能，达到无负荷联运调试目

标，系统具备带负荷试车功能要求。

2012年9月至2012年12月29日，中冶公司陆续向新希望公司交接涉案工程相关实物，将涉案工程移交新希望公司。移交过程中，制作了舞钢冶金公司烧结区实物交接手续58份、实物量交接验收单1份、舞钢冶金180m^{2}烧结区气力输送系统实物交接手续1份，施工单位、总包单位、监理单位、业主单位签字盖章确认。部分舞钢冶金公司烧结区实物交接手续“验收情况”栏和舞钢冶金180m^{2}烧结区气力输送系统实物交接手续“验收情况”栏记载了一些验收过程中发现的问题，中冶公司称这些问题在2012年12月29日都已经作为收尾工程处理完毕，没有相应的手续；新希望公司不予认可，称这些问题中冶公司均没有处理，是其找第三方处理的。

2014年2月19日，新希望公司组织对涉案工程进行了热负荷试车；3月6日，新希望公司举行原料结构优化工程投产仪式，涉案工程投产。

2014年7月5日，中冶公司提交竣工验收申请报告，载明：“由中冶北方工程技术有限公司中标承建的河北钢铁集团舞钢冶金有限责任公司180m^{2}烧结机工程，合同工期为280天，至2010年11月20日，按投标文件承诺及施工合同要求，我方于2010年2月25日，遵照业主进场通知进场开工，现工程已于2014年2月19日完工，完成全部施工工作，经我公司项目部自检自验，工程总体评价为合格工程，已具备总体工程验收条件，验收文件也准备就绪，申请舞阳钢铁有限责任公司规划发展部、河南海华工程建设监理公司给予合同项目竣工验收。”监理单位当日在该报告“监理机构审核意见”栏签字盖章签收，“建设单位审核意见”栏新希望公司未签字盖章。中冶公司提交的竣工验收证书上，“参加验收单位意见”栏内，中冶公司、海华监理公司，舞阳钢铁有限责任公司能源中心、设备部、安全环保部在相应栏目内签字盖章，该“安全环保部”栏内并签写时间“2015.12.21”；舞阳钢铁有限责任公司供应部在相应栏目内签字；炼铁厂（新希望公司），舞阳钢铁有限责任公司自动化部、规划发展部等栏目内无签字盖章。中冶公司主张涉案工程竣工时间为其交付工程时间2012年12月29日，其交付时工程已经完工，2014年2月19日是热试车时间；新希望公司主张该工程交付时间和完工时间是2014年2月19日，当日进行了热试车，竣工时间为中冶公司提交竣工验收申请报告时间2014年7月5日。

本案原一审中冶公司于2016年8月17日提起诉讼，一审法院于2016年8月

23日立案。

中冶公司向一审法院起诉请求：（1）判令新希望公司向中冶公司支付工程款2661.6046万元；（2）判令新希望公司向中冶公司支付工程款利息526.502357万元（以2661.6046万元为基数，按照中国人民银行同期贷款利率，自2012年12月29日起算，暂计算至2016年7月31日），并顺延至付清之日止；（3）判令新希望公司向中冶公司支付费用损失50.464918万元；（4）本案诉讼费用（包括案件受理费、保全费、鉴定费等）由新希望公司承担。

新希望公司向一审法院提起反诉请求：（1）判令中冶公司赔偿新希望公司因中冶公司违反合同延期竣工投产的损失6506万元（实际损失8485万元，暂按6506万元起诉）；（2）判令中冶公司向新希望公司即时交付完整正确的竣工图（3份）、竣工资料（3份）、工程验评结果、固定资产组价的详细资料（4份）等资料和21,112.7974万元全额工程款发票（具体金额以法院判决确定的数额为准）；（3）案件受理费等费用由中冶公司承担。

一审诉讼中，中冶公司提交涉案工程竣工图纸移交清单10份、竣工图纸交接单1份、PTC系统图纸交接单1份、竣工资料移交清单10份、竣工资料交接单3份、随机资料交接单22份、设备资料交接手续9份（均为复印件），共计56份，主张除总竣工图、工程验评结果（其认为是指竣工验收证书）外，新希望公司第（2）项反诉请求要求其交付的工程资料其均已经交付。新希望公司质证认为中冶公司该组证据均为复印件，不认可其真实性，同时认为这些都是分部分项工程图纸与资料的交接手续，不属于其第（2）项反诉请求要求中冶公司交付的工程资料，且该组证据不显示交接固定资产组价的资料。中冶公司表示，关于新希望公司反诉的工程资料问题，除了其已经交付的一部分竣工图外，其他未交付的资料其可以交付。

法院裁判理由与结果：

一审法院认为，关于新希望公司请求判令中冶公司向其交付竣工图、竣工资料、工程验评结果、固定资产组价的详细资料及工程款发票的问题，《总承包合同》第4.2条第（16）项约定："工程竣工验收报告经发包方认可后45天内向发包方提供完整正确的竣工图（3份）、竣工资料（3份）、工程验评结果等资料；工程验收合格后30天内向发包方提交固定资产组价的详细资料（3份）、竣工结算（4份）。"中冶公司应当按照合同约定交付上述工程资料。中冶公司提交涉案工程竣工图纸移交清单10份、竣工图纸交接单1份、PTC系统图纸交接单1份、竣工资料移交清单10份、竣工资料交接单3份、随机资料交接单22份、设备资料交接手续9份（均为复印件），共计56份，主张除总竣工图、工程验评结果（其认为是指竣工验收证书）外，新希望公司第（2）项反诉请求要求其交付的工程资料其均已经交付。新希望公司质证认为中冶公司该组证据均为复印件，不认可其真实性，同时认为这些都是分部分项工程图纸与资料的交接手续，不属于其第（2）项反诉请求要求中冶公司交付的工程资料，且该组证据不显示交接固定资产组价的资料。经查，中冶公司提交的该组证据材料与原一审时提交的一致，原一审时新希望公司认可其中部分材料的真实性，但亦认为该材料上记载的资料不属于《总承包合同》第4.2条第（16）项约定的工程资料。一审法院经审查认为，即便这些证据材料属实，中冶公司未能证明其交付的资料就是《总承包合同》第4.2条第（16）项约定的工程资料，且其自认部分资料没有移交，表示除已经交付的一部分竣工图外，其他未交付的资料其可以交付。故中冶公司应补充完善有关资料，按照《总承包合同》第4.2条第（16）项约定和国家关于工程竣工的有关规定，向新希望公司交付完整正确的竣工图（3份）、竣工资料（3份）、工程验评结果、固定资产组价的详细资料（3份）等资料。判决：中冶公司于本判决发生法律效力之日起10日内，按照《总承包合同》第4.2条第（16）项约定，向新希望公司交付完整正确的竣工图（3份）、竣工资料（3份）、工程验评结果、固定资产组价的详细资料（3份）。

二审法院认为，关于中冶公司交付工程竣工图、竣工资料和工程验评结果等资料及工程款发票问题，中冶公司未能证明其交付的资料就是《总承包合同》第4.2条第（16）项约定的工程资料，且其自认部分资料没有移交，表示除已经交付的一部分竣工图外，其他未交付的资料其可以交付。故中冶公司应补充完善有关资料，按照《总承包合同》第4.2条第（16）项约定和国家关于工程竣工的有关规定，向新希望公司交付完整的竣工图（3份）、竣工资料（3份）、工程验评结果、固定资产组价的详细资料（3份）等资料。一审判决认定事实清楚，适用法律正确，应予维持。

（六）建设单位怠于组织竣工验收的风险与防范

【风险点解析】

工程验收既是建设单位的权利，也是建设单位的义务，建设单位应在接到承包人提交的工程竣工验收申请报告后，在合同约定的时间内组织相关单位进行工程验收。但实务中，部分建设单位为拖延结算，在承包人提交竣工报告后怠于组织竣工验收，导致工程无法按期竣工交付，进而造成承包人无法进行工程结算，额外承担工程的保管责任，增加成本支出。建设单位怠于组织竣工验收，承包人已经提交竣工验收报告，发包人在约定时间未组织验收的，承包人提交竣工验收申请报告之日将视为工程实际竣工日。

【防范措施】

1. 工程具备竣工验收条件，承包人要按合同约定，及时有效地向建设单位送达竣工验收申请报告和完整的竣工验收资料，并保留好送达、签收凭证。

2. 如建设单位怠于组织验收，承包人应发书面函件进行催促，并告知其拖延验收的法定后果，并注意保留相关证据。

【相关规定链接】

《民法典》

第七百九十九条第一款　建设工程竣工后，发包人应当根据施工图纸及说明书、国家颁发的施工验收规范和质量检验标准及时进行验收。验收合格的，发包人应当按照约定支付价款，并接收该建设工程。

最高人民法院《关于审理建设工程施工合同纠纷案件适用法律问题的解释（一）》（法释〔2020〕25号）

第九条　当事人对建设工程实际竣工日期有争议的，人民法院应当分别按照以下情形予以认定：

（一）建设工程经竣工验收合格的，以竣工验收合格之日为竣工日期；

（二）承包人已经提交竣工验收报告，发包人拖延验收的，以承包人提交验收报告之日为竣工日期；

（三）建设工程未经竣工验收，发包人擅自使用的，以转移占有建设工程之日为竣工日期。

《建设项目工程总承包合同（示范文本）》（GF－2020－0216）

10.1.2　竣工验收程序

除专用合同条件另有约定外，承包人申请竣工验收的，应当按照以下程序进行：

……

(4) 因发包人原因，未在工程师收到承包人竣工验收申请报告之日起42天内完成竣工验收的，以承包人提交竣工验收申请报告之日作为工程实际竣工日期。

【典型案例】

案例：霍州煤电集团沁安煤电有限责任公司、霍州煤电集团有限责任公司与国网山西长治电力勘测设计有限公司建设工程合同纠纷再审案

案号：（2017）最高法民申3862号

审理法院：最高人民法院

裁判要旨：

承包人提交竣工验收报告后，发包人怠于组织工程竣工验收的，应承担相应责任。

基本案情：

2011年1月，霍州煤电集团有限责任公司（以下简称霍州煤电公司）作为招标人，对霍州煤电集团中峪矿井110kV输变电工程设计施工总承包项目组织国内公开招标。国网山西长治电力勘测设计有限公司（以下简称长治设计院）经竞标后中标，霍州煤电公司及委托招标单位山西省国际招标有限公司于2011年5月29日给长治设计院发出国内招标中标通知书，内容为：中标单位长治设计院。项目名称：霍州煤电集团中峪矿井110kV输变电工程设计施工总承包。工期：达标投产。质量承诺：244个日历日；中标金额12,390.38万元。2011年6月10日，于2011年2月23日成立的霍州煤电集团沁安煤电有限责任公司（以下简称沁安煤电公司）作为发包人与承包人长治设计院订立《霍州煤电集团中峪矿井110kV输变电工程设计总承包建设工程合同》，约定工程内容：中峪矿井110kV输变电工程设计施工总承包，包括可研、设计、设备材料采购、工程施工（土建施工、电器设备安装、调试、竣工验收移交等）并取得验收投用手续等工作内容，即“交钥匙工程”。

合同约定：竣工验收与结算：发包人收到竣工验收报告后28天内组织有关单位验收，并在验收后14天内给予认可或提出修改意见。发包人收到承包人递交的竣工验收报告后28天内不组织验收或验收后14天不提出修改意见，视为竣工验收报告已被认可，工程竣工验收通过。承包人递交竣工验收报告的日期为实际竣工日期。发包人收到承包人竣工验收报告后28天内不组织验收，从第29天

起承担工程保管及一切意外责任。发包人收到竣工结算报告及结算资料后28天内无正当理由不支付工程竣工结算价款，从第29天起按承包人同期向银行贷款利率支付拖欠工程价款的利息，并承担违约责任。

合同签订后，长治设计院即于2011年6月准备进场工作，总承包工程项目于2013年7月底全部完工。2013年8月9日，长治设计院给沁安煤电公司提交工程竣工验收申请报告，沁安煤电公司负责人梁某忠签署验收意见后，至今未予验收，长治设计院所施工的太岳至中峪矿井的部分设备却已被使用。未验收的工程现由长治设计院雇工看守。为此长治设计院主张因沁安煤电公司未及时依约验收给其造成的损失应由沁安煤电公司承担。

本案一审、二审法院认为发包人怠于组织工程竣工验收，应承担相应付款责任，沁安煤电公司、霍州煤电公司不服向最高人民法院申请再审。

法院裁判理由与结果：

一审法院认为，长治设计院在所承包工程项目于2013年7月底完工后，即提交竣工验收申请报告，被告的验收意见仅停留在字面上，至今未予验收，且部分工程已被使用，责任应为被告方。最高人民法院《关于审理建设工程施工合同纠纷案件适用法律问题的解释》（已失效）第十四条第（二）项明确规定，承包人已经提交竣工验收报告，发包人拖延验收的，以承包人提交验收报告之日为竣工日期。依此长治设计院主张其施工项目已于2013年7月底竣工，应由被告支付剩余工程款的主张有事实和法律依据，应予支持。长治设计院主张的尚欠工程款5032.84万元中剔除工程总价款的5%的质保金即619.519万元外，剩余4413.321万元，应由被告共同承担给付义务，被告拖延至今不予验收，又拖欠工程款不予支付，违背合同约定和诚实信用原则，构成违约，故应按照中国人民银行同期同类贷款利率支付自2014年1月1日起至付清所欠工程款之日止的利息。长治设计院的其余主张应在双方完成交付工程后另行解决。一审法院判决：（1）沁安煤电公司、霍州煤电公司应于本判决生效后30日内支付长治设计院尚欠工程款4413.321万元，并按中国人民银行同期同类贷款利率支付自2014年1月1日起至付清欠款之日止的利息。（2）长治设计院应继续履行已完工程设备调试交付义务。

二审法院认为，虽然沁安煤电公司认为竣工验收申请报告仅仅能证明长治设计院提出过验收申请，依据其负责人签署的意见可知工程并未达到验收标准。但是一审、二审庭审均已查明本案工程项目的部分工程在双方未达成协议的情况下已被沁安煤电公司使用。虽然针对未予验收的责任究竟在哪一方，双方存在争议，且沁安煤电公司主张涉案工程系“交钥匙工程”，应由长治设计院组织验收。但《霍州煤电集团中峪矿井 110kV 输变电工程设计总承包建设工程合同》专用条款项下关于竣工验收与结算部分第一句即载明“执行合同通用条款”，在《霍州煤电集团中峪矿井 110kV 输变电工程设计总承包建设工程合同》通用条款项下关于竣工验收的内容为：发包人收到竣工验收报告后 28 天内组织有关单位验收，并在验收后 14 天内给予认可或提出修改意见。根据该内容，验收的组织者应为沁安煤电公司，且沁安煤电公司应在收到竣工验收申请报告后 28 天内先组织验收，然后在验收后 14 天内给予认可或提出修改意见，结合沁安煤电公司已实际使用部分工程的事实，一审法院认定未予验收的责任在沁安煤电公司并无不妥。一审法院在此基础上，结合合同固定价款、沁安煤电公司已付款并扣除质保金和调试费后判令二被上诉人支付尚欠工程款 4, 413. 321 万元并无不当。

再审审查法院认为，（1）原判决认定案涉工程未予验收的责任在沁安公司有证据证明。原《合同法》第二百六十九条规定，建设工程合同是承包人进行工程建设，发包人支付价款的合同。建设工程合同包括工程勘察、设计、施工合同。第二百七十九条中规定，建设工程竣工后，发包人应当根据施工图纸及说明书、国家颁发的施工验收规范和质量检验标准及时进行验收。验收合格的，发包人应当按照约定支付价款，并接收该建设工程。《建设工程质量管理条例》第十六条规定，建设单位收到建设工程竣工报告后，应当组织设计、施工、工程监理等有关单位进行竣工验收。建设工程竣工验收应当具备下列条件：（1）完成建设工程设计和合同约定的各项内容；（2）有完整的技术档案和施工管理资料；（3）有工程使用的主要建筑材料、建筑构配件和设备的进场试验报告；（4）有勘察、设计、施工、工程监理等单位分别签署的质量合格文件；（5）有施工单位签署的工程保修书。建设工程经验收合格的，方可交付使用。虽然沁安公司主张案涉工程系“交钥匙工程”，应由长治设计院组织验收，但《霍州煤电集团中峪矿井 110kV 输变电工程设计施工总承包建设工程合同》专用条款下关于竣工验收与结算部分第一句即载明“执行合同通用条款”，在《霍州煤电集团中峪矿井 110kV 输变电工程设计施工总承包建设工程合同》通用条款项下关于竣工验收的内容为：发包人收到竣工验收报告后 28 天内组织有关单位验收，并在验收合格后14天内给予认可或提出修改意见。根据该内容，验收的组织者应为沁安公司，且沁安公司应在收到竣工验收申请报告后28天内先组织验收，然后在验收后14天内给予认可或提出修改意见，结合沁安公司已实际使用部分工程的事实，原判决认定未予验收的责任在沁安公司有合同依据。至于案涉工程能否被相关主管部门验收合格并许可投入使用，则除了工程质量符合相关要求之外，还需要沁安公司具有相应的批建立项手续。案涉输变电工程是沁安公司项目安全运营的重要保障，是主体工程的重要组成部分，沁安公司认为未取得立项的工程，不得进行主体工程施工不包括案涉输变电工程的理由不成立。因此，原判决结合双方所签案涉合同专用条款关于竣工验收与结算部分的约定及案涉部分工程已被沁安公司投入使用的事实，认定案涉工程未予验收的责任在沁安公司有证据证明。

（2）原判决认定沁安公司向长治设计院支付4,413.321万元的工程款及利息有证据证明。据前所述，案涉工程未予验收的责任在沁安公司，且沁安公司已经使用了部分工程，沁安公司应按工程验收合格后的95%支付相应工程款。双方所签案涉合同约定工程总价款是12,390.38万元，沁安公司已付款项是7276万元，因此沁安公司尚未支付款项是5,114.38万元，长治设计院诉请的工程款5,032.84万元未超出沁安公司尚未支付款项，剔除工程总价款的5%的质保金外，原判决认定沁安公司向长治设计院支付4,413.321万元的工程款及利息有证据支持。

裁定驳回沁安煤电公司、霍州煤电公司的再审申请。

（七）未经竣工验收而擅自使用的风险与防范

【风险点解析】

建设工程由于投资大，技术性强，关系广大人民群众的生命和财产安全，依法必须通过竣工验收方可投入使用。在现实中，存在诸多建设单位违反法律、行政法规的强制性规定，未经竣工验收合格，即擅自使用工程的情形。其主要原因系建设单位基于自身的原因急于使用工程，一种是建设单位或者使用方强行进驻，不对工程进行验收；另一种是建设单位和承包人达成某种合意，在没有经过验收程序的情况下，就对工程进行交接使用。但无论哪种情形，都违反了法律有关未经验收不得使用的规定，只不过前一种情形承包人不存在过错，而后一种情形承包人则明显违反法律规定，将承担行政处罚的风险。同时，因工程未取得竣工验收合格报告，建设单位有可能以此为由拖延工程结算及工程款支付。

建设单位擅自使用工程，如未能及时固定建设单位进驻使用的证据，则无法确定工程视为验收合格的时间，从而给承包人主张工程实际竣工时间，以及以此主张工程款和利息带来不利影响。

【防范措施】

1. 若建设单位未经竣工验收擅自使用工程，承包人应当书面告知建设单位工程尚未进行竣工验收及其擅自使用的法律后果，并申请工程结算。

2. 及时固定建设单位进驻使用的证据，收集、保存建设单位已使用工程的诸如照片、录像、交付第三方等相关证据，并依此确定工程视为验收合格的时间，为工程结算以及将来抗辩建设单位主张质量等问题做准备。

【相关规定链接】

《民法典》

第七百九十九条　建设工程竣工后，发包人应当根据施工图纸及说明书、国家颁发的施工验收规范和质量检验标准及时进行验收。验收合格的，发包人应当按照约定支付价款，并接收该建设工程。

建设工程竣工经验收合格后，方可交付使用；未经验收或者验收不合格的，不得交付使用。

《建筑法》

第六十一条　交付竣工验收的建筑工程，必须符合规定的建筑工程质量标准，有完整的工程技术经济资料和经签署的工程保修书，并具备国家规定的其他竣工条件。

建筑工程竣工经验收合格后，方可交付使用；未经验收或者验收不合格的，不得交付使用。

《建设工程质量管理条例》

第十六条　建设单位收到建设工程竣工报告后，应当组织设计、施工、工程监理等有关单位进行竣工验收。

建设工程竣工验收应当具备下列条件：

（一）完成建设工程设计和合同约定的各项内容；

（二）有完整的技术档案和施工管理资料；

（三）有工程使用的主要建筑材料、建筑构配件和设备的进场试验报告；

（四）有勘察、设计、施工、工程监理等单位分别签署的质量合格文件；

（五）有施工单位签署的工程保修书。

建设工程经验收合格的，方可交付使用。

第五十八条　违反本条例规定，建设单位有下列行为之一的，责令改正，处工程合同价款百分之二以上百分之四以下的罚款；造成损失的，依法承担赔偿责任；

（一）未组织竣工验收，擅自交付使用的；

（二）验收不合格，擅自交付使用的；

（三）对不合格的建设工程按照合格工程验收的。

最高人民法院《关于审理建设工程施工合同纠纷案件适用法律问题的解释（一）》（法释〔2020〕25号）

第九条　当事人对建设工程实际竣工日期有争议的，人民法院应当分别按照以下情形予以认定：

（一）建设工程经竣工验收合格的，以竣工验收合格之日为竣工日期；

（二）承包人已经提交竣工验收报告，发包人拖延验收的，以承包人提交验收报告之日为竣工日期；

（三）建设工程未经竣工验收，发包人擅自使用的，以转移占有建设工程之日为竣工日期。

第十四条　建设工程未经竣工验收，发包人擅自使用后，又以使用部分质量不符合约定为由主张权利的，人民法院不予支持；但是承包人应当在建设工程的合理使用寿命内对地基基础工程和主体结构质量承担民事责任。

《建设项目工程总承包合同（示范文本）》（GF－2020－0216）

10.4.4　工程未经验收或验收不合格，发包人擅自使用的，应在转移占有工程后7天内向承包人颁发工程接收证书；发包人无正当理由逾期不颁发工程接收证书的，自转移占有后第15天起视为已颁发工程接收证书。

【典型案例】

案例：赤峰光大光伏农业发展有限公司、山东电力建设第三工程公司建设工程施工合同纠纷案

案号：（2017）最高法民终894号

审理法院：最高人民法院

裁判要旨：

EPC工程未经行政主管部门进行综合验收，发包人即擅自接收工程且实际投入使用的，视为工程竣工验收合格，发包人应当支付工程总承包人工程款。

基本案情：

2014年9月，山东电力建设第三工程公司（以下简称电建公司）与赤峰光大光伏农业发展有限公司（以下简称光大公司）签订光伏发电工程承包合同，约定：电建公司总承包光大公司一期10MWP设施农业光伏发电项目；总承包范围包括工程设计、设备采购、建筑、安装、调试等；工期106天，开工日期2014年9月1日，竣工日期2014年12月15日；总承包价格为86,683,587.64元，其中设计费1,400,000元和咨询费2,619,000元为最高暂定价格，结算以实际发生不超过最高限价为准，其他费用为固定总价。合同通用条款第1.24.3条约定：工程启动、试运和移交生产验收后进行工程竣工验收，完成工程预验收后，施工单位向建设单位申请工程竣工验收。工程竣工验收委员会由建设单位负责组建，一般由电力行业有关主管部门、审计部门、环境保护、消防、质量监督等行政主管部门和有关专家组成。工程设计、施工、监理单位作为被验收单位不参加工程验收，但应列席验收组会议，负责解答验收组的质疑。合同专用条款第2.3.1条约定：在项目并网发电后10日内，甲方应向乙方支付全部工程价款。此外，合同还对双方权利义务、争议解决等事项作了详细约定。

2014年11月10日，双方签订线路工程承包合同，约定：电建公司总承包光大公司66kV线路工程范围内的工程设计、采购、施工、调试、工程移交试生产和性能保证；光大公司负责施工过程中的对外协调工作；合同总价款为12,565,170元；工期自2014年11月13日至2015年1月28日；工程质量应达到《电力工程施工质量检验及评定标准》规定的合格标准，单项工程和单位工程合格率100%。合同通用条款第10.1条约定：当本工程已按合同约定竣工并通过了竣工试验，而且业主代表已按照本款约定为本工程签发了或被视为签发了接收证书时，此日应视为本工程的竣工日，业主即应接收本工程。此外，合同还对双方其他权利义务、争议处理等作了约定。

2015年4月13日，双方签订光伏发电工程承包合同补充协议书，约定：在原合同基础上，增加10MWP部分电池板支架采购及安装工作，约增加支架数量为674.21吨，固定总价款6,839,000元。上述合同签订之后，电建公司依约进行两个项目的工程设计、设备采购等前期工作。2014年11月15日，66kV线路项目开工；2014年10月14日，10MWP光伏发电项目开工。施工期间，光大公司对外协调不力，多次出现村民阻挠施工事件，致使工期相应顺延。2016年4月7日，电建公司与光大公司签订《补充协议》，约定：合同工期变更：除非因甲方原因或不可抗力外，乙方应确保光伏项目的EPC工程在2016年5月30日前完工。光大公司承诺于本协议签订之日起10日内办理完毕并网发电的相关手续；如果光大公司未能在本协议签订后15日内办妥相关手续，则电建公司有权以光大公司名义办理相关手续。

2016年6月24日，赤峰电网出具《关于66kV清新线及清泉山变投运的通知》（〔2016〕生调字28号），载明：66kV清泉山变是光大公司所属光伏发电升压站，该站通过66kV清新线接入66kV新地变……目前，66kV清新线及66kV清泉山变电站内相关一、二次设备均安装、调试、试验完毕，经有关单位验收合格具备投运条件。经研究决定，定于2016年6月29日10:00将66kV清新线及66kV清泉山变投入运行。2016年6月30日，电建公司向光大公司提交工程竣工验收申请表，载明：其已按合同要求完成了10MWP光伏并网发电项目工程，经公司三级自检验收合格，请予以竣工验收。后附竣工验收签证，光大公司在竣工验收签证上盖章。2016年9月1日，光大公司取得电力业务许可证。同年9月26日，光大公司与国网内蒙古东部电力有限公司签订《光大公司清泉山光伏电站购售电合同》。同年10月28日，光大公司与国网蒙东赤峰供电公司签订《光大公司10MWP清泉山光伏电站并入赤峰电网调度协议》。自此，10MWP光伏发电项目正式投入运营。

后电建公司向一审法院起诉，请求判令光大公司支付电建公司价款106,087,757.64元及利息，电建公司对光大公司10MWP设施农业光伏发电示范项目工程、66kV线路工程享有优先受偿权。

一审法院认为涉案工程未经电力主管部门、审计部门、环保、消防、质监等行政主管部门进行综合验收，但光大公司已于2016年6月30日接收了涉案工程且实际投入使用，故光大公司应支付电建公司工程款。遂判决光大公司支付电建公司工程价款及利息，并对案涉工程享有优先受偿权。光大公司对一审判决不服，以电建公司提供的“竣工验收签证”不是光大公司的真实意思表示，光大公司加盖公章并非表示涉案工程通过验收质量合格，而是为赶时间争取政府0.95元电价政策虚构的资料，目的是应付电力并网程序需要，以及合同项下工程尚未完成，也没有向光大公司申请结算启动涉案工程竣工验收程序等为由提起上诉。

法院裁判理由与结果：

一审法院认为，关于电建公司主张光大公司支付工程款106,087,757.64元及利息的依据问题。涉案工程未经电力主管部门、审计部门、环保、消防、质监等行政主管部门进行综合验收，但光大公司已于2016年6月30日接收了涉案工程且实际投入使用，故光大公司应支付电建公司工程款。光大公司主张涉案工程没有完工但无充分证据证明，对其抗辩理由不予采信。

二审法院认为，最高人民法院《关于审理建设工程施工合同纠纷案件适用法律问题的解释》（已失效）第十四条第（三）项规定，建设工程未经竣工验收，发包人擅自使用的，以转移占有建设工程之日为竣工日期。根据一审判决查明的事实，案涉工程虽未经电力主管部门、审计部门、环保、消防、质监等行政主管部门进行综合验收，但光大公司已于2016年6月30日接收了涉案工程且实际投入使用。依据前述司法解释的规定，案涉工程应认定为已经竣工。光大公司虽主张其签署的"竣工验收签证"并非其真实意思表示并提供了一份录音证据，但即使该主张成立，在案涉工程已被光大公司实际使用的情况下，也不能否定案涉工程已经竣工的法律事实。此外，光大公司在上诉中虽提出了电建公司尚有33,717,453元的合同项下工程没有完成，但没有提供充分的证据予以证明。综上所述，光大公司关于案涉工程未竣工的上诉理由不能成立。

（八）建设单位未通知工程质量监督机构现场监督工程竣工验收工作的风险与防范

【风险点解析】

虽然根据相关法律及合同约定工程竣工验收的主体为建设、勘察、设计、施工、监理等有关单位，但依据《建设工程质量管理条例》第四十三条、第四十五条规定，我国实行建设工程质量监督管理制度，在工程竣工验收前，建设单位应当在工程竣工验收7个工作日前将验收的时间、地点及验收组名单书面通知负责监督该工程的工程质量监督机构。负责监督该工程的工程质量监督机构应当对工程竣工验收的组织形式、验收程序、执行验收标准等情况进行现场监督，对违规行为责令改正，并在工程竣工验收后出具工程质量监督报告。

在竣工验收过程中，工程质量监督机构责令整改的问题全部整改完毕，工程才具备继续验收的法定条件；另外，建设单位在办理工程竣工验收备案时，必须有工程质量监督机构出具的质量监督报告，备案机关发现建设单位在竣工验收过程中有违反国家有关建设工程质量管理规定行为的，应责令停止使用，重新组织竣工验收。因此，工程竣工验收时如故意逃避质量监督部门监督，可能导致行政部门不认可项目竣工验收结论，进而影响项目办理竣工验收备案手续。

【防范措施】

1. 验收时如发现工程质量监督机构未派员进行现场监督，应及时向建设单位提出异议，要求其履行通知工程质量监督机构的法定义务，在质量监督机构未派员前中止验收，并通过录音等固定证据。

2. 向质量监督机构反映，请求质量监督机构对建设单位行为予以纠正，督促建设单位依法组织验收。

【相关规定链接】

《建设工程质量管理条例》

第十三条　建设单位在开工前，应当按照国家有关规定办理工程质量监督手续，工程质量监督手续可以与施工许可证或者开工报告合并办理。

第三十条　施工单位必须建立、健全施工质量的检验制度，严格工序管理，作好隐蔽工程的质量检查和记录。隐蔽工程在隐蔽前，施工单位应当通知建设单位和建设工程质量监督机构。

《房屋建筑和市政基础设施工程竣工验收规定》（建质〔2013〕171 号）

第六条　工程竣工验收应当按以下程序进行：

……

（三）建设单位应当在工程竣工验收 7 个工作日前将验收的时间、地点及验收组名单书面通知负责监督该工程的工程质量监督机构。

……

第八条　负责监督该工程的工程质量监督机构应当对工程竣工验收的组织形式、验收程序、执行验收标准等情况进行现场监督，发现有违反建设工程质量管理规定行为的，责令改正，并将对工程竣工验收的监督情况作为工程质量监督报告的重要内容。

《房屋建筑和市政基础设施工程质量监督管理规定》（住房和城乡建设部令第5号）

第五条　工程质量监督管理应当包括下列内容：

（一）执行法律法规和工程建设强制性标准的情况；

（二）抽查涉及工程主体结构安全和主要使用功能的工程实体质量；

（三）抽查工程质量责任主体和质量检测等单位的工程质量行为；

（四）抽查主要建筑材料、建筑构配件的质量；

（五）对工程竣工验收进行监督；

（六）组织或者参与工程质量事故的调查处理；

（七）定期对本地区工程质量状况进行统计分析；

（八）依法对违法违规行为实施处罚。

第六条　对工程项目实施质量监督，应当依照下列程序进行：

（一）受理建设单位办理质量监督手续；

（二）制订工作计划并组织实施；

（三）对工程实体质量、工程质量责任主体和质量检测等单位的工程质量行为进行抽查、抽测；

（四）监督工程竣工验收，重点对验收的组织形式、程序等是否符合有关规定进行监督；

（五）形成工程质量监督报告；

（六）建立工程质量监督档案。

《江苏省房屋建筑和市政基础设施工程质量监督管理办法》（江苏省人民政府令第89号）

第十一条　工程质量监督机构对工程质量实施监督管理，应当依照下列程序进行：

（一）受理建设单位办理工程质量监督手续；

（二）制定工程质量监督工作计划并组织实施；

（三）对工程实体质量、工程质量责任主体和质量检测等单位的工程质量行为进行抽查、抽测；

（四）监督工程竣工验收；

（五）编制工程质量监督报告；

（六）建立工程质量监督档案。

第十四条　工程质量监督机构对工程竣工验收进行监督时，重点对验收条件、组织形式、验收程序以及执行验收标准的情况进行监督，并在工程竣工验收合格之日起5日内，向工程竣工验收备案机关提交工程质量监督报告。

在竣工验收监督过程中，工程质量监督机构发现有违反国家有关工程质量管理规定的，应当要求建设单位改正后重新组织竣工验收。

《房屋建筑和市政基础设施工程竣工验收备案管理办法》（建设部令第78号）

第七条　工程质量监督机构应当在工程竣工验收之日起5日内，向备案机关提交工程质量监督报告。

第八条　备案机关发现建设单位在竣工验收过程中有违反国家有关建设工程质量管理规定行为的，应当在收讫竣工验收备案文件15日内，责令停止使用，重新组织竣工验收。

（九）工程竣工验收报告（含单位工程质量竣工验收记录）相关事项制作不规范的风险与防范

【风险点解析】

工程竣工验收合格后，建设单位应当及时制作工程竣工验收报告。工程竣工验收报告主要包括工程概况，建设单位执行基本建设程序情况，对工程勘察、设计、施工、监理等方面的评价，工程竣工验收时间、程序、内容和组织形式，工程竣工验收意见等内容。工程竣工验收报告是证明工程合格的具有较高证明力的证据，报告中所载诸如开工时间、完工时间、竣工时间等事项在认定实际工期时具有一定的证明力。如工程竣工验收报告制作不规范，形式、内容不完备，一方面，报告中所载相关错误时间节点将不利于承包人对将来相关权利的主张；另一方面，报告如出现空漏项，有可能导致其不具有相应的证明力，从而影响该证据的证明效力，甚至影响结算进度。

【防范措施】

发现建设单位工程竣工验收报告中开工时间、竣工时间等事项与实际时间不符，以及参与验收单位签字、盖章不规范，或签字时间错漏的，应及时提出异议，并保存好提出异议的相关证据。

【相关规定链接】

《房屋建筑和市政基础设施工程竣工验收规定》（建质〔2013〕171 号）

第七条　工程竣工验收合格后，建设单位应当及时提出工程竣工验收报告。工程竣工验收报告主要包括工程概况，建设单位执行基本建设程序情况，对工程勘察、设计、施工、监理等方面的评价，工程竣工验收时间、程序、内容和组织形式，工程竣工验收意见等内容。

工程竣工验收报告还应附有下列文件：

（一）施工许可证。

（二）施工图设计文件审查意见。

（三）本规定第五条（二）、（三）、（四）、（八）项规定的文件。

（四）验收组人员签署的工程竣工验收意见。

（五）法规、规章规定的其他有关文件。

《房屋建筑和市政基础设施工程竣工验收备案管理办法》（建设部令第 78 号）

第四条　建设单位应当自工程竣工验收合格之日起 15 日内，依照本办法规定，向工程所在地的县级以上地方人民政府建设主管部门（以下简称备案机关）备案。

第五条　建设单位办理工程竣工验收备案应当提交下列文件：

（一）工程竣工验收备案表；

（二）工程竣工验收报告。竣工验收报告应当包括工程报建日期，施工许可证号，施工图设计文件审查意见，勘察、设计、施工、工程监理等单位分别签署的质量合格文件及验收人员签署的竣工验收原始文件，市政基础设施的有关质量检测和功能性试验资料以及备案机关认为需要提供的有关资料；

……

【典型案例】

案例：中国核工业华兴建设有限公司、南京欣网视讯文化传播有限公司等建设工程施工合同纠纷案

案号：（2021）最高法民终 1241 号

审理法院：最高人民法院

裁判要旨：建设工程经竣工验收合格的，以竣工验收合格之日为竣工日期，发包人主张工程竣工验收、备案资料所填写的开工日期、竣工日期、验收日期仅

作为工程资料使用，不作为双方实际工期和工期结算依据的，人民法院不予支持。

基本案情：

2012年4月10日，南京欣网视讯文化传播有限公司（以下简称欣网视讯公司）（甲方）、马某平和沈某（乙方）、中国核工业华兴建设有限公司（以下简称华兴公司，丙方）签订合作协议，约定涉案项目所有人为甲方、投资咨询公司、通信服务公司、通信设备公司，其中投资咨询公司、通信服务公司、通信设备公司拥有A楼13层至20层以及相应配套车位的份额，其余份额及相应配套车位由甲方拥有。项目所有权人已共同委托甲方、乙方负责办理本项目的设计变更、规划调整、工程发包、报建、建设、验收等相关工作。甲乙丙三方约定，本项目由丙方以EPC工程总承包（设计、采购、施工）模式承包。甲方、乙方负责土地使用证办理、概念方案设计、规划方案设计、规划调整、项目报建及协调解决“七通一平”等前期工作，并负责专业工程分包单位的选定和费用的确定和控制、变更签证控制、工程造价控制、主要设备供应商的选定和费用的确定和控制、验收组织等全部工作。丙方负责施工图设计、施工总承包、设备采购、专业分包合同的签订、验收组织。本项目计划开工日期为2012年5月28日，竣工日期为2014年5月28日。

2012年8月8日，欣网视讯公司、投资咨询公司、通信服务公司、通信设备公司（甲方）与华兴公司（乙方）签订总承包合同，约定工程名称为南京欣网视讯研发大楼工程，建筑面积约59,079平方米、总高度100米、由A楼（南楼）和B楼（北楼）组成，资金来源自筹。工程承包范围为桩基及基坑支护、土建安装、钢结构、装饰及室外工程等全部图纸范围内容（包含红线范围内容），其中甲方指定专业分包内容主要为：桩基、基坑支护、消防、智能化幕墙、钢结构、景观、电梯、空调、变配电、公共部分装修装饰等，乙方按照甲方书面确认的合同内容与相关单位签订分包合同，指定专业分包单位由乙方在施工过程中进行直接管理。开工日期2012年8月18日（具体以开工报告为准），竣工日期2014年8月18日（以开工报告日期顺延），合同工期总日历天数731天。合同价款25,830万元（暂定，实际以最终结算为准）。双方在专用条款中约定，本合同价款方式为按实结算，其造价不作优惠与让利。计取依据为《江苏省建筑与装饰工程计价表》（2004年）、《江苏省安装工程计价表》（2004年）、《江苏省建设工程费用定额》(2009年),国家、省市有关政策性文件及补充定额,南京市工程造价信息、政策性文件及其他有关文件。

2012年8月16日,欣网视讯公司(甲方)、马某平和沈某(乙方)、华兴公司(丙方)签订南京欣网视讯研发大楼工程EPC合作协议之补充协议(以下简称合作补充协议),约定为解决丙方为本项目融资后的资金沉淀,现甲乙丙三方就丙方为甲乙方融资资金、财务费用计算等相关事宜签订本补充协议:(1)甲乙丙三方不再设立本项目资金专用监控账户。(2)财务费用的计算基数为经甲乙双方批准的相关方呈报的工程款申请额度;财务费用的计算时点为以经甲乙双方批准的工程款申请之日向前推算30天作为计息起点。(3)专业分包工程原则上不采用带资(垫资)形式进行专业分包。(4)丙方应于甲乙方批准相关方呈报的工程款申请之日起10日内向相关方支付工程款;如丙方在上述期间内未支付,则应征得乙方同意。(5)甲乙丙三方在履行合作协议、本协议、总承包合同中,马某平或沈某的行为均有权代表乙方,由此产生的法律后果由乙方承担。(6)本补充协议与合作协议不一致,以本补充协议为准。

2012年8月17日,投资咨询公司(甲方)、通信服务公司(乙方)、通信设备公司(丙方)、欣网视讯公司(丁方)、华兴公司(戊方)签订关于南京欣网视讯研发大楼工程总承包之备忘录(以下简称总承包合同备忘录),各方明确:(1)甲方、乙方、丙方、丁方为本项目所有权人。(2)甲方、乙方、丙方委托丁方作为本项目的实施单位,全权委托丁方负责本项目建设过程中的设计、报审、工程招标、工程发包、工程管理工作。(3)经丁方选择确定,由戊方作为本项目的工程总承包方。为明确各方在本项目实施过程中的权利义务关系,签订本备忘录:(1)在本项目实施过程中,甲方、乙方、丙方、丁方与戊方签订的总承包合同中约定的发包人应承担的相关义务只限丁方与戊方之间履行,其他三方无须履行任何义务,戊方不追究三公司任何责任。(2)如戊方就因履行总承包合同发生纠纷,与甲方、乙方、丙方无关,戊方保证甲方、乙方、丙方在前述2012年1月18日协议书中享有的权利,放弃对甲方、乙方、丙方所有的建筑物施工人享有的工程价款法定优先受偿权。

2017年11月1日,欣网视讯公司、投资咨询公司、通信服务公司、通信设备公司出具单位(子单位)工程竣工验收报告,并附建设单位、监理单位、施工单位、设计单位盖章确认的单位(子单位)工程质量竣工验收记录。竣工验收报告载明：经验收，已按设计图纸内容和施工合同完成工程施工，施工质量符合相关验收标准，使用功能和安全性能符合相关规范要求，同意通过验收。工程竣工验收结论为验收合格。

2017 年 11 月 2 日，欣网视讯公司、华兴公司作出“关于工程竣工验收、备案资料的说明”称，南京欣网视讯研发大楼工程竣工验收、备案资料中所填写的开工日期、竣工日期、验收日期仅作为工程资料使用，并非发包方、总包方对工程工期的认可，不作为双方实际工期和工期结算的依据，工程工期以双方据实结算为准。

双方因工期延误责任、融资费用如何结算等问题经协商不成后形成本案诉讼。

法院裁判理由与结果：

一审法院认为，关于竣工日期，华兴公司提交经各建设单位盖章确认的单位（子单位）工程竣工验收报告，证明案涉工程于 2017 年 11 月 1 日竣工验收合格。欣网视讯公司对竣工验收报告真实性没有异议，但认为工程当时没有全部完工，不具备验收条件，其之所以在竣工验收报告上盖章，系华兴公司提出竣工验收前需先将工程资料报送城建档案馆审核。为证明其主张，欣网视讯公司提交由双方盖章确认的“关于工程竣工验收、备案资料的说明”等证据予以证明。从该说明载明的内容看，双方对竣工验收报告记载的开工日期、竣工日期、验收日期没有确认，但亦没有否认该报告记载的工程竣工验收结论即验收合格。双方对竣工日期有争议，最高人民法院《关于审理建设工程施工合同纠纷案件适用法律问题的解释》（法释〔2004〕14 号，已失效）第十四条第（一）项规定，建设工程经竣工验收合格的，以竣工验收合格之日为竣工日期。因此，华兴公司主张案涉工程竣工验收合格之日为 2017 年 11 月 1 日，予以确认。

二审法院认为，原《合同法》第二百七十九条中规定，工程验收合格的，发包人应当按照约定支付价款，并接收该建设工程。根据本案已查明的事实，2017 年 11 月 1 日欣网视讯公司等出具工程竣工验收报告，载明案涉工程已通过验收且验收合格；欣网视讯公司在 2017 年 11 月 2 日关于工程竣工验收、备案资料的说明中，亦未否认前述报告关于验收合格的验收结论，故应当认定案涉工程已经验收合格，符合上述支付价款的规定。

（十）甩项竣工验收的，对甩项未作确认的风险与防范

【风险点解析】

甩项验收是指经发包人同意，将部分扫尾工作列入缺陷责任期内完成，对其他已经完工并经竣工试验的全部单位/区段工程进行的验收。

根据现行国家相关部门发布的合同范本规定，经双方协商，发包人同意在工程竣工验收后进行的部分工作，承包人应当编制扫尾工作清单，扫尾工作清单中应当列明承包人应当完成的扫尾工作的内容及完成时间，并在扫尾工作清单约定的时间内完成扫尾工作。承包人未能按照扫尾工作清单约定的完成时间完成扫尾工作的，视为承包人原因导致的工程质量缺陷，按合同约定处理。据此，实务中，如工程发生甩项验收，应该有双方签署的甩项工程协议或甩项工程确认书等，只有经过双方确认，承包人在编制了甩项工程清单和施工计划后工程才能申报甩项验收。否则承包人工程竣工验收申请报告可能得不到建设单位的同意，同时也可能引发工程逾期的法律风险。

【防范措施】

如工程发生甩项，承包人应当重点关注两个方面。

1. 核实工程本身是否满足竣工验收要求。根据《建设工程质量管理条例》第十六条第二款、第三款规定，建设工程竣工验收应当具备下列条件：（1）完成建设工程设计和合同约定的各项内容；（2）有完整的技术档案和施工管理资料；（3）有工程使用的主要建筑材料、建筑构配件和设备的进场试验报告；（4）有勘察、设计、施工、工程监理等单位分别签署的质量合格文件；（5）有施工单位签署的工程保修书。建设工程经验收合格的，方可交付使用。该规定中，对建设工程竣工条件已经进行了详细罗列，因此甩项工程必须是少部分扫尾工程、零星工程，并不构成对施工合同实质性内容的改变，甩项后的工程应具备竣工验收要求。

2. 核实并固定建设行政主管部门、发包人等单位是否同意进行甩项竣工验收。参考《建设项目工程总承包合同（示范文本）》通用合同条件 10.1.1 竣工验收条件规定，如果出现甩项竣工验收的情况，双方应该确定扫尾工作和缺陷修补工作清单以及相应实施计划，这是为了避免因甩项竣工产生争议。对于承包人而言，在申请工程甩项验收时，应核查双方是否签订甩项承包协议或有建设单位

出具的甩项工程确认书等书面资料，如无上述书面资料，应及时进行补签、确认，完善甩项工程范围的相关证据。要求补签、确认时，建议录音、录像，以防建设单位不配合补签、确认。

【相关规定链接】

《标准设计施工总承包招标文件》（2012 年版）

18.2　竣工验收申请报告

当工程具备以下条件时，承包人即可向监理人报送竣工验收申请报告：

（1）除监理人同意列入缺陷责任期内完成的尾工（甩项）工程和缺陷修补工作外，合同范围内的全部区段工程以及有关工作，包括合同要求的试验和竣工试验均已完成，并符合合同要求；

（2）已按合同约定的内容和份数备齐了符合要求的竣工文件；

（3）已按监理人的要求编制了在缺陷责任期内完成的尾工（甩项）工程和缺陷修补工作清单以及相应施工计划；

（4）监理人要求在竣工验收前应完成的其他工作；

（5）监理人要求提交的竣工验收资料清单。

《建设项目工程总承包合同（示范文本）》（GF－2020－0216）

10.1.1　竣工验收条件

工程具备以下条件的，承包人可以申请竣工验收：

（1）除因第 13 条［变更与调整］导致的工程量删减和第 14.5.3 项［扫尾工作清单］列入缺陷责任期内完成的扫尾工程和缺陷修补工作外，合同范围内的全部单位/区段工程以及有关工作，包括合同要求的试验和竣工试验均已完成，并符合合同要求；

（2）已按合同约定编制了扫尾工作和缺陷修补工作清单以及相应实施计划；

（3）已按合同约定的内容和份数备齐竣工资料；

（4）合同约定要求在竣工验收前应完成的其他工作。

（十一）未按约定进行竣工试验的风险与防范

【风险点解析】

在全部工程或区段工程完工后进行竣工试验，是建设项目工程总承包合同及发包人要求的约定义务，同时工程质量的一些具体事项也会涉及一些法律法规，国家、行业、地方相关规定、规范、标准的具体要求。因此，全部工程或区段工程完工后，应按约定和相关规定对建设工程进行竣工试验，为工程的竣工验收和交付提供程序和工程符合约定的前提基础。基于此，依法、依约进行工程竣工试验在工程竣工验收阶段显得尤为重要。

竣工试验按现行的国家相关合同范本通用条款规定，应按以下程序进行。

1. 提交相关文件，并经工程师同意确认

（1）提交竣工记录。承包人应编制并及时更新反映工程实施结果的竣工记录，如实记载竣工工程的确切位置、尺寸和已实施工作的详细说明。竣工文件的形式、技术标准以及其他相关内容应按照相关法律法规、行业标准与发包人要求执行。竣工记录应保存在施工现场，并在竣工试验开始前，按照专用合同条件约定的份数提交工程师。

（2）提交操作和维修手册。在竣工试验开始前，承包人应向工程师提交暂行的操作和维修手册并负责及时更新，该手册应足够详细，以便发包人能够对工程设备进行操作、维修、拆卸、重新安装、调整及修理，以及实现发包人要求。同时，手册还应包含发包人未来可能需要的备品备件清单。

（3）承包人文件审查。工程师收到承包人提交的文件后，应依据约定对操作和维修手册进行审查，竣工试验工程中，承包人应为任何因操作和维修手册错误或遗漏引起的风险或损失承担责任。

（4）提交详细的竣工试验计划。承包人应在进行竣工试验之前，至少提前42天向工程师提交详细的竣工试验计划，该计划应载明竣工试验的内容、地点、拟开展时间和需要发包人提供的资源条件。

2. 依据合同约定及发包人要求进行试验

竣工试验按下述顺序进行：

（1）第一阶段，启动前试验。承包人进行适当的检查和功能性试验，保证每一项工程设备都满足合同要求，并能安全地进入下一阶段试验。

（2）第二阶段，启动试验。承包人进行试验，保证工程或区段工程满足合同要求，在所有可利用的操作条件下安全运行。

（3）第三阶段，试运行试验。当工程能安全运行时，承包人应通知工程师，可以进行其他竣工试验，包括各种性能测试，以证明工程符合发包人要求中列明的性能保证指标。

3. 提交试验报告

完成上述各阶段竣工试验后，承包人应向工程师提交试验结果报告，试验结果须符合约定的标准、规范和数据。

综上所述，工程竣工试验不仅要求工程具备竣工验收条件，还要承包人依约提交相关文件资料且经工程师同意认可，在满足前述条件下，方可按约定顺序和内容进行试验。否则，可能产生不利风险，从而影响后续的工程竣工验收及交付工作。

竣工试验主要存在以下风险。

1. 对不具备竣工试验的工程进行竣工试验的风险。如工程或区段工程未完全完工，或存在缺陷而未列出尾项清单且双方未达成甩项试验协议，即对工程进行竣工试验。这种试验存在很大的安全隐患，因为实行工程总承包的工程大多为电力、通信、化工等专业工程，工程具有一定的系统性，当工程/区段工程未完工，或某些缺陷未得到修复，开机试验会造成一定的风险。同时，因工程/区段未完工，即使进行竣工试验，也不会实现下阶段申请竣工验收的预期。

2. 相关文件未得到工程师同意确认便进行竣工试验的风险。相关文件应取得工程师同意确认是进行工程竣工试验的前提条件，只有得到工程师的同意，竣工试验才具有程序上的正当性，承包人进行的竣工试验才能得到发包人的认可，从而申请工程竣工验收才能得到发包人的响应。否则，承包人即便进行了竣工试验，无论试验的结果是否符合合同约定和发包人要求，也不会取得发包人认可，从而在一定程度上阻滞了工程竣工验收和交付。

3. 承包人未按竣工试验计划及合同和发包人要求中要求的项目、顺序、标准对工程进行质量检查和性能、功能测试的风险。竣工试验计划载明了竣工试验的内容、地点、拟开展时间和需要发包人提供的资源条件，是进行竣工试验的纲领性文件，而合同和发包人要求对工程的质量标准、技术性能、功能要求等作了具体规定，是开展竣工试验的标准和依据，按竣工试验计划、工程总承包合同和发包人要求进行试验可以保证竣工试验质量，避免竣工试验随意性，减少偏差。否则，即使承包人对工程进行了相关试验，也不能实现工程已经竣工试验合格，可以进行下一程序工程竣工验收的目的，相反，还有可能造成工期延误，从而承担违约责任。

【防范措施】

1. 工程或区段工程未完工或存在缺陷时，承包人不应申请对工程进行竣工试验；当承包人提交的相关文件经工程师或发包人审查未通过时，其不应开展工程竣工试验。

2. 在工程或区段工程未完工或存在缺陷时，工程师不应同意承包人进行竣工试验，对承包人提交的相关文件也不应予同意，应明确书面告知承包人，并留有相关告知送达的证据。当承包人提交试验结果报告时，工程师应在合同约定的期限内书面告知承包人，对承包人提交试验结果报告不予认可，并保留该回复的送达证据。

3. 竣工文件、操作和维修手册、竣工试验计划的编制应符合法律法规、行业标准和发包人要求，并按合同约定的期限、方式送达工程师或发包人，并保留送达证据。

4. 在竣工试验时，如发现承包人未按合同及发包人要求中的相关要求和竣工试验计划进行试验，可能对工程工期、质量安全、试验结果产生重大影响的，工程师（发包人）应要求承包人中止试验，并保留相关证据。如竣工试验时，发包人提出与合同及发包人要求中的相关要求和竣工试验计划不同的要求时，承包人应提出异议，并保留相关证据。

【相关规定链接】

《民法典》

第七百九十九条第一款　建设工程竣工后，发包人应当根据施工图纸及说明书、国家颁发的施工验收规范和质量检验标准及时进行验收。验收合格的，发包人应当按照约定支付价款，并接收该建设工程。

《建筑法》

第五十九条　建筑施工企业必须按照工程设计要求、施工技术标准和合同的约定，对建筑材料、建筑构配件和设备进行检验，不合格的不得使用。

《建设工程质量管理条例》

第二十九条　施工单位必须按照工程设计要求、施工技术标准和合同约定，对建筑材料、建筑构配件、设备和商品混凝土进行检验，检验应当有书面记录和专人签字；未经检验或者检验不合格的，不得使用。

《建设项目工程总承包合同（示范文本）》（GF－2020－0216）

9.1.1　承包人完成工程或区段工程进行竣工试验所需的作业，并根据第5.4款［竣工文件］和第5.5款［操作和维修手册］提交文件后，进行竣工试验。

9.4.1　因发包人原因导致竣工试验未能通过的，承包人进行竣工试验的费用由发包人承担，竣工日期相应顺延。

【典型案例】

案例：中冶焦耐（大连）工程技术有限公司、黑龙江龙盛达煤化工有限公司建设工程施工合同纠纷案

案号：（2020）最高法民终1040号

审理法院：最高人民法院

裁判要旨：

黑龙江龙盛达煤化工有限公司（以下简称龙盛达公司）主张案涉工程为"交钥匙工程"。所谓"交钥匙工程"，就是项目承包方负责项目的设计、供货及施工，直至试运行合格后，将项目移交业主方，也就是最终交给业主一把插入项目就能够运行的钥匙，业主接手后能直接进行正常生产的工程项目。案涉合同约定工程竣工验收的标准不仅是工程实物交接，还包括试车投产达产达标，而案涉工程并没有完成竣工检验程序，案涉工程不同于一般实物交接的建设工程，且本案也无证据证明发包人在工程未经竣工验收情况下擅自使用，案涉工程尚不具有适用最高人民法院《关于审理建设工程施工合同纠纷案件适用法律问题的解释》（已失效）第十三条关于建设工程未经竣工验收，发包人擅自使用后，又以使用部分质量不符合约定为由主张权利的，不予支持的规定的条件。

基本案情：

2012年1月，龙盛达公司与中冶焦耐（大连）工程技术有限公司（以下简称中冶焦耐公司）签订《2×15万吨煤焦油深加工工程总承包合同》（以下简称《总包合同》）。

《总包合同》第一部分协议书约定：工程内容包括2×15万吨煤焦油深加工工程（详见合同附件）；关于工程承包范围，中冶焦耐公司按照合同约定，完成其承包范围的工程设计、设备材料采购、施工、试运行服务及为工程验收、投产、达产、达标等有关工作，实现设计、采购、施工各阶段工作的合理交叉与紧密融合，并对工程的安全、质量、进度、造价、HSE（健康、安全、环保）全面负责。工程开工日期为总承包合同生效之日，工期为9个月至20个月；质量标准为建安工程质量标准合格，设备质量标准合格，设计质量标准合格；合同总价为32,250万元。

《总包合同》第二部分通用条款第1.1.3.4条约定：竣工日期系指该合同工程全部完成，由龙盛达公司组织主管机构、中冶焦耐公司、龙盛达公司代表联合进行试验，并合格地通过竣工试验，中冶焦耐公司提供完整的竣工资料后，经龙盛达公司和该公司代表在竣工证书上确认的日期。《总包合同》第二部分通用条款第1.1.4.1条约定：竣工试验系指根据国家现行规范、合同规定的试验，或经龙盛达公司代表和中冶焦耐公司协议认为必需的其他试验，这些试验是龙盛达公司、中冶焦耐公司、龙盛达公司代表及国家有关部门联合的试验，应在中冶焦耐公司提出竣工验收申请之前完成。

《总包合同》第三部分专用条款第9.4条（竣工验收）约定：全部竣工完毕后，龙盛达公司应汇总各合同段工程的竣工验收报告，中冶焦耐公司提出竣工验收申请；竣工验收由龙盛达公司或该公司的上级主管部门主持，组成竣工验收委员会，邀请投资、建设、质监、设计、发包人以及各合同段的发包人代表等有关部门参加，按国家有关部门颁发的有关竣工验收管理办法的规定进行竣工验收；中冶焦耐公司应提前21天将预计可开始进行保证值考核的日期通知龙盛达公司代表；除非另行商定，否则，保证值考核的日期应在所通知日期后的14天内，龙盛达公司代表明令指定的那天或数天内进行；验收合格后，竣工验收委员会对该合同建设工程的可行性研究、设计、施工、监理以及投资效益等方面作出全面评定，写出竣工鉴定书……

《总包合同》所附的《技术附件》附件三为工作范围、工程范围及服务内容，主要内容为：竣工验收：负责组织承包范围内承包商完成的竣工验收工作。竣工验收分两阶段执行：于单机试车后联动试车前向业主（龙盛达公司）办理工程及设备中间交接，即实物移交……于装置投料试车系统出合格产品并考核达标后向业主办理工程竣工手续……生产考核：焦油加工装置进行投料试车，系统出合格产品后，3个月内进行生产考核。

上述合同签订后，中冶焦耐公司进行施工。施工中，双方当事人及监理单位形成多份工程中间验收单，并签订多份龙盛达焦油加工项目建筑物移交清单。后中冶焦耐公司向一审法院起诉，请求龙盛达公司支付欠付工程价款58,140,470.63元及迟延付款利息3,527,002.48元，对于龙盛达公司未支付的工程价款，中冶焦耐公司就案涉工程享有优先受偿权。

一审庭审中，中冶焦耐公司自述：案涉焦油深加工工程进行过整体负荷试车

（投料试车），但部分工程没有达标；案涉工程尚未进入生产考核程序，部分装置没有达到72小时稳定运行的标准。

法院裁判理由与结果：

一审法院认为，龙盛达公司主张案涉工程为“交钥匙工程”。所谓“交钥匙工程”，就是项目承包方负责项目的设计、供货及施工，直至试运行合格后，将项目移交业主方，也就是最终交给业主一把插入项目就能够运行的钥匙，业主接手后能直接进行正常生产的工程项目。根据案涉《总包合同》及《二系总包合同》约定，中冶焦耐公司的承包范围包括工程设计、设备材料采购、施工、试运行服务及为工程验收、投产、达产、达标等有关工作，该公司同时对案涉工程的安全、质量、进度、造价等全面负责，最终需向龙盛达公司提交一个满足约定使用功能、具备约定使用条件的工程，故龙盛达公司的上述主张符合双方当事人的约定。相较普通建设工程而言，“交钥匙工程”中的承包方往往具有技术等方面的优势地位，故该类工程对承包方的要求更高、更严，承包方在此类工程中承担的义务也更多、更重。具体到本案中，根据《技术附件》的内容，中冶焦耐公司的工作范围包括设计、采购、施工、生产考核及竣工验收，故中冶焦耐公司最终向龙盛达公司交付符合双方约定标准的案涉工程前，该工程非因龙盛达公司原因产生的一切问题，均应由中冶焦耐公司承担相应的后果和责任。

根据本案已查明的事实，案涉工程的设备调试及热负荷试车未能达到双方约定的标准，该工程尚未经整体竣工验收，故上述费用未能达到约定的付款条件，驳回中冶焦耐公司的诉讼请求。

二审法院认为，双方当事人在合同中约定案涉工程为“交钥匙工程”，承包人中冶焦耐公司负责工程设计、设备材料采购、施工至工程试运行、投产达产达标等全过程和最终效果。按照合同约定，中冶焦耐公司完工后需组织竣工验收，整个工程的竣工验收大致分实物移交和装置投料试车并考核达标两个阶段执行。实物移交，是指在单机试车后、联动试车前向发包人龙盛达公司办理工程及设备中间交接；承包人于装置投料试车系统出合格产品并考核达标后向业主办理工程竣工手续。装置投料试车并考核达标，属于竣工检验。

根据该案现有证据尚不能认定案涉工程在实物移交后，承包人中冶焦耐公司完成了竣工检验程序，也不能认定其未完成竣工检验程序系发包人龙盛达公司的原因所致。鉴于案涉工程的竣工检验程序尚未完成，特别是尚未进入保证值考核阶段，无论之前的工程质量如何，中冶焦耐公司原则上均不具有请求龙盛达公司支付剩余工程价款58,140,470.63元及其利息的条件，中冶焦耐公司上诉请求缺乏事实和法律依据，一审判决认定事实清楚，适用法律正确，驳回上诉，维持原判。

（十二）未按约定进行竣工后试验的风险与防范

【风险点解析】

工程或区段工程被发包人接收后，在合理可行的情况下根据合同约定进行竣工后试验，是部分工程总承包项目当事人根据发包人要求产生的一种特殊的权利义务，因为实行工程总承包的项目中大多项目除需符合一般的法定和合同约定的质量标准外，还需符合工程项目特殊的产能和性能要求，工程的产能和性能指标需在工程交付后进行竣工后试验予以检验，通过竣工后试验检验承包人的设计和施工能否达到发包人要求中的相关技术和性能要求。因此，发包人在工程交付后应按合同约定和发包人要求进行竣工后试验，承包人应予积极配合，以实现对工程是否符合发包人的要求进行最终评判。

竣工后试验由发包人主导进行，其应提供全部电力、水、污水处理、燃料、消耗品和材料，以及全部其他仪器、协助、文件或其他信息、设备、工具、劳力，启动工程设备，并组织安排有适当资质、经验和能力的工作人员实施竣工后试验。发包人应按合同约定的期限将该项竣工后试验的内容、地点和时间，以及显示其他竣工后试验拟开展时间的竣工后试验计划通知承包人，承包人应对竣工后试验提供指导。竣工后试验的结果应由双方进行整理和评价，并适当考虑发包人对工程或其任何部分的使用，对工程或区段工程的性能、特性和试验结果产生的影响。

综上所述，竣工后试验是发包人主导、承包人配合进行的试验，如发包人不能依约进行竣工后试验，或承包人不履行配合义务，这些均会对合同目的的实现造成影响，是竣工后试验中的风险所在，应加以有效防范。竣工后试验中主要存在以下风险：

1. 发包人不按约定进行竣工后试验的风险。工程经竣工验收并交付，并不意味着工程已完全符合合同约定的质量要求，还需通过竣工后试验来检验，并以此对工程质量最终作出评判。竣工后试验是发包人的权利和义务，因此，为衡量合同目的实现与否，发包人应按合同及发包人要求积极进行竣工后试验，以保障双方合同目的的实现。实务中，部分发包人怠于行使竣工后试验权，不按约定及时通知承包人进行竣工后试验，一方面，因发包人迟延启动竣工后试验，有可能造成承包人窝工或设备闲置损失，发包人有需要承担承包人由此增加的费用并支付承包人合理利润的风险；另一方面，由于发包人的消极行为，客观上会对承包人工程款结算和支付造成影响，导致承包人利益受损，存在被承包人索赔的风险。

2. 承包人不参加竣工后试验的风险。竣工后试验中，承包人处于协助地位，发包人要求其参加竣工后试验，其则有义务参加竣工后试验，如发包人不要求其参加竣工后试验，则承包人可以主动参加，也可以不参加。如承包人不参加竣工后试验，将承担以下风险：一是在发包人通知其参加竣工后试验的情形下，如承包人未在发包人通知的时间和地点参加竣工后试验，发包人可自行进行，该试验将被视为是承包人在场的情况下进行的，且承包人应视为认可试验数据；二是如承包人不参加竣工后试验，发包人是否按发包人要求及承包人提交的操作和维修手册等文件规范地进行竣工后试验将无从考量，会引发质量纠纷风险。同时，缺乏承包人的技术指导，客观上也会影响竣工后试验的效果和质量。

3. 发包人要求对竣工后试验的程序、标准、内容规定不尽合理、明确。发包人要求是工程竣工后试验的主要依据和标准，其编制如果存在问题，必然对工程竣工后试验造成一定影响，不仅影响对工程质量作出准确的评判，而且有可能造成资源浪费、环境污染。

【防范措施】

1. 发包人应主动积极启动竣工后试验，按合同约定的期限及时书面通知承包人，在承包人的指导下，按发包人要求及操作和维修手册（如有）的标准和程序对工程进行竣工后试验，保留相关通知送达证据。对产生竣工后试验延误的事实，守约方应固定相关证据，并按合同约定及时向造成试验延误方进行索赔。另外，发承包双方在签约时应对竣工后试验的资源、条件提供主体、窝工损失和利润损失计算方法、竣工后试验通知日期及逾期通知责任等事项作出明确约定，以便竣工后试验顺利进行。

2. 由于竣工后试验是检验工程是否符合合同约定的最后一道程序，因此承包人应积极参与竣工后试验，为竣工后试验提供指导，指导发包人按发包人要求及操作和维修手册（如有）等文件规定的检验标准、程序对工程进行竣工后试验，及时纠正试验中发包人的不规范行为，对竣工后试验的结果积极发表意见，共同对试验结果进行整理和评价，避免逾期视为认可的情形发生，以减少分歧的产生。

3. 为保证竣工后试验的公正、合理、准确，发承包双方应在发包人要求及操作和维修手册（如有）中对试验内容、依据、标准和程序作出详尽的规定，应尽可能全面、详细、具体。在投标时发现发包人要求问题，可提请发包人进行澄清，在合同履行过程中发现问题应提请、配合发包人编制竣工后试验计划，对不合理的原规定进行修正，并对相关事项、指标进一步细化、量化。

【相关规定链接】

《民法典》

第五百零九条第一款、第二款　当事人应当按照约定全面履行自己的义务。

当事人应当遵循诚信原则，根据合同的性质、目的和交易习惯履行通知、协助、保密等义务。

第七百七十条第一款　承揽合同是承揽人按照定作人的要求完成工作，交付工作成果，定作人支付报酬的合同。

第七百八十条　承揽人完成工作的，应当向定作人交付工作成果，并提交必要的技术资料和有关质量证明。定作人应当验收该工作成果。

第七百八十一条　承揽人交付的工作成果不符合质量要求的，定作人可以合理选择请求承揽人承担修理、重作、减少报酬、赔偿损失等违约责任。

第七百九十九条第一款　建设工程竣工后，发包人应当根据施工图纸及说明书、国家颁发的施工验收规范和质量检验标准及时进行验收。验收合格的，发包人应当按照约定支付价款，并接收该建设工程。

《建设项目工程总承包合同（示范文本）》（GF－2020－0216）

12.1.1　工程或区段工程被发包人接收后，在合理可行的情况下应根据合同约定尽早进行竣工后试验。

12.2.1　如果竣工后试验因发包人原因被延误的，发包人应承担承包人由此增加的费用并支付承包人合理利润。

12.2.2　如果因承包人以外的原因，导致竣工后试验未能在缺陷责任期或双方另行同意的其他期限内完成，则相关工程或区段工程应视为已通过该竣工后试验。

《标准设计施工总承包招标文件》(2012 年版)

18.9　竣工后试验(A)

除专用合同条款另有约定外，发包人应：

(1) 为竣工后试验提供必要的电力、设备、燃料、仪器、劳力、材料，以及具有适当资质和经验的工作人员；

(2) 根据承包商按照第5.6款提供的手册，以及承包人给予的指导进行竣工后试验。

发包人应提前21天将竣工后试验的日期通知承包人。如果承包人未能在该日期出席竣工后试验，发包人可自行进行，承包人应对检验数据予以认可。

因承包人原因造成某项竣工后试验未能通过的，承包人应按照合同的约定进行赔偿，或者承包人提出修复建议，按照发包人指示的合理期限内改正，并承担合同约定的相应责任。

18.9　竣工后试验(B)

除专用合同条款另有约定外：

(1) 发包人为竣工后试验提供必要的电力、材料、燃料、发包人人员和工程设备。

(2) 承包人应提供竣工后试验所需要的所有其他设备、仪器，以及有资格和经验的工作人员。

(3) 承包人应在发包人在场的情况下，进行竣工后试验。发包人应提前21天将竣工后试验的日期通知承包人。因承包人原因造成某项竣工后试验未能通过的，承包人应按照合同的约定进行赔偿，或者承包人提出修复建议，按照发包人指示的合理期限内改正，并承担合同约定的相应责任。

《建设项目工程总承包管理规范》(GB/T 50358—2017)

8.2.5　考核计划应依据合同约定的目标、考核内容和项目特点进行编制，考核计划应包括下列主要内容：

1：考核项目名称；

2：考核指标；

3：责任分工；

4：考核方式；

5：手段及方法；

6：考核时间；

7：检测或测量；

8：化验仪器设备及工机具；

9：考核结果评价及确认等。

三、小结

工程竣工验收，一方面事关发承包双方合同目的的实现与否，建设单位能否取得合格工程，承包人能否有权要求工程款结算、能否依约取得工程价款；另一方面，工程竣工验收是保证建筑工程符合法律法规和安全、卫生、环保等标准的法定要求，未经竣工验收，不得交付使用。因此，发承包双方尤其是承包人，应高度重视工程竣工验收及交付工作，精心组织、充分准备、慎重对待，确保工程验收顺利通过，工程移交顺利进行，从而为后续主张工程及时结算、确定工程价款奠定基础。

第七章 工程总承包项目竣工结算阶段的法律风险与防范

建设工程竣工结算是指建设工程竣工验收后，承包人与建设单位依据合同、工程竣工资料、国家及地方相关法律法规确定最终工程造价的过程和行为。竣工结算的最终工程造价是建设单位与承包人交易的最终价格，是确定双方企业经济效益的关键要点。建设工程竣工结算是项目建设的最后一个环节，也是控制工程成本的最后一关，所以做好建设工程竣工结算是考核项目建设的重要指标，是提升企业经济效益，维护企业和国家利益的关键工作之一。竣工结算还是工程尾款支付的必要前提，竣工结算争议、进度滞缓必然导致工程尾款不能及时准确支付，甚至影响民工工资、材料设备供货款支付，不仅造成参建企业的经济利益损失，还会损害企业形象。因此竣工验收及结算阶段也往往是发承包双方最容易产生争议的阶段，本章内容从对 EPC 项目竣工结算的内容梳理出发，结合《建设项目工程总承包合同（示范文本）》的相关约定，对竣工结算中常见的风险点进行总结分析。

一、工程总承包项目竣工结算概述

（一）工程总承包竣工结算的释义

参考《建设项目工程总承包计价规范》（T/CCEAS 001 - 2022），工程总承包竣工结算是指发包人对承包人完成的全部承包工作（包括缺陷修复）、合同约定可以调整的部分、索赔等总金额达成的最终合意，也就是在工程项目竣工后，发承包双方对该工程发生的应付、应收款项作最后的清理与结算。实务中还存在“不完全竣工结算”即发承包双方对于无异议部分要求进行不完全竣工结算，《建设工程工程量清单计价规范》中还有“过程结算”“期中结算”等。

（二）工程总承包竣工结算的内容

依据《建设项目工程总承包合同（示范文本）》通用条款以及实务中专用条款的通常性约定，我们整理出EPC项目工程竣工结算的内容主要包括以下几点：

1. 资料收集

项目实施过程中各部门应广泛收集与合同结算工作相关的资料，如工程招投标文件、承发包合同、图纸及图纸会审记录、投标报价或合同价或原预算、变更、指令、进度及现场照片等，保证结算编制内容的完备性及结算审核工作的顺利进行，避免审核时材料的缺失和矛盾。

2. 合同结算文件的编制及审核依据

（1）合同文件。

（2）招标文件、投标文件。

（3）发包人要求、设计文件、施工图纸、竣工图纸、工程变更、工程洽商、经批准的施工组织设计方案、现场踏勘复验记录。

（4）发承包双方确认追加或核减的合同价款。

（5）工程索赔与工程签证、相关会议纪要等文件。

（6）工程材料及设备认价单、工程计价文件、取费标准及有关调价规定、双方确认的有关签证。

（7）经批准的开工、竣工报告或停工、复工报告。

（8）与结算相关的技术资料。

（9）影响合同价款的法律、法规、行业规定等。

（10）其他有关文件（竣工验收证明或进度款支付资料、工程延期付款利息、工程专项检测试验费、电子档案费等）。

3. 总承包合同结算（竣工结算）文件编制与申报

（1）具备竣工结算条件后，策划控制中心应立即启动竣工结算文件的编制工作。

（2）总承包合同的竣工结算文件原则上应在合作单位及分包商申报的竣工结算文件的基础上进行编制，文件的编制一定要做到计量准确、内容全面完整。

（3）竣工结算文件的内容应按工程所采用合同模式的相关规定或与业主商定的结果执行，至少包括按合同要求完成的所有工作的价值、根据合同或其他规定业主应支付的任何其他款项等，结算文件的份数按合同规定执行。

（4）竣工结算文件编制完成后，策划控制中心组织项目部相关部门进行会审，签署会审意见，并按会审意见修改后报策划控制中心审批，然后报项目经理批复，项目经理批复后形成最终结算文件报送业主审定，上述工作应在规定的时间内完成。

（5）竣工结算文件报送业主时，策划控制中心及信息及数据管理部应做好签收登记。

（6）竣工结算文件申报（由策划控制中心申报）业主后，要指派专人负责跟踪，并根据业主审核进展及时制定措施，以保证结算价款的尽早确定及剩余结算款的回收。

4. 设计、施工类合同结算

（1）在业主完成对总承包合同竣工结算的批复后，策划控制中心对接到的合作单位/分包商申报的结算文件进行审核，形成初审意见，并组织项目部相关部门进行会审，签署会审意见，按会审意见修改后报项目经理审批，项目经理批复后形成最终审核意见。

（2）对合作单位/分包商申报的结算文件的审核一般应在业主对总承包合同竣工结算及文件批复的工作范围内进行。

（3）结算文件应经双方法定代表人或委托代理人签字并加盖单位公章方为有效。

5. 其他类合同结算按合同约定执行

策划控制中心按合同约定回收总承包合同竣工结算尾款，并在尾款收回的前提下，支付合作单位和/或分包商结算尾款。

（三）工程总承包竣工结算的申请

依据《建设项目工程总承包合同（示范文本）》通用合同条件第 14.5.1 条的规定，竣工结算申请包含下列内容：

除专用合同条件另有约定外，承包人应在工程竣工验收合格后42天内向工程师提交竣工结算申请单，并提交完整的结算资料，有关竣工结算申请单的资料清单和份数等要求由合同当事人在专用合同条件中约定。

除专用合同条件另有约定外，竣工结算申请单应包括以下内容：

（1）竣工结算合同价格。

（2）发包人已支付承包人的款项。

（3）采用第14.6.1项［承包人提供质量保证金的方式］第（2）种方式提供质量保证金的，应当列明应预留的质量保证金金额；采用第14.6.1项［承包人提供质量保证金的方式］中其他方式提供质量保证金的，应当按第14.6款［质量保证金］提供相关文件作为附件。

（4）发包人应支付承包人的合同价款。

（四）工程总承包竣工结算的审核

依据《建设项目工程总承包合同（示范文本）》通用合同条件第14.5.2条的规定，竣工结算审核包含下列内容（流程详见图3）：

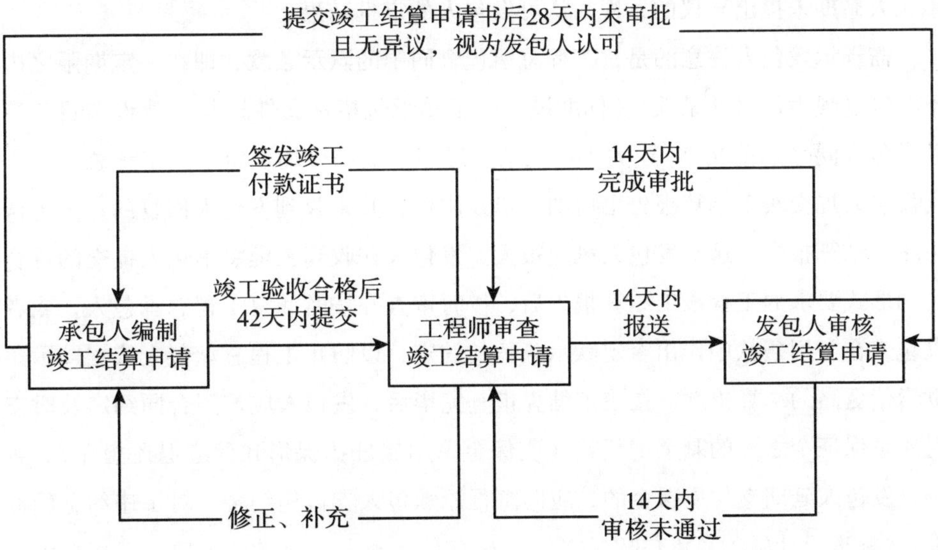

图3 工程总承包竣工结算流程图

（1）除专用合同条件另有约定外，工程师应在收到竣工结算申请单后14天内完成核查并报送发包人。发包人应在收到工程师提交的经审核的竣工结算申请单后14天内完成审批，并由工程师向承包人签发经发包人签认的竣工付款证书。工程师或发包人对竣工结算申请单有异议的，有权要求承包人进行修正和提供补充资料，承包人应提交修正后的竣工结算申请单。

发包人在收到承包人提交竣工结算申请书后28天内未完成审批且未提出异议的，视为发包人认可承包人提交的竣工结算申请单，并自发包人收到承包人提交的竣工结算申请单后第29天起视为已签发竣工付款证书。

（2）除专用合同条件另有约定外，发包人应在签发竣工付款证书后的14天内，完成对承包人的竣工付款。发包人逾期支付的，按照贷款市场报价利率（LPR）支付违约金；逾期支付超过56天的，按照贷款市场报价利率（LPR）的两倍支付违约金。

（3）承包人对发包人签认的竣工付款证书有异议的，对于有异议部分应在收到发包人签认的竣工付款证书后7天内提出异议，并由合同当事人按照专用合同条件约定的方式和程序进行复核，或按照第20条［争议解决］约定处理。对于无异议部分，发包人应签发临时竣工付款证书，并按本款第（2）项完成付款。承包人逾期未提出异议的，视为认可发包人的审批结果。

需提示发包人注意的是，工程总承包合同中的默示条款，即在一定期限之内不予答复视为认可的条款。《标准设计施工总承包招标文件》与《建设项目工程总承包合同（示范文本）》关于竣工结算程序审查部分均规定了在工程总承包人向发包人提交竣工结算报告书后的一定期限内，其未收到发包人回复的，视为认可竣工结算报告，这对发包人风险很大。发包人在收到工程总承包人提交的符合合同形式要求的工程竣工结算报告后，按时审查并按时回复工程总承包人，或者发包人在专用条款中作出否定默示条款的约定，以防止工程总承包人依据默示条款索偿更高的结算价款。在竣工结算审查完毕后，发包人应按照合同约定及时支付质量保证金之外的剩余工程款（质保金采用保证担保形式的应退还担保），否则，发包人延期支付质保金的，应向工程总承包人支付违约金。对于违约金的标准，《标准设计施工总承包招标文件》没有具体规定，而《建设项目工程总承包合同（示范文本）》通用合同条件第14.5.2项规定，发包人逾期支付的，按照贷款市场报价利率（LPR）支付违约金；超过56天的，按照贷款市场报价利率（LPR）的两倍支付违约金。

二、工程总承包项目竣工结算阶段的风险与防范

根据实践中建设工程项目所涉及的纠纷和全流程风险管控发现，工程总承包项目在竣工结算阶段出现的风险点比较多，如结算牵扯政府审计导致纠纷，因为挂靠、分包或转包或未取得建设工程规划许可证等原因导致合同无效、前后协议不一致以哪份作为结算依据及竣工结算申请不及时、材料不完整导致结算不能、工程款支付迟延等。

（一）合同无效对竣工结算产生的风险与防范

【风险点解析】

根据最高人民法院《关于审理建设工程施工合同纠纷案件适用法律问题的解释（一）》的规定，建设工程施工合同因存在违反强制招投标程序、非法分包、转包、挂靠等情形而导致合同无效，一旦建设工程施工合同无效，则合同中约定的竣工结算的相关条款尤其是逾期结算的违约金等条款也将无效，存在不能适用的法律风险。如存在挂靠或转包、违法分包或无证施工的情形，施工企业将面临行政主管部门给予警告、降级、列入不予准入名单、罚款等行政处罚的风险。

【防范措施】

应当履行合法的招投标流程，减少和杜绝工程挂靠、转包和非法分包等行为，在发包人无任何证件的情形下，要注意保存相应的证据，以减少自身的过错程度，从而尽量降低工程款无法全额取得的风险。

【相关规定链接】

最高人民法院《关于审理建设工程施工合同纠纷案件适用法律问题的解释（一）》（法释〔2020〕25号）》

第一条　建设工程施工合同具有下列情形之一的，应当依据《民法典》第一百五十三条第一款的规定，认定无效：

（一）承包人未取得建筑业企业资质或者超越资质等级的；

（二）没有资质的实际施工人借用有资质的建筑施工企业名义的；

（三）建设工程必须进行招标而未招标或者中标无效的。

承包人因转包、违法分包建设工程与他人签订的建设工程施工合同，应当依

据《民法典》第一百五十三条第一款及第七百九十一条第二款、第三款的规定，认定无效。

第六条　建设工程施工合同无效，一方当事人请求对方赔偿损失的，应当就对方过错、损失大小、过错与损失之间的因果关系承担举证责任。

损失大小无法确定，一方当事人请求参照合同约定的质量标准、建设工期、工程价款支付时间等内容确定损失大小的，人民法院可以结合双方过错程度、过错与损失之间的因果关系等因素作出裁判。

《民法典》

第七百九十三条　建设工程施工合同无效，但是建设工程经验收合格的，可以参照合同关于工程价款的约定折价补偿承包人。建设工程施工合同无效，且建设工程经验收不合格的，按照以下情形处理：

（一）修复后的建设工程经验收合格的，发包人可以请求承包人承担修复费用；

（二）修复后的建设工程经验收不合格的，承包人无权请求参照合同关于工程价款的约定折价补偿。

发包人对因建设工程不合格造成的损失有过错的，应当承担相应的责任。

《北京市高级人民法院关于审理建设工程施工合同纠纷案件若干疑难问题的解答》（京高法发〔2012〕245号）

7. 当事人在诉讼前已就工程价款的结算达成协议，一方要求重新结算的，如何处理？

当事人在诉讼前已就工程价款的结算达成协议，一方在诉讼中要求重新结算的，不予支持，但结算协议被法院或仲裁机构认定为无效或撤销的除外。

建设工程施工合同无效，但工程经竣工验收合格，当事人一方以施工合同无效为由要求确认结算协议无效的，不予支持。

《江苏省高级人民法院关于审理建设工程施工合同纠纷案件若干问题的解答》（已失效）

7.《建设工程司法解释》第21条黑白合同的规则，审判实践中如何适用？

……

合同履行完毕后当事人达成的结算协议具有独立性，施工合同是否有效不影响结算协议的效力。

《山东省高级人民法院民一庭关于审理建设工程施工合同纠纷案件若干问题的解答》

2. 施工合同无效，当事人主张以另行签订的结算协议作为工程价款结算依据，如何处理？

当事人在施工合同之外签订的结算协议具有独立性，施工合同的效力不影响结算协议的效力，结算协议可以作为确定工程价款的依据。

【典型案例】

案例一：正信光电科技股份有限公司、民丰县昂立光伏科技有限公司与联合光伏（常州）投资集团有限公司建设工程施工合同纠纷案

案号：（2020）新民终 106 号

审理法院：新疆维吾尔自治区高级人民法院

裁判要旨：

建设工程施工合同无效，但建设工程经竣工验收合格，承包人请求参照合同约定支付工程价款的，应予支持。该条规定的原意是参照合同约定确定工程价款数额，主要指工程款计价方法、计价标准等与工程价款数额有关的约定，双方关于付款节点约定的条款，不属于可以参照适用的合同约定。

基本案情：

2014 年 6 月 4 日，发包人民丰县昂立光伏科技有限公司（以下简称昂立公司）与总承包人常州普阳能源工程有限公司（以下简称普阳公司）签订《民丰县昂立光伏科技有限公司 20 兆瓦光伏并网发电项目 EPC 总承包合同》，合同总价款为 7210 万元。开工时间 2014 年 6 月 15 日，工程总工期 110 天，要求工程于 2014 年 11 月 25 日前具备上网（并网发电）条件。2015 年 2 月 2 日，昂立公司、正信光电科技股份有限公司（以下简称正信公司）、普阳公司、联合光伏（常州）投资集团有限公司（以下简称联合公司）签订《民丰县昂立光伏科技有限公司 20 兆瓦光伏并网发电项目 EPC 总承包合同及相关事项之补充合同》（以下简称《补充合同》），《补充合同》约定：昂立公司为业主方，正信公司与普阳公司为联合总承包方，联合公司为确认方。《补充合同》专用条款约定：合同固定总价为 97, 732, 375 元，其中普阳公司负责设计、建筑工程、工程安装及调试，合同金额为 40, 897, 534 元，正信公司负责设备采购及项目前期开发等，合同金额为 56, 834, 841 元；合同各方确认，普阳公司将其负责工程的全部款项债权转

让给正信公司，共计40,897,534元，即昂立公司需依约将合同总价款全部支付给正信公司；按照80%、10%、10%的比例分三笔支付，其中80%合同价款的支付条件为：（1）正信公司与联合公司共同完成对昂立公司注册资本的增资实缴工作；（2）本项目及其配套设施工程全部完工及全部消缺工作完成；（3）本项目工程质量经第三方（TUV）检测机构检测，结果表明本项目工程质量达到本合同附件2——技术协议的相关要求，并经联合公司确认；（4）昂立公司已签署购售电合同；（5）本项目已整体竣工验收并完成工程决算及审计，且获得中国法律法规要求的本项目投入真实运营所需的全部资质文件、取得电力业务许可证等。10%合同价款的支付条件为：本项目列入国家可再生能源电价附加资金补助目录后的10个工作日内。最后10%合同价款作为项目保证金，其支付条件为：质保期届满2个月内，正信公司、昂立公司双方委托认可的第三方检测机构（TUV）完成本项目工程质量二次检测，并经联合公司书面确认。《补充合同》签订后，联合公司委托TUV检测机构于2015年7月7日出具联合光伏新疆民丰20兆瓦光伏电站技术尽职调查阶段—2的检测报告，检测结果为项目存在电击隐患、电气连接不可靠隐患、5块组件存在较严重隐裂、电池片功率混档现象。2014年12月31日昂立公司20兆瓦光伏电站并网发电，2016年8月24日涉案光电项目列入国家可再生能源电价附加资金补助目录。后该项目因工程款支付、违约金等问题，正信公司将品立公司列为被告向公司人民法院提起诉讼。一审审理过程中，对于《补充合同》约定的付款条件是否成就成为争议焦点。

法院裁判理由与结果：

一审法院认为：根据《补充合同》的约定，分三笔按照80%、10%、10%的比例支付，其中80%合同价款的支付条件有五个，均已成就，故认为昂立公司按照合同总价款的80%付款条件已经成就。第二笔10%付款条件也已经成就。根据《补充合同》约定质保期满前2个月内，昂立公司与正信公司双方委托第三方检测机构（TUV）完成本项目工程质量二次检测，并经联合公司确认，截至该案庭审结束，正信公司与昂立公司均未配合委托第三方做二次检测，故认为该笔合同总价款10%的付款条件未成就。

二审法院认为：案涉项目属新能源项目，且总投资额远超3000万元，必须进行招标。而上述案涉合同及补充合同并未履行招投标程序，应依据最高人民法院《关于审理建设工程施工合同纠纷案件适用法律问题的解释》（已失效）第一条的规定，认定无效。最高人民法院《关于审理建设工程施工合同纠纷案件适用法律问题的解释》第二条规定，建设工程施工合同无效，但建设工程经竣工验收合格，承包人请求参照合同约定支付工程价款的，应予支持。该条规定的原意是参照合同约定确定工程价款数额，主要指工程款计价方法、计价标准等与工程价款数额有关的约定，双方关于付款节点约定的条款，不属于可以参照适用的合同约定。因案涉合同及补充合同被依法认定为无效，正信公司按补充合同的约定主张违约金及律师费用，无有效合同为依据，一审法院不予支持正确。昂立公司二审上诉主张按补充合同的约定扣减违约金，基于以上理由，不予支持。

案例二：陆某拔、云南翌程道路桥梁工程有限公司等建设工程合同纠纷案

案号：（2021）最高法民申 7952 号

审理法院：最高人民法院

裁判要旨：

EPC 施工合同无效，建设工程经验收合格，当事人有权通过协议方式确定合同无效后的权利义务，即合同无效，不影响结算协议的效力。

基本案情：

再审申请人陆某拔申请再审称：（1）原判决认定的基本事实缺乏证据证明。①云南翌程道路桥梁工程有限公司（以下简称翌程公司）等利用建筑市场强势地位，以拒不结算、不支付工程款威胁，迫使陆某拔签署不公平、脱离实际的预结算书、承诺书，上述预结算书、承诺书当属无效。②从预结算书、承诺书的内容看，案涉工程尚未进行最终结算。预结算书约定，预结算款 19, 136, 245 元非最终结算款；其所附陆某拔施工队支付、扣款统计表中亦载明“本表未完善，有争议款项作后续讨论”；陆某拔于 2015 年 6 月 26 日出具承诺书，仅为保证支付农民工工资，并非对应付工程款最终金额的放弃。（2）原判决认定事实的主要证据是伪造的。①翌程公司成立的国道 323 线蚂蟥塘至坝心公路改建工程第二、第三合同段项目经理部分别与路港公司签订的两份《施工合同》系合同双方为达到 3 月 15 日已建立关系而后续“制作”的证据，也可能是为诉讼而制作，系伪造的证据。②两份《工程劳务合同》系陆某拔为借款解决资金周转问题而签订，其工程范围不同于路港公司所签《施工合同》约定的范围。③有“建水公路管理段”字样、落款时间为 2015 年 7 月 2 日的承诺书并非陆某拔所写。④预结算书、路港公司与翌程公司所签《施工合作协议》、函件、应收款记录等证据材料

中所署“钱某福”并非其本人签字。(3)对审理案件需要的主要证据，陆某拔因客观原因不能自行收集，书面申请人民法院调查收集，人民法院未调查收集。本案应付工程款应当通过鉴定来确定，经陆某拔书面申请，人民法院未启动鉴定程序。(4)原判决适用法律确有错误。本案应适用《民法典》第七百九十一条第三款、第七百九十三条第一款、第四百九十条第二款、最高人民法院《关于审理建设工程施工合同纠纷案件适用法律问题的解释(一)》(法释〔2020〕25号)》第一条、第九条、第四十三条的规定。综上，原判决符合《民事诉讼法》(已修正)第二百零七条第(二)项、第(三)项、第(五)项、第(六)项的规定，应予再审。

法院裁判理由与结果：

关于预结算书是否系结算协议的问题

陆某拔申请再审认为，其与翌程公司尚未对案涉工程进行最终结算。根据原判决查明的事实，2015年6月23日，陆某拔与翌程公司签订预结算书，约定陆某拔施工队的预结算款为19,136,245元；若双方共同努力使结算款大于19,136,245元，多余的款项属于陆某拔所有；截至2015年6月23日，除保修金和已支付的款项外，翌程公司应支付陆某拔2,634,610.91元，但为解决问题，翌程公司愿意支付陆某拔300万元；若双方共同努力要到其他款项，则归陆某拔所有。因此，陆某拔获得超过19,136,245元总工程款的前提条件是双方共同努力为陆某拔多要到其他款项。但陆某拔并未举示证据证明存在“多要到其他款项”的事实，原审判决据此认定预结算书系结算协议，并确认案涉工程造价为19,136,245元并无不当。

至于陆某拔主张预结算书无效的问题。法院认为，首先，陆某拔在原审中举示的证据不足以证明其系受胁迫签订预结算书、承诺书。其次，陆某拔于2015年6月26日出具承诺书，对预结算书的主要内容再次予以确认，但现又认为预结算书中所署“钱某福”非其本人签字的理由并无证据证明。故陆某拔的该部分主张不成立，法院不予支持。

法官会议意见

当事人有权通过协议方式确定合同无效后的权利义务。建设工程施工合同无效并不必然导致建设工程施工合同关系终止后当事人就工程价款(折价补偿款)支付方式、支付时间、未按约定支付的违约责任所签订的合同无效。《民法典》

第七百九十三条第一款规定，建设工程施工合同无效，但是建设工程经验收合格的，可以参照合同关于工程价款的约定折价补偿承包人。根据该款规定，建设工程施工合同无效，但是建设工程经验收合格的，发包人与承包人就工程价款（折价补偿款）的数额、支付方式和时间作出约定，是当事人的权利，是自愿原则的体现，并不违反法律的强制性规定。故建设工程施工合同无效不影响结算协议的效力。

（二）竣工结算金额遗漏的法律风险与防范

【风险点解析】

通常签订工程总承包合同时，发承包双方会针对工程结算的程序进行约定。一般情况下，工程竣工验收后，承包人应及时整理结算资料，编制结算文件并向发包人提交，再由发包人或者发包人委托第三方造价咨询机构进行审核。在此期间，发包人可能会对承包人计算的工程量、相关价格，或者承包人提出的价格调整提出异议，再由双方对此重新进行计算确认，直至最终的结算金额达成一致意见，无法达成一致意见的则通过合同约定的争议解决方式处理。但是，发包人对结算报告的审核，更多的是对承包人多主张的进行核减，几乎不可能主动提出承包人少算、漏算的项目。在承包人送审资料有漏项的情形下，如果发包人认可送审金额，双方的结算工作也就随之结束。如果承包人在双方结算完成后，又发现有遗漏的项目，此后再提出要求增加计算遗漏的金额，以司法实践中遵循的原则来看，是不会再被支持的。同样，对发包人来说，如不全面主张权利，也会碰到相同的结局。所以，基于竣工结算代表双方工程总承包合同的清结具有终局性的特征，发承包双方根据合同约定，全面、完整地整理、审核结算资料，并提出合理的权利主张是保证合法利益得以实现的前提。

竣工结算是一个大结算的概念，是针对竣工结算前所发生的全部权利义务的结算和合同清结。因此，承包人除了按照合同约定的计价方式以实际完成的工程量及相应的价格约定制作竣工结算报告外，还应当在结算报告中列明因发包人原因造成的停窝工损失、不可抗力或情势变更造成的费用增加，以及发包人未按照合同约定支付进度款而产生的违约金、垫资施工利息等索赔项，特别是违约金、利息等不在工程造价费用组成范围内的金额容易被承包人忽略。对发包人来说，其往往也是只注重对工程造价的审核，而忽略承包人因违约行为所需要支付的违约金，例如，承包人违反安全管理的罚款，承包人逾期竣工、质量违约等情形。

【防范措施】

因为工程竣工结算金额直接影响发承包双方的经济利益和合同清结权利，所以做好竣工结算工作对发承包双方来说都意义重大。

1. 承包人应当委派有经验的造价咨询人员牵头组建竣工结算负责团队，熟悉掌握合同内容、招标文件等关于工程范围、工程变更、价款调整、风险责任、索赔等与工程结算相关的合同约定。

2. 为了保证竣工结算的完整性，承包人在工程总承包合同履行期间应当做好各类资料收集工作。在编制结算文件前，由项目负责人组织项目资料员与结算编制人员做好交底工作。同时，承包人也需要注意收集引起价格调整的政策性文件作为编制竣工结算文件的依据。竣工结算文件编制完成后，交工程项目部进行复核，检查是否存在遗漏的费用，尤其是履行过程中产生的各类索赔项。同样，发包人在对结算文件进行审核的时候，也需要现场负责人组织现场管理人员与结算审核人员做好交底工作，交代因承包人违约行为等事件的发生而应当扣减费用的情形。

3. 随着建筑业改革，为解决结算难、工程款拖欠及农民工工资问题，部分地区已经实行过程结算制度，例如：《吉林省住房和城乡建设厅关于在房屋建筑和市政基础设施工程中推行施工过程结算的实施意见》中规定，施工过程结算文件可参照竣工结算文件的编制方法进行编制，经发承包双方签字认可后，作为竣工结算文件的组成部分，竣工后不再重复审核。因此，如果发承包双方在合同中约定了过程结算，则承包人需注意按照过程结算的要求分阶段向发包人提交结算申请，相关结算文件应当按照竣工结算文件的编制要求进行整理。

4. 发承包双方在结算协议上签字时，应该严格审查结算协议中相关金额的准确性。特别是在部分争议或索赔尚未处理完毕的情形下，要注意在结算协议中明确尚未得到处理的争议或索赔事项，注明此类情形可由双方另行协商或通过合同约定的争议解决方式解决，为后期主张权利预留空间，避免失权。

【相关规定链接】

《建设工程价款结算暂行办法》（财建〔2004〕369 号）

第十四条　工程完工后，双方应按照约定的合同价款及合同价款调整内容以及索赔事项，进行工程竣工结算。

（一）工程竣工结算方式

工程竣工结算分为单位工程竣工结算、单项工程竣工结算和建设项目竣工总结算。

（二）工程竣工结算编审

1. 单位工程竣工结算由承包人编制，发包人审查；实行总承包的工程，由具体承包人编制，在总包人审查的基础上，发包人审查。

2. 单项工程竣工结算或建设项目竣工总结算由总（承）包人编制，发包人可直接进行审查，也可以委托具有相应资质的工程造价咨询机构进行审查。政府投资项目，由同级财政部门审查。单项工程竣工结算或建设项目竣工总结算经发、承包人签字盖章后有效。

承包人应在合同约定期限内完成项目竣工结算编制工作，未在规定期限内完成的并且提不出正当理由延期的，责任自负。

……

（四）工程竣工价款结算

发包人收到承包人递交的竣工结算报告及完整的结算资料后，应按本办法规定的期限（合同约定有期限的，从其约定）进行核实，给予确认或者提出修改意见。发包人根据确认的竣工结算报告向承包人支付工程竣工结算价款，保留5%左右的质量保证（保修）金，待工程交付使用一年质保期到期后清算（合同另有约定的，从其约定），质保期内如有返修，发生费用应在质量保证（保修）金内扣除。

（五）索赔价款结算

发承包人未能按合同约定履行自己的各项义务或发生错误，给另一方造成经济损失的，由受损方按合同约定提出索赔，索赔金额按合同约定支付。

（六）合同以外零星项目工程价款结算

发包人要求承包人完成合同以外零星项目，承包人应在接受发包人要求的7天内就用工数量和单价、机械台班数量和单价、使用材料和金额等向发包人提出施工签证，发包人签证后施工，如发包人未签证，承包人施工后发生争议的，责任由承包人自负。

最高人民法院《关于审理建设工程施工合同纠纷案件适用法律问题的解释（一）》（法释〔2020〕25号）

第二十一条　当事人约定，发包人收到竣工结算文件后，在约定期限内不予答复，视为认可竣工结算文件的，按照约定处理。承包人请求按照竣工结算文件结算工程价款的，人民法院应予支持。

第二十七条　利息从应付工程价款之日开始计付。当事人对付款时间没有约定或者约定不明的，下列时间视为应付款时间：

（一）建设工程已实际交付的，为交付之日；

（二）建设工程没有交付的，为提交竣工结算文件之日；

（三）建设工程未交付，工程价款也未结算的，为当事人起诉之日。

《江苏省高级人民法院关于审理建设工程施工合同纠纷案件若干问题的解答》（已失效）

9.《建设工程司法解释》第20条规定的按照竣工结算文件结算工程价款，审判实践中如何适用？

建设工程施工合同专用条款中明确约定发包人收到竣工结算文件后，在合同约定的期限内不予答复视为认可竣工结算文件，当事人要求按照竣工结算文件进行工程价款结算的，应予支持。建设工程施工合同专用条款中未明确约定，当事人要求按照竣工结算文件进行工程价款结算的，不予支持。

建设工程施工合同专用条款有此明确约定，发包人有证据证明在合同约定的期限内提出异议的，承包人要求按照竣工结算文件进行工程价款结算的，不予支持。

建设工程施工合同无效的，不影响该条款约定的效力。

【典型案例】

案例：某装修公司与×职工管理委员会建设工程施工合同纠纷仲裁案件

审理机构：某仲裁委员会

裁判要旨：

因《建设工程施工合同》中的承包人未向发包人递交竣工结算报告及完整的结算资料，导致双方无法按专用条款约定的合同价款调整内容，进行工程竣工结算的，承包人无权要求发包人承担违约责任。

基本案情：

装修公司作为承包人与作为发包人的×职工管理委员会就涉案工程签订《建设工程施工合同》，约定合同总价为143.0503万元，资金来源为财政划拨。合同约定：工程竣工验收报告经发包人认可后28日内，承包人向发包人递交竣工结算报告及完整的结算资料，双方按照协议书约定的合同价款及专用条款约定的合同价款调整内容，进行工程竣工结算；发包人确认竣工结算报告后，通知经办银行向承包人支付工程竣工结算价款；发包人收到竣工结算报告及结算资料后28日内无正当理由不支付工程竣工结算价款，自第29日起按同期银行贷款利率向×装修公司支付拖欠工程价款利息，并承担违约责任。开工通知书发出前4日，支付合同价的30%，工程形象进度达50%，再支付合同价的45%，工程竣工验收后10日内，再支付合同价的20%，合同价的5%作为保修金，两年保修期满后10日内给付×装修公司。

合同签订后，在施工过程中，根据×职工管理委员会的要求，×装修公司对部分项目进行变更，并增加了部分工程。2003年8月31日，涉案工程竣工后，质量评定为“优良”。工程结算书结算价为2,154,053.23元。×市×区财政局委托×市×区财政投资评审中心对涉案工程结算进行评审，审定价1,715,498.95元，施工单位若对评审结果具有异议，应在收文后30日内作出书面回复，并一次性提供有效的依据，以便对评审结果进一步核对。

×装修公司与×职工管理委员会就工程价款发生争议，×装修公司提起仲裁，请求裁决×职工管理委员会向其支付工程款446,350.57元；×职工管理委员会向其返还质量保证金107,702.66元；×职工管理委员会向其支付自2004年1月26日至实际清偿之日的违约金；×职工管理委员会承担其律师费3万元；×职工管理委员会承担本案仲裁费用。

仲裁裁判理由与结果：

仲裁委员会认为，依照该案《建设工程施工合同》的约定，承包人向发包人递交竣工结算报告及完整的结算资料后，双方应按照约定的合同价款及专用条款约定的合同价款调整内容，进行工程竣工结算。×装修公司未能及时反馈合理的建议和提供有效的评审资料，其虽然向×职工管理委员会递交了工程结算书，但其并未提供证据证明向×职工管理委员会递交了完整的结算资料，以致×区评审中心审定涉案工程的结算价为1,715,498.95元。根据施工合同的约定，×职工管理委员会确认竣工结算报告后，才向×装修公司付款，若×职工管理委员会收到竣工结算报告及结算资料后28日内无正当理由不支付工程竣工结算价款，自第29日起按同期银行贷款利率向×装修公司支付拖欠工程价款利息，并承担违约责任。×装修公司提交的结算价2,154,053.23元并未得到×职工管理委员会的认可，×职工管理委员会通过×市×区财政投资评审中心出具了不同的结算价，双方无法达成一致意见，且×职工管理委员会曾按照评审中心出具的评审结果两次通知×装修公司前去领取工程余款115,498.95元，因×装修公司不同意该结算价，未领取余款，因此×装修公司至今未能取得工程余款并非×职工管理委员会故意拖延所致，×装修公司无权要求×职工管理委员会承担逾期付款违约金。

（三）以审计作为工程总承包项目结算依据及审计主体约定不明确的风险与防范

【风险点解析】

根据国际通行的国际咨询工程师联合会银皮书以及我国住房和城乡建设部和国家工商总局发布实施的《建设项目工程总承包合同（示范文本）》，工程总承包（EPC）大多采用固定总价模式，即价格固定和工期固定的承包模式。而采用固定总价模式签订的工程总承包合同面临的审计风险是巨大的，依据《保障中小企业款项支付条例》第十一条规定，机关、事业单位和国有大型企业不得强制要求以审计机关的审计结果作为结算依据，但合同另有约定或者法律、行政法规另有规定的除外。但对于政府投资项目来讲，政府审计是其中不可避免的一个环节，依据《审计法》第二十三条的规定，审计机关对政府投资为主的建设项目的预算执行情况和决算进行审计监督。政府作为投资项目的发包方，为避免以后可能面临的失职渎职责任追究的风险，多数会签订以政府审计结果为结算依据的工程总承包合同，这也为日后双方结算埋下了矛盾纠纷的伏笔。"审计"一词在实践运用中常有两种含义，一种是指"行政审计"，也即法律意义上的"审计"；另一种则是指发包人单方或发承包双方共同委托第三方中介机构进行的审计，这种情况并非《审计法》意义上的"审计"。在实践中，对于审计条款的表述往往会出现约定不明的情形，例如，仅约定"以发包方审计为准""承包人须配合审计"，或者约定"需经行政审计"，未明确行政审计结论作为发承包双方确认工程价款的依据等，均属于约定不明，也会引发一系列的矛盾纠纷。

【防范措施】

一般来说，国有资金的项目中通常会有约定政府审计的条款，工程总承包单位也不能予以拒绝，但是应当约定明确清楚，不能存在歧义，同时总包单位应当及时、完整地提交相应的资料，督促审计机构尽快完成，如果存在故意拖延或者无法出具相应审计报告的情形下，需要固定证据尽快诉讼，通过司法鉴定程序解决。

首先，国有资金项目在双方约定不明或未约定的情形下，不能当然推定以政府审计为结算依据。在签订合同时，发承包双方达成合意确定以审计结论作为结算依据的，应当具体明确，否则不能解释推定为双方已经达成“以行政审计为准”的合意；即便施工合同中提及了政府审计程序，但并未明确必须以审计结论作为工程结算依据时，也会被认为该约定不明确、不具体，属意向性约定，需当事人磋商细化内容后才能适用；在合同约定“承包人须配合审计”的情况下，在配合发包人完成审计工作的过程中，承包人可以声明“所做的一切配合审计工作只是为甲方审计提供便利和支持，不应视为接受行政审计结果作为结算依据”。

其次，政府审计机构拖延审计，需要注重搜集相关证据，必要时提起诉讼推进结算进程。审计署《政府投资项目审计规定》第九条规定，审计机关对列入年度审计计划的竣工决算审计项目，一般应当在审计通知书确定的审计实施日起3个月内出具审计报告。确需延长审计期限时，应当报经审计计划下达机关批准。在当事人约定以政府审计结果为结算及付款依据的情形下，除因审计机构无正当理由拖延审计外，工程承包方还可能因为审计意见不真实、不客观而蒙受损失。为避免此种现象的发生，需要固定证据尽快诉讼，人民法院在认定政府审计结论作为结算依据的基础上，还拥有对其结论的实质审查权。人民法院经审查发现审计意见存在不真实、不客观情形的，可以在诉讼过程中通过补充鉴定、重新质证、补充质证、同意司法鉴定申请等方式对当事人予以救济。

【相关规定链接】

《审计法》

第二十三条　审计机关对政府投资和以政府投资为主的建设项目的预算执行情况和决算，对其他关系国家利益和公共利益的重大公共工程项目的资金管理使用和建设运营情况，进行审计监督。

《保障中小企业款项支付条例》

第十一条　机关、事业单位和国有大型企业不得强制要求以审计机关的审计结果作为结算依据，但合同另有约定或者法律、行政法规另有规定的除外。

《政府投资项目审计规定》

第九条　审计机关对列入年度审计计划的竣工决算审计项目，一般应当在审计通知书确定的审计实施日起3个月内出具审计报告。确需延长审计期限时，应当报经审计计划下达机关批准。

全国人大常委会法工委《关于对地方性法规中以审计结果作为政府投资建设项目竣工结算依据有关规定提出的审查建议的复函》

地方性法规中直接以审计结果作为竣工结算依据和应当在招标文件中载明或者在合同中约定以审计结果作为竣工结算依据的规定，限制了民事权利，超越了地方立法权限，应当予以纠正。

最高人民法院《关于审理建设工程施工合同纠纷案件适用法律问题的解释（一）》（法释〔2020〕25号）》

第十九条第一款　当事人对建设工程的计价标准或者计价方法有约定的，按照约定结算工程价款。

最高人民法院《关于人民法院在审理建设工程施工合同纠纷案件中如何认定财政评审中心出具的审核结论问题的答复》（〔2008〕民一他字第4号）

财政部门对财政投资的评定审核是国家对建设单位基本建设资金的监督管理，不影响建设单位与承建单位的合同效力及履行。但是，建设合同中明确约定以财政投资的审核结论作为结算依据的，审核结论应当作为结算的依据。

最高人民法院《关于建设工程承包合同案件中双方当事人已确认的工程决算价款与审计部门审计的工程决算价款不一致时如何适用法律问题的电话答复意见》（〔2001〕民一他字第2号）

审计是国家对建设单位的一种行政监督，不影响建设单位与承建单位的合同效力。建设工程承包合同案件应以当事人的约定作为法院判决的依据。只有在合同明确约定以审计结论作为结算依据或者合同约定不明确、合同约定无效的情况下，才能将审计结论作为判决的依据。

《江苏省高级人民法院关于审理建设工程施工合同纠纷案件若干问题的解答》（已失效）

10. 当事人约定以行政审计、财政评审作为工程款结算依据的如何处理？

当事人约定以行政审计、财政评审作为工程款结算依据的，按照约定处理。但行政审计、财政评审部门明确表示无法进行审计或者无正当理由长期未出具审计结论，当事人申请进行司法鉴定的，可以准许。

【典型案例】

案例一：中国建筑第八工程局有限公司、云南中石油昆仑燃气有限公司建设工程施工合同纠纷案

案号：（2017）云民终874号

审理法院：云南省高级人民法院

裁判要旨：

双方明确约定以政府审计为结算依据的，应当予以支持。

基本案情：

2011年11月29日，云南中石油昆仑燃气有限公司（以下简称昆仑燃气）作为发包人，与中国建筑第八工程局有限公司（以下简称中建八局）及案外人中机国际工程设计研究院有限责任公司、张家港中集圣达因低温装备有限公司签订《云南省液化天然气（应急）储配基地项目EPC工程总承包合同》（以下简称《总承包合同》），约定由承包人对云南省液化天然气（应急）储配基地项目进行设计、采购及施工。合同签订后，中建八局进行了实际施工，工程于2013年8月1日竣工验收，并于同年8月29日验收备案。

2016年1月27日，合同各方当事人又签订了《关于云南省液化天然气（应急）储配基地项目EPC工程总承包合同的补充合同书》（以下简称《补充合同》），载明由于双方目前对工程结算价的确定和工程款支付问题存在争议，经双方友好协商达成补充合同。约定：关于工程款结算和支付。发包人于2016年1月10日前，按《总承包合同》一期工程暂定价5,424.31万元的约定，向承包人支付95%的工程款，支付时应扣除发包人前期已支付的工程款。如果截至2016年3月31日，审计工作仍未完成，发包人于2016年4月10日前，暂按昆明禹泰工程造价咨询事务所有限公司对《总承包合同》所涉工程出具的咨询意见中载明的工程竣工结算价56,504,775.33元向承包人支付工程款，支付时应扣除发包人前期已支付的工程款。《总承包合同》所涉工程的最终结算价以昆明市审计局或其委托的审计单位审计报告所确认的结算金额为准。如果审计结果与发包人已支付的工程款数额不一致，在审计报告作出之日起10日内，双方按多退少补的原则进行找补。

2016年10月11日，中建八局向昆仑燃气出具回复（函），载明：贵司于

2016 年 10 月 10 日向我司发出的关于审计意见的通知书及付款情况已收到。现就贵司要求的问题及付款情况回复如下：贵司要求我司必须在 2016 年 10 月 20 日前对昆明市审计局的征求意见稿提出书面意见，若不提出就视为同意，且在付款说明中单方擅自扣减了我司工程款。我司声明，在该工程款项的结算中，本来双方合同约定以及所欠尾款的事实是非常清楚的，但贵司非要将问题搞得很复杂，其目的是拖延付款期限，这是严重损害我方利益和不诚信的表现，因此，我司认为，我司没有配合贵司单方委托的任何结算单位的义务，而关于所欠工程款的问题双方已诉于有关部门，其结论由审判部门依法确定，并非贵司所述的不提出就无异议的说法。

2016 年 10 月 20 日，昆明市审计局作出昆审投决〔2016〕15 号审计报告。因昆仑燃气欠付工程款，中建八局诉至昆明市中级人民法院。

法院裁判理由与结果：

二审法院认为：双方 2011 年 11 月 29 日签订的《总承包合同》和 2016 年 1 月 27 日签订的《补充合同》是双方真实意思的表示，且内容并未违反法律法规的强制性规定，合法有效。该案中，昆仑燃气对中建八局提交的结算书并未确认，故不能依据《总承包合同》第 16.5 条、第 16.6 条的约定支付工程款。而《总承包合同》虽然未明确约定以审计结论作为确认工程造价的依据，但却约定：在原则上且不突破投标文件投标价的情况下，工程验收后，以经过发包人认可的最终工程量进行结算。经发包人及造价公司审核认可后的项目实施报价严格控制在一期工程 5424.31 万元，除发包人另行委托外，超出部分发包人不予认可。工程竣工后 30 日内发包人必须上报审计。虽然《总承包合同》未对造价公司的审核方式作出约定，但在《补充合同》中双方明确约定最终结算价以昆明市审计局或其委托的审计单位作出审计报告所确认的结算金额为准，而审计也是造价审核的一种方式，故《补充合同》的约定是对《总承包合同》的补充。审计结论确认的工程造价金额高于合同约定的一期工程中标价金额，故结算价款从数额上对中建八局而言也并未显失公平。

案例二：北京新兴建宇建筑工程有限公司与北京市海淀区圆明园管理处建设工程施工合同纠纷案

案号：（2021）京民再 79 号

审理法院：北京市高级人民法院

裁判要旨：

合同中对于审计主体或政府审计约定不明确，不能当然以政府审计为结算前提。

基本案情：

北京新兴建宇建筑工程有限公司中标圆明园遗址公园整治修复工程，案涉工程资金来源为政府投资，总投资2亿元。工程2013年12月竣工，审计单位出具审核报告审定金额约2.3亿元。由于《海淀区政府投资项目管理办法》中规定超过2000万元以上的项目应由海淀区政府常务会审议，而案涉项目迟迟未通过审议，因此项目单位始终欠付承包人工程款。

法院裁判理由与结果：

再审法院认为：关于审核报告是否需经海淀区常务会审议通过。首先，《施工合同》中并无此项约定，不能以案涉项目系政府投资项目，就当然推定案涉项目涉及的各种政府内部审批手续自然成为合同的一部分。其次，《海淀区政府投资项目管理办法》第三十六条虽然规定决算投资数超概算金额在2000万元以上（含）的项目应由海淀区政府常务会审议，但并未规定未经审议通过的后果，更未规定未经审议通过的审核报告就无效，因此《海淀区政府投资项目管理办法》不构成新兴建宇公司主张工程款权利的限制。根据全国人大常委会法制工作委员会法规备案审查室向中国建筑业协会出具复函的精神，即使“在合同中约定以审计结果作为竣工结算依据的规定”，都属于“限制了民事权利，超越了地方性权限”，应当予以“清理、纠正”，因此是否经海淀区常务会审核通过并不影响审核报告的效力。

原一审法院以审核报告未经海淀区政府常务会审议，不能视为已完成合同约定的“审计审核”，本院原二审认为本案陷入“审计僵局”，均属适用法律错误，本院再审予以纠正。案涉《施工合同》虽然存在“审计审核”字样，但并未明确审计主体。海淀区审计局和海淀区财政局委托昊海造价公司对案涉工程结算进行审核，昊海造价公司于2015年9月15日出具决算审核报告，圆明园管理处和新兴建宇公司均盖章确认，海淀区审计局和海淀区财政局于2015年11月13日“同意批复该报告”，应当认定审计工作已经完成，工程款支付条件已经成就，圆明园管理处应当根据《施工合同》约定支付新兴建宇公司工程价款。

案例三：唐山湾三岛旅游区旅游开发建设有限公司、北京中海北方港口工程

有限公司建设工程施工合同纠纷案

案号：（2020）最高法民申 1122 号

审理法院：最高人民法院

裁判要旨：

合同约定以政府审计结果为结算及付款依据，但审计机构无正当理由长期未出具审计结论或者审计部门明确表示无法进行审计，人民法院准许当事人以司法鉴定结果作为工程结算依据，或者径直依据建工合同约定价款或工程结算资料判令一方当事人支付工程款。

基本案情：

2011 年 9 月 15 日北京中海北方港口有限公司（以下简称中海北方）与唐山湾三岛旅游区旅游开发建设有限公司（以下简称唐山三岛）签订了《三贝明珠客运码头 BT 项目合同》及《滨海道 BT 项目合同》，合同约定唐山三岛将三岛旅游区内的滨海景观道和三贝明珠客运码头项目委托中海北方以 BT 方式融资进行建设并最终移交唐山三岛。合同同时明确约定滨海景观道工程暂定为 287, 948, 473 元，三贝明珠客运码头暂定为 2. 53 亿元，以审计部门报告金额确定最终回购价款。同时合同明确约定工程竣工之日起第 1 个月唐山三岛支付第一笔款，审计结束后第 12 个月付第二笔款。第 24 个月支付第三笔款，支付比例分别是合同价款的 40%、30%、30% 加合同价款乘以融资费率之和等。2014 年 11 月工程交付使用。2015 年 6 月 6 日双方签订《滨海道 BT 项目补充协议》《三贝明珠客运码头 BT 项目补充协议》，协议约定将合同价款的组成变更为本合同价款即回购本项目实体的全部费用。

2016 年 5 月中海北方将全部工程结算资料交唐山三岛，唐山三岛进行审计，至今未出具正式审计结果。截至起诉，中海北方收到唐山三岛支付的工程款 958, 027, 885 元，另有 1, 515, 999. 98 元唐山三岛向外支付的利息，中海北方同意折抵工程款。双方确认已付款合计 973, 223, 884. 98 元。

法院裁判理由与结果：

关于唐山三岛是否应向中海北方支付剩余工程款的问题。首先，案涉 BT 项目合同系双方真实意思表示。原审查明，中海北方与唐山三岛于 2011 年 9 月 15 日签订《滨海道 BT 项目合同》和《三贝明珠客运码头 BT 项目合同》，约定唐山三岛将三岛旅游区内的滨海景观道和三贝明珠客运码头项目委托中海北方以

BT 方式融资进行建设并最终移交唐山三岛，滨海景观道工程暂定价 287,948,473 元，三贝明珠客运码头暂定价 2.53 亿元，并对审计确定最终回购价、支付方式和比例等作了约定。2015 年 6 月 6 日，双方签订《滨海道 BT 项目补充协议》《三贝明珠客运码头 BT 项目补充协议》，协议约定将合同价款的组成变更为本合同价款即回购本项目实体的全部费用。其次，案涉工程已于 2014 年 11 月交付使用，双方对案涉工程造价及已付款没有异议。经查，河北光大工程造价咨询有限公司接受一审法院委托，进行了工程造价鉴定并出具（2018）冀光大价鉴字第 2 号鉴定意见书：唐山湾三岛旅游区三贝明珠客运码头及唐山湾三岛旅游区滨海道工程价款确定性意见金额为 1,496,689,087.44 元，推断性意见金额为：1,241,652.43 元，合计 1,497,930,739.87 元。双方对上述工程造价鉴定意见及诉前已付 973,223,884.98 元款项均予认可，唐山三岛又于一审判决后分两笔向中海北方支付了共计 1500 万元款项，中海北方也予以认可。再次，案涉 BT 项目合同的主要权利义务是以 BT 融资方式建设滨海景观道工程和三贝明珠码头，唐山三岛签订协议的目的是取得由中海北方投资建设的项目并实际投入使用，而中海北方的合同目的是项目建成交付后收回投资。现案涉工程已交付使用多年，但中海北方仍未完全收回垫资款，而且由于工程施工过程中存在增项，中海北方的实际垫资数额远远超出双方签订合同时暂定的工程造价。最后，案涉 BT 项目合同约定“工程竣工之日起第一个月唐山三岛支付第一笔款，审计结束后第 12 个月付第二笔款，第 24 个月支付第三笔款，支付比例分别是合同价款的 40%、30%、30% 加合同价款乘以融资费率之和等”，但在中海北方于 2016 年 5 月将全部工程结算资料交唐山三岛进行审计后，由于工程资料不全等原因，审计机构长期未能出具正式审计结论。若是根据唐山三岛关于支付款项必须严格按照合同约定以审计结论形成后才能确定时间节点的主张，在本案审计结论长期无法形成的特殊情况下，对中海北方明显不公。据此，原审判决唐山三岛 20 日内向中海北方支付尚欠工程款并无不当。

（四）未在合同中约定工程终审决算的时间节点，引发竣工结算争议的风险与防范

【风险点解析】

实践中关于结算资料应包含的具体内容，主要有以下两种观点：一种观点认

为，结算资料应包括结算报告与完整的结算资料。例如，《建设工程价款结算暂行办法》第十四条第（三）项中规定，工程竣工结算审查期限单项工程竣工后，承包人应在提交竣工验收报告的同时，向发包人递交竣工结算报告及完整的结算资料，发包人应按以下规定时限进行核对（审查）并提出审查意见。《建设项目工程总承包合同（示范文本）》通用合同条件采纳了该种观点。

另一种观点认为，结算资料就是最终的工程造价结算书。例如，2013 年版《清单计价规范》第 11. 3. 1 条第一款规定：合同工程完工后，承包人应在经发承包双方确认的合同工程期中价款结算的基础上汇总编制完成竣工结算文件，应在提交竣工验收申请的同时向发包人提交竣工结算文件。

工程总承包项目在定性上通常被认为是交钥匙工程，实践中一些项目虽已竣工，但发包人有时以工程质量不符合交钥匙工程标准等质量问题为由，不予办理结算。因此结算资料审核及办理结算的期限认定问题尤为关键。实践中如合同双方对结算审核期限有约定，一般从其约定，如合同双方对结算审核期限未约定或约定不明，裁判机关可酌情确定办理结算的期限。

如果合同并未对结算的程序及时间节点进行明确约定，法院在认定案涉工程“应当”的结算时间点时综合考虑案件事实及双方意思合意，进而对工程欠付款及利息起算点等问题进行认定。这要求合同主体在办理结算时，应按合同约定的程序及时间进行，如合同无明确约定，则应参照行业惯例及在相关行业标准规定的合理期限内进行结算，不应拖延，否则将承担相应的风险。

【防范措施】

根据《建设项目工程总承包合同（示范文本）》通用合同条件第 14. 5. 2 条竣工结算审核条款的约定，除专用合同条件另有约定外，工程师应在收到竣工结算申请单后 14 天内完成核查并报送发包人。发包人应在收到工程师提交的经审核的竣工结算申请单后 14 天内完成审批，并由工程师向承包人签发经发包人签认的竣工付款证书。工程师或发包人对竣工结算申请单有异议的，有权要求承包人进行修正和提供补充资料，承包人应提交修正后的竣工结算申请单。

发包人在收到承包人提交竣工结算申请书后 28 天内未完成审批且未提出异议的，视为发包人认可承包人提交的竣工结算申请单，并自发包人收到承包人提交的竣工结算申请单后第 29 天起视为已签发竣工付款证书。

因竣工结算对发承包双方十分重要，因此一般总承包合同的专用合同条件或通用合同条件中，都会有相应的竣工结算审核条款，明确竣工结算审核时间，但也有一些合同忽略了上述约定或者约定不明确，此时审核时间则可以参照国家有关政策的规定。

实践中另外一种多发的情形是项目使用财政资金，面临财政评审或审计，由于财政评审或审计的不确定性，竣工结算审核时间经常会出现超过合同约定或者国家有关政策约定的期限。对于需要财政评审或审计的项目，发包人往往会在结算付款方式中加入如下条款："按规定需进行财政评审或审计的，结算总价以评审或审计结果为准，支付时间视政府资金到位情况确定。"这样就给发承包单位对于竣工结算留下空间，发包单位在合同约定的时间内，先完成对竣工结算的审核，支付应付金额。等财政评审或审计完成后，以评审或审计结果修正之前的竣工结算和应支付金额为最终决算结果。

【相关规定链接】

《政府投资项目审计规定》

第九条　审计机关对列入年度审计计划的竣工决算审计项目，一般应当在审计通知书确定的审计实施日起3个月内出具审计报告。确需延长审计期限时，应当报经审计计划下达机关批准。

《建设工程价款结算暂行办法》（财建〔2004〕369号）

第十四条　工程完工后，双方应按照约定的合同价款及合同价款调整内容以及索赔事项，进行工程竣工结算。

……

（三）工程竣工结算审查期限

单项工程竣工后，承包人应在提交竣工验收报告的同时，向发包人递交竣工结算报告及完整的结算资料，发包人应按以下规定时限进行核对（审查）并提出审查意见。（见表2）

表2　审查

序号	工程竣工结算报告金额	审查时间
1	500万元以下	从接到竣工结算报告和完整的竣工并结算资料之日起20天
2	500万—2000万元	从接到竣工结算报告和完整的竣工并结算资料之日起30天

续表

序号	工程竣工结算报告金额	审查时间
3	2000万—5000万元	从接到竣工结算报告和完整的竣工并结算资料之日起45天
4	5000万元以上	从接到竣工结算报告和完整的竣工并结算资料之日起60天

……

最高人民法院《关于审理建设工程施工合同纠纷案件适用法律问题的解释(一)》(法释〔2020〕25号)》

第二十七条　利息从应付工程价款之日开始计付。当事人对付款时间没有约定或者约定不明的，下列时间视为应付款时间：

（一）建设工程已实际交付的，为交付之日；

（二）建设工程没有交付的，为提交竣工结算文件之日；

（三）建设工程未交付，工程价款也未结算的，为当事人起诉之日。

《北京市高级人民法院关于审理建设工程施工合同纠纷案件若干疑难问题的解答》(京高法发〔2012〕245号)

35. 发包人无正当理由拒绝结算工程款的，欠付工程款利息的起算点如何确定？

发包人在施工合同约定的审核结算期限内无正当理由拒绝结算或故意拖延结算，在审核期限届满后也未支付工程款，承包人要求发包人从合同约定的审核结算期限届满的次日起计算欠付工程款利息的，可予支持，但合同另有约定的除外。

《杭州市中级人民法院民一庭关于审理建设工程及房屋相关纠纷案件若干实务问题的解答》

四、价款结算

……

2. 承包人向发包人提交工程结算文件，但发包人无正当理由拒绝结算的，承办人主张支付欠付工程价款利息的，应如何计算？

答：应区分为两种情况进行处理：

（1）建设工程施工合同中明确约定，发包人应当在相应期限内对承包人送交的结算文件进行审核，发包人在期满后仍未支付工程价款的，应自合同约定的审核结算期限届满的次日起计算工程价款利息。

（2）如果双方未作欠款约定或者约定不明的，该项利息应从承包人起诉之日开始计算。

【典型案例】

案例：云南省设计院集团、贵州博宏实业有限责任公司建设工程合同纠纷案

案号：（2014）民一终字第256号

审理法院：最高人民法院

裁判要旨：

业主方长期不出具竣工结算文件，工程价款应在竣工验收合格之日起双方确认的结算完成时间具备支付条件并支付利息。

基本案情：

2007年11月14日，贵州博宏实业有限责任公司（以下简称博宏公司）作为发包人与云南设计院集团（以下简称云南设计院）作为承包人签订《建设工程总承包合同》，工程承包范围：博宏公司建设新型干法回转窑生产线工程的设计、设备（材料）采购、工程施工、设备安装、调试、试生产、人员培训、相关技术服务、工程检测、质量保修等（EPC/交钥匙工程方式），并承担最终的性能保证责任。交工验收合格、总承包工程终审决算完成、交工资料达到归档条件后支付合同总价的95%。性能考核合格后间隔一个月凭合同总价5%的质量保证金保函和性能考核合格证书付至合同总价的100%。

2007年11月28日，博宏公司批准云南设计院的开工报告；2009年6月30日本案工程进行了工程初步验收。

2010年4月27日，云南设计院向博宏公司报送本案工程结算材料2010年7月22日，监理单位贵州正业工程技术投资有限公司、博宏公司、云南设计院、贵州省冶金质监站水钢分站等与本案工程相关的21家单位和部门召开验收会议，与会各相关单位根据施工单位的自评报告结合业主对该工程运行以来的综合评价，一致同意验收。同时会议纪要约定：“2010年内完成转固和结算。”

2013年6月20日，案涉工程最终完成结算。其后双方就欠付工程款及利息支付等问题产生争议，并诉至法院。

法院裁判理由与结果：

涉案工程于2010年7月23日即验收合格，而博宏公司组织的工程终审决算于2013年6月20日才完成。双方虽未在合同中约定工程终审决算的时间节点，但在2010年7月22日竣工验收会议纪要第9条记载："2010年内完成转固和结算"，该次竣工验收会议双方均参加，应当视为双方对结算完成的时间作出了约定。博宏公司称因云南设计院的原因导致终审决算拖延，没有有效的证据证明。据此约定，博宏公司应于2010年年底即完成工程结算，除可扣留5%的保修金之外，其余工程款应支付给云南设计院。一审法院依据合同关于"发包人竣工验收合格一年后，将保修金一次性支付给承包人"的约定，认定博宏公司应于2010年7月23日之后的一年内支付全部工程款，故利息应当从2011年7月23日起算。

（五）工程总承包模式下设计优化和设计变更引发的总承包单位与分包单位之间结算差异的风险与防范

【风险点解析】

设计优化和设计变更在工程实践中常被提及，而在传统设计与施工分离的模式下，设计优化与变更并未存在较大的争议。但是在设计与施工深度融合的工程总承包模式下，设计优化与设计变更将会产生各种争议。尤其是当前在工程总承包模式下，因设计变更与优化的概念与界限尚不清晰，一旦发生相关的设计变更与优化，则各方主体之间的有关工程价款结算应当如何进行，是否均保持固定总价不变，时常引发争议。其中，尤其以固定总价模式下的施工分包单位为甚。

【防范措施】

工程总承包单位在设计变更和设计优化时应从以下方面加强风险管理：

1. 加强工程总承包合同的策划。在与发包人进行合同谈判时，应争取明确设计优化的利益归属于工程总承包单位，或由双方按一定比例进行分成。同时，在合同中尽可能约定在满足发包人建设标准、规模、功能需求等前提下，发包人不应对工程总承包单位的设计优化进行干预，并限制发包人对设计优化的审批权，如发包人不同意优化，工程总承包单位有权提出变更并要求增加合同价款。

2. 工程总承包单位要做好统筹，节省成本。站在工程总承包单位的角度，在设计阶段应就整个项目进行统筹，除了关注设计质量、规范标准外，还应当重视未来施工可行性、施工工期及施工成本等经济指标，以期获得更为优化的设计，尽可能减少施工阶段的优化和变更。目前国内和国际上通常以设计企业作为工程总承包单位或牵头人，而我国的大型设计企业集团通常也有自己的造价咨询、工程咨询等部门，其在过往的工程设计经验中也应当积累了丰富的数据资料。其在作为工程总承包单位时，应充分利用原有的相关造价数据资料，有针对性地进行设计优化，以获得更高的承包利润。例如，每平方米钢筋使用量是实践中常见的造价指标，工程总承包单位在进行设计优化时，可借助相关类似的指标以有效地控制成本和获得最大的收益。同时，工程总承包单位在工程实践中，也应当注重积累相关的数据资料，不断提升自身作为工程总承包单位的能力。

3. 加强分包合同的策划，减少优化变更。在施工阶段可能发生设计优化的，工程总承包单位应在签订施工合同时就有关可能出现设计优化的情形和处理方式作出约定，防止因优化出现施工合同的变更引起双方争议。例如，在施工分包合同中约定施工单位提出设计优化并被采纳的，将给予施工分包单位一定的奖励措施，而该奖励应当覆盖施工分包单位的利润、管理费等损失；而如果由工程总承包单位提出设计优化导致施工分包合同发生变更，引起施工合同工程量降低导致施工分包单位利润损失的，工程总承包单位不予补偿，从而可以控制工程总承包单位在设计阶段的优化风险，同时也可加强施工分包单位提出优化的动力，对双方来讲属于“双赢”的局面。

【相关规定链接】

《房屋建筑和市政基础设施项目工程总承包管理办法》（建市规〔2019〕12号）

第十九条　工程总承包单位应当设立项目管理机构，设置项目经理，配备相应管理人员，加强设计、采购与施工的协调，完善和优化设计，改进施工方案，实现对工程总承包项目的有效管理控制。

《建设项目工程总承包计价规范》（T/CCEAS 001 -2022）

3.3.5　承包人在合同约定承包范围内实施设计时，应在满足发包人要求的前提下进行优化设计，并应从中选取最优设计方案；在满足发包人提供的设计文件技术标准的前提下进行深化设计，实现合同目标，优化设计和深化设计导致的盈亏均归承包人享有或承担。

6.3.3 承包人对方案设计或初步设计文件进行的设计优化，如满足发包人要求时，其形成的利益应归承包人所有；如需要改变发包人要求时，应以书面形式向发包人提出合理化建议，经发包人认为可以缩短工期、提高工程的经济效益或其他利益，并指示变更的，发包人应对承包人合理化建议形成利益双方共享，并应调整合同价款和（或）工期。

【典型案例】

案例：中国电建集团新能源电力有限公司（原贵州电力建设第二工程公司）、贵州赤天化桐梓化工有限公司建设工程施工合同纠纷案

案号：（2019）最高法民终1356号

审理法院：最高人民法院

裁判要旨：

经业主方确认的签证才能作为工程价款调整的依据，否则承包商无权也不得据此向业主索赔，包括工期和费用；凡没有改变合同中“业主要求”的变更，由承包商承担因变更引起的费用或工期的改变，不调整合同价格和工期。

基本案情：

2007年11月，贵州赤天化桐梓化工有限公司（以下简称桐梓化工公司）委托国信招标有限责任公司（以下简称国信招标公司）对涉案项目对外进行招投标。国信招标公司于2007年11月向中国电建集团新能源电力有限公司（以下简称电建公司）在内的邀请投标人发布了编号为GXTC－0732014《贵州金赤化工有限责任公司桐梓煤化工一期工程热电及公用工程设计、采购、施工（EPC）总承包招标文件》。《EPC总承包合同》载明“业主可向承包商发出根据合同应履行义务所需要的指示，每项指示均应是书面的，并说明有关的义务，以及规定这些义务的条款。如果这些指示构成合同变更，应按照第11条【变更和调整】的规定处理。后因为工程款结算纠纷诉至法院，且原告电建公司认为由于被告桐梓化工公司的变更行为、导致电建公司发生变更调整费用7012.9198万元，该部分费用是根据桐梓化工公司在招标时提供的各种参数指标与实际中被告提出改变的各项参数指标所引起的工程量变化，以及电建公司已完成的设施施工图在施工中由桐梓化工公司提出改变设计所发生的工程量变化费用，以及由于桐梓化工公司原因引起工期延误，电建公司所发生的必需的赶工费。该部分费用均是电建公司的直接增加支出的采购、施工、赶工费用，应由桐梓化工公司承担。

法院裁判理由与结果：

关于初设图到施工图变更部分应否计价的问题。

其一，鉴定单位分别对“业主变更调整部分”和“设备变更调整部分”的“初设图到施工图变更部分”进行了鉴定并计入“核实”部分，赤天化公司对此部分不予认可，且电建公司在本案审理过程中也明确表示“施工图工程量比投标文件（初步设计）的工程量增减部分及设备参数变更，均不应调整金额”。

其二，该案为EPC总承包，按照《EPC总承包合同》第二条第四款约定的内容，赤天化公司提供的仅是初步设计图纸，而非最终的设计图纸。

其三，案涉项目从最初的招标范围到投标，以及双方签订的EPC总承包合同所确定的承包范围等都明确，电建公司作为总承包商，其合同义务不仅是按图施工，还包含勘察、施工图设计、设备材料采购等多项工作。而且，《EPC总承包合同》第十一条第三款也再次明确，对初设图优化所导致的工程量增减及设备改变均不属于合同约定的变更范围。

其四，虽然电建公司是按照赤天化公司审核过的施工图进行施工的，但《EPC总承包合同》第七条第三款第十项、第十二条第六款已经明确约定，除非按照本合同第十一条【变更和调整】的规定由业主签发正式的书面变更单，承包商无权也不得据此向业主索赔，包括工期和费用；凡没有改变本合同中“业主要求”的变更，由承包商承担因变更引起的费用或工期的改变，不调整合同价格和工期。因此，鉴定单位以施工图经过了业主审核为由将初设图到施工图之间的变化认定为“业主要求的变更”并计入“核实”部分与合同约定不符。

综上所述，在电建公司没有提交证据证明变更系业主提出的情况下，初设图到施工图的变更，原则上属于承包商履行其合同义务所必须进行的优化，鉴定单位将该部分认定为“业主要求的变更”从而计入工程变更范围，是对EPC合同的错误理解。该部分不能计入涉案工程总造价。

（六）EPC合同按固定总价结算后，发包人以承包人虚报价款或承包人以增项、政策性调价为由要求重新结算的风险与防范

【风险点解析】

采用固定总价的EPC合同，履约过程中往往也会出现承包人实施设计优化、发包人要求改变等突破招投标文件确定的“合同总价”的情形。此时，发

承包双方容易就仍然按照固定总价方式办理结算还是据实结算产生分歧。另外，即便是发承包双方已经按照“固定总价 + 约定调整价格”的方式办理了结算，在付款环节依然可能出现一方反悔，要求扣减未实际发生费用或增加费用的风险。

【防范措施】

1. 细化价格调整情形，履约过程中及时调价，避免结算时陷入被动

EPC 模式的计价规则与传统施工总承包模式大相径庭，各方参与人均有着不同理解。合同当事人处于平等地位，任何一方均无法也不应强迫对方接受己方的见解。因此，消除和减少争议最可行的方法之一就是尽量细化合同约定，将当事人认为可能影响价格的因素进行充分探讨并形成合同条款。另外，履约过程中双方仍有继续合作的动力，也是固定证据的最佳时机，出现问题应及时解决，以免结算时积重难返。上述案例中，最高人民法院最终不予支持发包人提出因承包人虚报设备价款而要求重新结算的主张，重要考量因素之一就是承包人报送的结算价没有超出固定总价。另外，争议部分的设备及价款也不属于双方约定合同价格调整的情形。假设因为变更和索赔过多导致结算价远远超出固定总价，法院是否仍然秉承支持原定结算价的态度难以预测。

2. 结算价款达成后，另行签订结算协议，明确结算范围

工程结算实践中有“小结算”“大结算”之分。“小结算”指的是仅针对工程造价（有时也包括已付款项等内容）的结算，往往存在于工程审价报告出具以后。而“大结算”包含“小结算”，同时还包含上述承包人可向发包人主张的所有项目应付总价款（包含造价、奖励、承包人索赔等），发包人可据以抗辩或主张的所有已付款与应扣款在内的所有款项内容。

通常，结算书一经双方确认，则视为发承包双方对既存债权债务关系的结算和清理，但实务中依然存在较多结算后纠纷。重要原因是，发包人在承包人的结算书上盖章的行为，并不符合人们通常理解的合同形式。且结算书中一般仅有承包人主张的工程实体造价，鲜见发包人对于质量修复费用、工期违约责任等处理意见。因此，在结算书之外另行签署结算范围明确的结算协议，约定结算考虑因素，如依据 EPC 合同计价规则已审查造价真实情况、考虑合同外增加费用、发包人抗辩扣减费用等，如此将大大降低争议再起的可能性。

【相关规定链接】

最高人民法院《关于审理建设工程施工合同纠纷案件适用法律问题的解释（一）》（法释〔2020〕25号）》

第十九条第一款、第二款　当事人对建设工程的计价标准或者计价方法有约定的，按照约定结算工程价款。

因设计变更导致建设工程的工程量或者质量标准发生变化，当事人对该部分工程价款不能协商一致的，可以参照签订建设工程施工合同时当地建设行政主管部门发布的计价方法或者计价标准结算工程价款。

第二十八条　当事人约定按照固定价结算工程价款，一方当事人请求对建设工程造价进行鉴定的，人民法院不予支持。

第二十九条　当事人在诉讼前已经对建设工程价款结算达成协议，诉讼中一方当事人申请对工程造价进行鉴定的，人民法院不予准许。

《北京市高级人民法院关于审理建设工程施工合同纠纷案件若干疑难问题的解答》（京高法发〔2012〕245号）

12. 固定价合同履行过程中，主要建筑材料价格发生重大变化，当事人要求对工程价款予以调整的，如何处理？

建设工程施工合同约定工程价款实行固定价结算，在实际履行过程中，钢材、木材、水泥、混凝土等对工程造价影响较大的主要建筑材料价格发生重大变化，超出了正常市场风险的范围，合同对建材价格变动风险负担有约定的，原则上依照其约定处理；没有约定或约定不明，该当事人要求调整工程价款的，可在市场风险范围和幅度之外酌情予以支持；具体数额可以委托鉴定机构参照施工地建设行政主管部门关于处理建材差价问题的意见予以确定。

因一方当事人原因导致工期延误或建筑材料供应时间延误的，在此期间的建材差价部分工程款，由过错方予以承担。

北京市第一中级人民法院《对民事审判中部分执法不统一问题的规范意见》

8. 发包方能否以合同约定是固定价结算为由拒付增项工程的工程款？

问题说明：在有些建筑工程施工合同中，双方约定采用固定价方式结算工程价款，但实际施工过程中双方通过洽商变更增加或减少部分施工项目，由此产生是否仍适用合同约定的固定价结算的问题。

基本意见：（1）如果发生洽商变更，应看双方合同中约定是否增减合同价款，或双方有无另行约定；（2）在约定采用固定价结算时，如果工程没有完成，则应采取“按比例鉴定法”来确定应付工程款，即让鉴定机构算出在同一取费标准下已完工程部分的价款和整个合同工程价款，将两者比例乘以合同约定的固定价。

【典型案例】

案例一：抚顺矿业中机热力有限责任公司、中机国能电力工程有限公司建设工程施工合同纠纷案

案号：（2020）最高法民申1137号

审理法院：最高人民法院

裁判要旨：

当事人达成的结算协议应当视为“一揽子”终局性协议，不应当予以调整，当事人一方如认为构成欺诈或显失公平，可以依法行使撤销权。

基本案情：

中机国能电力工程有限公司（以下简称中机电力公司）与抚顺矿业中机热力有限责任公司（以下简称抚矿热力公司）于2011年12月1日通过邀请招标方式签订了《抚顺矿业集团有限责任公司热电厂供热改造项目总承包合同文件》（以下简称《总承包合同》），约定中机电力公司承包建造供热改造项目EPC工程。案涉工程于2012年3月2日正式开工后，于2012年12月20日由中机电力公司、抚矿热力公司及主体设计单位、施工单位、调试单位、监理单位六方对案涉工程办理了移交手续。2013年10月15日，该工程经过竣工验收。2013年11月30日，双方签订了工程结算书，对工程款的数额进行了确认。2014年11月19日质保期结束后，双方又通过2份会议纪要对工程质量保证金的结算进行了确认。

法院裁判理由与结果：

第一，关于合同约定是固定总价还是实为估算价的问题。抚矿热力公司提供的招投标过程中在先形成的有关文件材料，并不能用于否定在后形成的《总承包合同》和工程结算书以及2份会议纪要中有关工程价款的约定，这些双方书面约定应当作为案涉项目工程价款结算的基本依据。虽然在《总承包合同》签订之前的招投标过程中，可能确实存在部分工程或设备的数量或价款难以确定的情形，但这并不能成为签约后对价款条款反悔或不予认可的理由。况且，案涉合同作为

EPC形式的总承包合同，出现部分工程或设备的数量或价款难以确定的情形亦属正常，也正是由于这种不确定性的存在，双方才在合同中一再强调合同价款固定不变。直至该案争议发生前，抚矿热力公司从未就合同价款计算提出过异议，这也进一步说明其在本案诉讼发生前始终认可有关合同价款的约定。在项目工程竣工验收后形成的工程结算书也以固定总价为双方结算的基本依据。由此可见，案涉合同约定的是固定总价，并不存在所谓实为估算价的问题，该固定总价应当作为双方结算的依据。

第二，关于中机电力公司是否存在设备价款虚报的问题。第一，案涉合同的计价方式是固定总价，中机电力公司主张的所谓虚报价款或虚构设备并未使双方结算价款超出合同约定。假使存在虚报价款或虚构设备事实并构成欺诈或显失公平，则抚矿热力公司可以依法行使撤销权。但是，对于案涉虚构设备事实，抚矿热力公司至迟应在竣工验收时就应当知道；对于案涉虚报价款事实，抚矿热力公司至迟应在工程结算时就应当知道。抚矿热力公司却均未在法律规定的期限内行使撤销权。如果抚矿热力公司认为己方在验收和结算时仍不知晓该有哪些设备或者未注意及时核对设备价格，显然于理不通，只能说是对自身权益的自我怠慢或过度疏忽，也应当自担风险和损失。

案例二：新煤化工设计院（上海）有限公司、中铝矿业有限公司等建设工程合同纠纷案

案号：（2021）最高法民终450号

审理法院：最高人民法院

裁判要旨：

工程总承包合同采取固定总价方式结算，新增项目功能没有超越原合同约定的功能，承包人主张增加工程价款的，人民法院不予支持。

基本案情：

2014年12月，新煤化工设计院（上海）有限公司（以下简称新煤化工）在中铝公司河南分公司招标的“中国铝业股份有限公司河南分公司氧化铝节能减排升级改造项目自备煤气站工程”（以下简称自备煤气站）项目中中标。中标通知书载明的中标金额为34,401.73万元。2015年3月18日，新煤化工与中铝公司河南分公司签订EPC《商务合同》和《技术协议》，双方对合同价款约定为33,500万元。

《商务合同》关于工程承包范围第 2. 2. 1 条约定：该工程为交钥匙工程，承包人的工程内容详见招标文件技术部分及签订的技术协议。第 2. 2. 1. 2 条约定：属于发包人要承担的范围，承包人必须单独列出，如未列出，均属承包人范围。第 2. 2. 1. 3 条约定：如现场发包人提出变更，或本协议没有明确的事项，双方现场协商解决，牵涉商务因素的可以签订补充协议。第 5. 4（2）条约定：如发包人需要对项目范围进行增减，价格变动执行“分项报价表”。如需在本合同工程承包范围及内容之外额外补充，由双方协商确定补充合同价款。

《技术协议》中双方对自备煤气站系统工程的四台气化炉单元、脱硫单元、空分单元、备煤单元、煤气输送单元及配套的公用工程进行了详细约定，附件七对文件和资料的提交进行了约定，附件十对竣工验收进行了详细约定。

合同签订后，新煤化工对案涉工程进行了设计、设备采购、安装和施工。2017 年 2 月，该煤气站改造工程 A、B、C、D 炉开始投煤试车使用。2017 年 4 月，中铝公司河南分公司对该工程 C、D 炉进行性能检测并确认性能考核通过；2017 年 7 月，对 A、B 炉进行性能检测并确认性能考核通过。2017 年 9 月，签署工程移交证书。2018 年 8 月，新煤化工取得交（竣）工验收证书。现该工程已经竣工并交付中铝公司河南分公司投入生产使用。

2018 年 4 月 23 日，新煤化工向中铝公司河南分公司提交结算书，中铝公司河南分公司未予确认。

新煤化工主张自备煤气站工程施工过程中，增加了以下工程：“干煤棚增加 A – C 轴”“变配电楼增加一层”“空分增加后备系统”“雨排水管线向南改为向西”“新增氮气管线”“新增氨水管线”“排洪沟堤护坡”“新增围墙”“生活污水网管改造”“三七灰土换填”“煤气外管新增两台 DN7 * * 的阀门”“空分配电室空调”“消防水泵房改造”工程和“完成 168 考核后增加的运行维护费用”“项目实施增加费用”。中铝公司河南分公司及中铝矿业有限公司对新煤化工主张的增加工程不予认可，认为案涉工程为交钥匙工程，不存在增加工程。

法院裁判理由与结果：

新煤化工主张通过对比原投标文件及《商务合同》附件、《技术协议》供货范围及服务范围，新增加的设备、材料建筑安装工程费等属于项目实施增加的费用，要求中铝公司河南分公司另行支付。EPC 项目将设计、采购、施工等内容通过“交钥匙”合同一并交给承包方。在这种 EPC 模式中，业主与承包方签订工程总承包合同把建设项目的设计、采购、施工等工作全部委托给承包方负责组织实施，业主只负责整体、原则的目标管理和控制。设计、采购和施工是承包方统一策划、组织、指挥、协调和全过程控制的。在此情况下，业主介入实施的程度较低，总承包商运用其管理经验对项目建设中的相关零星设备和材料进行适当调整，也是EPC项目建设过程中边施工、边设计、边改进的常见现象。对于项目实施过程中需要重大调整和改进的工程项目，承包方按照合同约定可以启动索赔或者追加项目费用。对于该案请求的这些项目增加费用，新煤化工没有提供在案涉项目施工过程中双方经常采用的澄清说明、联系函、备忘录、设计变更单等书面文件予以确认。《商务合同》也约定在合同有效期内，本合同工程承包范围及内容不发生变化时，合同总价不变。该设备及材料增加后，没有证据证明项目功能明显超越原合同约定的功能。故新煤化工主张的增加项目属于合同外工程项目不予支持。

案例三：中国五冶集团有限公司、西安华江环保科技股份有限公司等建设工程施工合同纠纷案

案号：（2021）最高法民终750号

审理法院：最高人民法院

裁判要旨：

建设工程施工合同采取固定总价方式结算，且约定承包范围以内和工程量清单中的工程量不因政策性费用变化、市场价格变化而调整，新增项目虽不在工程量清单中但属于承包范围内的，承包方主张调增工程价款，人民法院不予支持。

基本案情：

2013年5月7日，榆钢公司作为业主与西安有色公司（原西安有色冶金设计研究院）作为承包商签订《榆钢支持抵债灾区恢复重建项目干熄焦分项EPC总承包合同》，工程承包范围为榆钢支持地震灾区恢复重建项目干熄焦项目EPC总承包工程的设计、采购、施工、安装调试、试车、试生产和功能考核直至竣工验收。合同总价款为（含税价）129,500,000元，其中：设备费为77,060,000元；建筑安装费为47,237,500元；其他费为5,202,500元。2013年5月15日，西安有色公司作为发包商与承包商西安华江环保科技股份有限公司（以下简称华江公司）签订《榆钢支持抵债灾区恢复重建项目干熄焦分项EPC总承包合同》，工程

承包范围为榆钢支持地震灾区恢复重建项目干熄焦项目 EPC 总承包工程的设计、采购、施工、安装与调试、试车、试生产和功能考核直至竣工验收。合同总价款为（含税价）126,750,000 元，其中：设备费用为75,560,000 元；建筑安装费用为46,087,500 元；其他费用为5,102,500 元。2013 年7 月6 日，华江公司作为发包人与承包人中国五冶集团有限公司（以下简称五冶公司）签订案涉合同。承包范围为干熄焦本体、余热锅炉、汽轮发电、综合电气室、循环水泵房、冷却塔、除盐水站、迁车台、焦仓、环境地面除尘站等的土建施工、机械设备（制作）安装与调试、试车、试生产和功能考核直至竣工验收。项目总投资 130,000,000 元，其中甲供设备约77,000,000 元。本合同总价款为（含税价）38,244,326 元。2015 年10 月9 日，建设单位、设计单位、施工单位、监理单位以及环保、消防、质量监督部门等多家单位参与竣工验收，形成竣工验收报告，签字盖章确认最晚时间是2015 年11 月18 日。一审法院审理中，五冶公司提交鉴定申请，一审法院依法委托甘肃中联茂源工程造价咨询有限公司（以下简称中联茂源公司）对土建施工图工程量与合同附件2 中的土建工程量清单变化增加是否超过5% 及对超出5% 以上的工程量造价进行鉴定。鉴定初稿经质询后，中联茂源公司形成鉴定意见为：附件2 中超出5% 的鉴定造价为4,217,817.60 元。附件2 中的工程量与土建施工图工程量对比后没有的项目（应调增）为6,834,933.17 元。附件2 项目中工程量大于土建施工图工程量（应调减）为2,520,933.45 元。土建施工图工程签证及变更（调增）为3,077,266.53 元。该案争议焦点为：华江公司是否欠付五冶公司工程款，金额如何认定。

法院裁判理由与结果：

关于工程价款的确定，华江公司与五冶公司的分歧点系对于案涉合同专用条款3.2 的理解，即“合同为固定总价合同，不因政策性费用变化、市场价格变化而调整。承包范围工程量发生变化和设计变更是正常情况，承包范围以内和工程量清单中的工程量（除土建工程量－附件2 外）无论发生多大的变化，丝毫不影响合同条款的有效性，乙方不得以工程量发生变化、设计变更向甲方提出其他任何工期和费用索赔。土建施工图工程量与附件2 中的土建工程量清单变化增加5% 以内（含5%）不作调整，工程量清单变化超出5% 以上的，按超出部分减去5% 及工程量清单中的单价进行调整”。五冶公司主张案涉工程有三部分应当调增工程价款，第一部分为土建工程量清单（附件2）中超出5% 的造价4,284,065.6

元；第二部分为土建工程量清单（附件2）与土建施工图对比，没有列明的项目造价5,778,388.17元；第三部分为土建施工图工程签证及变更项目的造价3,080,783.53元。华江公司对第一部分予以认可，对第二部分及第三部分不予认可。法院认为，双方的主要分歧点在于上述第二部分和第三部分是否属于应调增的工程价款。第一，案涉合同约定，案涉合同系固定总价合同，承包范围以内和工程量清单中的工程量无论发生多大的变化，均不影响合同条款的有效性，五冶公司不得以工程量发生变化、设计变更为由向华江公司提出工期和费用索赔，工程价款调整的范围只有土建工程量清单（附件2）。第二，案涉合同约定，工程价款调整的方式为土建施工图工程量与土建工程量清单（附件2）变化增加5%以内（含5%）不作调整，土建工程量清单变化超出5%以上，按超出部分减去5%及工程量清单中的单价进行调整，即工程价款调整需要土建工程量清单中的工程量超出5%且以土建工程量清单中的单价作为参照。第三，在一审中，鉴定人员出庭接受质询，陈述上述第二部分及第三部分未包含在土建工程量清单（附件2）中，但均包含在合同约定的五冶公司的承包范围内，各方当事人对此亦未提出异议。上述第二部分和第三部分在土建工程量清单中没有相应的单价参照，但并未超出五冶公司的承包范围。第四，案涉合同通用条款第3.5条及第13.3条约定，五冶公司与华江公司调整合同总价应予以协商，达成协议。五冶公司主张按照上述第二部分和第三部分对合同总价进行调整，但未提供证据证明五冶公司与华江公司就此问题达成协议。综上所述，五冶公司主张按照上述第二部分和第三部分调增工程价款，不能成立。

案例四：芜湖宜居投资（集团）有限公司、江苏南通六建建设集团有限公司建设工程施工合同纠纷案

案号：（2020）最高法民申4370号

审理法院：最高人民法院

裁判要旨：

EPC固定总价合同中，政府政策性调价明确规定人工费、材料费需作相应调整的，承包人将其作为调整工程价款，人民法院予以支持。

基本案情：

2012年6月28日，受芜湖宜居投资（集团）有限公司（以下简称芜湖宜居公司）委托，芜湖市政府第一招标采购代理处发布招标公告，对坐落于芜湖市三

山区规划路以东、联合路以南、鸭棚路以西、焦湾路以北的芜湖市宜居星河湾工程进行公开招标，项目招标控制价 1,504,761,099.14 元（含预留金 7100 万元），计划工期为 25 个月。江苏南通六建建设集团有限公司（以下简称南通六建公司）以 1,237,939,736.21 元中标承建涉案工程，并于 2012 年 7 月 30 日与芜湖宜居公司签订《建设工程施工合同》，约定工程承包范围为招标文件约定范围，工程开工日期为 2012 年 8 月 3 日（具体以监理公司开工令为准），竣工日期为 2014 年 8 月 31 日，合同价款同中标价。在合同价款及调整中约定价款采用固定总价包干，合同履行期不因劳务、机械、材料等成本的价格变动而作调增（工程所在地政府政策性调价的除外）。合同签订后，南通六建公司对涉案工程进行了施工，现工程已经竣工验收。根据工程竣工验收记录反映，工程开工日期为 2012 年 9 月 25 日，竣工验收日期双方均认可为 2015 年 12 月 25 日。2017 年 9 月 13 日，工程完成综合验收备案。2016 年 6 月 6 日，南通六建公司对涉案工程进行了造价汇总并报送芜湖宜居公司，总造价为 1,272,384,665.15 元，芜湖宜居公司委托浙江＊＊厦工程管理有限公司对南通六建公司报送的工程决算进行了审核。经审核，浙江＊＊厦工程管理有限公司于 2017 年 1 月 17 日出具工程造价咨询报告书，审核造价为 1,192,213,970.97 元，核减造价 80,170,694.18 元（其中南通六建公司报送的人工工资调整以及星河路、小区外部供电线路价款全部予以核减）。为此，南通六建公司提起诉讼，并申请法院委托鉴定机构对涉案星河路项目工程造价及涉案工程人工费调整进行鉴定。

法院裁判理由与结果：

案涉《建设工程施工合同》专用条款第 23.2（1）条约定，固定总价在合同履行期间不因劳务、材料、机械等成本的价格变动而作调增（工程所在地政府政策性调价的除外）。案涉《补充条款》第 14.1 条约定，项目承包人应充分考虑投标风险，发包人不因人工、材料市场价格波动（主要材料价格增幅 ±8% 以上除外）等因素而调整投标价格（芜湖市政府文件除外）。据此，应当认为人工费可以根据芜湖市政府政策性调价调增。芜湖市住建委发布的芜市建通知〔2013〕234 号文件规定，凡是在该市从事建筑、安装等的，定额人工费均按照《安徽省住房城乡建设厅关于调整建设工程定额人工费的通知》（建标〔2013〕155 号）以及安徽省建设工程造价管理总站《关于调整执行建设工程定额人工费的实施意见》（造计〔2013〕16 号）文件对于人工工资计费作相应调整。芜湖市住建委作为芜湖市政府下设机构，其发布的上述通知应属于芜湖市就建设工程类的政策性文件。案涉《建设工程施工合同》专用条款第23.3（3）条及《补充条款》第3.4.1（8）条均约定，因特殊原因不能完成的施工内容，经征得发包人书面同意后，不论承包人报价多少，发包人均按下列标准予以扣除：定额执行安徽省2000年预算定额……人工费按施工期芜湖市造价管理部门发布执行的定额人工费标准……以上条款表明，在南通六建公司未能完成项目的情况下需以定额标准扣除费用，这也表明案涉工程仍适用安徽省定额标准，属于芜市建通知〔2013〕234号文件的适用对象。北京华瑞行公司是以芜市建通知〔2013〕234号文件为依据计算出争议人工费的，其鉴定意见可以作为人工费调增的依据。

（七）工程总承包（EPC）项目未经最终竣工验收但实际已经移交使用对工程价款结算支付的风险与防范

【风险点解析】

EPC总承包模式下，发包人不会像传统发承包方式下对工程的“设计、采购、施工”各个环节进行过程控制，而是通过严格的竣工验收对工程实施总过程进行事后监督，因而与竣工验收阶段质量控制相关的条款就成为EPC合同的重要内容。竣工后检验条款与最低性能标准条款相对应，多出现在大型工业项目的EPC合同中，是检验工程竣工交付运行一段时间后，工程或设备的各项技术指标参数能否达到发包人要求中规定的“最低性能标准”的条款，类似于一般合同中的验收条款，国内总承包合同示范文本和国际咨询工程师联合会银皮书合同条件对竣工检验条款都进行了规定，而竣工检验这一节点，往往也附随工程款结算节点，在项目已移交未检验的情形下，总承包人如依据最高人民法院《关于审理建设工程施工合同纠纷案件适用法律问题的解释（一）》第十四条的规定以发包人未经竣工验收擅自使用为由提出抗辩，可能存在主张工程款结算和支付条件未能成就的风险。

【防范措施】

发包人在签署竣工后检验条款时应明确约定检验程序、发承包双方的义务以及延误试验、未通过试验的责任等方面的内容。总承包人需通过设计完善、设备采购及运行质量合格、施工质量合格以及试运行效果满足发包人要求等“多重质量”考验。

【相关规定链接】

《建设项目工程总承包合同（示范文本）》（GF－2020－0216）

10.1.1　竣工验收条件

工程具备以下条件的，承包人可以申请竣工验收：

（1）除因第13条［变更与调整］导致的工程量删减和第14.5.3项［扫尾工作清单］列入缺陷责任期内完成的扫尾工程和缺陷修补工作外，合同范围内的全部单位/区段工程以及有关工作，包括合同要求的试验和竣工试验均已完成，并符合合同要求；

（2）已按合同约定编制了扫尾工作和缺陷修补工作清单以及相应实施计划；

（3）已按合同约定的内容和份数备齐竣工资料；

（4）合同约定要求在竣工验收前应完成的其他工作。

《建筑法》

第六十一条　交付竣工验收的建筑工程，必须符合规定的建筑工程质量标准，有完整的工程技术经济资料和经签署的工程保修书，并具备国家规定的其他竣工条件。

建筑工程竣工经验收合格后，方可交付使用；未经验收或者验收不合格的，不得交付使用。

最高人民法院《关于审理建设工程施工合同纠纷案件适用法律问题的解释（一）》（法释〔2020〕25号）

第十四条　建设工程未经竣工验收，发包人擅自使用后，又以使用部分质量不符合约定为由主张权利的，人民法院不予支持；但是承包人应当在建设工程的合理使用寿命内对地基基础工程和主体结构质量承担民事责任

《徐州中院民四庭进一步规范关于审理建设工程施工合同纠纷案件的若干问题》

【发包人以工程质量抗辩应当如何认定?】建设工程经发包人验收合格或虽未验收合格，但发包人擅自投入使用的，后又以工程质量存在瑕疵为由，拒绝支付或要求少支付工程价款的，该主张不能成立。但在建设工程的合理使用寿命内，确因承包人施工导致地基基础工程、主体结构质量不合格的，发包人仍可以拒绝支付或少付工程款。在双方在施工合同中约定的保修期或法律规定的保修期内，发包人以承包人应承担保修责任为由拒付或少付工程款的，应予审查。

【典型案例】

案例：中冶焦耐（大连）工程技术有限公司与黑龙江龙盛达煤化工有限公司建设工程施工合同纠纷案

案号：(2021）最高法民终1040号

审理法院：最高人民法院

裁判要旨：

案涉合同约定工程竣工验收的标准不仅是工程实物交接，还包括试车投产达产达标，案涉工程热负荷试车和安装调试等竣工检验程序未完成，且该案无证据证明竣工检验程序未完成可归责于黑龙江龙盛达煤化工有限公司（以下简称龙盛达公司)，也无证据证明龙盛达公司在工程未经竣工验收情况下擅自使用，对中冶焦耐（大连）工程技术有限公司（以下简称中冶焦耐公司）请求剩余工程价款及利息的主张不予支持。

基本案情：

2012年1月，龙盛达公司与中冶焦耐公司签订《2×15万吨煤焦油深加工工程总承包合同》(以下简称《总包合同》)。专用条款第9条竣工检验约定，案涉工程的竣工检验包括无负荷试车、负荷试车、保证值的考核、竣工验收和竣工验收资料的移交。施工完成后，双方产生争议诉至法院，中冶焦耐公司认为，案涉已完工程符合合同约定的质量标准和要求，龙盛达公司接受工程并投入试运行后发现的质量问题不属于设计、施工质量问题或设备问题。即使讼争设备存在一定的质量瑕疵，也仅涉及工程竣工验收后的质量保修责任，龙盛达公司不能据此对抗中冶焦耐公司的全部工程价款请求。龙盛达公司认为，中冶焦耐公司只完成了投料试车前的工程和设备的实物移交，未完成后续的投料联动试车、生产考核和竣工验收。案涉工程在投料试车时存在诸多问题，中冶焦耐公司一直没有整改，导致试车屡试屡败，无法进行后续的生产考核和最终竣工验收。中冶焦耐公司向法院申请委托司法鉴定机构鉴定案涉工程设计和设备是否符合有关质量合格的标准、案涉工程不正常运转影响投产的质量缺陷的原因及其责任。

法院裁判理由与结果：

案涉合同约定工程竣工验收的标准不仅是工程实物交接，还包括试车投产达产达标，而案涉工程并没有完成竣工检验程序，案涉工程不同于一般实物交接的建设工程，且该案也无证据证明龙盛达公司（发包人）在工程未经竣工验收情况下擅自使用，案涉工程尚不具有适用最高人民法院《关于审理建设工程施工合同纠纷案件适用法律问题的解释》（已失效）第十三条关于“建设工程未经竣工验收，发包人擅自使用后，又以使用部分质量不符合约定为由主张权利的，不予支持”的规定的条件，中冶焦耐公司（工程总承包人）根据该条司法解释的规定主张案涉工程存在的问题仅是工程验收合格后的质量维修问题，缺乏事实和法律依据，法院不予支持。案涉工程热负荷试车和安装调试等竣工检验程序未完成，且该案无证据证明竣工检验程序未完成可归责于龙盛达公司，按照《总包合同》和《二系总包合同》约定的付款条件，一审法院认定案涉工程价款中尚有6,547.5万元未能达到发包人付款的条件，不支持中冶焦耐公司请求剩余工程价款58,140,470.63元及其利息，并无不当。

鉴于案涉工程的竣工检验程序尚未完成，特别是尚未进入保证值考核阶段，无论之前的工程质量如何，中冶焦耐公司原则上均不具有请求龙盛达公司支付剩余工程价款及其利息的条件，中冶焦耐公司请求支付上述剩余工程价款，至少需在案涉工程的竣工检验程序完成之后。在案涉工程的竣工检验程序尚未完成的情况下，其申请法院委托司法鉴定机构鉴定案涉工程设计和设备是否符合有关质量合格的标准、案涉工程不正常运转影响投产的质量缺陷的原因及其责任、案涉工程的修复方案及修复费用，对于该案纠纷的处理并无意义，也无必要，法院不予准许。中冶焦耐公司可以在完成竣工检验程序，案涉工程达到竣工验收标准和合同约定的质量标准，或者双方之间出现工程视为竣工验收等情形后，就剩余工程价款另寻法律途径解决。

（八）工程总承包方与施工分包方工程款结算的风险与防范

【风险点解析】

从履约方式来看，在工程总承包合同中，发包人要求是工程总承包方履行合同的核心内容，其列明了工程的目的，范围、设计与其他技术标准和要求，承包人所有的履约活动均以发包人要求为标准和依据。因此，工程总承包是“按约施工”。对于施工分包而言，无论是根据2014年版《建设工程施工专业分包合同（示范文本）》还是2014年版《建设工程施工劳务分包合同（示范文本）》，图纸及已标价工程量活单均是合同内容的重要组成部分。施工分包是分包人根据承包人所转交发包人提供的施工图纸进行，并按质完成施工分包合同所约定的全部施工内容的施工组织活动，因此，施工分包是“按图施工”。

从计价规则来看，工程总承包单位可以通过提升管理水平或优化设计获取额外利润，故一般工程总承包项目采用固定总价方式计价。《房屋建筑和市政基础设施项目工程总承包管理办法》第十六条也规定企业投资项目的工程总承包项目宜采用总价合同，政府投资项目的工程总承包应当合理确定合同的价格形式。采用总价合同的，除合同约定可以调整的情形外，合同总价一般不予调整。因施工分包单位不负责项目的设计，难以对工程量作出准确的预估，故施工分包项目一般以综合单价计价为宜。《建设工程工程量清单计价规范》（GB 50500－2013）也规定，使用国有资金投资的建设工程发承包，必须采用工程量清单计价；非国有资金投资的建设工程，宜采用工程量清单计价；工程量清单应采用综合单价计价。值得注意的是，总承包方与业主签订的总包合同中，出于项目总体平衡的考虑，可能进行不平衡报价，即部分工程子项目的报价会低于实际造价。

所以，分包合同约定范围内的结算一般争议不大，分包合同外的部分容易产生结算纠纷，这里有以下几个风险点：一是最终的分包结算工程量可能超过建设单位审核以后确定的实际工程量；二是由于分包商自身的原因出现的返工或者超出设计图纸范围所产生的工程量存在争议。基于合同相对性原则，分包合同具备独立性和相对性，总承包方存在分包结算价高于总承包方与发包方结算价的风险。

【防范措施】

1. 避免违法分包问题，一旦违法分包可能涉及住建部门的行政处罚，同时还可能引起分包单位直接起诉发包人，挑起发包人和总包单位的矛盾。

2. 总承包方可以采用过程控制模式，在签订分包合同阶段，将容易产生争议的风险点表述详细。比如，合同内外工程量计算的规则，合同各方的责任归属原则，工程款结算的条件等方面；在施工阶段，监督管理各个分包施工各个环节，每个分部分项工程、隐蔽工程、调试实验检查验收合格再签发支付证书。

3. 双方应该重视合同封账结算协议的签订。当分包出现合同外工程量时，尽可能由建设单位和总承包方进行结算，再进行相应的总承包方和分包商之间的分包工程结算。当总承包方出现严重利益失衡时，可以以显失公平为由行使撤销权作为救济手段，尝试撤销分包合同的结算条款。或者依据诚实信用、公平等法律原则，请求法院行使自由裁量权。

【相关规定链接】

《建筑法》

第二十九条　建筑工程总承包单位可以将承包工程中的部分工程发包给具有相应资质条件的分包单位；但是，除总承包合同中约定的分包外，必须经建设单位认可。施工总承包的，建筑工程主体结构的施工必须由总承包单位自行完成。

建筑工程总承包单位按照总承包合同的约定对建设单位负责；分包单位按照分包合同的约定对总承包单位负责。总承包单位和分包单位就分包工程对建设单位承担连带责任。

禁止总承包单位将工程分包给不具备相应资质条件的单位。禁止分包单位将其承包的工程再分包。

住房和城乡建设部《关于进一步推进工程总承包发展的若干意见》(建市〔2016〕93号)

（九）工程总承包项目的分包。工程总承包企业可以在其资质证书许可的工程项目范围内自行实施设计和施工，也可以根据合同约定或者经建设单位同意，直接将工程项目的设计或者施工业务择优分包给具有相应资质的企业。……

（十）工程总承包项目严禁转包和违法分包。工程总承包企业应当加强对分包的管理，不得将工程总承包项目转包，也不得将工程总承包项目中设计和施工业务一并或者分别分包给其他单位。工程总承包企业自行实施设计的，不得将工程总承包项目工程主体部分的设计业务分包给其他单位。工程总承包企业自行实施施工的，不得将工程总承包项目工程主体结构的施工业务分包给其他单位。

《民法典》

第七百九十一条第一款、第二款　发包人可以与总承包人订立建设工程合同，也可以分别与勘察人、设计人、施工人订立勘察、设计、施工承包合同。发包人不得将应当由一个承包人完成的建设工程支解成若干部分发包给数个承包人。

总承包人或者勘察、设计、施工承包人经发包人同意，可以将自己承包的部分工作交由第三人完成。第三人就其完成的工作成果与总承包人或者勘察、设计、施工承包人向发包人承担连带责任。承包人不得将其承包的全部建设工程转包给第三人或者将其承包的全部建设工程支解以后以分包的名义分别转包给第三人。

【典型案例】

案例：上海巴安水务股份有限公司、广西五鸿建设集团有限公司建设工程施工合同纠纷案

案号：（2016）皖民终935号

审理法院：安徽省高级人民法院

裁判要旨：

总包单位认为分包主张的变更增加部分工程属于对工程蓝图的细化而并非新增工程量，且未经公司盖章确认，但并无证据证明分包单位已完成变更增加工程量的事实，也无证据否定工作人员的签名真实性，故应当予以增加该部分的新增工程款。

基本案情：

2012年8月29日，广西五鸿建设集团有限公司（以下简称五鸿公司）与上海巴安水务股份有限公司（以下简称巴安公司）签订《土建工程合同》，工程地点：淮北虎山电厂内；承包范围：土建标段工程，及厂区临时道路等相关工作，其中构筑物及建筑物名称以图纸内容及技术协议为准。开工日期以开工令为准，竣工日期以业主、监理认可的工期为控制日期。质量等级为合格。合同价款1058万元。合同的专用条款规定：采用固定价款，但因涉及变更增加（减少）引起的经济签证，经发包方确认，可按照安徽省现行造价政策调整合同价款；工程进度款按月支付，所有工程竣工验收合格后付至合同总价的90%，竣工结算审计后支付至结算价款的95%，剩余5%工程款作为保修金，在质保期届满无质量问题的条件下30日内付清。2012年8月13日，五鸿公司向巴安公司支付工程保证金30万元。合同签订后，五鸿公司依约进行了施工，完成合同范围内的施工任务及变更增加的工程量。涉案工程已于2013年8月实际交付使用。其中，五鸿公司施工完成《土建工程合同》外变更增加部分的工程价款，经一审法院委托安徽世诚工程咨询事务所有限公司进行司法鉴定，变更增加部分的工程造价为133.140457万元。综上所述，五鸿公司总计完成的工程造价为：1058万元+133.140457万元=1191.140457万元。双方就涉案工程是否新增加了工程量产生争议，诉至法院。

法院裁判理由与结果：

依法成立的合同，对当事人具有法律约束力。该案中，五鸿公司与巴安公司

签订《土建工程合同》，巴安公司将淮北虎山电厂再生水石灰处理系统工程中的土建工程发包给五鸿公司承包施工，双方依约成立建设工程施工合同关系。该合同是双方当事人真实的意思表示，不违反法律规定，合法有效。双方当事人均应按照约定全面履行自己的义务，不得擅自变更或者解除合同。五鸿公司已按照合同约定完成约定的工程量及变更增加的工程量，涉案工程已经交付使用，合同约定的付款条件已成就。

五鸿公司与巴安公司2012年8月29日签订的《土建工程合同》第26项补充条款约定，本工程实行固定总价承包，投标总价为完成本项目招标文件图纸所需的全部费用（含安全防护、文明施工措施费）和所有税费的总和。在图纸范围内，不发生工程量变更的情况下，以中标价为结算价。因设计修改变更引起的工程量变化，变更或增加工程是投标报价书所列的项目，单价按照投标文件报价书中优惠后的单价计算。关于工程量变更及变更数量，约定：建设方在工程实施时，有权根据实际需求情况，予以增加或减少（工程造价作相应调整），但不对其他条款和条件做任何改变。以上补充条款说明双方虽约定了案涉工程的价款为1058万元，但同时也对案涉工程因设计修改变更发生的工程量变化进行了约定。现五鸿公司提交的变更增加工程量联系单及相应的施工图纸、附件、现场照片以及证人证言，证明五鸿公司完成了变更增加工程量的事实，且新增工程量的对应图纸中均有巴安公司的项目代表刘某彬签字认可。一审审理中，五鸿公司申请对已完工程中合同固定价款之外变更增加部分的工程价款进行评估鉴定，巴安公司亦书面申请委托一审法院代为选定鉴定机构。一审法院遂委托安徽世诚工程咨询事务所有限公司进行司法鉴定。安徽世诚工程咨询事务所有限公司依据案涉工程施工合同、施工图纸、施工变更签证单、单位工程竣工验收记录、会议纪要（2014年1月3日）、《安徽省建设工程工程量清单计价规范》（DBJ/T－206－2005）、2009年《安徽省建筑、装饰装修工程计价定额综合单价》及配套的费用定额以及《安徽省建设工程价款结算暂行办法》（财建〔2005〕1075号）等鉴定依据，于2016年5月5日作出鉴字（2016）第143号大唐淮北虎山电厂虎山项目2＊660MW机组再生水石灰处理系统土建工程变更部分的工程造价鉴定意见书，鉴定工程造价为133.140457万元。现巴安公司上诉称，变更增加部分工程均属于合同范围内工程，不属于变更新增的工程量，无须另外进行造价核算；提供鉴定的工程图纸，虽经巴安公司技术人员确认，但是是对工程蓝图的细化，并非新增部分，并且上面的签字并非刘某彬所写，其真实性存疑。但巴安公司并无证据否定五鸿公司已完成变更增加工程量的事实，也无证据否定刘某彬签名的真实性。且巴安公司的会议纪要载明，刘某彬、刘某锋均为巴安公司虎山项目部经理，故巴安公司该部分上诉理由不能成立。巴安公司上诉称，五鸿公司和巴安公司签订的工程土建招标技术澄清和《土建工程技术协议》中约定了闭口价，不存在新增工程量的问题。经审查，以上两份文件签订的时间均在五鸿公司和巴安公司签订的《土建工程合同》之前，而《土建工程合同》为案涉工程的正式合同，故巴安公司的该主张没有事实依据。

（九）EPC联合体成员对分包商、设备供应商就合同价款承担连带责任的风险与防范

【风险点解析】

《房屋建筑和市政基础设施项目工程总承包管理办法》推行“双资质”之后，采用联合体模式参与EPC项目投标的情形越来越多，如果EPC联合体成员应当对分包商、设备供应商就合同价款承担连带责任，将会增加成员之间的合作风险。

【防范措施】

当前尚未有法律明文规定，联合体各方应就牵头方单独与发包人以外的主体签订的合同承担连带责任，所以法院裁判联合体就牵头方与分包方签订合同承担连带责任应主要依据当事人的约定，得出联合体各方是否有对此承担连带责任的意思表示。对此的防范措施，应当关注投标前签订的联合体协议，尽可能明确仅对发包方承担连带责任，避免引发纠纷后，裁判者对于协议条款中可能产生的发包人以外主体承担连带责任的意思表示的理解。

【相关规定链接】

《建筑法》

第二十七条第一款　大型建筑工程或者结构复杂的建筑工程，可以由两个以上的承包单位联合共同承包。共同承包的各方对承包合同的履行承担连带责任。

《民法典》

第一百七十八条　二人以上依法承担连带责任的，权利人有权请求部分或者全部连带责任人承担责任。

连带责任人的责任份额根据各自责任大小确定；难以确定责任大小的，平均

承担责任。实际承担责任超过自己责任份额的连带责任人，有权向其他连带责任人追偿。

连带责任，由法律规定或者当事人约定。

第五百一十八条第二款　连带债权或者连带债务，由法律规定或者当事人约定。

【典型案例】

案例：大悟县振源电力设备有限公司、深圳市安芯数字发展有限公司与合肥未来计算机开发有限公司、中国移动通信集团湖北有限公司大悟分公司建设工程施工合同纠纷案

案号：（2016）鄂09民终1114号

审理法院：湖北省孝感市中级人民法院

裁判要旨：

联合体一方以自己名义签订分包合同的，联合体另一方不需要对分包合同的履行承担责任。

基本案情：

2013年深圳市安芯数字发展有限公司（以下简称深圳安芯公司）、合肥未来计算机开发有限公司（以下简称合肥未来公司）、中国移动通信集团湖北有限公司大悟分公司（以下简称中国移动大悟公司）组成联合体中标大悟县天网工程的建设、施工。

2013年深圳安芯公司将大悟县天网工程中心机房改造施工发包给大悟县振源电力设备有限公司（以下简称振源公司），该工程2013年11月中旬开工，2014年3月10日完工；2014年3月20日，该工程经大悟县公安局和深圳安芯公司验收合格并交付使用。

2015年1月，为中心机房改造施工工程款的支付，深圳安芯公司与振源公司补签《大悟县天网工程中心机房改造施工合同》，合同对工程的具体内容、价款与费用结算、双方的权利义务、工程质量与验收及违约责任等进行了约定。

合同签订后，深圳安芯公司向振源公司支付工程款114,000元。因深圳安芯公司未支付余下款项，振源公司遂诉至一审法院：请求判令深圳安芯公司立即付清振源公司工程款，中国移动大悟公司、合肥未来公司共同承担本案连带民事责任。

法院裁判理由与结果：

涉案《大悟县天网工程中心机房改造工程施工合同》的发包人是深圳安芯公司，不包括合肥未来公司、中国移动大悟公司，且合肥未来公司、中国移动大悟公司亦未在该合同上签字盖章，应当认为其不是上述合同的当事人。按照合同的相对性原则，合肥未来公司和中国移动大悟公司不是施工合同的当事人，不享有合同权利亦不承担合同义务。深圳安芯公司将大悟县天网工程中心机房改造项目发包给振源公司施工，与深圳安芯公司、合肥未来公司、中国移动大悟公司根据《联合体协议书》约定与大悟县政府签订的天网工程总包合同无关，联合体协议书约定深圳安芯公司、合肥未来公司、中国移动大悟公司在法律上承担连带责任是深圳安芯公司、合肥未来公司、中国移动大悟公司对其权利义务的内部约定，振源公司并非联合体协议的签约当事人，不能将振源公司不是当事人的有关合同约定适用于振源公司，振源公司诉请"中国移动大悟公司、合肥未来公司共同承担本案连带民事责任"的诉讼请求没有事实及法律依据。

（十）工程总承包合同中"背靠背条款"的适用风险与防范

【风险点解析】

"背靠背条款"通常在总承包商与分包商的合同中约定，总包单位向分包商支付工程款的前提是建设单位依约对其支付完款项，建设单位不付款承包商即不付款，是总包单位转移业主支付不能风险的设置，但是对于"背靠背条款"是否当然适用，目前从实务情况来看，大多数法院赞同这种条款如不存在合同无效情形应当视为有效，但是有效条款不一定完全适用，这样有可能也无法达到当初总承包商设置该条款转移风险的目的。

【防范措施】

目前对于"背靠背条款"的适用问题并无明确规定，为了尽量维持该条款的效力和避免不必要的争议，我们建议：

1. 在具体的合同中需要对付款条款明确且具体。总承包商与分包单位之间关于工程款支付的节点应与建设单位与总承包单位约定的付款节点一一对应。如在发包人按照承包人与发包人工程合同约定比例足额支付相应工程款的情况下，承包人在××工作日内按照同比例向发包人支付相应的工程款。

2. 总承包商需要积极主张权利。按照司法实践大多数法院的裁判观点来看，总承包商应对业主迟延付款及己方已积极主张权利承担举证责任，若总承包商怠于主张付款请求权或无法证明曾以积极手段主张付款请求权，分包商要求总承包单位支付工程款的诉求法院一般会予以支持，因此建议在建设单位迟延付款的情形下，总承包商需要积极向业主单位主张权利并保留相应的催款单、联络函等书面材料，仍不能取得实质性进展的，可以提起诉讼或仲裁程序，减少分包合同项下的争议。

3. 审慎选择业主与分包商。"背靠背条款"适用大多数是在业主方未能如期付款的情形下，因此建设单位的资金状况及社会信用是保障总承包商取得合法权益的前提，总承包商在选择分包商时不能单纯考虑价格，应当综合考虑业界评价、经验及资质等各要素，值得注意的是，对于无效的分包合同，"背靠背条款"目前主流观点是不建议适用的。

【相关规定链接】

《民法典》

第一百五十九条　附条件的民事法律行为，当事人为自己的利益不正当地阻止条件成就的，视为条件已经成就；不正当地促成条件成就的，视为条件不成就。

第五百零七条　合同不生效、无效、被撤销或者终止的，不影响合同中有关解决争议方法的条款的效力。

第七百九十三条第一款　建设工程施工合同无效，但是建设工程经验收合格的，可以参照合同关于工程价款的约定折价补偿承包人。

《北京市高级人民法院关于审理建设工程施工合同纠纷案件若干疑难问题的解答》（京高法发〔2012〕245 号）

22. 分包合同中约定总包人收到发包人支付工程款后再向分包人支付的条款的效力如何认定？

分包合同中约定待总包人与发包人进行结算且发包人支付工程款后，总包人再向分包人支付工程款的，该约定有效。因总包人拖延结算或怠于行使其到期债权致使分包人不能及时取得工程款，分包人要求总包人支付欠付工程款的，应予支持。总包人对于其与发包人之间的结算情况及发包人支付工程款的事实负有举证责任。

【典型案例】

案例：中国建筑一局（集团）有限公司、沈阳祺越市政工程有限公司建设工程施工合同纠纷案

案号：（2020）最高法民终106号

审理法院：最高人民法院

裁判要旨：

总包人对发包人拖延结算或怠于行使到期债权，总包人不得以“背靠背条款”抗辩分包人的付款请求权。

基本案情：

大东建设将案涉工程发包给中国建筑一局（集团）有限公司（以下简称中建一局）承建，中建一局又将部分工程分包给沈阳祺越市政工程有限公司（以下简称祺越公司），双方签订《宝马新工厂建设工程土方工程施工专业分包合同》约定，竣工结算且经发包人委托的最终审计合格后45天内（且承包人已收到发包人相应工程款满15个工作日）支付到本分包工程竣工结算额的60%，竣工后第二年（自实际竣工日起一年内）付至工程全部结算款的90%，剩余竣工结算金额的10%为质量保修金，按照质量保修金的相应条款支付。上诉人中建一局认为根据“背靠背”条款，在大东建设仅支付48,731,439.60元情况下，中建一局并无全额支付的义务。

法院裁判理由与结果：

最高人民法院认为，关于“背靠背”付款条件是否已经成就，中建一局提出双方约定了在大东建设未支付工程款的情况下，中建一局不负有付款义务。但是，中建一局的该项免责事由应以其正常履行协助验收、协助结算、协助催款等义务为前提，作为大东建设工程款的催收义务人，中建一局并未提供有效证据证明其在盖章确认案涉工程竣工后至该案诉讼前，已积极履行以上义务，对大东建设予以催告验收、审计、结算、收款等。相反，中建一局工作人员房某的证言证实中建一局主观怠于履行职责，拒绝祺越公司要求，始终未积极向大东建设主张权利，该情形属于原《合同法》第四十五条第二款规定附条件的合同中当事人为自己的利益不正当地阻止条件成就的，视为条件已成就的情形，故中建一局关于“背靠背”条件未成就、中建一局不负有支付义务的主张，理据不足。

（十一）商业承兑汇票作为工程款支付方式的风险与防范

【风险点解析】

在建设工程领域使用商业承兑汇票支付的情形十分普遍，但在出票人资金断裂情形下，往往不能保障如期兑付已出具的商票，导致建筑施工企业已完工的项目工程款无法正常回收，对于在建工程还可能引发停工、合同被迫解除等多项风险。同时，建筑施工企业收取商票后对外用于支付材料款、偿还借款等，一旦商票无法兑现，引发下游环节债权人起诉要求提前兑付、退回商票等风险，而且在业主方资不抵债情形下，因涉及建设工程价款优先受偿权等问题，需要持票人谨慎考虑权利主张的基础法律关系。

【防范措施】

增加对主张债权商业票据的风险认知，订立合同时可约定不使用商票支付工程款，则在对方采用商票付款时可予拒绝，从源头杜绝风险。如建筑施工企业同意接受商票付款，则可在合同中约定如无法兑付仍保有按基础法律关系主张工程款及优先受偿权的权利。如工程款被拖欠且无其他解决渠道时，应及时诉至法院或者申请仲裁保障权利。尤其涉及在建工程时，更应当果断决策，运用合同解除权早降风险，避免损失扩大。

【相关规定链接】

《票据法》

第六十一条第一款　汇票到期被拒绝付款的，持票人可以对背书人、出票人以及汇票的其他债务人行使追索权。

第六十八条　汇票的出票人、背书人、承兑人和保证人对持票人承担连带责任。

持票人可以不按照汇票债务人的先后顺序，对其中任何一人、数人或者全体行使追索权。

持票人对汇票债务人中的一人或者数人已经进行追索的，对其他汇票债务人仍可以行使追索权。被追索人清偿债务后，与持票人享有同一权利。

《民法典》

第八百零七条　发包人未按照约定支付价款的，承包人可以催告发包人在合理期限内支付价款。发包人逾期不支付的，除根据建设工程的性质不宜折价、拍卖外，承包人可以与发包人协议将该工程折价，也可以请求人民法院将该工程依法拍卖。建设工程的价款就该工程折价或者拍卖的价款优先受偿。

最高人民法院《关于审理建设工程施工合同纠纷案件适用法律问题的解释(一)》(法释〔2020〕25号)》

第四十一条　承包人应当在合理期限内行使建设工程价款优先受偿权，但最长不得超过十八个月，自发包人应当给付建设工程价款之日起算。

【典型案例】

案例：山河建设集团有限公司、湖北宏信房地产开发有限公司建设工程施工合同纠纷案

案号：（2019）最高法民终1341号

审理法院：最高人民法院

裁判要旨：

承包人收到发包人商业承兑汇票，未能兑付的相应款项不应当视为已支付工程款，承包人仍有权依据基础法律关系主张相应的权利。

基本案情：

山河建设集团有限公司（以下简称山河集团）（承包人）出具收条载明“收到宏信公司（发包人）工程款玖仟伍佰万元整（9500万元）”，收条后面还附说明称此款为商业承兑汇票13张，湖北宏信房地产开发有限公司（以下简称宏信公司）承诺商兑贴息由其承担。宏信公司对此亦向山河集团出具一份承诺书，保证上述承兑汇票到期日将支付该商业承兑汇票的款项，并且保证承担商票记载的兑付金额及因不能及时兑付产生的利息、罚息、违约金及实现债权产生的一切费用。

山河集团收到该13张商业承兑汇票后，将其中一张500万元的承兑汇票转让给昌达加工厂，后昌达加工厂因该承兑汇票无法承兑起诉山河集团，该案经过湖北省武汉市两级法院审理判决山河集团向昌达加工厂支付500万元及相应利息。

剩余12张商业承兑汇票，山河集团向付款人中新房南方集团有限公司的开户银行中国建设银行股份有限公司深圳布吉支行进行承兑，该行于2015年6月24日以余额不足拒绝承兑。一审法院组织的庭审询问过程中，山河集团当庭表示愿将商业承兑汇票退回宏信公司，宏信公司拒绝接收。

法院裁判理由与结果：

二审法院认为案涉13张商业承兑汇票不应视为已付工程款，理由如下：

其一，宏信公司向山河集团支付13张商业承兑汇票，目的在于支付工程款，属于清偿债务方式中的一种。在案证据显示，案涉13张商业承兑汇票系因余额不足而被银行拒绝承兑，山河集团对此不存在过错。该13张商业承兑汇票并未实际产生偿付9500万元工程款的效力，山河集团有权要求宏信公司继续履行支付该9500万元工程款的义务。

其二，《票据法》第六十一条规定的票据追索权是“可以对背书人、出票人以及汇票的其他债务人行使追索权”，是使得持票人享有向背书人、出票人以及汇票的其他债务人行使追索权的权利，而非限制持票人只能通过票据追索权主张权利，该条规定并不排斥持票人依据基础法律关系或原因行为主张权利。

该案中，山河集团提起的是建设工程施工合同纠纷诉讼，山河集团与宏信公司是建设工程施工合同的相对方，宏信公司负有向山河集团支付工程款的给付义务。汇票只是支付工程款的一种手段，山河集团已经提交证据证明案涉13张商业承兑汇票无法承兑，且明确要求在该案中向宏信公司继续主张被拒绝承兑汇票对应数额的工程款给付义务，此种情形下，应当尊重债权人根据基础法律关系主张权利的选择，一审判决认定山河集团应通过行使票据追索权主张权利，将另行诉讼的不利益分配给了债权人，属认定不当。

其三，山河集团二审新提交的情况说明显示，宏信公司知晓案涉13张商业承兑汇票无法承兑的事实，并认可该13张商业承兑汇票共计9500万元不予抵减欠付工程款。此种情形下，宏信公司主张已经通过商业承兑汇票方式向山河集团支付9500万元工程款，山河集团应通过票据追索权另行主张该9500万元工程款的理由不能成立，法院不予支持。

三、小结

工程总承包模式以其独特的设计、采购、施工、运营一体化总承包方式，在降低业主风险、大大缩短传统建设模式下项目工期的同时，也给总承包商带来了相对较高的利润。由于工程总承包项目涉及建设单位，总承包商以及分包商、设计、材料等各方的利益，在结算过程中也必然存在诸多问题，如工程变更、联合体各方责任承担、固定总价承包范围、计价方式、价格调整、索赔等都是比较常见的问题，再加上情势变更或不可抗力导致的价款调整、工程结算的“背靠背”等问题，这为项目的顺利执行带来了大量的困难，业主支付竣工结算是总承包商获得利润以及回收成本的重要环节，因此总承包商做好竣工结算工作对企业自身发展尤其重要。我们建议总承包商要正确使用示范文本明确逾期不予答复视为认可的法律后果、注意收集相应的书面证据、正确选择发包人和工程价款的计算方式、完善工程造价风险控制、充分利用法律中介服务机构维护自身的合法权益。

第八章 工程总承包项目质量保修阶段的法律风险与防范

建设工程一旦建成后将长期使用，属于特殊高额投资所取得的耐用消费品，因此，国家对建设工程的质量标准和安全规定有着非常严格的要求，并针对建设工程施行质量保修制度。工程竣工验收后，许多质量问题往往需要通过一段时间的使用才能发现，如果没有质量保修制度，将会影响整个社会公共利益和公共安全。无论是传统的施工总承包模式，还是工程总承包模式，建设工程承包单位均需履行质量保修这一法定义务，但因两种模式之下的工程质量概念及边界有所不同，对应质量保修责任的承担方式、质保期的起算点等均有所变化。质量保修阶段同样也是工程总承包单位被索赔的高风险阶段，如何做好相应的风险防控，关乎企业的切身利益。

一、工程总承包项目质量保修概述

（一）工程总承包模式下工程质量的内涵

《建筑法》第三条规定，建筑活动应当确保建筑工程质量和安全，符合国家的建筑工程安全标准，第六十一条第一款规定，交付竣工验收的建筑工程，必须符合规定的建筑工程质量标准，有完整的工程技术经济资料和经签署的工程保修书，并具备国家规定的其他竣工条件，工程质量首先要符合国家有关工程建设质量安全强制性标准。《建筑工程施工质量验收统一标准》（GB 50300—2013）将施工质量等级划分为“合格”与“不合格”，此处的合格即指工程质量符合国家强制性标准，也即施工单位被要求按照施工图纸和施工技术标准施工。

《房屋建筑和市政基础设施项目工程总承包管理办法》第三条规定，工程总承包，是指承包单位按照与建设单位签订的合同，对工程设计、采购、施工或者设计、施工等阶段实行总承包，并对工程的质量、安全、工期和造价等全面负责的工程建设组织实施方式，第九条规定，发包人应在招标文件中列明项目的目标、范围、设计和其他技术标准，包括对项目的内容、范围、规模、标准、功能、质量、安全、节约能源、生态环境保护、工期、验收等的明确要求。相较《建筑法》《建设工程质量管理条例》等传统承包模式下，对施工承包单位"按施工图纸及施工技术标准施工"的工程质量要求，工程总承包模式下的工程质量增加了工程性能与功能方面的质量要求，也即为达到合同预期目的所有环节的质量要求。

（二）工程总承包中的质量保修责任和保修期限

总承包工程质量保修是指建设工程竣工验收之后，在法律规定或合同约定（仅限于约定长于法定期限的情况）的保修期限内，承包单位对因勘察、设计、施工、材料等原因造成的质量缺陷进行维修、返工或更换。建设工程质量保修制度对于促进承包方加强质量管理，保护用户及消费者的合法权益起着至关重要的作用。

1. 保修责任的承担主体

工程总承包合同是总承包单位与建设单位签订的合同，总承包单位应当就承包合同的履行向发包人承担全部责任，《建设项目工程总承包管理规范》（GB/T 50358—2017）第 11.4.3 条规定，工程总承包企业应当依据合同约定对质保期或缺陷责任期内发生的质量问题提供保修服务，即使是总承包人根据合同约定或发包人同意将合同范围内的部分项目分包给他人，根据《建筑法》第五十五条，建筑工程实行总承包的，工程质量由工程总承包单位负责，总承包单位将建筑工程分包给其他单位的，应当对分包工程的质量与分包单位承担连带责任，《民法典》第七百九十一条第二款中"总承包人或者勘察、设计、施工承包人经发包人同意，可以将自己承包的部分工作交由第三人完成。第三人就其完成的工作成果与总承包人或者勘察、设计、施工承包人向发包人承担连带责任"之规定，总承包单位也要就分包单位的施工质量向发包人承担连带责任。《房屋建筑和市政基础设施项目工程总承包管理办法》第二十五条进一步明确，工程保修书由建设单位与工程总承包单位签署，保修期内工程总承包单位应当根据法律法规规定以及合同约定承担保修责任，工程总承包单位不得以其与分包单位之间保修责任划分而拒绝履行保修责任。也就是说对于建设单位而言，在设计、采购、施工一体化的工程总承包模式之下，无论工程质量问题产生的原因在于总承包单位还是分包单位（发包人指定分包单位除外），发包人均可以直接要求总承包单位承担质保义务，总承包单位承担保修责任之后，可以根据其与分包单位之间的合同约定，进行最终追责，以有效解决出现因工程质量问题而相互推诿的混乱现象。

2. 保修期

传统的施工总承包工程，按照《建设工程质量管理条例》第四十条第三款之规定，其保修期自竣工验收合格之日起开始起算，有关工程总承包的相关规定并未作出特殊约定，《建设项目工程总承包合同（示范文本）》工程质量保修书部分也约定质量保修期自工程竣工验收合格之日起计算，但工程总承包多适用于能源、化工等项目，此类型项目不同于传统的房建，在竣工验收合格后进入试验程序中方能发现是否存在质量问题，为保障工程总承包合同目的及工程质量保修制度设立目的的实现，实践中有观点主张：根据工程总承包项目中的不同施工范围确定质保期，土建质保期仍按照竣工验收合格开始起算，对于牵涉产能、生产效率的设备安装类的组成部分，保修期限应考虑到竣工验收后的实验期限予以相应顺延。

工程总承包单位承担保修责任的时间期限即为保修期，保修期存在法定和约定两种类型，《建设工程质量管理条例》第四十条第一款、第二款规定，在正常使用条件下，建设工程的最低保修期限为：（1）基础设施工程、房屋建筑的地基基础工程和主体结构工程，为设计文件规定的该工程的合理使用年限；（2）屋面防水工程、有防水要求的卫生间、房间和外墙面的防渗漏，为5年；（3）供热与供冷系统，为2个采暖期、供冷期；（4）电气管线、给排水管道、设备安装和装修工程，为2年。其他项目的保修期限由发包人与承包方约定。双方当事人虽可约定保修期，但不得低于法定的最低期限要求，否则将因违反法律法规的强制性规定而无效，仍需适用法定保修期限。

3. 保修责任的承担方式

通常承包单位承担保修责任的形式主要包括自行维修和承担修复费用两种方式，《民法典》第五百七十七条规定，当事人一方不履行合同义务或者履行合同义务不符合约定的，应当承担继续履行、采取补救措施或者赔偿损失等违约责任，第五百八十二条规定，履行不符合约定的，应当按照当事人的约定承担违约责任。对违约责任没有约定或者约定不明确，依据本法第五百一十条的规定仍不能确定的，受损害方根据标的的性质以及损失的大小，可以合理选择请求对方承担修理、重作、更换、退货、减少价款或者报酬等违约责任，质保期间出现质量问题属于质量违约的一种表现形式，对应的违约责任包括维修、减少价款、赔偿损失等，《民法典》上述规定对不同违约责任方式在语句表达上采并列方式，并没有先后等级。但一般情形在建设工程领域，将维修作为第一梯队违约责任承担方式更有利于节约交易成本、提高交易效率、平衡双方当事人利益。由此《民法典》第八百零一条针对建设工程质量问题特别规定“因施工人的原因致使建设工程质量不符合约定的，发包人有权请求施工人在合理期限内无偿修理或者返工、改建。经过修理或者返工、改建后，造成逾期交付的，施工人应当承担违约责任”。最高人民法院《关于审理建设工程施工合同纠纷案件适用法律问题的解释（一）》第十二条规定，因承包人的原因造成建设工程质量不符合约定，承包人拒绝修理、返工或者改建，发包人请求减少支付工程价款的，人民法院应予支持，《建设项目工程总承包管理规范》（GB/T 50358—2017）第 11.4.3 条规定，工程总承包企业应依据合同约定对保修期或缺陷责任期内发生的质量问题提供保修服务。根据上述规定当保修期内出现质量问题时，承包单位应当首先进行无偿修理、返工及改建等，以使工程达到约定的质量要求和标准，如在发包人通知后承包单位拒绝履行该义务，或不具备维修能力或有其他不适合继续维修的情形时，发包人方可请求减少工程价款或让承包单位支付合理修复费用，在该立法精神指导之下，《建设项目工程总承包合同（示范文本）》在通用条款第 11.3.4 条中约定了发包人的修复通知义务。当然如双方当事人在合同中对质保责任的承担方式另行作出了其他明确约定，根据意思自治原则该约定对双方应当产生约束力。

（三）质量保修期和缺陷责任期的区别

保修期是承包单位对工程承担保修责任的期限，缺陷责任期是扣留工程质量保证金的期限，在实务中，很多人会混淆质量保修期和缺陷责任期，《建设项目工程总承包合同（示范文本）》通用合同条件第 11 条的名称为“缺陷责任与保修”，第 11.1 款［工程保修的原则］规定，在工程移交发包人后，因承包人原因产生的质量缺陷，承包人应承担质量缺陷责任和保修义务。缺陷责任期届满，承包人仍应按合同约定的工程各部位保修年限承担保修义务。显然，在该合同示范文本中，承包人的缺陷责任和保修义务是在同一维度上使用的概念，实际上二者既有联系，又有区别。相同点是都属于为工程质量而设定的保障制度，期限内承包单位均需要对其造成的工程质量问题履行维修义务，对造成的损失承担赔偿责任。不同点主要是：一是承担的义务及后果不同，缺陷是指建设工程质量不符合工程建设强制性标准、相关文件以及承包合同的约定。缺陷责任期内，由承包人原因造成的缺陷，承包人负责维修，并承担鉴定及维修费用，如承包人未履行缺陷修复义务，则发包人可以按照合同约定扣除工程质量保证金，并由承包人承担相应的违约责任。缺陷责任期届满，发包人应当返还工程质量保证金。保修期内，承包人承担的是对建设工程的保修义务，保修义务属于法定义务，不能通过合同约定予以排除。发包人返还工程质量保证金后，承包人仍应按合同约定的各部分工程的保修年限承担保修责任。承包人不承担保修义务，发包人可自行委托他人修复并要求承包人承担修复费用。二是期限不同。对于缺陷责任期，《建设工程质量保证金管理办法》第二条第三款有明确规定，对于保修期，《建设工程质量管理条例》第四十条则有明确规定。具体如表3：

表3　建设工程保修期及缺陷责任期一览表

事项	保修期	缺陷责任期
发包人迟延验收时的起算点	自承包单位提供竣工报告之日	在承包单位提交竣工报告90日后开始计算
期限	最低为2年（水、电、装修等），防水为5年，主体结构、基础为设计的合理使用年限	一般为1年，最长不超过2年
是否预留质保金	法律法规并未要求	是
承担责任的范围	承包方仅针对质保期内已经实际出现的质量问题承担责任	只要是承包单位的原因造成的缺陷即需要承担鉴定、维修费用，至于是否实际发生并未在法律法规中作出规定

二、工程总承包项目质量保修阶段的风险与防范

根据实践中建设工程项目所涉及的纠纷和全流程风险管控发现，虽然工程已经施工结束，但工程总承包项目在质量保修阶段仍然存在较多风险点，如保修期限及起算点、质量保证金的返还、保修责任的承担主体及保修范围、工程总承包合同无效或承包人不具有施工资质等特殊情况下保修责任的承担问题等，极易引发争议。

（一）约定保修期起算点晚于工程实际竣工之日的风险与防范

【风险点解析】

实践中发包人一般以签署竣工验收合格报告或颁发竣工证书之日为竣工日并开始计算保修期，同时也存在发承包双方约定质保期的起算点晚于竣工之日的情形，《建设工程质量管理条例》关于保修期起算点的规定并非效力性强制性规定，发承包双方虽可对保修期的起算点另行约定，但其法律效果为延长相应的保修期至相应的时间节点，而非在保修期限不变的情况下调整起算点，也即如发承包双方约定的保修期起算点晚于工程实际竣工之日，视为保修期自工程实际竣工之日至约定的保修期起算点之日进行了顺延。

【防范措施】

如发承包双方欲延长法定最低保修期限，建议对保修期限或保修期截止时间点进行书面约定，避免因约定的起算点与实际竣工日期不同而发生争议，如因此诉至法院，存在法院将之视为保修期自工程实际竣工之日至约定的保修期起算点之日进行了顺延的风险。

【相关规定链接】

《建设工程质量管理条例》

第四十条　在正常使用条件下，建设工程的最低保修期限为：

（一）基础设施工程、房屋建筑的地基基础工程和主体结构工程，为设计文件规定的该工程的合理使用年限；

（二）屋面防水工程、有防水要求的卫生间、房间和外墙面的防渗漏，为5年；

（三）供热与供冷系统，为2个采暖期、供冷期；

（四）电气管线、给排水管道、设备安装和装修工程，为2年。

其他项目的保修期限由发包方与承包方约定。

建设工程的保修期，自竣工验收合格之日起计算。

【典型案例】

案例：深圳市华剑建设集团有限公司与北京立创商贸有限公司、交通运输部公路科学研究所建设工程合同纠纷案

案号：（2017）京03民终339号

审理法院：北京市第三中级人民法院

裁判要旨：

案涉双方关于“质量保修期从本工程竣工验收备案完成后开始”的约定，系双方真实意思表示，并不违反法律、行政法规的强制性规定，应属合法有效。

基本案情：

2011年5月18日，交通运输部公路科学研究所（以下简称研究所）与深圳市华剑装饰设计工程有限公司（以下简称华剑装饰公司）签订《交通部公路交通试验场培训中心装修改造工程施工承包合同》，华剑装饰公司承包全部装修改造工程，其中包括玻璃幕墙、钢结构、空调通风系统等工程，上述工程中，空调通风系统工程经华剑装饰公司发包给北京立创商贸有限公司（以下简称立创公司）。

2011年11月24日，立创公司、华剑装饰公司签订《空调通风专业承包合同》，工程名称交通运输部公路交通试验场培训中心装修改造工程，工程规模5764.48平方米，承包范围施工图纸及清单中所含的空调设备及通风工程的全部内容，合同价款2,442,371.25元，其中，合同条款专用部分：发包人代表姓名叶某忠，项目经理。必须进行的检测和试验项目，费用由承包人负担。合同价款，固定单价合同。工程进度款支付。设备到货总量的70%，建设单位支付总包货款的70%后7个工作日内支付承包单位，设备安装完毕再支付合同价款的20%，剩余工程款在竣工验收并结算经审计后20个工作日支付结算总价的10%，总包扣除剩余结算总价的6%作为综合费用，剩余4%支付分包单位。工程结算后7日内，监理组织第一次初验收，现场具备验收条件后7日内发包人组织竣工验收，工程竣工验收报告经发包人认可后28天内，承包人向发包人提交各项资料。质保期为竣工验收备案完成后24个月。补充条款为工程水电费，施工过程

中水电气热依据实际用量，按照当地价格，由承包人自行缴纳。如果产生经济洽商，由承包人找建设单位签订洽商，待建设单位确认后，发包人才确认，建设单位不确认的洽商，发包人也不能确认，发包人从建设单位确认的洽商价款中扣除30%综合费用后支付给承包人。

后立创公司进场施工，其间，华剑装饰公司给付立创公司工程款共计1,700,000元。后立创公司按期完工，但立创公司与华剑公司至今未办理正式结算手续，2013年2月21日，研究所对全部工程进行了验收，已经按照其与华剑公司约定给付至全部工程款的95%，并于2014年4月对整个工程投入使用。

双方在合同中约定："质量保修期从本工程竣工验收备案完成后开始，质量保证金总额为结算总价的5%。质量保证金保留期限即为缺陷责任期。"双方在合同中另约定："本工程的缺陷责任期：竣工验收备案完成后二十四个月。"华剑公司陈述质量保证金的计算方式应为工程款总额扣除6%综合费用后乘以5%，质量保证金的返还日期应从2015年2月22日计算，相应的利息亦应由此时间点开始计算。立创公司与研究所均同意原判。

法院裁判理由与结果：

依法成立的合同受法律保护。华剑公司与立创公司签订的涉案合同系双方真实意思表示，并不违反法律、行政法规的效力强制性规定，应属合法有效。

（二）质量保证金返还时间约定不清的风险与防范

【风险点解析】

质量保证金返还时间约定不明，将会导致工程总承包单位在向发包人索要保证金时，发包人以保修期尚未届满为由拖延返还从而导致资金被占用，造成自身资金压力和利息损失，甚至出现发包人以施工质量存在缺陷为由予以克扣等情形。

【防范措施】

建议工程总承包单位与发包人在合同中明确约定退还质量保证金的时间，降低资金被占用或被克扣的风险，同时注意做好施工监管，按时竣工并保留履约证据，为顺利收回质量保证金创造条件。在缺陷责任期满，达到合同约定的返还条件时，及时向发包人书面申请返还质量保证金，并保留申请返还的相关证据。

【相关规定链接】

最高人民法院《关于审理建设工程施工合同纠纷案件适用法律问题的解释(一)》

第十七条　有下列情形之一，承包人请求发包人返还工程质量保证金的，人民法院应予支持：

（一）当事人约定的工程质量保证金返还期限届满；

（二）当事人未约定工程质量保证金返还期限的，自建设工程通过竣工验收之日起满二年；

（三）因发包人原因建设工程未按约定期限进行竣工验收的，自承包人提交工程竣工验收报告九十日后当事人约定的工程质量保证金返还期限届满；当事人未约定工程质量保证金返还期限的，自承包人提交工程竣工验收报告九十日后起满二年。

发包人返还工程质量保证金后，不影响承包人根据合同约定或者法律规定履行工程保修义务。

《建设工程质量保证金管理办法》(建质〔2017〕138号)

第二条　本办法所称建设工程质量保证金（以下简称保证金）是指发包人与承包人在建设工程承包合同中约定，从应付的工程款中预留，用以保证承包人在缺陷责任期内对建设工程出现的缺陷进行维修的资金。

缺陷是指建设工程质量不符合工程建设强制性标准、设计文件，以及承包合同的约定。

缺陷责任期一般为1年，最长不超过2年，由发、承包双方在合同中约定。

《山东省高级人民法院关于印发全省民事审判工作会议纪要的通知》(鲁高法〔2011〕297号)

三、关于建设工程施工合同纠纷案件

……

（七）关于质量保修金返还时间的确定问题

建设工程质量保修金是发包人与承包人在建设工程施工合同中约定，从应付的工程款中预留，用以保证承包人在保修期内对建设工程出现的质量缺陷进行维修的资金。其主要功能在于担保建设工程竣工验收并交付使用后在保修期限内出现的质量缺陷问题。与质量保修金相联系的是质量保证金。依据建设部《建设工程质量保证金管理暂行办法》的规定，建设工程质量保证金（保修金）是发包人与承包人在建设工程承包合同中约定，从应付的工程款中预留，用以保证承包人在缺陷责任期内对建设工程出现的缺陷进行维修的资金。从上述规定来看，建设工程质量保修金和保证金属于相同性质的费用，功能也是相同的。由于质量保修金对应的是质量保修期，而质量保证金对应的是缺陷责任期，导致司法实务中对于保修金或者保证金的返还时间发生争议。会议认为，质量保修期与缺陷责任期是两个不同的概念，质量保修期是指建设工程在正常使用条件下的法定最低保修期限，在此期限内承包人对建设工程出现的质量问题负有保修义务。而缺陷责任期是指质量保证金的预留期限，最长为2年，缺陷责任期满，发包人应当将保证金返还给承包人。因二者期限不同，质量保修期长于缺陷责任期。因此，当事人对质量保修金返还期限有约定的，从其约定；没有约定或约定不明的，缺陷责任期满后，发包人应当将质量保修金返还给承包人，即发包人应当自接受建设工程之日起2年内将质量保修金返还给承包人。

【典型案例】

案例：蓝德环保科技集团股份有限公司与东阳市住房和城乡建设局、第三人东阳市环境卫生管理处建设工程施工合同纠纷案

案号：（2017）浙0783民初13230号

审理法院：浙江省东阳市人民法院

裁判要旨：

案涉双方未在合同中约定质量保修金的返还期限，故应自建设工程通过竣工验收之日起满两年返还质量保修金。保修期与质量保修金的返还期限并不是同一概念，发包人返还质量保修金后，不影响承包人根据合同约定或法律规定履行保修义务，发包人在保修期内仍可要求承包人承担保修责任。

基本案情：

2011年9月，东阳市住房和城乡建设局（以下简称东阳市住建局）作为招标人就东阳市第二生活垃圾卫生填埋场工程——渗滤液处理标段EPC项目（以下简称涉案工程）进行招标，郑州蓝德环保科技有限公司（后更名为蓝德环保科技集团股份有限公司，以下简称蓝德环保公司）于2011年10月向东阳市住建局交纳投标保证金800,000元，并于11月21日中标。2011年12月28日，东阳市住建局（发包人）与蓝德环保公司（承包人）就涉案工程签订合同一份，合同

包括合同协议书及合同条款两部分。合同协议书中约定：工程名称为东阳市第二生活垃圾卫生填埋场工程——渗滤液处理标段EPC招标；工程规模与工程承包范围：由承包人负责运行5年，通过移交验收后整体移交发包人；涉案工程采用总承包方式；工程合同总价为30,505,421元；除根据合同约定的在工程实施过程中需进行增减的款项外，合同价格不作调整；发包人在审计后支付给承包人的建筑工程费应达到土建工程总价款的95%，在质保期后经验收支付剩余的5%。

招标文件第二章投标人须知第3.4.1条投标保证金条款载明：涉案工程的投标保证金为800,000元。第7.3.1条履约担保条款载明：履约担保的金额为合同价的10%，履约保证金分四部分，其中质量履约保证金40%、工期履约保证金30%、项目班子人员到位履约保证金15%、安全文明施工履约保证金15%。运行期保证金为800,000元。

合同签订后，蓝德环保公司对涉案工程进行施工、建设。涉案工程于2013年4月30日通过竣工验收，2014年5月1日通过环保验收并正式转入商业运营。由蓝德环保公司负责对涉案工程进行运营，运营期限为5年，自2014年5月1日起至2019年4月30日止。东阳市审计局就涉案工程进行审计，并于2016年11月29日出具审计报告一份，其中工程造价审计结果为：涉案工程送审价30,505,421元，审定价30,361,025元，净核减144,396元，主要是建安费用核减144,396元。蓝德环保公司与东阳市住建局一致认可该核减的144,396元均系土建工程部分。东阳市住建局已按审计价向蓝德环保公司支付95%的建筑工程费以及87%的设备及安装工程费，剩余工程款3,461,798.29元（包括5%的建筑工程费即303,209.35元，13%的设备及安装工程费即3,158,588.94元）至今未支付。

法院裁判理由与结果：

至于质量保修金是否应返还及返还时间，根据最高人民法院《关于审理建设工程施工合同纠纷案件适用法律问题的解释（二）》（已失效）第八条的规定，该案中原、被告未签订质量保修责任书，也未在合同中约定质量保修金的返还期限，故应自建设工程通过竣工验收之日起满两年返还质量保修金。东阳市住建局所辩称的质保期应覆盖整个运行期，但对此合同中无明确约定，且保修期与质量保修金的返还期限并不是同一概念，根据最高人民法院《关于审理建设工程施工合同纠纷案件适用法律问题的解释（二）》第八条的规定，发包人返还质量保修金后，不影响承包人根据合同约定或法律规定履行保修义务，东阳市住建局在保修期内仍可要求蓝德环保公司承担保修责任。该案工程于2013年4月30日竣工验收，东阳市住建局应于2015年4月30日返还质量保修金。现东阳市住建局未提出在应返还质量保修金的期限前存在应予扣除保修金的事由，故该800,000元质量保修金应予返还，并自2015年5月1日起向蓝德环保公司支付逾期利息损失。

（三）约定保修期限长于法定最低保修期限的风险与防范

【风险点解析】

总承包单位与发包单位对质量保修约定的期限低于法律规定最低期限的将会被认定为无效，仍然按照法律规定最低期限执行，而超过法律规定质量保修期限的约定是合法有效的，但是质保期限延长，通常会使得总承包单位资金被占用的周期延长（实践中质保金给付时间往往约定为保修期满无质量问题之日），进而增加资金占用成本，同时也加大了自身维修义务的时间周期。

【防范措施】

总承包单位应当在合同中确定质保期时尽量与相关法律规定期限保持一致，如发包人坚持要求延长，建议对于预留的质保金金额、返还时间以及是否计息等另行作出书面约定，以免发生争议。

【相关规定链接】

《房屋建筑和市政基础设施项目工程总承包管理办法》（建市规〔2019〕12号）

第二十五条　工程保修书由建设单位与工程总承包单位签署，保修期内工程总承包单位应当根据法律法规规定以及合同约定承担保修责任，工程总承包单位不得以其与分包单位之间保修责任划分而拒绝履行保修责任。

《浙江省高级人民法院民事审判第一庭关于审理建设工程施工合同纠纷案件若干疑难问题的解答》

四、如何认定当事人约定的保修期低于法律规定的最低保修期限的条款的效力？

建设工程施工合同中约定的正常使用条件下工程的保修期限低于国家和省规定的最低期限的，该约定应认定无效。

【典型案例】

案例：重庆豪帝灯饰工程有限公司与重庆嘉陵房地产开发有限公司建设工程合同纠纷案

案号：（2018）渝0120民初6239号

审理法院：重庆市璧山区人民法院（原重庆市璧山县人民法院）

裁判要旨：

案涉合同明确约定工程质量保修期限为竣工验收合格后1年，案涉工程并无法定最低保修期限，故该约定合法有效。

基本案情：

2016年2月1日，重庆市嘉陵房地产开发有限公司（以下简称嘉陵房产公司）将位于璧山绿岛新区的嘉陵·春和景明灯饰照明工程发包给重庆豪帝灯饰工程有限公司（以下简称豪帝公司），双方签订《嘉陵·春和景明商住项目（一期）灯饰照明工程总承包施工合同》，组成合同的文件包括合同协议书、合同专用条款等。该合同尾部，嘉陵房产公司盖印，豪帝公司盖印。合同协议书载明："……二、工程承包范围：施工图范围内外墙灯饰照明设备的采购、安装、调试及其工程实施（含设备供货、相关软件、备品备件、线缆敷设施工、系统安装、编程、调试、测试设备、维护工具、用户培训、竣工验收并经相关主管部门验收合格后向发包人移交及售后服务等）；第1.1.4.5条缺陷责任期为1年；第17.4.3条自工程竣工验收合格之日起满1年后无质量问题，一个月内退还质量保证金（不计利息）。承包人的质量保修责任和期限不因质量保证金的退还而变化，依然严格按照《工程质量保修书》《建筑法》《建设工程质量管理条例》等相关法律法规执行……第18.3.5条实际竣工日期：经验收合格工程的实际竣工日期以验收合格日为准……缺陷责任与保修责任：第19.1条保修责任：工程质量保修范围、期限和责任：竣工经验收合格后1年……争议的解决方式……本工程质量保修期按照《建设工程质量管理条例》中的有关规定执行……"

案涉工程完工后，2016年5月10日，由发包方嘉陵房产公司、承包方豪帝公司、监理方建新公司、物业管理公司重庆嘉茂物业管理有限公司对案涉工程进行验收，出具终验收报告。

法院裁判理由与结果：

关于案涉灯饰工程的保修期，豪帝公司主张装饰照明工程质量保修期根据合同约定为1年，即2016年5月10日至2017年5月10日。嘉陵房产公司辩称该案中装饰照明工程属于电气管线，质量保修期为2年。法院认为根据《建设工程质量管理条例》第四十条“建设工程的最低保修期限为：……（四）电气管线……为2年。其他项目的保修期限由发包方与承包方约定。建设工程的保修期，自竣工验收合格之日起计算”的规定，首先，从豪帝公司和嘉陵房产公司举示的证据来看，双方认为灯饰工程中的灯具可能存在问题，但都未举示证据证明灯饰安装工程存在问题，解释为电气管线存在质量问题显属不妥；其次，嘉陵房产公司在《嘉陵·春和景明商住项目（一期）灯饰照明工程总承包施工合同》第19.1条明确约定工程质量保修期限为竣工验收合格后1年；最后，灯具产品的质量保修期为1年。法院认为涉案工程的质量保修期为1年，对嘉陵房产公司辩称质量保修期为2年的理由不予采信。

（四）指定分包模式下总承包单位保修责任的风险与防范

【风险点解析】

《建筑法》第二十九条及第五十五条均规定，总承包单位和分包单位就分包工程对发包人承担连带责任，但需注意的是，工程总承包模式下发包人指定分包虽然违反了《房屋建筑和市政基础设施工程施工分包管理办法》的规定，但该规定并非效力性强制性规定，并不当然导致指定分包合同无效，发包人、总承包人、分包人各方主体对工程质量责任以及保修责任的承担，就成为指定分包情形下存在较大争议的问题。

【防范措施】

指定分包模式下，若发包人、总承包人、指定分包商对于责任承担方式有明确约定，司法实践中法院一般会尊重当事人对自身权利义务所作出的安排，故建议在分包协议或签署三方协议中明确约定免责情形，并搜集保存相应的证据资料，或可要求分包商提供保函等担保措施，以免承担连带责任的风险。同时注意在履约过程中，保留已对分包商进行了充分有效管理的相关证据，以免承担过错责任。

【相关规定链接】

《建筑法》

第二十九条　建筑工程总承包单位可以将承包工程中的部分工程发包给具

有相应资质条件的分包单位；但是，除总承包合同中约定的分包外，必须经建设单位认可。施工总承包的，建筑工程主体结构的施工必须由总承包单位自行完成。

建筑工程总承包单位按照总承包合同的约定对建设单位负责；分包单位按照分包合同的约定对总承包单位负责。总承包单位和分包单位就分包工程对建设单位承担连带责任。

禁止总承包单位将工程分包给不具备相应资质条件的单位。禁止分包单位将其承包的工程再分包。

第五十五条　建筑工程实行总承包的，工程质量由工程总承包单位负责，总承包单位将建筑工程分包给其他单位的，应当对分包工程的质量与分包单位承担连带责任。分包单位应当接受总承包单位的质量管理。

《房屋建筑和市政基础设施工程施工分包管理办法》

第七条　建设单位不得直接指定分包工程承包人。任何单位和个人不得对依法实施的分包活动进行干预。

最高人民法院《关于审理建设工程施工合同纠纷案件适用法律问题的解释（一）》（法释〔2020〕25号）

第十三条　发包人具有下列情形之一，造成建设工程质量缺陷，应当承担过错责任：

（一）提供的设计有缺陷；

（二）提供或者指定购买的建筑材料、建筑构配件、设备不符合强制性标准；

（三）直接指定分包人分包专业工程。

承包人有过错的，也应当承担相应的过错责任。

【典型案例】

案例：江苏省古典建筑园林建设有限公司与南京市市政服务中心、上海宏辉园林装饰工程有限公司建设工程合同纠纷案

案号：（2020）苏0106民初1314号

审理法院：江苏省南京市鼓楼区人民法院

裁判要旨：

指定分包模式下，发包人、总承包人、指定分包商均依据过错原则承担与其过错程度相适应的责任。

基本案情：

2011年1月，原告江苏省古典园林建设有限公司（以下简称古典园林公司）（乙方、承包人）与原南京市市政工程建设处（甲方、发包人）签订了《施工合同》，约定甲方将位于南京市城北护城河的城北护城河、外金川河河道综合整治工程（建设项目）发包给乙方施工，工程内容为城北护城河（A0＋000～A2＋557）段景观及绿化，资金来源为城建资金；合同工期总日历天数为90日，开工日期以业主书面开工令为准；质量标准为符合国家质量验收标准；合同暂定价为3420万元，合同价款最终以政府决算审计批复数为准，工程量按实决算，计价规则参照GB 50500—2008《建设工程工程量清单计价规范》、《江苏省建设工程费用定额》（2009）、《江苏省建设工程工程量清单计价项目指引》、《江苏省仿古建筑与园林工程计价表》（2007）等有关现行江苏省计价表以及相应的政策文件，工程所需材料均由施工单位按施工图要求的质量、规格标准提供，价格执行当前信息指导价，信息表上缺项的按市场价报监理审核后跟踪审计单位确认。本工程总价下浮比例5%。最终决算需经有关部门审计。本工程必须自行完成，不准转包或擅自分包，否则发包人有权要求承包人退场，一切损失均由承包方承担，并视情节向建设行政主管部门报告，对确需分包的特殊工程须经发包人同意，承包人应就分包人完成的工作成果向发包人承担连带责任；发包人应对其在施工场地的工作人员进行安全教育，并对他们的安全负责。发包人不得要求承包人违反安全管理的规定进行施工。因发包人原因导致的安全事故，由发包人承担相应责任及发生的费用；发生重大伤亡及其他安全事故，承包人应按有关规定立即上报有关部门并通知工程师，同时按政府有关部门要求处理，由事故责任方承担发生的费用。发包人、承包人对事故责任有争议时，应按政府有关部门的认定处理（通用条款）；在施工期间承包人如发生重大质量和安全事故，发包人有权勒令其退场，或减少其承包内容，所造成的损失由承包人承担（专用条款）；施工中发生的一切安全事故（包含人身、设备、材料等）全部由承包人自行解决，所有费用全部由承包人承担（专用条款）。合同还就其他事项进行了约定。

上述合同签订后，原告进场进行施工。在施工过程中，因设计变更，增加了“廊桥，重檐亭”工程（案涉工程）。

2011年5月28日，原告古典园林公司（甲方、发包人）与被告上海宏辉园林装饰工程有限公司（以下简称宏辉园林公司）（乙方、承包人）签订了《工程分包合同》，约定甲方将案涉工程分包给乙方施工，工程地点位于金川门泵站旁，工程范围为廊桥、重檐亭，承包方式为双包，即包工包料；开工日期为 2011 年 5 月 15 日，竣工日期为 2011 年 7 月 30 日，在 2011 年 6 月 26 日前完成木结构工程；工程质量标准为合格；合同暂定价为 185.9643 万元（含税金及其他相关费用），竣工后按时结算。根据业主支付工程（预付及进度）款情况，以收到业主付款为前提，甲方扣除管理费 11.5%（含税金），如乙方无材料发票提供给甲方，甲方扣除管理费 15.5%（含税金），其余进度款 10 天内支付给乙方（工程款专款专用）；乙方获得业主的施工图后要认真审图，做好图纸交底和会审记录。严格按照施工图和施工图纸的做法说明，确保定位、放线正确无误，根据有关工程规范做好各种工种、工序的交接，乙方无权自行修改（已确定的）图纸。保证质量与安全，做到文明施工，遵守甲方及业主工地的各项规章制度；竣工日期为乙方送交竣工验收报告得以批准的日期；乙方在施工过程中如发生重大伤亡事故，应按国家有关规定上报并保护现场，发生安全事故所产生的一切后果，由乙方自行承担；工程质量应达到国家和本市有关质量验收评定标准；等等。

被告宏辉园林公司在案涉工程于 2012 年 6 月 28 日完工后撤场，原南京市市政工程建设处在未按有关规定及时组织相关单位和监管部门进行分项工程验收的情况下即将其投入使用。

2012 年 7 月 3 日 17 时 20 分左右，案涉工程的廊桥上部亭棚突然发生倒塌，砸中在亭棚内避雨的 8 名群众，该事故造成 2 人死亡，6 人不同程度受伤。

事故发生后，按照南京市市政府主要领导批示精神，有关部门立即成立了由各有关部门组成的“7·3”事故调查组。事故调查组同时聘请了六名专家组成技术专家组，对事故进行技术原因分析。事故调查组通过现场勘查、查阅相关资料和现场监控录像、询问有关人员，结合事发当日气象资料和技术专家组调查意见，形成“‘7·3’金川河河道整治工程廊桥亭棚倒塌工程质量事故调查报告”（以下简称事故调查报告），该报告分析事故原因如下：（1）直接原因：由于设计单位设计深度不够，未针对仿古木结构体系抗侧能力偏弱的特点采取必要的加强措施；施工单位未严格按照设计图纸和规范要求施工，导致抗侧能力偏弱的廊桥上部仿古木结构亭棚在暴雨和大风的作用下突然发生整体倒塌。（2）间接原因：①建设单位违反工程建设管理规定，违规指定总包单位将工程分包给无仿古木结构建筑工程施工资质的单位施工。授意设计中标单位将设计工程转包给不具备设计资质的单位设计。施工过程中未对施工单位的施工组织和安全质量管理进行审核和监督。工程完工后未能及时组织验收即投入使用。②宏辉园林公司非法承揽工程；没有安排有资质的管理人员负责现场施工组织和质量安全管理，现场管理混乱，质量管控缺失。③园林规划设计院将设计工程转包给不具备设计资质的单位设计，对图纸审核把关不严。④古典园林公司将工程分包给无仿古木结构建筑工程施工资质的单位施工，对施工质量缺乏监管。⑤监理单位未严格按照程序履行监理职责，对工程关键节点把关不严。⑥恶劣天气条件是导致本次事故发生的重要因素，是廊桥亭棚倒塌的诱因。综上所述，这是一起因设计单位设计深度不够，未针对仿古木结构体系抗侧能力偏弱的特点采取必要的加强措施；施工单位未严格按照设计图纸和规范要求施工，质量管理缺失；建设和监理单位未严格履行职责，在恶劣天气条件下发生的公共建筑工程质量事故。

事故发生后，在原南京市市政工程建设处的参与下，原告向死伤者及其家属支付赔偿款。

法院裁判理由与结果：

关于过错认定问题。《施工合同》《工程分包合同》分别因必须进行招标而未招标、被告宏辉园林公司未取得专业承包资质而归于无效，然在评判各方过错及责任时，仍应按照相应的合同关系进行综合判断。原告与原南京市市政工程建设处及被告宏辉园林公司之间有总承包合同及分包合同关系，而与设计人、监理人并无直接的合同关系，据此，被告宏辉园林公司要求将事故调查报告中认定的其他责任主体追加为该案被告并承担责任，无法律及合同依据。被告市政服务中心与其他责任主体之间若有纷争，可依法另行解决，非该案之理涉范围。被告市政服务中心辩称，事故调查报告系用于行政部门的内部追责，不能作为认定民事赔偿责任的依据。对此，法院认为，事故调查报告系事故发生后由南京市安监局牵头，多家行政主管部门参与并邀请检察机关组成的联合调查组，同时聘请了6名专家组成技术专家组，对事故发生的概况、救援、建设项目的设计、发包、分包、监理、监管等情况作出综合认定，故被告市政服务中心的该项意见，无事实根据，法院亦不予采纳。根据最高人民法院《关于审理建设工程施工合同纠纷案件适用法律问题的解释》（已失效）第十二条规定，发包人具有下列情形之一，造成建设工程质量缺陷，应承担过错责任：（1）提供的设计有缺陷；（2）提供或者指定购买的建筑材料、建筑构配件、设备不符合强制性标准；（3）直接指定分包人分包专业工程。承包人有过错的，也应当承担相应的过错责任。《建筑法》第五十五条规定，建筑工程实行总承包的，工程质量由工程总承包单位负责，总承包单位将建筑工程分包给其他单位的，应当对分包工程的质量与分包单位承担连带责任。分包单位应当接受总承包单位的质量管理。《合同法》（已失效）第二百七十九条及《建筑法》第六十一条第二款均规定，建设工程竣工验收合格后，方可交付使用；未经验收或者验收不合格的，不得交付使用。根据上述之规定及理由，结合事故调查组的事故调查报告及该案的其他事实，法院就原、被告对案涉工程倒塌造成人员伤亡事故的过错作以下分析：（1）对于原告而言，作为总承包人将案涉工程分包给不具备施工资质的被告宏辉园林公司，未尽到资质审查的审慎义务；在被告宏辉园林公司施工过程中，未尽到总承包人的管理职责。（2）对于发包人原南京市市政工程建设处，违规指定总承包单位将案涉工程分包给无施工资质的被告宏辉园林公司进行施工；提供的设计图深度不够，设计图未针对仿古木结构体系抗侧能力偏弱的特点采取必要的加强措施，即提供的设计有缺陷；施工过程中未对施工单位的施工组织和安全质量管理进行审核和监督；案涉工程完工后未能及时组织相关单位进行竣工验收即擅自投入使用；其委托的监理单位未严格按照程序履行监理职责，对工程关键节点把关不严。（3）对于被告宏辉园林公司，未取得相应的施工资质非法承揽工程；在未取得施工图的情况下按白图（初步设计图纸）施工；未安排有资质的管理人员负责现场施工组织和质量安全管理，质量管控缺失。此外，虽然事故发生当日的恶劣天气条件系导致事故发生的重要因素，但仅仅系外界诱因，而事故发生的直接原因为工程本身的设计缺陷、施工不规范，此为法律上的因果关系。综上所述，结合各自的过错及该案的实际情况，法院认定，原告对案涉工程发生事故的过错参与度为30%，原南京市市政工程建设处对案涉工程发生事故的过错参与度为40%，被告宏辉园林公司对案涉工程发生事故的过错参与度为30%。

（五）工程总承包工程竣工验收之前发包人试运行的风险与防范

【风险点解析】

相较《建筑法》《建设工程质量管理条例》等传统承包模式下对施工单位“按施工图纸及施工技术标准施工”的工程质量要求，工程总承包模式下的工程质量增加了工程性能与功能方面的要求，如工业类的工程总承包项目发承包双方往往约定投产运营后的单位产量，基于此，对工程总承包项目的质量评判则需要以发包人使用为前提。在项目工程未经竣工验收的情况下，发包人对工程项目的使用从施工总承包模式下的质量风险转移节点，转变为工程总承包模式下竣工验收的前提步骤之一，竣工验收之前发包人在试运行等环节并不能构成质量瑕疵的免责。

【防范措施】

工程总承包单位应当严格按照总包合同验收流程，进行工程验收并留存相应证据，完成从施工总承包到工程总承包的思维转换，不宜再直接采用施工总承包的竣工验收程序标准评判工程总承包发包人未经竣工验收的使用行为。

【相关规定链接】

《房屋建筑和市政基础设施项目工程总承包管理办法》（建市规〔2019〕12号）

第九条　建设单位应当根据招标项目的特点和需要编制工程总承包项目招标文件，主要包括以下内容：……（四）发包人要求，列明项目的目标、范围、设计和其他技术标准，包括对项目的内容、范围、规模、标准、功能、质量、安全、节约能源、生态环境保护、工期、验收等的明确要求；……

《公路工程竣（交）工验收办法》（交通部令2004年第3号）

第四条　公路工程验收分为交工验收和竣工验收两个阶段。

交工验收是检查施工合同的执行情况，评价工程质量是否符合技术标准及设计要求，是否可以移交下一阶段施工或是否满足通车要求，对各参建单位工作进行初步评价。

竣工验收是综合评价工程建设成果，对工程质量、参建单位和建设项目进行综合评价。

第十六条　公路工程进行竣工验收应具备以下条件：

（一）通车试运营2年后；

（二）交工验收提出的工程质量缺陷等遗留问题已处理完毕，并经项目法人验收合格；

（三）工程决算已按交通部规定的办法编制完成，竣工决算已经审计，并经交通主管部门或其授权单位认定；

（四）竣工文件已按交通部规定的内容完成；

（五）对需进行档案、环保等单项验收的项目，已经有关部门验收合格；

（六）各参建单位已按交通部规定的内容完成各自的工作报告；

（七）质量监督机构已按交通部规定的公路工程质量鉴定办法对工程质量检测鉴定合格，并形成工程质量鉴定报告。

最高人民法院《关于审理建设工程施工合同纠纷案件适用法律问题的解释（一）》（法释〔2020〕25号）

第九条　当事人对建设工程实际竣工日期有争议的，人民法院应当分别按照以下情形予以认定：

（一）建设工程经竣工验收合格的，以竣工验收合格之日为竣工日期；

（二）承包人已经提交竣工验收报告，发包人拖延验收的，以承包人提交验收报告之日为竣工日期；

（三）建设工程未经竣工验收，发包人擅自使用的，以转移占有建设工程之日为竣工日期。

第十四条　建设工程未经竣工验收，发包人擅自使用后，又以使用部分质量不符合约定为由主张权利的，人民法院不予支持；但是承包人应当在建设工程的合理使用寿命内对地基基础工程和主体结构质量承担民事责任。

【典型案例】

案例：重庆市渝万建设集团有限公司、班玛县交通和住房城乡建设局建设工程施工合同纠纷案

案号：（2018）最高法民申5641号

审理法院：最高人民法院

裁判要旨：

公路作为特殊的建设工程项目，进行前期通车试运营是竣工验收的必备条件和必经程序，故通车试运营不构成擅自使用行为。

基本案情：

2009年，班玛县交通和住房城乡建设局（以下简称班玛县交通局）对案涉工程进行招标，重庆市渝万建设集团有限公司（以下简称渝万公司）中标，双方签订《合同协议书》。2015年，案涉工程施工完毕，渝万公司与班玛县交通局就涉案工程未进行竣工结算，至今亦未进行竣工验收但已于2014年11月通车使用。

2012年，双方曾因合同价款变更问题诉至法院，法院判决渝万公司提出的设计变更事项需待审核后另行处理。后双方仍未就价款达成一致。2017年，渝万公司再次向青海果洛藏族自治州中院提起诉讼，请求法院判决班玛县交通局返还保修金。

青海果洛藏族自治州中院一审认为，涉案工程处于交工前复检阶段，至今未实际竣工验收，故驳回渝万公司的请求。渝万公司不服，向青海高院上诉。

二审中，渝万公司主张案涉工程虽未竣工验收，但已经交付使用，发包人班玛县交通局擅自使用案涉公路，应视为竣工验收，应当返还工程质量保修金。班玛县交通局抗辩称，案涉工程为公路工程，完工后需通车试运行2年以上，由青海省公路局发现问题整改，之后才能交工验收、竣工验收，案涉工程至今未复检合格，未竣工验收，返还工程保修金的条件未成就。青海高院二审认可班玛县交通局的抗辩，驳回了渝万公司的上诉，维持原判。

渝万公司不服，向最高人民法院申请再审。最高人民法院认为，公路进行前期通车试运营是竣工验收的必备条件和必经程序，试运营不构成对涉案公路的擅自使用，驳回了渝万公司的再审申请。

法院裁判理由与结果：

根据《公路工程竣（交）工验收办法》第四条、第十六条的规定，可以看出公路建设完工后，要经过交工验收和竣工验收两个环节，交工验收是竣工验收的前置、法定程序。虽然最高人民法院《关于审理建设工程施工合同纠纷案件适用法律问题的解释》（已失效）第十四条第（三）项规定，建设工程未经竣工验收，发包人擅自使用的，以转移占有建设工程之日为竣工日期。但是，公路作为特殊的建设工程项目，进行前期通车试运营是竣工验收的必备条件和必经程序，该案中并不存在发包人班玛县交通局擅自使用涉案公路的情形，因此，该案不适用上述规定。渝万公司在再审申请中认可涉案项目公路未经过竣工验收的事实，因此，原判决未支持渝万公司主张返还保证金的诉求，亦不属于适用法律错误。2015年2月，班玛县交通局还在要求渝万公司整改，该案中也没有其他证据证明班玛县交通局恶意阻却竣工验收，但考虑到涉案公路已经通车试运营3年多时间，若渝万公司按照要求整改后，班玛县交通局不配合进行竣工验收，渝万公司可以另寻法律途径主张权利。

（六）工程总承包项目擅自投入使用对施工单位质量责任承担的风险与防范

【风险点解析】

最高人民法院《关于审理建设工程施工合同纠纷案件适用法律问题的解释（一）》第十四条中规定，建设工程未经竣工验收，发包人擅自使用后，又以使用部分质量不符合约定为由主张权利的，人民法院不予支持，施工总承包模式下，此为施工单位经常不再承担质量责任行之有效的抗辩理由，但裁判机关对于工程总承包项目的质量合格评判标准通常会综合多方面因素考量，并不会简单套用上述规定。

【防范措施】

司法实践中，工程总承包单位是否承担工程质量责任，也即工程质量争议问题，因此类质量鉴定机构的缺位，裁判机关会综合举证责任分配等多方因素予以考量认定，总承包单位往往负有较重的举证义务，建议总承包单位在提起诉讼之前，全面梳理项目风险，以免索要工程款不成，反被主张质量责任，深陷诉讼漩涡。对发包人而言，在接收和使用移交项目时，建议做好权利保留声明，以维护自身合法权益。

【相关规定链接】

最高人民法院《关于审理建设工程施工合同纠纷案件适用法律问题的解释（一）》（法释〔2020〕25号）

第十四条　建设工程未经竣工验收，发包人擅自使用后，又以使用部分质量不符合约定为由主张权利的，人民法院不予支持；但是承包人应当在建设工程的合理使用寿命内对地基基础工程和主体结构质量承担民事责任。

《重庆市高级人民法院、四川省高级人民法院关于审理建设工程施工合同纠纷案件若干问题的解答》

四、承包人请求发包人支付工程价款，发包人主张建设工程质量不符合合同约定或者法律规定的，如何处理？

答：承包人请求发包人支付工程价款，发包人以建设工程质量不符合合同约定或者法律规定为由主张权利的，应当区分情形分别予以处理：

建设工程竣工验收后，发包人以建设工程质量不符合合同约定或者法律规定为由主张权利的，人民法院应当告知其按照建设工程有关质量缺陷责任、保修责任的规定进行处理。

建设工程虽未竣工验收但发包人擅自使用后，发包人以建设工程质量不符合合同约定或者法律规定为由拒付工程价款或主张质量缺陷责任的，人民法院不予支持，但发包人有证据证明地基基础工程和主体结构工程存在重大质量问题的除外。

建设工程完工后尚未进行竣工验收且发包人未擅自使用的，承包人请求发包人支付工程价款，应当根据发包人抗辩的具体内容分别作出处理：

（一）以建设工程质量不符合合同约定或者法律规定为由拒绝支付工程款，发包人举证证明因承包人原因导致工程尚未进行竣工验收或申请司法鉴定确认建设工程质量不合格的，人民法院予以支持；

（二）发包人根据《最高人民法院关于审理建设工程施工合同纠纷案件适用法律问题的解释（一）》第十二条之规定主张减少支付工程价款的，发包人能够举证证明应当减少的工程价款数额或者合理修复费用的，人民法院可以从工程价款中予以扣除；

（三）发包人根据《最高人民法院关于审理建设工程施工合同纠纷案件适用法律问题的解释（一）》第十六条之规定主张承包人承担违约金或者赔偿修理、返工、改建的合理费用等损失的，人民法院可告知发包人提起反诉。

【典型案例】

案例：江苏新世纪江南环保股份有限公司与陕西奥维乾元化工有限公司建设工程施工合同纠纷案

案号：（2019）最高法民申 1187 号

审理法院：最高人民法院

裁判要旨：

工程总承包项目未有竣工验收手续的情况下，工程质保金尚具备支付条件的举证责任由总承包单位承担，质量责任是总承包单位的主要合同义务，该义务不因发包人未竣工验收就使用的行为而免除。

基本案情：

陕西奥维乾元化工有限公司（以下简称奥维乾元化工公司）为发包人，江苏新世纪江南环保股份有限公司（以下简称江南环保公司）为总承包单位，双方签订的《EPC 总承包合同书》约定：装置联动试车和性能考核合格并通过 168 小时验收后 10 天内且卖方提供全额发票，买方收到发票后，买方支付卖方金额为合同总价 10% 的进度款。《技术协议》约定脱硫系统通烟气运行正常后一周内自动进行 168 小时连续运行考核试验。试验条件：满足设计条件和运行条件，符合卖方提供的操作方法和说明书；做性能保证试验必须满足试验条件，考核试验方案由卖方提供，经买方认可，现场考核试验由买卖双方共同进行。

根据法院查明，案涉工程没有进行 168 小时性能测试考核，但已经实际投入使用。

江南环保公司主张：（1）原审判决认定案涉工程 168 小时性能测试未完成的责任由江南环保公司承担明显错误，江南环保公司已经向奥维乾元化工公司提交了 168 小时性能考核方案，在一审中奥维乾元化工公司已经明确承认以工程存在缺陷而拒绝进行 168 小时的性能考核测试，但是奥维乾元化工公司并未提供任何实质有效的证据证明工程竣工后存在缺陷。合同中约定的 168 小时性能测试未进行完全是由于奥维乾元化工公司主观恶意拒绝导致，其应当承担责任。（2）案涉工程虽然没有进行 168 小时性能测试考核，但已经实际投入使用，合同目的已经完全实现，经江南环保公司申请陕西省环境保护厅信息公开，该厅以 2018 年第 10 号文答复："3 × 280t/h 锅炉烟气氨法脱硫及副产物硫铵回收装置已经投入使用。"根据陕西省环境保护厅官网陕西省重点排污企业监测信息发布平台公示的案涉工程排放数据，案涉工程也已经正常投入使用，并且排放达标。奥维乾元化工公司是在案涉工程尚未经过验收的情况下擅自使用的，案涉工程已经视为通过竣工验收。168 小时性能考核只是工程过程中的一个环节，用于检验案涉工程是否能达到《陕西奥维乾元化工有限公司 3 × 280t/小时锅炉烟气氨法脱硫及副产物硫铵回收装置技术协议》的排放指标。性能考核的目的是验证设备是否符合技术协议和合同约定的保证值，案涉工程已经达到了国家规定的排放指标，完全达到了奥维乾元化工公司的合同目的，168 小时性能考核已无履行必要，奥维乾元化工公司应当支付性能考核款。（3）案涉装置在运行过程中需要使用方进行专业的维护，易损件需要定期更换。现已经由奥维乾元化工公司实际使用多年，使用期间也进行了各项改造，与当时江南环保公司交付时的状态完全不同，已无法按照当时交付的标准进行 168 小时性能考核。根据《EPC 总承包合同书》第 10. 2. 3 条约定、《技术协议》第 18 条约定，江南环保公司认为质保金支付应当满足 3 个条件：一是质保期届满；二是通过环保验收；三是无质量问题。案涉工程已经于2015年12月31日完工，质保期早已届满。当地环保部门已不再对案涉工程进行环保验收，应当由奥维乾元化工公司自行组织验收。案涉项目目前已无法进行环保验收，责任不在江南环保公司。案涉工程不存在质量问题，即使存在质量问题，因奥维乾元化工公司擅自使用案涉工程，与江南环保公司无关，并且奥维乾元化工公司也无实质性证据证明案涉装置存在质量问题。质保金的支付条件已经完全成就，奥维乾元化工公司应当支付工程质保金。

法院裁判理由与结果：

江南环保公司未提交证据证明案涉设备质量能满足上述168小时连续运行考核试验运行条件，亦未提交证据证明其向奥维乾元化工公司提供了考核试验方案。江南环保公司再审主张案涉设备已经正常投入使用，并且排放达标，奥维乾元化工公司对案涉设备进行了改造，无法再考核测试，但未提交新证据予以证明。江南环保公司在原审程序中提交的陕西省环境保护厅信息公开的答复与陕西省重点排污企业监测信息发布平台公示的排放数据并非针对案涉设备的排放数据检测，不能证明案涉设备的运行已经达到合同约定的要求。原审判决认定案涉装置168小时连续运行考核试验未完成的责任在江南环保公司，未达到工程进度付款条件，具有事实依据。《EPC总承包合同书》约定10%的合同总价作为质保金，在合同装置性能保证期截止日且环保验收合格且无质量问题10日内支付，如环保验收在质保期内由于卖方装置原因未能达到合格，质保期顺延至环保验收合格，质保金在环保验收合格后支付。合同另约定，装置正常运转168小时后，买方组织对该项目进行总体验收，系统投运1年内由买方向当地环保主管部门申请验收，卖方积极配合。环保检测验收结果以环保部门的检测报告为准。《技术协议》约定卖方提供的装置质量保证期为机械竣工后18个月或168小时运行通过后12个月，先到为准。根据原审查明的相关事实，江南环保公司与奥维乾元化工公司未对案涉设备竣工验收和环保验收，且江南环保公司未提交证据证明案涉设备已达到可以环保验收的运行条件，原审判决认定工程质保金尚不具备支付条件并无不当。江南环保公司提供奥维乾元化工公司3×280t/h锅炉烟气氨法脱硫及副产物硫铵回收装置的设计、供货、安装、调试及指导运行服务，对案涉设备质量负责是江南环保公司作为设备供货方的主要合同义务，该义务不因奥维乾元化工公司对案涉设备未竣工验收就使用的行为而免除。

（七）质保期经过后总承包单位仍需承担质量责任的风险与防范

【风险点解析】

工程总承包单位经常认为质保期满之后就万事大吉，无须再对质量问题承担责任，但是根据司法实务裁判观点来看，如最高院公报案例“（2012）苏民终字第238号江苏南通二建集团有限公司与吴江恒森房地产开发有限公司建设工程施工合同纠纷案”中，法院认为虽然已经过质保期，但是施工企业存在偷工减料的行为导致了质量问题，发包人仍然有权依据原《合同法》第一百零七条、第二百八十一条之规定，追究施工企业的违约责任。故如系施工方原因致使工程质量不符合约定，施工方仍将承担无偿修理、返工、改建或赔偿损失等违约责任。

【防范措施】

工程总承包单位应当在施工过程中严格按照国家规定及设计文件、合同约定等标准施工，切勿偷工减料或使用不合格材料，严把质量关，同时需要做好相应的施工资料等证据收集和整理工作。

【相关规定链接】

《民法典》

第八百零一条　因施工人的原因致使建设工程质量不符合约定的，发包人有权请求施工人在合理期限内无偿修理或者返工、改建。经过修理或者返工、改建后，造成逾期交付的，施工人应当承担违约责任。

【典型案例】

案例： 北京捷宸阳光科技发展有限公司与中建二局第三建筑工程有限公司建设工程施工合同纠纷案

案号：（2020）京民终405号

审理法院： 北京市高级人民法院

裁判要旨：

质量保修期满免除的只是施工人的保修责任，但并不免除其应负的其他法律责任，建筑施工企业在施工中偷工减料，使用不合格的建筑材料、建筑构配件和设备，或者有其他不按照工程设计图纸或者施工技术标准施工的行为，造成建筑工程质量不符合规定的质量标准的，负责返工、修理，并赔偿因此造成的损失，该责任的承担并未被限定在保修期内。

基本案情：

北京捷宸阳光科技发展有限公司（以下简称捷宸阳光公司）对其位于北京市通州区马驹桥镇金桥科技产业基地景盛南四街19号的1号标准厂房等8项建筑安装工程及1号电池厂房等2项建筑安装工程公开进行招标，中建二局第三建筑工程有限公司（以下简称中建二局三公司）投标并中标。

2009年3月13日，捷宸阳光公司（甲方）与中建二局三公司（乙方）分别签订了《1号标准厂房等8项建筑安装工程施工总承包合同文件》及《1号电池厂房等2项建筑安装工程施工总承包合同文件》。《1号标准厂房等8项建筑安装工程施工总承包合同文件》的施工范围为1号、2号标准厂房，1号、2号单身宿舍及门卫等8项。双方约定，上述工程建筑规模为34,412平方米，合同价款81,257,596元，合同是以2001年《北京市建设工程预算定额》为计价依据的固定单价合同，合同内工作范围对应的定额中的所有工作子目录单价包死，任何情况下，单价不得调整，合同内工作范围对应的报价预算书中所列的工程量为暂定数量，最终的合同价款将以实际的施工图纸为依据，按照合同中约定的工程量计算规则计算出工程量，再以该类工程量以及乙方的中标单价为依据计算实际的合同价款。工期为413日历天，开工日期以甲方书面通知为准。质量等级为工程施工质量验收规范的合格标准并同时获得北京市建设工程质量奖项长城杯。工程施工进行到工程标高正负零后双方结算工程量，之后采用月进度支付方式，乙方在每月25日向监理提交当月完成工作报表，核实后，支付合格工程量85%的工程进度款，保留金比例15%。质量等级为合格。完工标准为合同范围内工作全部竣工并完成工程所在地各相关行政主管部门或机构要求的所有单项验收或竣工条件，获得正式的质量监督管理机构竣工备案通知，并完成本工程全部工程建设工作，实现全部系统的开通调试、楼宇保洁以及物业交接工作，具备使用条件。保修期依据建设工程质量管理条例规定的最低保修期限，对其中未作规定的其他项目，保修期为24个月。

在合同签订前，中建二局三公司进入施工现场，合同签订后进行施工。2009年11月25日至2010年6月4日，中建二局三公司与捷宸阳光公司先后就1号电池厂房、生产检测车间、1号标准厂房、2号标准厂房办理了现状移交手续。1号电池厂房、生产检测车间、1号标准厂房、2号标准厂房、1号单身宿舍、2号单身宿舍进行质量竣工验收，监理单位、施工单位、设计单位均盖章确认，建设单位捷宸阳光公司未盖章确认。在工程移交过程中，双方对工程质量问题及未完工程进行了确认，中建二局三公司后对工程质量问题进行了整改，但尚有部分质量问题未达到质量整改的要求。2010 年 6 月 4 日，中建二局三公司撤场，捷宸阳光公司将工程投入使用。2010 年 8 月 27 日，双方最后办理物资材料交接手续。

2010 年 5 月，废水处理站高位水池北侧发生地面沉降，西南部位卷帘门处发生回填土大面积坍塌，室内混凝土地面形成空洞，回填土局部沉降并露出钢筋混凝土地梁。捷宸阳光公司要求中建二局三公司对地面沉降及回填土工程进行整改。因双方对事故原因产生分歧而未及时处理，捷宸阳光公司遂于 2010 年 9 月与北京韩建世纪恒兴建筑有限公司签订施工协议，由北京韩建世纪恒兴建筑有限公司对废水处理站进行修复，合同约定的修复费用为 405, 494. 15 元。

2011 年 3 月 13 日，2 号标准厂房西山墙上部的外墙保温层全部脱落，至今未予修复。

捷宸阳光公司向法院提出申请，要求对中建二局三公司承建的“1 号标准厂房等 8 项建筑安装工程”质量、修复方案及维修费用进行鉴定。捷宸阳光公司出具关于原告诉讼请求及鉴定范围的说明，进一步明确其请求鉴定工程质量范围为生产检测中心及连廊，1 号、2 号标准厂房，1 号、2 号单身宿舍，1 号电池厂房，水处理厂房，室外道路及管网；请求对中建二局三公司施工未完工程项目进行鉴定，包括检测中心楼，1 号标准厂房，1 号、2 号单身宿舍，废水处理车间。经双方当事人协商一致，法院委托国家建筑工程质量监督检验中心司法鉴定所就中建二局三公司承建的“1 号标准厂房等 8 项建筑安装工程”的工程质量进行鉴定。国家建筑工程质量监督检验中心司法鉴定所出具鉴定检验报告书。

经双方确认，捷宸阳光公司已向中建二局三公司支付工程款 133, 758, 025. 44 元。

庭审中，捷宸阳光公司要求在工程造价中扣除工程修复费用，由第三方对工程质量问题进行整改。中建二局三公司表示其按照合同约定及法律规定承担其应当承担的质量保修责任，不同意捷宸阳光公司要求在工程造价中扣除修复费用的要求。

另查，涉案工程尚未办理竣工备案手续。

法院裁判理由与结果：

对于质量保修期届满之后，施工人还应否对工程质量问题承担责任，理论界和实务界存在分歧。一种观点认为，质量保修期满之后，施工人不再承担质量责任，理由是：现行法律明确规定了质量保修期内施工人应承担的保修责任及损失赔偿责任（见《建设工程质量管理条例》第四十一条），但对于质量保修期满之后的责任并未作出规定；而且，建筑产品的使用寿命普遍在四五十年以上，如果在如此长的时间内，均要求施工人承担责任，则会使得施工人的责任过重。另一种观点则认为，质量保修期满免除的只是施工人的保修责任，但并不免除其应负的其他法律责任。

二审法院认为应采纳后一种观点，主要理由包括：（1）原《合同法》第二百八十一条规定，因施工人的原因致使建设工程质量不符合约定的，发包人有权要求施工人在合理期限内无偿修理或者返工、改建……第二百八十一条规定，因承包人的原因致使建设工程在合理使用期限内造成人身和财产损害的，承包人应当承担损害赔偿责任。前述规定设定的施工人质量瑕疵担保责任是一种基本民事责任，非经当事人特别约定或者法律特别规定，并不能任意限制或者免除。（2）国家通过《建设工程质量管理条例》等行政法规、部门规章设立建设工程质量保修制度是为了加强对建设工程质量的管理，保证建设工程质量，保护人民生命和财产安全（见《建设工程质量管理条例》第一条），而不是为了减轻或者限制施工人的法律责任。（3）建设工程质量保修责任与施工人质量瑕疵担保责任在条件和内容上存在明显区别：就前者而言，建设工程只要在保修期内出现质量问题，施工人原则上都应承担保修责任，除非其能够证明质量问题系因使用不当所致、由第三方或不可抗力造成（见《房屋建筑工程质量保修办法》第十七条）；就后者而言，发包人必须证明质量问题是出于施工人的原因。因此，两种责任相互独立，虽可能竞合，但并不彼此排斥。（4）按照第一种观点，则对《建筑法》第七十四条（建筑施工企业在施工中偷工减料，使用不合格的建筑材料、建筑构配件和设备，或者有其他不按照工程设计图纸或者施工技术标准施工的行为，造成建筑工程质量不符合规定的质量标准的，负责返工、修理，并赔偿因此造成的损失）和第八十条（在建筑物的合理使用寿命内，因建筑工程质量不合格受到损害的，有权向责任者要求赔偿）的规定难以作出合理解释，除非该两条设立的责任也都限定在质量保修期内，但这明显不符合条文语义和立法目的。

鉴定报告显示，案涉工程不仅在主体结构部分，而且在其他部分也存在诸多质量问题。鉴定机构已经明确：（1）有些质量问题没有时效作用（如截面尺寸、配筋、抹灰层厚度45毫米没有采取加强措施、防水卷材上边位于散水以下、地下穿墙管与套管之间没有用密封材料密封、不同材料基体交接处的抹灰没有采取防止开裂的加强措施、保温板粘结面积比小于40%、外墙饰面砖粘贴结料不饱满、伸出屋面管道防水做法不规范等)；也就是说，从现存质量问题即可推定当初也存在质量问题。(2) 有些质量问题有正的时效作用（如混凝土强度随龄期增长)，也就是说，从现存质量问题足以推定当初的质量问题更为严重。(3) 有些质量问题有负的时效作用（自然损耗)，由于目前尚无公认的性能与时间的定量关系曲线，基于现状难以反推当初状态。因此，至少前两类问题是可归责中建二局三公司的，该公司理应承担相应责任；一审判决仅以保修期满为由驳回捷宸阳光公司的相关诉讼请求，是错误的。

（八）就质保期内产生的质量问题发包人直接维修后，要求总承包单位承担维修费用的风险与防范

【风险点解析】

质保期内产生质量问题，如“发包人要求”总承包人直接承担损失赔偿责任，而非维修责任，那么就涉及损失赔偿数额的确定问题，如发包人直接维修，则还需承担举证证明责任，证明维修费用已经实际发生及维修成本核算的合理性。

【防范措施】

建议发包人在总承包合同中明确约定发包人就质量责任承担方式具有选择权，在诉讼中通过维修方案及维修造价鉴定的方式确定总承包人应当承担的维修费用，如必须进行紧急维修，保留好各种施工资料和维修记录及维修费用支出凭证。

【相关规定链接】

最高人民法院《关于审理建设工程施工合同纠纷案件适用法律问题的解释(一)》(法释〔2020〕25号)

第十八条　因保修人未及时履行保修义务，导致建筑物毁损或者造成人身损害、财产损失的，保修人应当承担赔偿责任。

保修人与建筑物所有人或者发包人对建筑物毁损均有过错的，各自承担相应的责任。

第三十二条第一款　当事人对工程造价、质量、修复费用等专门性问题有争议，人民法院认为需要鉴定的，应当向负有举证责任的当事人释明。当事人经释明未申请鉴定，虽申请鉴定但未支付鉴定费用或者拒不提供相关材料的，应当承担举证不能的法律后果。

【典型案例】

案例：浙江昆仑建设集团股份有限公司、安徽文越投资置业有限公司建设工程施工合同纠纷案

案号：（2018）最高法民终 207 号

审理法院：最高人民法院

裁判要旨：

质保期内发包人未经通知自行维修，需证明维修费用已实际发生及其与总包施工范围内的工程存在质量问题的因果关系，否则要承担相应的不利后果。

基本案情：

安徽文越投资置业有限公司（以下简称文越公司）系“兰亭公寓”的建设单位，2010 年 4 月 6 日，文越公司与浙江昆仑建设集团股份有限公司（以下简称昆仑公司）签订《建设工程施工合同》，约定：工程名称为兰亭公寓；工程地点为合肥市屯溪路 349 号；工程承包范围为 ±0 以上工程总承包，施工图纸范围内的所有土建、装饰、消防（注：消防被涂掉）、安装等内容；开工日期以开工报告批准的开工日期为准，竣工日期以合同通用条款第 32.4 条竣工验收规定为准；工程质量标准为合格；合同价款暂定 1.3 亿元（以最终决算价为准）；工程款（进度款）支付的方式和时间：按补充协议。《建设工程施工合同》附件 3 房屋建筑工程质量保修书中约定：保修金 3% 分期退付，满一年退付 60%，满二年退付 30%，余款在保修期满后一个月内付清，保修金在保修期内不计息。案涉工程施工过程中，文越公司将兰亭公寓项目的不锈钢栏杆，商铺楼梯工程，进户门工程，电梯设备工程，室外道排工程，绿化景观工程，3 号、4 号楼精装修工程，供电工程，供水工程，燃气工程，供暖工程，通信、有线电视工程等分包给其他单位施工。昆仑公司总承包范围内的工程完工后，合肥市城建档案管理处于 2012 年 12 月 19 日向文越公司出具档案预验收的意见。诉讼中文越公司主张：昆仑公司在质保期内未履行保修义务，且对文越公司多次提出的维修要求置之不理，导致文越公司代为支付的维修费用 2,629,813 元应从保修金中扣除。

法院裁判理由与结果：

文越公司上诉称代昆仑公司支付的维修费用2,629,813元应从保修金中扣除，但其二审所提交的新证据四维修费用清单表为其单方自行制作，维修及付款凭证只能证明发生了维修费用，不足以证明上述维修费用系因昆仑公司总包施工范围内的工程存在质量问题而发生，亦不能证明系因昆仑公司拒绝维修而发生。

（九）联合体对工程质量及保修承担连带责任的风险与防范

【风险点解析】

工程总承包联合体在投标时，联合体成员只重视内部分工，部分工程总承包项目发生质量安全事故，或者竣工验收后产生质量问题，建设单位要求联合体承担责任，联合体内部成员多以自己的分工仅是设计或勘察，且分工已得到建设单位认可为由，主张不对安全事故和事故质量负责，由此引发争议。

【防范措施】

《建筑法》《招标投标法》等相关法律法规已明确规定联合体各方对承包合同的履行承担连带责任。联合体成员内部分工即使得到了发包方的认可，也并不能仅据此主张减免联合体各成员按工程总承包合同向建设单位承担的连带责任，建议牵头方加强对联合体成员的管理，积极与发包方进行协商，在工程总承包合同中订立连带责任豁免条款，同时在联合体协议中明确追责流程。

【相关规定链接】

《建筑法》

第二十七条　大型建筑工程或者结构复杂的建筑工程，可以由两个以上的承包单位联合共同承包。共同承包的各方对承包合同的履行承担连带责任。

两个以上不同资质等级的单位实行联合共同承包的，应当按照资质等级低的单位的业务许可范围承揽工程。

《招标投标法》

第三十一条　两个以上法人或者其他组织可以组成一个联合体，以一个投标人的身份共同投标。

联合体各方均应当具备承担招标项目的相应能力；国家有关规定或者招标文件对投标人资格条件有规定的，联合体各方均应当具备规定的相应资格条件。由同一专业的单位组成的联合体，按照资质等级较低的单位确定资质等级。

联合体各方应当签订共同投标协议，明确约定各方拟承担的工作和责任，并将共同投标协议连同投标文件一并提交招标人。联合体中标的，联合体各方应当共同与招标人签订合同，就中标项目向招标人承担连带责任。

招标人不得强制投标人组成联合体共同投标，不得限制投标人之间的竞争。

《房屋建筑和市政基础设施项目工程总承包管理办法》（建市规〔2019〕12 号）

第十条　工程总承包单位应当同时具有与工程规模相适应的工程设计资质和施工资质，或者由具有相应资质的设计单位和施工单位组成联合体。工程总承包单位应当具有相应的项目管理体系和项目管理能力、财务和风险承担能力，以及与发包工程相类似的设计、施工或者工程总承包业绩。设计单位和施工单位组成联合体的，应当根据项目的特点和复杂程度，合理确定牵头单位，并在联合体协议中明确联合体成员单位的责任和权利。联合体各方应当共同与建设单位签订工程总承包合同，就工程总承包项目承担连带责任。

【典型案例】

案例：四川省冶金设计研究院、贵州省冶金建设公司建设工程施工合同纠纷案

案号：（2018）最高法民申 2076 号

审理法院：最高人民法院

裁判要旨：

联合体应严格按照招标文件的各项要求，递交投标文件，履行合同，并对外承担连带责任，实施工程的行为属于履行总承包合同的行为，联合体协议书效力仅及于招投标法律关系的抗辩，缺乏事实依据，依法不予支持。

基本案情：

2008 年 3 月 3 日，德昌铁合金（集团）有限责任公司（以下简称德铁公司）与四川省冶金设计研究院（以下简称川冶设计院）签订《建设工程设计合同（二）》，约定：发包人德铁公司委托设计人川冶设计院承担德铁公司环保技改搬迁工程设计。合同签订后，川冶设计院完成了部分设计任务，德铁公司支付了部分设计费。

2010 年 12 月 9 日，四川华硅冶金设备有限公司（以下简称华硅公司）、贵州省冶金建设公司（以下简称贵冶公司）、川冶设计院签订《联合体协议书》，约

定：贵冶公司与华硅公司自愿组成德铁公司环保技改搬迁项目一标段施工投标，华硅公司为德铁公司环保技改搬迁项目（一期标段）的牵头人，合法代表联合体各成员负责本招标项目投标文件编制和合同谈判活动，并代表联合体提交和接受相关的资料、信息及指导，并处理与之有关的一切事务，负责合同实施阶段的主办、组织和协调工作。联合体将严格按照招标文件的各项要求，递交投标文件，履行合同，并对外承担连带责任。华硅公司在协议书“牵头人”处加盖公章，贵冶公司在“成员一名称”处加盖公章，川冶设计院在“成员二名称”处加盖公章。

2011 年 1 月 23 日，华硅公司、川冶设计院、贵冶公司三方又签订《联合体协议书》，约定：华硅公司、川冶设计院、贵冶公司自愿组成德公司铁环保技改搬迁项目总承包联合体，共同参加德铁公司环保技改搬迁一期工程标段施工投标。华硅公司为德铁公司环保技改搬迁项目（一期标段）投标联合体的牵头人，合法代表联合体各成员负责本招标项目投标文件编制和合同谈判活动，代表联合体提交和接受相关的资料、信息及指导，并处理与之有关的一切事务，负责合同实施阶段的主办、组织和协调工作。联合体将严格按照招标文件的各项要求，递交投标文件，履行合同，并对外承担连带责任。联合体各成员单位内部的职责分工如下：（1）华硅公司总体负责项目的合同签订、工程施工、工程管理及投产试生产等所有总承包工作；（2）川冶设计院负责项目的施工图设计及现场设计服务工作；（3）贵冶公司负责项目的建筑、结构施工及机电设备安装调试工作。华硅公司在协议书“牵头人”处加盖公章，川冶设计院在“成员一名称”处加盖公章，贵冶公司在“成员二名称”处加盖公章。

2011 年 1 月 25 日，德铁公司与华硅冶公司签订案涉《总承包合同》，约定：本工程采用设计、采购、施工（EPC）/交钥匙工程总承包方式。设计、施工及施工管理方采用联合体的方式投标，联合体的权利、义务、分工和组织形式在联合体协议中约定，但无论怎样约定，联合体成员之一或全部必须按照国家法律对发包人承担连带责任。承包人不得将本工程向投标联合体以外的第三人分包或转包（含肢解后的转包），外委制造加工项目除外。合同总价为 54, 348, 100 元，由以下各项费用组成：（1）设计费 1, 400, 000 元；（2）新建 2 ×9000KVA 矿热炉及厂房 22, 011, 000 元；（3）搬迁 2 × 12500KVA 矿热炉及新建主厂房 13, 491, 100 元；（4）附属生产配套设施 8, 549, 100 元；（5）非生产附属配套设施 4, 650, 100

元；（6）动力电力工程施工4,246,800元。要求：新建2×9000KVA矿热炉于2011年7月10日投产，搬迁2×12500KVA矿热炉于2011年9月10日前投产。合同附件1：德铁公司环保技改搬迁一期工程设计施工总承包范围。附件2：德铁公司环保技改搬迁一期工程技术要求。

2011年3月10日，华硅公司（甲方）与唐某、王某池（乙方）签订《土建工程施工承包合同》，就德铁公司项目技改、搬迁一期工程协议如下：工程承包范围：办公室及食堂车间办公室，围墙、大门、道路、地面硬化、循环水池、所有钢结构厂房地面基础、厕所、浴室、电炉二层楼现浇板、设备基础、沉淀池、水泵房。案涉工程边设计边施工，估约工程造价1,200,000元，以实际结算为准，乙方上缴施工管理费8%。2011年7月12日，华硅公司在合同上盖章。

案涉《土建工程施工承包合同》签订后，唐某、王某池进场施工，并于2011年11月完成工程施工。2012年8月29日，唐某、王某池与华硅公司进行结算，形成了竣工结算确认书，结算金额为14,200,000元（已按合同下浮及扣减管理费8%）。双方确认该结算金额扣除税金511,200元后，应付工程款为13,688,800元，已付工程款为10,563,863元，欠付工程款为3,124,937元，暂扣质保金426,000元（3%），本次应付2,698,937元。唐某、王某池施工工程已于2012年12月交付投产使用。

法院裁判理由与结果：

华硅公司、川冶设计院和贵冶公司于2011年1月23日签订的《联合体协议书》已经人民法院生效判决确认有效，根据该协议第2条的约定，华硅公司作为“联合体”牵头人“代表联合体各成员负责本招标项目投标文件编制和合同谈判活动，并代表联合体提交和接收相关资料、信息及指示，并处理与之有关的一切事务，负责合同实施阶段的主办、组织和协调工作”。在此约定的基础上，华硅公司通过招投标程序与德铁公司签订《工程总承包合同》，是代表“联合体”进行投标、缔约的行为。同时，结合德铁公司于2011年1月24日向“华硅公司（牵头人）、川冶设计院（成员单位）、贵冶公司（成员单位）组成的联合体”出具中标通知书的事实，表明作为合同相对方的德铁公司对华硅公司投标、缔约系代表“联合体”的事实也是知晓的。因此，原判决认定《工程总承包合同》的承包方是华硅公司、川冶设计院和贵冶公司，并无不当。

同时，《联合体协议书》第4条约定作为“联合体”牵头人的华硅公司“总体负责项目的合同签订、工程实施、工程管理及投产试生产等所有总承包工作”。结合该条对其他“联合体”成员内部职责分工的约定，川冶设计院负责“现场技术服务”，贵冶公司负责“项目的建筑、结构施工及机电设备安装调试”。可见，《联合体协议书》第4条是对“联合体”成员在工程具体实施过程中职责分工的约定，故华硅公司有权在涉案工程施工过程中代表“联合体”对外签订合同。原判认定华硅公司与唐某、王某池签订的《土建工程施工承包合同》应约束川冶设计院和贵冶公司，并无不当。

川冶设计院和贵冶公司申请再审主张《联合体协议书》并未实际履行。首先，华硅公司代表“联合体”投标、与德铁公司签订《联合体协议书》并实际实施工程，以及在工程建设过程中与唐某、王某池签订的《土建工程施工承包合同》等行为均系其履行协议的行为，也是根据协议约定代表“联合体”实施的行为。其次，贵冶公司在2010年12月9日签订《联合体协议书》后，于2010年12月25日与华硅公司向德铁公司提交投标函、投标保证金函，结合德铁公司于2011年1月24日向“华硅公司（牵头人）、川冶设计院（成员单位）、贵冶公司（成员单位）组成的联合体”出具中标通知书等事实，可以认定贵冶公司也是实际参与了涉案工程的招投标程序的，其对《联合体协议书》也有实际的履行行为。最后，根据《联合体协议书》的约定，川冶设计院在“联合体”成员内部的分工是“负责项目的施工图设计及现场技术服务工作”，川冶设计院亦认可其履行了设计义务。至于川冶设计院履行设计义务的行为是基于《联合体协议书》中“联合体”成员单位的分工，还是基于其与华硅公司于2011年2月18日签订的《建设工程设计合同（二）》的合同义务，属于“联合体”内部对成员权利义务具体实现方式的安排。因此，川冶设计院和贵冶公司主张《联合体协议书》并未实际履行的理由不成立；其申请再审主张原判认定的基本事实缺乏证据证明，理由不成立。

川冶设计院和贵冶公司申请再审主张华硅公司无权代表“联合体”对外签订合同，原判适用法律错误。但依据《联合体协议书》第2条、第4条的约定，华硅公司有权在招投标程序以及工程具体施工过程中代表“联合体”对外签订合同，华硅公司的代理具备合同依据，不属于无权代理。虽然该案中“联合体”投标、中标的行为因违反《招标投标法》第三十一条的规定属无效，华硅公司单方与德铁公司签订的《工程总承包合同》以及华硅公司与唐某、王某池签订的

《土建工程施工承包合同》均属无效，但不影响川冶设计院和贵冶公司依据《联合体协议书》就“联合体”的对外行为承担责任。

川冶设计院和贵冶公司申请再审主张《联合体协议书》效力仅及于招投标法律关系，“联合体”之间的连带责任不适用于“联合体”与唐某、王某池之间，原审适用连带责任错误。《联合体协议书》第3条约定“联合体将严格按照招标文件的各项要求，递交投标文件，履行合同，并对外承担连带责任”，而实施工程的行为属于履行总承包合同的行为。结合《联合体协议书》第4条对“联合体”成员在工程具体实施过程中职责分工的约定，可见，《联合体协议书》并非仅对招投标程序的约定。川冶设计院和贵冶公司主张《联合体协议书》效力仅及于招投标法律关系，缺乏事实依据，理由不成立。

（十）无资质致使合同无效情况下工程保修责任承担的风险与防范

【风险点解析】

合同无效但是工程经过竣工验收合格并交付发包人投入使用的，承包人仍应按照《建设工程质量管理条例》规定的建设工程最低保修期限承担保修义务，并不能因为合同无效免除承包人对施工工程的质量保修法律责任，但如承包人不具备相应的施工资质，承包人不能自行修复，而只能委托具有相应资质的施工单位，替代承包人承担质量瑕疵的维修义务，也可由发包人自行维修，修复的费用由承包人承担，此种情形下，存在承包人承担的修复费用高于自行修复费用的风险。

【防范措施】

严格审查承包人资质，减少和杜绝工程挂靠、转包和非法分包等行为，尤其是存在实际施工人的情形下，承包人需要预留相应的进度款和质保金，必要时需要实际施工人提供相应的担保，以防止被索赔，保修期间出现质保问题及时予以维修处理，防止损失的进一步扩大。

【相关规定链接】

《江苏省高级人民法院建设工程施工合同案件审理指南》

五、建设工程施工合同无效的处理中应注意问题

……

（八）建设工程施工合同无效的工程质量保修。

建设工程施工合同无效，但建设工程经竣工验收合格，发包人仍应参照合同

约定向承包人支付工程价款。在支付了工程价款后，如何解决工程质量的保修问题？在正常情况下，建设工程经竣工验收后，在保修期限内出现的质量问题，由承包人依照法律规定或合同约定予以修复。我国实行建设工程质量保修制度，这也是《建筑法》确立的一项基本法律制度。对此，《建筑法》第六十二条第一款规定：建筑工程实行质量保修制度。《建设工程质量管理条例》则在建设工程的保修范围、保修期限和保修责任等方面，对该项制度作出了更具体的规定。该条例第四十条规定：在正常使用条件下，建设工程的最低保修期限为：（一）基础设施工程、房屋建筑的地基基础工程和主体结构工程，为设计文件规定的该工程的合理使用年限；（二）屋面防水工程、有防水要求的卫生间、房间和外墙面的防渗漏，为5年；（三）供热与供冷系统，为2个采暖期、供冷期；（四）电气管线、给排水管道、设备安装和装修工程，为2年。其他项目的保修期限由发包方与承包方约定。建设工程的保修期，自竣工验收合格之日起计算。由此可见，保修期限的规定是强制性的规定。在建设工程施工合同被确认无效后，合同关系不再存在，该合同对当事人不再具有任何拘束力。发包人不得要求承包人承担约定的保修责任，是不是承包人不承担保修责任呢？显然不是。承包人仍应在《建设工程质量管理条例》第四十条规定的最低保修期限内承担法定的保修责任。解决这个问题后，在履行保修责任的方式上，如果施工合同不是因为承包人没有相应的资质而被确认无效的，则仍由承包人承担质量瑕疵的维修义务。若施工合同是由于承包人没有相应的资质而被确认无效的，则不能由承包人自己来承担质量瑕疵的维修义务。可由承包人自行委托具有相应资质的施工队伍，来替代承包人承担质量瑕疵的维修义务，也可由发包人自行维修，修复的费用由承包人承担。

【典型案例】

案例：南通市盛德混凝土有限公司、南通万和房地产有限公司等建设工程分包合同纠纷案

案号：（2020）苏06民终1034号

审理法院：江苏省南通市中级人民法院

裁判要旨：

合同无效或者被撤销后，有过错的一方应当赔偿对方因此受到的损失，双方都有过错的，应当各自承担相应的责任。发包人与总包单位明知分包单位不具有

施工资质和条件，仍将工程发包给其施工，对施工造成的损失具有明显的过错，应分担损失。

基本案情：

2016年12月18日，南通万和房地产有限公司（甲方、工程总发包方，以下简称万和公司）、中兴建设有限公司（乙方、工程总承包商，以下简称中兴公司）与南通市盛德混凝土有限公司（丙方、工程施工方，以下简称盛德公司）签订《机械室内粉刷工程施工合同》。合同约定，经三方充分协商，就丙方承接甲乙方室内粉灰工程一事达成如下协议：项目名称为南通万科城市之光一期。工程承包方式为丙方包工包料完成工程施工：包括内墙粉刷材料、周转辅助材料、施工设备、承包范围内的劳务费。工程承包范围：丙方负责依据甲方乙方提供图纸内容中的所有内墙粉刷工程施工，施工范围为室内墙、过道墙、门窗内墙，厨卫间、电梯管道井部分不在丙方施工范围内，按实结算……如根据甲乙双方要求不能及时增加人员到位，甲乙双方可另加班组进场施工，丙方保证无条件服从。结算价格：材料费和劳务费按实际粉刷面积26元/每平方米的价格计算（此价不含税）。结算方式：乙方于2017年1月10日前支付丙方实际施工面积对应工程价款的60%；全部粉刷完成后支付丙方实际施工面积对应工程价款的60%；2017年6月30日前结算支付至总工程价款的95%；剩余5%的质保金于2017年12月30日前结清，甲方保证乙方按以上结算方式结算。质量验收标准：按照国家及江苏省验收规范标准执行，进场施工合同执行前乙方提供书面技术交底内容给丙方确认。施工质量需满足万科质量技术要求及第三方实测实量标准，符合工程交付要求，如检查到有质量问题的地方，丙方保证在二天内完成修复工作，修复费用由质量责任方承担。甲方和乙方责任和义务：……按本合同的约定，向丙方及时支付工程款……丙方责任和义务：因丙方原因致使工程达不到万科质量技术要求造成返工的，整改所发生的一切费用均由丙方负担。因甲方和乙方原因造成的质量返工，所返工的工程量另行计算费用给丙方。

2016年8月、9月至2017年4月30日，盛德公司组织人员进行了施工。在此期间，盛德公司将墙面抹灰完工部分分批移交中兴公司、万和公司，万和公司再交于精装修单位进行墙面刷漆精装修。

精装修完成交付业主后发现质量问题，对此中兴公司提供了万和公司房屋保修中心现场维修接报单79份，万和公司提供房修工程师陈某、张某乙、张某丙出庭作证，对于维修的事实法院予以确认。对于维修费用，经中兴公司申请，法院委托南通新天工程项目管理有限公司进行鉴定，鉴定造价为122,319.18元。鉴定人出庭作证后，针对中兴公司对人工工资标准提出的异议，根据苏建函价〔2017〕721号规定，出具补充鉴定意见增加人工费6,629.71元。中兴公司陈述该部分修复完成时间为2018年2月12日。盛德公司不具备建筑工程施工资质。

法院裁判理由与结果：

一审法院认为：总发包方万和公司、总承包方中兴公司与施工方盛德公司签订《机械室内粉刷工程施工合同》，将南通万科城市之光一期部分内墙粉刷工程分包给盛德公司施工。由于盛德公司不具备相应的施工资质，该工程施工合同因违反法律强制性规定而无效。

合同虽然无效，但盛德公司应承担法律规定的保修责任。案涉工程交付后发生了墙面空鼓、裂缝等质量问题。中兴公司反诉主张的上述质量问题现已修复完毕，已无法通过鉴定查明问题原因，万和公司的房修工程师出庭作证时也列举出出现质量问题的多种因素，这些因素并非均与盛德公司有关。法院根据实际情况酌定修复费用由盛德公司承担60%。根据现有证据能够确定的修复费用为122,319.18元+66,29.71元=128,948.89元，因此盛德公司承担77,369.33元。

二审法院认为：从保修单及鉴定报告的内容看，质量问题为空鼓和裂缝，应为抹灰层施工工艺或者材料造成，应由盛德公司承担责任。原《合同法》第五十八条规定，合同无效或者被撤销后，有过错的一方应当赔偿对方因此受到的损失，双方都有过错的，应当各自承担相应的责任。中兴公司、万和公司应明知盛德公司不具有施工资质和条件，仍将工程发包给其施工，对施工造成的损失具有明显的过错，应分担损失。一审法院判决盛德公司承担60%的赔偿责任，合法有据，法院予以支持。

（十一）工程总承包合同无效时质保金条款能否参照执行的风险与防范

【风险点解析】

工程总承包合同同施工合同一样都是无效合同的高发地带，工程总承包合同被认定无效后，合同中的质保金条款能否参照适用，发包人能否主张参照合同约定扣除质保金，待约定期限届满时再予以返还？对此问题，目前立法尚无明文规定，各地法院司法裁判观点也不尽相同，极易产生争议和纠纷。

【防范措施】

发承包双方应当注意按照法定程序开展招投标，发包人要注意核查承包人的资质等，尽量避免因合同效力问题就质保金的返还产生争议，此外，工程质量保证金尽量争取以保函形式替代预留保证金，另建议承包单位在申请返还工程质量保证金时保留书面手续，特别是在发包人不予回复的情况下，注意催告程序及保留相关的书面证据。

【相关规定链接】

《民法典》

第七百九十三条第一款　建设工程施工合同无效，但是建设工程经验收合格的，可以参照合同关于工程价款的约定折价补偿承包人。

最高人民法院《关于审理建设工程施工合同纠纷案件适用法律问题的解释（一）》（法释〔2020〕25号）

第十七条　有下列情形之一，承包人请求发包人返还工程质量保证金的，人民法院应予支持：

（一）当事人约定的工程质量保证金返还期限届满；

（二）当事人未约定工程质量保证金返还期限的，自建设工程通过竣工验收之日起满二年；

（三）因发包人原因建设工程未按约定期限进行竣工验收的，自承包人提交工程竣工验收报告九十日后当事人约定的工程质量保证金返还期限届满；当事人未约定工程质量保证金返还期限的，自承包人提交工程竣工验收报告九十日后起满二年。

发包人返还工程质量保证金后，不影响承包人根据合同约定或者法律规定履行工程保修义务。

《北京市高级人民法院关于审理建设工程施工合同纠纷案件若干疑难问题的解答》

31. 施工合同约定工程保修期限低于法定最低期限的条款是否有效？承包人要求返还质量保修金的，如何处理？

建设工程施工合同无效，但工程经竣工验收合格并交付发包人使用的，承包人应依据法律、行政法规的规定承担质量保修责任。发包人要求参照合同约定扣留一定比例的工程款作为工程质量保修金的，应予支持。

《徐州中院民四庭进一步规范关于审理建设工程施工合同纠纷案件的若干问题》

【合同无效后还有哪些条款可结算时以拿来用?】建设工程施工合同无效，建设工程经竣工验收合格的，合同中约定的工程造价、工程款支付期限、工期和进度、工程质量、竣工验收、质量保修等条款仍可参照适用。

《安徽省高级人民法院关于审理建设工程施工合同纠纷案件适用法律问题的指导意见》

14. 建设工程施工合同无效，但工程经竣工验收合格并交付发包人使用的，承包人应承担相应的工程保修义务和责任，发包人可参照合同约定扣留一定比例的工程款作为工程质量保修金。

【典型案例】

案例：晋能控股山西电力股份有限公司与陕西雄风新能源有限公司、中铁十七局集团第一工程有限公司建设工程施工合同纠纷案

案号：(2021) 陕民终67号

审理法院：陕西省高级人民法院

裁判要旨：

施工合同无效时，法律规定发包人应参照合同约定向承包人支付工程款，合同约定的工程款计价标准应予参照适用，而合同约定的付款条件、付款时间均不属于参照范围。质保金属于约定预留的工程款，在合同无效的情况下质保金约定不再适用，包括质保金在内的全部工程欠款的条件均已成就。

基本案情：

2016年5月12日，中铁十七局集团第一工程有限公司（以下简称十七局一公司）（乙方）与陕西雄风新能源有限公司（以下简称雄风公司）（甲方）签订《陕西雄风新能源有限公司定边30MWp光伏发电项目工程总承包合同》，合同约定由十七局一公司承包完成雄风公司定边30兆瓦光伏发电项目。工程内容为工程范围内的设计、供货、施工和验收等确保项目发电运行所必需的其他事宜。承包方式为EPC交钥匙总承包……质保金为总承包价格的10%，即暂定人民币2415万元，项目整体质保期为一年（光伏组件、逆变器质保期按项目公司采购合同平移），自乙方与甲方前述工程正式移交手续之日起算，双方对工程质量相

关问题没有任何异议，质保期满后15个工作日内支付尾款，同时各项质保手续一并移交甲方。

案涉项目已于2017年6月13日并网发电，项目26MW获得电价为0.72元/瓦，4MW暂未获得核准电价。2017年9月15日原告十七局一公司将案涉项目全容量并网移交被告雄风公司管理。案外人白某伟、张某兴2018年12月18日将持有被告雄风公司100%的股权转让给被告漳泽电力，现漳泽电力持有雄风公司100%的股权。

案涉工程在诉讼中一直未取得建设工程规划许可。

法院裁判理由与结果：

一审法院认为：质保金本身属于工程价款，合同约定保修期限从工程正式移交手续之日起计算1年，根据最高人民法院《关于审理建设工程施工合同纠纷案件适用法律问题的解释》（已失效）第十四条规定，当事人对建设工程实际竣工日期有争议的，按照以下情形分别处理：……建设工程未经竣工验收，发包人擅自使用的，以转移占有建设工程之日为竣工日期。最高人民法院《关于审理建设工程施工合同纠纷案件适用法律问题的解释（二）》（已失效）第八条规定，有下列情形之一，承包人请求发包人返还工程质量保证金的，人民法院应予支持：当事人约定的工程质量保证金返还期限届满……案涉工程于2017年6月13日并网发电，已经移交使用，约定的一年保修期限已经届满，十七局一公司请求返还保修金亦应予支持。

二审法院认为：雄风公司与十七局一公司签订总承包合同，将案涉工程发包给十七局一公司施工，诉讼中各方当事人均认可，案涉工程至今尚未办理建设工程规划许可，依据最高人民法院《关于适用〈中华人民共和国民法典〉时间效力的若干规定》第一条第二款，最高人民法院《关于审理建设工程施工合同纠纷案件适用法律问题的解释（二）》（已失效）第二条第一款、第二十六条规定，案涉总承包合同依法应认定为无效。合作协议第二条EPC总承包2.3部分所含各条款是关于付款方式及时间的约定，与总承包合同关于付款的约定相同。施工合同无效时，法律规定发包人应参照合同约定向承包人支付工程款，性质属于发包人据无效合同取得质量合格的工程后向承包人的折价补偿，因此合同约定的工程款计价标准应予参照适用，对于合同约定的付款条件、付款时间均不属于参照范围。合同无效时的工程款付款条件，仅限于工程质量是否合格，而雄风公司未经竣工验收已实际使用案涉项目，依据法律规定视为质量合格，故雄风公司支付工程款的条件已成就。质保金属于约定预留的工程款，在合同无效的情况下质保金约定不再适用，故雄风公司支付包括质保金在内的全部工程欠款的条件也已成就。

（十二）工程总承包合同因发包人进入破产程序而解除质保金条款的适用风险与防范

【风险点解析】

《民法典》第五百六十七条规定，合同的权利义务关系终止，不影响合同中结算和清理条款的效力。在工程总承包合同解除后，由于法律、行政法规和司法解释对质保金条款是否属于结算和清理条款没有明确的规定，实务中对该问题存在较大争议。

【防范措施】

建议在工程总承包合同文本中，对于解除合同后承包人工程保修义务的善后处理问题进行明确约定，在施工合同解除纠纷处理时，发包人应及时对已完工工程进行质量检查，并与后手承包人就质量问题及保修问题进行明确。

【相关规定链接】

《民法典》

第五百六十七条　合同的权利义务关系终止，不影响合同中结算和清理条款的效力。

最高人民法院《关于审理建设工程施工合同纠纷案件适用法律问题的解释（一）》（法释〔2020〕25号）

第十七条　有下列情形之一，承包人请求发包人返还工程质量保证金的，人民法院应予支持：

（一）当事人约定的工程质量保证金返还期限届满；

（二）当事人未约定工程质量保证金返还期限的，自建设工程通过竣工验收之日起满二年；

（三）因发包人原因建设工程未按约定期限进行竣工验收的，自承包人提交工程竣工验收报告九十日后当事人约定的工程质量保证金返还期限届满；当事人未约定工程质量保证金返还期限的，自承包人提交工程竣工验收报告九十日后起满二年。

发包人返还工程质量保证金后，不影响承包人根据合同约定或者法律规定履行工程保修义务。

《安徽省高级人民法院关于审理建设工程施工合同纠纷案件适用法律问题的指导意见（二）》

第十四条　建设工程尚未竣工，合同终止履行的，已完工程质量合格，发包人主张按照合同约定扣留一定比例的工程价款作为质量保修金的，不予支持。

【典型案例】

案例：青海盐湖工业股份有限公司与青海盐湖镁业有限公司、上海宝冶集团有限公司建设工程施工合同纠纷案

案号：（2021）青民终50号

审理法院：青海省高级人民法院

裁判要旨：

合同关系因进入破产程序而解除，合同解除的法律后果是尚未履行的部分终止履行，工程已验收合格部分，发包人无权要求扣除质保金，同时承包人需继续承担保修责任。

基本案情：

2011年6月27日，上海宝冶集团有限公司（以下简称宝冶公司）与青海盐湖工业股份有限公司（以下简称盐湖工业公司）签订编号为MYXCS－2011－061Z的《青海盐湖工业股份有限公司5座600t活性石灰套筒窑合同》一份，合同约定宝冶公司承包青海盐湖集团金属镁一体化项目配套5座600T/d套筒石灰窑装置，工程地点为青海省格尔木市察尔汗盐湖区，承包范围包括项目设计、供货、施工、调试、试车、保运（热负荷试车后30天内保运由承包方免费负责）等EPC总承包。2015年8月15日，宝冶公司编制青海盐湖集团一体化项目80万吨/年电石装置5＊600TPD石灰窑工程设备调试报告一份，主要内容为经各系统无负荷单动和联动之后，各系统设备运行正常且符合生产工艺的要求，经判定为合格。2016年7月6日，宝冶公司及监理公司在案涉工程项目竣工文件验收证书上盖章并有公司代表签字；2016年7月10日及13日，金属镁一体化项目联合建设指挥部电石项目部及工建部在项目竣工文件验收证书上盖章并有项目经理及部门负责人签字；2016年12月20日，青海盐湖镁业有限公司（以下简称盐湖镁业公司）资料室在该项目竣工文件验收证书盖章并经档案室负责人签字确认。项目

竣工文件验收证书载明交工技术文件15卷，竣工图3卷，照片594张，光盘4张。2017年8月22日，宝冶公司与盐湖工业公司签订《青海盐湖工业股份有限公司5座600t活性石灰套筒窑合同之补充协议》一份，该协议第四条约定："原合同及本补充协议剩余未支付款项，甲方将按以下方式支付：1. 乙方将5号窑投料并达产达标以后，并不能完全反映五座窑全部验收。但鉴于项目的特殊情况，甲方可在5号窑天然气点火并达产达标，工程结算开始的前提下，将合同款项支付至合同总价的95%（设备款的质保金比例由7%调整为5%）。由此，甲方需向乙方另行支付设备价款的2%（金额228.319万元）以及工程款358.265万元。2. 双方同意，若因甲方原因造成2号、5号窑无法达产达标或3号、4号、6号窑在2019年1月31日前因甲方原因不能全部正常点火和达产达标，在乙方提供与合同总价5%质保金等额的银行履约保函的条件下，甲方应在2019年2月28日前将合同总价款5%的质保金全部支付给乙方。该银行履约保函解除的条件是主合同约定的质保期届满（质保期开始计算之日为5号窑天然气点火达产达标之日算起，质保期为1年）。"2019年9月30日，青海省西宁市中级人民法院作出（2019）青01破申2号民事裁定书，裁定受理申请人格尔木泰山实业有限公司申请盐湖工业公司破产重整一案，同日指定盐湖工业公司清算组为破产管理人；2019年10月16日，青海省西宁市中级人民法院作出（2019）青01破申8号民事裁定书，裁定受理申请人格尔木森海化工有限公司申请盐湖镁业公司破产重整一案，同日指定盐湖镁业公司清算组为破产管理人。

法院裁判理由与结果：

青海省海西蒙古族藏族自治州中级人民法院认为：关于应支付的工程款数额问题。首先，案涉《青海盐湖工业股份有限公司5座600t活性石灰套筒窑合同》第五条约定工程总价款为24,998.6万元，且除根据合同约定的在工程实施过程中需进行增减的款项外，合同价款为不变价。双方当事人在审理过程中均未提交案涉工程款项已进行增减的书面文件，故工程总价款应为24,998.6万元，盐湖工业公司、盐湖镁业公司称案涉工程未进行结算，工程总价款未确定的理由不符合合同约定，不予采纳。其次，双方当事人均认可盐湖镁业公司已向宝冶公司支付工程款223,938,795.74元，予以确认。最后，盐湖工业公司及盐湖镁业公司现已进入破产程序，根据《企业破产法》第十八条之规定，案涉合同及补充协议已解除，且案涉工程5号窑未能达产达标及2号、3号、4号、6号窑未能点火系盐湖镁业公司原因所致，宝冶公司提交的证据也已充分证明所有设备试运转正常，故补充协议第四条第二款约定的质保期条款不应再继续适用，盐湖工业公司、盐湖镁业公司称应扣留质保金的意见不予采纳。

青海省高级人民法院认为：补充协议第四条第二款约定的质保金以及与其相关的银行保函条款为正常履行合同时适用，该案的实际情况为合同关系因进入破产程序而解除，合同解除的法律后果是尚未履行的部分终止履行，同时案涉工程5号窑未能达产达标及2号、3号、4号、6号窑未能点火系盐湖镁业公司原因所致，宝冶公司提交的证据也已充分证明所有设备试运转正常，工程已验收合格，盐湖工业公司及盐湖镁业公司以前述条款主张扣除质保金的意见不予采纳，但作为承包人的宝冶公司的保修责任并不因此免除，盐湖工业公司及盐湖镁业公司仍可依法要求其承担保修责任。

（十三）保修责任下的质量问题对承包人主张工程价款优先受偿权的风险与防范

【风险点解析】

工程价款优先受偿权的行使前提是所施工程为合格工程，已经竣工验收的工程虽可推定工程质量符合正常使用标准，但如保修期内出现质量问题，特别是经鉴定确认系因施工过程中施工工艺、偷工减料等导致的质量问题，该工程是否还属于合格工程，是否影响承包人工程价款优先受偿权的行使，在司法实践中不无争议。

【防范措施】

在经济形势严峻房企频频暴雷的情况下，工程价款优先受偿权的享有和正常行使对于工程总承包单位而言尤为重要，故本问题应当引起重视与关注，工程总承包单位在施工过程中注意遵循施工工序及施工工艺要求及关注事项，并保留相关证据，竣工验收合格进入质保期间如出现质保问题，积极履行质保义务并在维修之后与建设单位签署验收合格书等文件，以防建设单位以此为由对抗总承包单位工程价款优先受偿权的行使。

【相关规定链接】

《民法典》

第八百零七条　发包人未按照约定支付价款的，承包人可以催告发包人在合理期限内支付价款。发包人逾期不支付的，除根据建设工程的性质不宜折价、拍卖外，承包人可以与发包人协议将该工程折价，也可以请求人民法院将该工程依法拍卖。建设工程的价款就该工程折价或者拍卖的价款优先受偿。

最高人民法院《关于审理建设工程施工合同纠纷案件适用法律问题的解释(一)》(法释〔2020〕25号)

第三十五条　与发包人订立建设工程施工合同的承包人，依据民法典第八百零七条的规定请求其承建工程的价款就工程折价或者拍卖的价款优先受偿的，人民法院应予支持。

第三十八条　建设工程质量合格，承包人请求其承建工程的价款就工程折价或者拍卖的价款优先受偿的，人民法院应予支持。

第三十九条　未竣工的建设工程质量合格，承包人请求其承建工程的价款就其承建工程部分折价或者拍卖的价款优先受偿的，人民法院应予支持。

【典型案例】

案例：中国建筑一局（集团）有限公司、无锡远东置业有限公司建设工程施工合同纠纷案

案号：（2022）最高法民终63号

审理法院：最高人民法院

裁判要旨：

1. 针对承包人施工造成的质量问题，首先应当由承包人承担修复义务，只有在承包人拒绝修理、返工或者改建等情况下，发包人请求减少支付工程价款的抗辩或反诉，才能得到支持。

2. 已经竣工验收的工程，可推定工程质量符合正常使用标准。诉讼中通过鉴定发现存在可修复的部分质量问题，并不意味着该工程属于不合格工程。对存在质量问题的部分进行修复属于承包人的保修责任，不影响承包人对工程价款优先受偿权的主张和享有。

基本案情：

2011年3月16日，中国建筑一局（集团）有限公司（以下简称中建一局）与无锡远东置业有限公司（以下简称远东置业）签订总承包合同，约定由中建一局总承包远东置业开发的位于宜兴市××工程，总建筑面积约344,784平方米，其中地上235,400平方米，地下109,384平方米。合同价款暂定20亿元，先费率

招标，后清单计价，确定总价承包（不含专业分包工程），待图纸、工程量清单出齐后，按2004年《江苏省建筑与装饰工程计价表》及2004年《江苏省建设工程费用定额》计价后，经业主确认的审计部门审核确定工程总造价签订固定总价合同，工程固定总价=经审计部门审定的造价×（1—投标让利率9%）。开工日期以甲方签发的开工通知书为准，竣工日期以开工日算起1208日历天止。工程质量等级：合格（确保优质结构工程，其中二幢高层确保“扬子杯”）。工程竣工验收合格满一年后30个工作日内，业主累计支付至竣工结算总价的92.5%。工程竣工验收合格两年后30个工作日内累计支付至竣工结算总价的97%，剩余3%作为保修金，保修责任按国家规定的质量保修期，并不免除承包人正确履行保修责任的义务。通用条款第15.1款约定，工程质量应当达到协议书约定的质量，质量标准的评定以国家或行业的质量检验评定标准为依据。因承包人原因工程质量达不到约定的质量标准，承包人承担违约责任。双方维修协议约定，免费保修期限为自工程竣工资料、图纸、钥匙移交完毕之日起计算，保修期限不少于国家《建设工程质量管理条例》规定及工程质量保证书规定的保修时间。其中，地基基础与主体结构工程在设计文件规定的合理使用年限内保证结构安全；屋面、厨房、卫生间、地下室、外墙面、门窗以及其他有防水要求的地方防渗保修5年；空调及制冷系统保修2年；电气管线、给排水管道、设备安装和装修工程保修2年，室外管网及小区道路等市政公用工程保修2年，其他工程按照国家《建设工程质量管理条例》执行，但不得少于2年。本保修书作为施工合同附件，由施工合同双方共同签署，在工程有效寿命内一直生效。

2014年10月30日，地下室基础及桩基区完成施工。

2014年12月10日，高层区工程通过竣工验收。

2015年5月11日，中建一局提交高层区竣工结算报告。

总承包合同签订后，双方就幕墙工程所用石材专门签订一份补充协议，依据该协议约定，石材由中建一局提供，并负责管理、使用；远东置业选择并确认石材品牌，对已确认的石材样品负责。指定的石材供应商提供的不合格材料，中建一局有权拒绝。双方对石材品牌为产自新疆的卡拉麦里金（荔枝面）没有异议，中建一局对远东置业确认的石材样品亦没有异议。该协议还约定，中建一局对石材的规格、数量负责，对不符合设计或标准要求的石材，负责修复、拆除或重新采购，并承担赔偿责任。

远东置业于2019年12月25日申请对幕墙工程进行质量鉴定，认为幕墙工程存在如下质量问题：(1) 幕墙工程使用的石材，不符合合同约定的由双方封样确认的石材板材标准，石材存在严重的以次充好情形；(2) 实际施工所使用的石材厚度不符合合同约定的25毫米，违反了我国《金属与石材幕墙工程技术规范》(JGJ1332001) 要求确定的用于石材幕墙的石板厚度不应小于25毫米，经现场抽验的石材厚度有50%左右在25毫米以下；(3) 实际完工的幕墙未能达到合同关于"颜色基本一致、无明显色差"的要求，存在严重的大面积色差；(4) 石材钢骨架未按图纸施工，单位面积所用钢骨架未能达到技术规范的要求和设计要求。后又提出：石材线条存在未按图纸施工、局部密封胶缝宽度较小、粘结材料不饱和等情形；部分石材板材、部分线条造型没有挂件、挂件有锈蚀、粘结材料不饱和、安装形式与图纸不符等情形。远东置业请求鉴定事项如下：(1) 幕墙工程实际使用的石材板材是否符合合同约定；(2) 石材厚度是否符合国家强制验收标准；(3) 实际完工的幕墙石材存在的色差是否符合合同约定和质量标准；(4) 对钢骨架、石材线条、石材板材是否按图纸施工，是否符合合同、技术规范和设计要求，是否存在安全隐患。

一审法院于2020年1月6日组织远东置业、中建一局、金飞幕墙选择鉴定机构，三方一致确认由东南公司对远东置业申请的事项进行鉴定。

2021年4月29日，东南公司出具第SF202103032号鉴定报告，意见如下：综合现场检查结果、工程质量评价，对溪隐府住宅小区B区（B2、B3、B6、B7、B9—B11、B13、B15、B16、B18—B22）花园洋房和C区（C20）沿河别墅外立面石材幕墙工程质量给出以下鉴定结论：(1) 涉案各幢房屋外立面石材幕墙工程的观感质量、锈蚀及焊接部位防腐处理、连接节点构造、石材线条造型及接缝构造不符合设计及规范要求，存在施工质量问题。(2) 现场共抽查213块石材，依据《建筑幕墙工程质量验收规程》DGJ 32/J 124—2011石材厚度合格率为35%；依据《建筑幕墙》GB/T 21086—2007石材厚度合格率为64%；依据《补充协议》石材厚度合格率为90%。

2021年6月7日，东南公司出具第SF202106088号溪隐府住宅小区B区花园洋房和C区别墅外立面石材幕墙工程质量修复方案司法鉴定报告，意见如下：(1) 修复原则。因修复过程影响而拆除的外立面其余安装项目，待相应的修复完成后再按原安装要求恢复。施工时做好相邻装修表面的保护，不得污染。(2) 修复范围。溪隐府住宅小区B区（B2、B3、B6、B7、B9—B11、B13、B15、B16、B18—B22）花园洋房和C区（C20）沿河别墅外立面石材幕墙。（3）修复方法。①拆除石材平板，保留钢结构龙骨和不锈钢连接件，清理不锈钢连接件上残留的胶黏剂；②按幕墙节点详图要求，在主体结构连接件外侧补焊7毫米厚度锌加强肋；③清理钢结构焊缝表面及焊缝底部受焊接影响的钢材表面，对受焊接影响的钢材表面进行除锈处理（除锈等级st2），除锈范围为焊接部位向外扩大100毫米；④除锈后在焊接表面及焊缝底部受焊接影响的钢材表面刷一度红丹防锈漆、一度银粉漆，涂刷范围为除锈范围向外扩大50毫米；⑤按原幕墙施工图纸做法及要求重新安装石材平板，石材平板厚度不得小于25毫米。

法院裁判理由与结果：

根据远东置业申请，经双方依法选定鉴定机构，一审法院委托东南公司对土建安装已完工程质量进行鉴定。对于有关质量问题，双方均同意由东南公司出具修复方案，由标定公司出具修复费用。东南公司、标定公司出具鉴定意见后，一审法院多次组织双方当事人质证，东南公司、标定公司对双方所提异议均给予书面答复。双方均未能提交足以推翻相关鉴定意见的反驳证据，相关鉴定意见可以作为认定该案事实的依据。

《建筑法》第八十条规定，在建筑物的合理使用寿命内，因建筑工程质量不合格受到损害的，有权向责任者要求赔偿。最高人民法院《关于审理建设工程施工合同纠纷案件适用法律问题的解释》（已失效）第十三条中规定，承包人应当在建设工程的合理使用寿命内对地基基础工程和主体结构质量承担民事责任。如前所述，石材幕墙属于主控项目，涉及建筑工程的质量、安全，应对规范标准数据严格要求，鉴定人东南公司认为石材幕墙工程的质量问题涉及主体结构安全。因此，虽然涉案工程在诉讼中通过了竣工验收，但对经司法鉴定出的工程质量问题，中建一局不能免除赔偿责任。且依据补充协议第8项关于“无论甲方是否进行并通过了各项检验或验收，均不解除乙方对自己承包工程（含总承包管理范围内的所有分包）的质量所负的责任”的约定，即使石材幕墙施工中的每一道工序都经过远东置业、监理单位的检验或验收，中建一局按约仍不能免除其所负的质量责任。故中建一局、金飞幕墙以涉案工程已通过竣工验收以及施工中已经远东置业检验为由抗辩免除责任，一审法院不予支持。

原《合同法》第二百六十二条规定，承揽人交付的工作成果不符合质量要求的，定作人可以要求承揽人承担修理、重作、减少报酬、赔偿损失等违约责任。远东置业对金飞幕墙已失去信任，拒绝其对质量问题进行修复，并要求减少工程价款，依据上述法律规定，一审法院予以支持。但远东置业作为建设方依法亦应对工程质量负责，针对远东置业对质量问题的过错，中建一局有权要求减轻赔偿责任。综上所述，按一审法院确定的责任比例，远东置业主张减少给付中建一局工程款90,099,961.86元×70%=63,069,973.30元，一审法院予以支持。

最高人民法院《关于审理建设工程施工合同纠纷案件适用法律问题的解释（二)》（已失效）第十九条规定，建设工程质量合格，承包人请求其承建工程的价款就工程折价或者拍卖的价款优先受偿的，人民法院应予支持。经鉴定，中建一局已完石材幕墙工程存在不符合国家质量标准、未按设计图纸和技术规范施工等质量问题。故中建一局主张工程价款优先受偿权，不符合法律规定，一审法院不予支持。

二审法院认为，关于中建一局能否就其承建的案涉工程享有优先受偿权的问题：最高人民法院《关于审理建设工程施工合同纠纷案件适用法律问题的解释（二)》（已失效）第十九条规定，建设工程质量合格，承包人请求其承建工程的价款就工程折价或者拍卖的价款优先受偿的，人民法院应予支持。所谓建设工程质量合格，是指已竣工或者未竣工的工程，经相关部门组织竣工验收、相关机构进行工程质量检测后作出符合国家建筑工程质量标准结论的事实。已经竣工验收的工程，可推定工程质量符合正常使用标准。诉讼中通过鉴定发现存在可修复的部分质量问题，并不意味着该工程属于不合格工程。对存在质量问题的部分进行修复属于承包人的保修责任，不影响承包人对工程价款优先受偿权的主张和享有。幕墙工程属于案涉工程的分项工程，案涉工程已经投入使用多年，在施工人表示愿意维修的情况下，发包人拒绝维修，一审判决以幕墙工程存在部分质量问题为由，认定案涉工程不合格，进而认定中建一局不享有建设工程价款优先受偿权，认定事实、适用法律有误，二审法院予以纠正。

三、小结

工程质量保修阶段工程总承包单位往往面临更多的法律风险，并不是通常认为的只要工程竣工验收合格了，就可直接收取工程款，也不是放弃质量保证金就可以万事大吉。质量维修的原因和范围、价格主动权掌控在发包人，承包单位相对而言比较被动。因此建议在保修合同或保修条款中对于保修期、缺陷责任期、保修金的返还时间等尽可能明确约定，并在履约过程中保留好相应的证据，以免产生不必要的损失。